大学章程

第四卷
UNIVERSITY STATUTES

主编　张国有
副主编　李强　冯支越
执行副主编　胡少诚　陈丹

北京大学出版社
PEKING UNIVERSITY PRESS

图书在版编目(CIP)数据

大学章程. 第四卷/张国有主编. —北京：北京大学出版社，2012.1
ISBN 978-7-301-16767-0

Ⅰ.①大… Ⅱ.①张… Ⅲ.①高等学校—章程—汇编 Ⅳ.①G649.2

中国版本图书馆 CIP 数据核字(2011)第 055978 号

书　　　名：大学章程(第四卷)
著作责任者：张国有　主编
套 书 主 持：周志刚
责 任 编 辑：周志刚
标 准 书 号：ISBN 978-7-301-16767-0/G·3093
出 版 发 行：北京大学出版社
地　　　址：北京市海淀区成府路 205 号　100871
网　　　址：http://www.jycb.org　http://www.pup.cn
电 子 邮 箱：zyl@pup.pku.edu.cn
电　　　话：邮购部 62752015　发行部 62750672　编辑部 62767346
　　　　　　出版部 62754962
印 刷 者：北京中科印刷有限公司
经 销 者：新华书店
　　　　　　730 毫米×1020 毫米　16 开本　29 印张　535 千字
　　　　　　2012 年 1 月第 1 版　2012 年 1 月第 1 次印刷
定　　　价：680.00 元(精装，全五卷共七册)

未经许可，不得以任何方式复制或抄袭本书之部分或全部内容。
版权所有，侵权必究
举报电话：010-62752024　电子邮箱：fd@pup.pku.edu.cn

序

很长时间以来,牛津大学的章程都是用拉丁文书写并颁布的。19世纪上半叶,牛津大学学者、三一学院的院士乔治·沃德(George Ward)开始将牛津章程从拉丁文译成英文。[①] 1846年沃德逝世后,詹姆斯·海伍德(James Heywood)继续从事这项工作。1868年,亨利·安斯提(Henry Anstey)第一次将牛津大学的章程编辑出版。[②] 1888年,约翰·格里菲斯(John Griffith)编辑出版了1636年颁布的《劳狄安法典》(the Laudian Code)。1931年,斯特里克兰·吉布森(Strickland Gibson)在考证的基础上出版了牛津章程汇编。[③] 20世纪40年代,格雷厄姆·波拉德(Graham pollard)又汇编出版了15世纪牛津大学教职员大会(Congregation)[④]的会议记录。2011年,我们翻译出版了牛津大学2002年英文版章程,这是牛津大学章程第一次在中国出版中文全译本。一所大学的章程能长时间地得到世人的关注,可见这所大学的世界性影响。

牛津大学及其学院的设立方式

牛津大学的诞生是一个自然形成的过程,因此它并没有明确的创校时间。早在1096年,牛津这个地方就已经有某种形式的教学了。1154年12月,出生于法国的亨利二世(Henry II Curmantle)加冕为英国国王。他要在法国为他的3个儿子寻找封地,法国国王路易七世(Louis VII le jeune)没有

[①] George Ward. *Oxford University Statutes*, 2 vols. London, 1845.
[②] Henry Anstey. *Munimenta Academinca*. London, 1868.
[③] Strickland Gibson. *Statuta Antiqua Universitatis Oxoniensis*. Oxford, 1931.
[④] 《现代英汉综合大词典》对Congregation词条的解释之一即为"(牛津大学的)教职员全体会议"。该机构相当于剑桥大学的Regent House,故本卷译稿中统一译为"摄政院",而本卷序中则简称为"教职员大会"。

满足这个要求,于是两国国王为土地问题争吵不休。1167年,亨利二世一气之下把在巴黎大学学习的学者和学生统统召回英国,①并下令不许英国任何人前往法国学习或者教学。从法国回来的学者在距伦敦东南80公里处的泰晤士河与查韦尔河交汇处的牛津镇聚集起来,在原来从事经院哲学研究的环境中,建立起了学术研究和教学的中心,并按照巴黎大学和意大利的波洛尼亚大学的组织方式进行讲学和交流,与学生组织成共同的学术团体。牛津大学逐步形成。②牛津大学在形成过程中既没有批准诏书,也没有成立日,人们约定俗成,将1167年作为牛津大学的诞生年。

首先,1214年尼古拉斯主教的裁决书初次将牛津大学作为法人团体。1209年,牛津师生与镇民之间因学生暴力而产生了流血冲突,导致了一些学院关闭,牛津大学被迫停办5年。成批的教师离开牛津,大部分去了巴黎,另一部分去了英国剑桥镇,在那里创办了剑桥大学。对此次冲突,教皇特使尼古拉斯主教(Nicholas Cardinal Bishop)奉命进行调解,于1214年发布了裁决书。裁决书决定:设立荣誉校长(Chancellor)③;十年之内,市民租给牛津学者的房子租金必须减半;牛津镇必须给贫穷学生提供一些奖助金等。④ 这一裁决书带有类似于特许状的性质,所以,这一年牛津大学的荣誉校长、教师和学生被视为一个临时的法人团体,不过这个法人团体仍然不具备被充分认定的特许性质。

其次,建校400年后牛津大学的身份才有了明确的法律认定。根据设立方式,英国大学可分为三类,一是依据经过议会批准的法令(其关键部分为章程)设立的大学,称为章程法人(statutory corporation),如根据《1988年教育改革法》设立的新大学;二是依据公司法注册成立的,如伦敦政治经济学院、格林尼治大学等;三是通过皇家特许状(Royal Charter)获准成立,在法律上,这种组织被称为特许状法人(chartered corporation)。

牛津大学和其他大学不同,创立时既没有创始人,也没有特许状,最初的创立是根据习惯法中的风俗或时效(by custom or prescription)而成立的,随后又通过正式的章程进行了规范。英国大学校长委员会2009年的报告指出,牛津大学和剑桥大学的设立"既没有议会法令,也没有特许状,但却有章程,修改章程中的重要部分需要获得枢密院(Privy Council)的批准"。根据研究英国大学章程的权威学者哈克特(M. B. Hackett)的看法,直到1230

---

① 还有一种说法是,法国国王一气之下把英国的学生和学者统统赶回英国。
② 杨薇.牛津的故事.北京:中国广播电视出版社,2006,第4页。
③ Chancellor 一般译作"荣誉校长",亦可译作"校监"。
④ 关于这次调解及其在牛津历史上的意义,参见 Graham Pollard, 'The legatine award to Oxford in 1214 and Robert Grosteste', *Oxoniensia* 39 (1974), 62—71。

年,牛津大学的法人地位才第一次获得皇室的承认,而获得教皇承认的时间则更晚。① 直到1571年,英国议会通过了一项法律,才从法律上明确了牛津大学的身份地位。

再次,牛津大学的学院在设立时获得了法律身份。牛津大学各学院的建立和大学的建立不同。牛津大学的学院都是有信托人、捐赠人或捐赠基金的,信托人、捐赠人的捐赠需要依法设立捐赠对象。所以,捐赠支持的学院都是根据特许状或章程来设立的。由于早期的学院大多都是由慈善机构基于捐赠成立,并要享受创始人持续的捐赠,因此,学院也要承担为创始人做祈祷的义务。牛津大学最早的学院(也是英国最早的学院)是牛津大学默顿学院,成立于1274年。

牛津的"学院"(college)职能的形成,最初的直接背景是学生的聚集住宿。最初的大学没有住宿条件,学生和教师都分散居住。外来的学生为能在一起生活,通常会几个人同租一个房间,这在牛津被称为"学堂"(Hall)。城市的物价较高,当越来越多的贫困学生不能负担房租并为住宿问题发愁时,一批慈善家出手相助。慈善家认为对贫困学生的帮助是上帝的愿望和要求,就开始捐款修建各种居住用房屋等慈善性设施,为那些找不到房子或租不起房子的学生提供庇护条件。此类机构当时被称为学寮(Collegium),也是学院(College)的早期形态。早期的学寮仅为学生提供食宿便利,以后逐渐变成了食宿加教育的场所。如1379年成立的新学院(New College)实行了导师制(Tutor),把低年级的学生分配给高年级的学生或学者进行督导管理,对低年级学生进行一些预备性与补习性质的教育和指导。这类学院(College)的出现,使得原来没有不动产的大学开始拥有了房屋、院落等不动产,牛津大学于是成为学院(college)的集合体。②

值得注意的是,牛津大学本身和牛津大学的各个学院的法律地位是不同的。在英国的法律体系中,法团分为宗教法团(ecclesiastical Corporation)和世俗法团(Lay Corporation)两种。其中世俗法团又可分为慈善法团(eleemosynary corporations)和民事法团(civil corporations)。牛津的大部分学院属于慈善法团,而牛津大学属于民事法团。

---

① J. I. Catto. *The History of the University of Oxford*. Vol. 1: *The Early Oxford Schools*. Oxford: Oxford University Press, 1984, p. 49.
② 张磊. 欧洲中世纪大学. 商务印书馆, 2010.

牛津大学章程内容的变化和治理机制的变革

牛津大学获得法律的明确认定之后,章程内容经历了长期的修改变动,大学的治理结构、与皇室及政府间的关系、内部管理方式等,也随之发生变化。因为章程涉及各方面的利益和发展,所以,每次章程制定和修订,都会引起关系的变化和许多争论。

第一,《牛津和剑桥法》(1571)。1571年,牛津大学才正式依照法律成为社团法人。1571年,议会通过了《牛津和剑桥大学法律地位法》(The Act for the Incorporation of Oxford and Cambridge Universities)。这一法律文件由序言和七部分组成。该法在序言中指出,"女王陛下和她尊贵的祖先认可并批准前述两所大学所享有的特权、自由权和特许权,将给予它们更多的尊重,使其拥有更大的强制力和影响力"。[①]该法规定了牛津的荣誉校长、教师和学者的法律地位和大学的团体法人的地位,将大学名称定为牛津大学(University of Oxford),大学可以进行诉讼和应诉。根据习惯法,团体法人有权为内部事务制定规程,但这些规定应当遵守国家的一般法律。

早期的章程规定,由居住在牛津并从事教学工作的摄政教师(Regent Master)组成的教职员大会(Congregation)作为牛津大学的主要治理机构,处理大部分大学事务。由校务委员和其他教员共同组成的评议会(Convocation)被确定为牛津大学的审议与立法机构,不定期召开会议,行使制定、修改和废止章程的权力。章程还规定了大学的职位和职位选任的办法,关于学位授予、授课方式、学生纪律、学位制服、荣誉校长法庭以及其他各种事项的处理办法。

第二,《劳狄安法典》(1636)。17世纪时,牛津大学的不协调及混乱的章程状态引起了大学各方面的关注。当时,章程没有统一的权威版本,不同部门所依据的章程也不一样。1625年3月查理一世(Charles I)即位,1630年4月大主教劳狄安(Archbishop Laudian)当选为牛津大学荣誉校长。查理一世和大主教劳狄安都注意到了章程的不协调所造成的混乱,以及大学内部宗教分歧问题和学生纪律问题。为能有效地解决问题,1631年,劳狄安建立了大学执行委员会(Hebdomadal Board)[②],这个委员会由校长和学院院长组成,每周举行一次会议,讨论学校事务。这在一定程度上削弱了教职员大会

---

① *Statutes of the University of Oxford*, 2010-11, Preface.
② Hebdomadal Board 亦可译作"七日委员会"。

和评议会的权力。

为了消除规章制度的不协调和大学治理方面的问题,经过五年的酝酿,牛津大学最终形成《劳狄安法典》,并将其呈给国王。1636年5月3日,国王以皇家确认信(Royal Letters of Confirmation)的方式予以批准。确认信中说,国王"接受、同意、批准并确认"该法典,要求在大学评议会收到并颁布该法典的当天,各学院负责人给出书面形式的同意,要求牛津大学所有的管理者和学者从当日起的六个月之内宣誓效忠该法典。1636年6月22日,法典正式颁行实施。

《劳狄安法典》的内容包括了大学的管理机构、学监的任命、执行委员会的建立及职责等事项。但法典中关于由皇家信函确认的条款引起了一个问题,那就是牛津大学是否还保有以及保有哪些制定新章程,或修改和废止现有章程的权利,即制定、修订和废止等行为是否都需要皇家信函的确认。这也涉及对《劳狄安法典》的修改和废止的问题,涉及对其中的三个皇家章程或其他章程的修改和废止的问题,涉及新章程的制定权力问题。

1759年,大学法律顾问建议撤除皇家确认信的法律效力,明确大学的独立地位:"我们认为,在大学获得最初的法人地位(original Act of Incorporation)后,未经大学的同意或确认,国王不能以其特权或别的方式,向大学强加法规或章程,而且大学没有权力将其制定议事程序或章程的权利转授给任何人,包括国王。没有评议会的同意或认可,任何这类经授权而制定的章程均属无效。我们认为正是这一点给予章程以'生命与规范'。我们相信,正是由于大学本身无权制定任何不能修改、不能废止的章程,它也不能授权给任何人甚至君主,来制定任何不能废止的法规,除非经由这些人或君主的继承人同意。虽然在某些情况下,大学确实委托给君主向其提供管理章程的权利,君主也这样做了,这种章程也得到了英国皇权的认可,但我们认为,即使如此制定并得到认可的章程也不能取消大学固有的立法权。"[①]

1836年,由于牛津皇家神学教授选举产生争议,评议会建议废除《劳狄安法典》中赋予皇家神学教授对传道士管辖权的规定。由于皇家确认信独特的背景,以及其他的一些理由,这个建议未被采纳。1850年,大学皇家调查专员(University Commissioners)建议大学请求国王取消《劳狄安法典》及其皇家确认信对大学权力的约束时,争论再次爆发。时隔四年,事情终于有了结果:1854年7月10日,牛津大学得到皇家特许文件的授权,可以对《劳狄安法典》进行修改,只是大学执行委员会依据成立的王室章程除外。大学可以在不需要进一步特许或授权的情况下,废止、修改任何其他章程。但文

---

① *Statutes of the University of Oxford*, 2010-11, Preface.

件对牛津大学能否具备超越《劳狄安法典》范围进而制定新章程的权利不置可否。不管怎样,这一年,牛津大学终于获得了1759年牛津法律顾问所希望获得的主要权力。

第三,《1854年牛津大学法》。1850年,根据约翰·罗素(John Russell)勋爵的提议,英国政府成立皇家委员会(Royal Commission)①,对牛津大学和剑桥大学进行调查,并提出了调查报告。报告提出了章程基本条款的修订、内部权力平衡等一系列改革建议。皇家委员会认为,教职员大会的影响力实际上大大削弱,真正的权力机构是包括校长及各学院院长在内的大学执行委员会,还有评议会。各个学院的权力逐渐增大,学院获得了更丰厚的捐赠,掌控着各自的资产,很大程度上成为独立的、不受监督的机构。有人认为,这种状态不利于学术和社会的进步。

在皇家委员会调查的基础上,形成了《1854年牛津大学法》(The Oxford University Act 1854),并获得通过。为实施该法案,建立新的章程委员会;大学执行委员会改组为大学理事会(Hebdomadal Council)②,并规定了理事会的成员资格以及选任方式;大学理事会有权对具体事项制定规定;校长受理事会的监督;大学理事会颁布章程需提交教职员大会审议;评议会仍然是大学的立法机构。

各学院在获得章程委员会同意后,可以修改各自的章程。根据法律条款颁布的章程要刊登在《伦敦公报》(*London Gazette*)上,并提交议会审议。如果发生异议而难以解决则提交枢密院审议。《1854年牛津大学法》还授权大学在征得章程委员会和枢密院同意的条件下,改变时效超过50年的信托和赠与或捐赠财产的管理细则。

第四,《1877年牛津剑桥大学法》。1871年,《格拉德斯通大学宗教审查法》(Gladstone's Universities Tests Act)废除了一个规定,这个规定的内容是:凡牛津、剑桥、杜伦大学学生或职员,在得到除神学学位之外的任何学位,或行使任何权利或特权,就职或接受任命之前,必须宣布其宗教信仰或教派。这项废除引起了一些争议。1872年,英国政府组织成立皇家委员会,继续推动这项改革。皇家委员会调查牛津大学、剑桥大学的财政来源,包括它们各自学院的财政来源,审查大学的治理结构和管理问题,并于1874年提出了调查报告。在皇家委员会报告的基础上,形成了《1877年牛津剑桥大学法》(the Universities of Oxford and Cambridge Act 1877),并获得通过。

《1877年牛津剑桥大学法》是一个授权法和程序法。根据此法成立章程

---

① Royal Commission 一般译作"(英国)皇家专门调查委员会",简称"皇家委员会"。
② Hebdomadal Council 亦可译作"七日理事会"。

委员会,按照法律程序,为大学和学院制定和修订规章制度。该法规定了大学章程须包括的内容,大学和学院保留修改章程的权利,但未经枢密院同意所有的修改均属无效。所以,大学制定的法规须提交枢密院同意后提交议会审议。该法要求学院尽量从大学利益出发制订计划,并为共同基金筹款。该法授权大学可以改变超过50年时效的信托基金的管理规则。

第五,《1923年牛津剑桥大学法》。1919年,英国政府又成立皇家委员会,对牛津大学和剑桥大学进行调查,阿斯奎斯(Asquith)担任牛津大学委员会(The Oxford Committee)的主席,并于1922年提交调查报告。在此基础上,形成了《1923年牛津剑桥大学法》(the Universities of Oxford and Cambridge Act 1923)。依据该法,组成新的章程委员会成员,为各大学及其学院、学堂制定、修订章程和规章;该法希望能够考虑录取更多经济条件差的优秀学生进入大学和学院;该法仍然授权大学可以修订信托基金的管理规则,但修订规则的时效期限由50年以上改为60年以上。《1923年牛津剑桥大学法》保留了评议会的一些权力,例如,选举荣誉校长、选举代表学校对外汇报的人员、颁发学位证书和荣誉学位以及代表大学向皇室和其他机构发送信件等。此外,当教职员大会通过章程的投票数未达到与会票数的三分之二时,应提交评议会审议;评议会有义务履行大学章程委托或教职员大会赋予的其他职责。

第六,法兰克斯委员会建议的改革。1963年,英国《金融时报》社长、伦敦政治经济学院院长罗宾斯(Robbins)提出了《罗宾斯报告》,指责牛津、剑桥的垄断地位和所带来的墨守成规、保守难变的严重影响。当时的英国政府赞同罗宾斯的观点,在48小时内就批准了这份报告。1964年,牛津大学面对发展问题和社会压力,成立了一个委员会,由当时的奥利弗·法兰克斯爵士(Sir Oliver Franks,后来成为勋爵)担任主席。这个委员会的任务是参照罗宾斯的报告对大学进行全面审查,并提出改革建议。

1966年,委员会摒弃了大主教劳狄安设计的章程框架,用新的章程结构制定了一个新的章程,并提出了关于章程改革、改变机制的建议。法兰克斯委员会的报告建议,将制定、修改、废除章程的权力完全转移给教职员大会。评议会对章程制定不再享有管辖权。同时,评议会的其他主要权力也转交给教职员大会,评议会仅保留选举荣誉校长和诗歌教授这两项权力。1969年,新章程生效。牛津大学的最高权力机构第一次实际上转移给了教职员大会。

第七,诺斯委员会建议的改革。1997年,牛津大学又成立委员会,由当时的校长彼得·诺斯爵士(Sir Peter North)担任主席,对大学的组织、管理和财务工作进行审查,并提出改革建议。1999年提出报告。诺斯委员会所建议的改革主要包括以下四个方面：1. 将大学理事会和学院总委员会这两个主要管理委员会，合并成为一个执行校务委员会（Exclusive Council）①，受教职员全体大会约束；2. 大学的核心事务分派给四个主要的委员会，每个委员会由校长或一名副校长担任主席；3. 将各个学科部（Faculty）、分学科部（Sub-Faculty）和系整合为五个学科部（Academic Division），全面负责相关学科部的活动和经费，每个学科部都任命一名主任，学科部主任成为校务委员会的成员；4. 简化大学的章程和规则。

诺斯委员会认为，以前的大学章程本身包含了不必要的细节，章程结构需要调整，分属的法令和规则，也要以一种更易于理解和使用的方式来体现。整个大学章程需要再次进行实质性的修改。牛津大学组建了一个工作组，由圣胡格学院（St Hugh's College）督察、女王顾问（QC）德里克·伍德先生（Mr Derek Wood）担任主席，实施诺斯委员会的建议。之后，大学和学院又联合成立了一个工作组，由科林·卢卡斯博士（Dr. Colin Lucas）（后来成为爵士）担任主席，负责审查诺斯委员会的报告。

诺斯委员会的调查和报告，尤其是制定了一个新章程，为牛津大学的结构改革创造了有利条件。2001年11月11日，牛津大学教职员大会通新章程。2002年4月17日，女王陛下和枢密院认可了新章程。2002年10月1日，新章程颁行实施。这部章程也是本书第四卷翻译的、大家所看到的版本。

第八，章程的变化和机制的变革仍在继续。法国学者雅克·韦尔热（Jacques Verger）认为牛津大学在1214年获得了最初的章程。② 根据英国大学章程研究的学者哈克特的推测，牛津开始制定章程的时间大概始于1230年。在存世的牛津章程中，最早的一份章程的制定日期是1253年3月12日。③ 从牛津大学可见的最早的章程版本时间到2011年，牛津大学大约经历了758年的章程变化和大学治理机制的变革。

牛津大学的章程和治理机制发生了多次变化和变革，例如，围绕《牛津和剑桥法》(1571)进行的大学法律地位变化、围绕《劳狄安法典》(1636)出现的关于大学独立修订大学章程权力的问题、围绕《1854年牛津大学法》进行的大学内部权力调整的问题；围绕《1877年牛津剑桥大学法》进行的外部关系调整的问题、围绕《1923年牛津剑桥大学法》进行管理规则修订的问题，以

---

① 这是一个新的委员会，就其人员组成而言，与中国大学的校务委员会相近，本卷译稿将其译为"校务理事会"。

② 〔法〕雅克·韦尔热著. 中世纪大学. 王晓辉译，上海人民出版社，2007，第32页。

③ J. I. Catto. *The History of the University of Oxford. Vol. 1: The Early Oxford Schools*. Oxford：Oxford University Press, 1984, p.52—53.

及1964年的法兰克委员会建议的改革、1997年的诺斯委员会建议的改革，一直到2002年新的牛津大学章程和规则等等。牛津大学章程和大学治理机制的变动仍在进行。2004年10月，牛津大学突破传统，聘请了有资深商业背景的前奥克兰大学校长约翰·胡德（John Hood）担任牛津大学校长。胡德上任后，对诺斯改革进行了系统评估，并于2005年3月发布了《牛津大学治理结构绿皮书》。牛津大学的官员和教师围绕绿皮书进行了激烈的讨论。2006年5月，经过讨论后，牛津大学形成了《牛津大学治理改革白皮书》。这两个文件所探讨的是牛津大学的发展方向、面临的社会环境，以及治理机制更加符合现实世界的需要等。但是，在教职员大会审议投票时，这两个方案都没有获得通过。[①] 牛津大学继续实行以前的治理结构和机制。牛津大学所面临的挑战，迫使大学的治理机制必须变革，这种变革的需求直接迫使章程发生变化。这个过程，一直会持续下去，中国的大学也正处于类似的境况中，所以，大学章程的创制和修订迫在眉睫。

牛津大学的章程框架与大学的治理结构

通过梳理牛津大学的章程和规章，大学治理结构中的若干重要方面值得我们进一步思考和探究：

一是章程与规则[②]。牛津大学章程是纲领和基本原则，规定了牛津大学的性质、关系以及下属机构的性质和框架。牛津大学规则是在章程的指导下，对各层权力的职责分工、处理问题的程序、细则所做的进一步阐述。

牛津大学章程对大学定位、机构、评议会、教职员大会、学院、理事会、大学官员、大学纪律、学位与证书、学生成员管理、学术人员聘用、资金、合同、捐赠以及争议的解决、若干基金等进行了界定。尤其值得关注的是牛津大学的规则，它在章程的基础上规范了各决策机构和学院的职责、权限、聘任条件和程序，使得管理程序明确而又具体，相关的决策机制都详细而明确地规定了执行和监督程序，减少了误导和误解。

牛津大学的章程规定了大学的治理结构和管理机制。治理结构、管理机制发生变化，必须有章程和条例作为合法的依据。所以，章程框架和内容

---

① 钟周. 一场对"大学自治、学者治校"的深入反思：2004—2006年牛津大学治理改革案例分析. 复旦教育论坛. 2010年第2期.

② Regulation是相对于Statutes的细则体系，一般译作"规则"或"条例"，本卷译稿将其译为"规章"。

的繁简对大学的机构及其职责的行使有很大影响。在牛津大学治理结构中比较有特色的是教职员大会以及校务委员会等立法及行政系统。

二是机构与管理者。牛津大学有许多机构，其中有三个比较突出：评议会（Convocation）、校务委员会（Council）、教职员大会（Congregation）。

评议会的权力在逐步缩小。1571年前的章程规定，评议会（Convocation）作为牛津大学的审议与立法机构，不定期召开会议，行使制定、修改和废止章程的权力。《1923年牛津剑桥大学法》保留了评议会的选举荣誉校长、选举学校代表、颁发学位证书和荣誉学位，以及代表大学发出信件等方面的权力。1969年，牛津大学的新章程规定教职员大会具有制定、修改、废止大学章程的权力，评议会对章程制定不再有管辖权。教职员大会的权力逐步扩大，成为大学的立法机构。

牛津大学的日常管理主要在以校务委员会为首的行政系统。大学主要的行政官员包括荣誉校长（Chancellor）、校长（Vice-Chancellor）、教务长（Registrar）、副校长（Pro-Vice-Chancellors）、总务长（High Steward）、学监（Proctors）等。13世纪初，牛津大学就有了荣誉校长、学监和仪仗官（Bedel）。1448年有教务长的职务，1549年才设立校长的职位。牛津大学的首任荣誉校长（1215—1221）是英国政治家、经院哲学家、神学家和伦敦大主教罗伯特·格罗斯泰斯特（Rober Grossteste，1175—1253）。最初的荣誉校长职务负有管理职能，并在大学、教会以及国王之间进行沟通与协调。但在漫长的大学治理机制的演变中，荣誉校长所拥有的权力逐渐褪色，在有了"校长"职位后，它逐渐成为一个荣誉职位，行政系统的管理权力转移到了校长身上。

三是教职员大会。教职员大会在牛津大学的地位和影响一直在发生变化。在牛津大学现存文件中，1201年的一份文件最早提到"教职员大会"。①13世纪，教职员大会是当时的治理机构。非任教教师（non-regent master）在大学治理中发挥的作用很小。随着非任课教师在大学管理中的作用增大，1303年，牛津大学的非任课教师获得了与任课教师（Regent master）同样的地位，都有进入教职员大会的资格。②在中世纪，"教职员大会"的召开非常频繁，根据档案的记录，1456年，教职员大会至少召开了59次会议。③

---

① V. A. Huber. *The English Universities*. Vol. 2. Francis W. Newman trans. London：William Prickering. 1843，p. 433.

② Cobban, Alan B. *English University Life in the Middle Ages*. London：UCL Press, 1999，p. 227.

③ J. I. Catto. *The History of the University of Oxford*. Vol. 1：The Early Oxford Schools. Oxford：Oxford University Press, 1984，p. 56.

后来，教职员大会成为牛津大学的立法机构，拥有制定规章、授予学位、选举校务委员会成员和其他学校机构（包括审计与监查委员会）成员、任命副校长等权力。教职员大会有权对章程的修改进行批准。对于校务委员会提交上来的决议（Resolution），有权驳回或加以修改。2011年，牛津大学的教职员大会成员包括全体学术人员、图书馆和博物馆的管理人员以及行政管理人员，约有4500多人。教职员大会主要处理立法提案（legislative proposals）和决议（resolution）。

立法提案指的是校务委员会提出的有待修改、废除或增加到章程或条例中的提案。在召开会议讨论该提案之前，至少提前19天在《大学公报》上发表告示。如果在提案公示结束前8天，有两个或两个以上的教职员大会成员表示异议和反对，则需召开教职员大会进行投票表决。如果没有这种情况，则该提案就将被通过。如果反对或修改的意见是针对校务委员会的，而校务委员会认为不可接受，则召开教职员大会对该决议或决议修正案进行辩论。也可通过通讯投票的方式进行。简单多数即可推翻决议。

在几乎所有情况下，立法提案或决议都会因为在规定时间内没有反对或修改意见而被通过。2000年至今，共有6次由20人以上教职员大会成员所提出的决议，其中有两次决议进入投票表决阶段，其他四次决议均因为无足够反对或修改意见而获得通过。2006年5月颁布的《大学治理白皮书》（White Paper on University Governance）引发立法提案，通过通讯投票进行表决，结果是立法提案没有获得通过。

除了立法提案和决议之外，教职员大会的成员还有两种方式可以参与牛津大学的治理。第一，自2000年开始，校务委员会或20人及以上的教职员大会成员可以发起任何有关大学事务的讨论。对于在教职员大会上有关该问题的讨论，校务委员会必须予以关注。2000年到2011年期间，这个程序被使用过两次。第二，任何教职员大会成员均可提出有关大学政策或管理的任何问题。在讨论该问题的教职员大会召开之前，《大学公报》需要公布大学管理当局对此问题的答复，并在教职员大会召开时进一步阐明对这个问题的解决办法。近年来，这个程序仅在2010年1月时被使用过一次。由此可知，教职员全体会议的作用主要表现在对大是大非问题的掌控方面。除非有特别重要的事宜，一般来说，教职员大会并不是非常活跃的。

教职员大会的议事和决策公开透明。举行会议之前，教务长在《大学公报》上发布会议公告，说明所要审议的事项。教职员全体大会的所有决议必须在《大学公报》上公布。教职员大会行使审议和立法的职能，而大学的日常运转和管理主要依靠的是校务委员会及其下辖的各个分委员会。

四是校务委员会。校务委员会（Council）负责学校的学术决策和战略规划,履行规划、行政、财务等行政决策的权力。主要事务包括:确定年度预算,制定战略规划和其他规划,采取战略性的决策,接受各委员会的报告并做出决策,提出对章程和条例的修改意见。

校务委员会下设五个委员会:教育委员会、总务委员会、人事委员会、规划与资源配置委员会,以及科研委员会。除了这5个委员会之外,牛津还有3个直接向校务委员会汇报的委员会,分别是审计与检查委员会(Audit and Scrutiny Committee)、财政委员会(the Finance Committee)和投资委员会(Investment Committee)。

校务委员会一般由25—28人组成,其中有4名为校外人士,由提名委员会推荐,由校务委员会认可,并经教职员大会批准。9名当然成员(作为校务委员会主席的校长、学院联合会主席、两位学监、4位学部委员会的主席)、1名学院联合会选举的教职员大会成员,以及由教职员大会从成员中选出的11人。另外,校务委员会可提议增选不超过3名的教职员大会成员。校务委员会每年举行的会议有10余次。校务委员会对教职员大会负责,并尽全力贯彻教职员大会的决议。

五是学部与学院。大学事务的运行有赖于大学行政、学术、学院等方面的机构来运作。与校务委员会运行效率效果有关的还有学部(Division)、学科部(Faculty)及相关的委员会、学院联合会及其学院联席会议(Conference of Colleges)。

学部委员会(Divisional Boards)是个跨院系的大类学科协调部门。按大类分,牛津大学有四个学部:人文学部,社会科学学部,医学部,数学、自然科学和生命科学学部。每个学部有一个全职的部长,并有一个选举出来的学部委员会,来处理和协调学部自身的事项,协调学部之间的交流,并和大学及院系保持联系。学部之下还有学科部,这些学科部与学院不同,它是学术研究及教学单位。这类学科部有:人类学和地理学学科部、生物科学学科部、临床医学学科部、英语和文学学科部、法学学科部、古典哲学和古代历史学科部、数学学科部、中世纪和现代语言学科部、现代历史学科部、音乐学科部、东方学学科部、物理科学学科部、生理科学学科部、心理学学科部、社会学学科部、神学学科部、文科学科部等。有的学科部下分设学系,有的不分学系。

学院联合会是学院之间的联络机构,主要任务是收集各个学院的建议,沟通和协调相互间的关系,并将各个学院的意愿传达到大学层面。学院联席会议是学院联合会的研讨和咨询性的论坛,其意见会对牛津大学的治理发生重要的作用。2011年,牛津大学约有38个学院。据说牛津大学最老的学院是默顿学院(Merton College),建于1264年,最年轻的学院是圣凯瑟琳学院(St Catherine's College),建于 1963 年。19 世纪 50 年代之前,学院在大学中是最有力量的组织。一百多年后,大学权力在增加,学院的权力在减弱,但其独立性及其强大的财政实力对大学的发展依然影响很大。

六是大学章程与政府关系。牛津大学是一个高度自治的团体,但在一定的历史时期,程度不同地受到政府的干预和管束。在牛津大学成立后的四百多年的时间里,牛津大学在制定章程方面拥有自主权。16 世纪,皇权压倒教权之后,政府在牛津大学章程的制定中便发挥着重要的作用。历史上,牛津大学章程的几次修改都遵循了以下模式:政府成立皇家委员会对大学进行调查,在此基础上形成调查报告,之后通过议会法案,再根据法案成立章程委员会,通过章程委员会修改大学章程及规则。虽然政府可以通过成立章程委员会、委派皇家调查专员的方式为大学制定章程,但如果某一章程损害了大学或学院的利益,大学可以申请废除该章程或章程的一部分。根据《1923 年牛津剑桥大学法》,牛津大学有权对大学的章程进行修改,通过评议会表决后生效。自 1919—1922 年成立皇家委员会进行调查,促成《1923 年牛津剑桥大学法》之后,英国政府不再通过组建皇家委员会的办法来干预大学的章程制定及修订,而是通过法律、法案的方式进行规范和指导。

七是牛津大学治理结构的特征。从牛津大学的章程变化和多年来形成的治理机制可以看出,牛津大学的治理结构与众不同,其特征主要表现在"联邦主义"(Federalism)、"教师主导"(Donnish Dominion)、"决策民主"(democratic decision-making)等三个方面。[①] 联邦主义反映的是牛津大学与各学院之间的关系,学院在大学治理和财政基础方面具有很大的影响,如同联邦政府与各州之间的关系。教师主导,反映的是牛津大学的教师治校、学术自治的传统。决策民主指的是决策的开放性和透明性,例如,教职员大会和校务委员会的议事日程都需要在《大学公报》或校园网上公布。校务委员会的会议记录经会议通过后,其中非机密性的部分须张贴在校园网上。

联邦主义、教师主导、决策民主在牛津大学已经成为传统,成为大学治理的基本结构。这是八百多年积淀成的大学文化,对中国大学而言,照搬是不可能的。生搬硬套,靠天上掉下来的理念就要改变中国的现实,绝对不能成功。但是,思考其精神、研究其规则、体验其机制,依据中国国情,将其中可借鉴的部分逐渐融入到中国大学的管理实践中去,形成中国大学自己的东西,这样才会有现实的、积极的效果。

---

① Ted Tapper and David Palfreyman. *Oxford and the Decline of the Collegiate Tradition*. London;Portland, Or. :Woburn Press, 2000, p.126.

2009年1月，我们将牛津大学、剑桥大学的章程纳入研究与翻译的计划，当时我们看到的牛津大学章程英文版总体内容约有三百余页，而剑桥大学章程英文版的总体内容竟有一千余页。当我和秘书组同仁一起商讨研究及翻译事项时，大家直接的感觉是规模太大，要全部翻译实在是费时费力，最好节选节译。

我看了目录，内容的确十分丰富，作为纲领的章程和作为细则的规则共处一体，甚至有历史上先后建立的各种捐赠的基金和基金使用规则等。如果节选，首先就把这些部分节选掉。按中国大学管理者的思维，这些基金规则不应和章程系统放在一起，但牛津、剑桥的章程体系的长期规矩就是这样。有章程原则，还有细则条款，纲举目张，遇到一个治理问题，翻开章程一看，原则和程序都有了，清晰明了。即使基金和基金规则比较细碎，但有的基金有上百年、几百年的历史，对我们思考大学建设也是非常可贵的。如果节选掉，实在可惜。

我让大家发表意见：如果节选，怎么选，选什么，为什么这么选，这些问题我们都无法回答。最后，我还是建议全部翻译，无论多么困难，都要坚持全部翻译出来。节译容易，但没有人去费时费力地系统研究和全部翻译，我们就是要做好这件事，译出一个比较完整的牛津、剑桥大学的章程体系。至于出版后如何使用，大家可以从中各取所需，各抒己见。秘书组同仁很赞成我的看法及提议，"全部翻译"就作为基本准则定了下来，三年来从未动摇过。现在大家看到的第四卷（一册）、第五卷（共三册）就是历经磨难、坚持不懈的结果。对牛津大学章程、规则的看法，对牛津大学治理结构的见解，在翻译和研究的过程中，我们经常议论，但并不系统。我们共同期望章程的翻译版及这篇序言能够帮助大家思考一些有关章程、原则、细则等方面的结构问题，以及条例、细则对大学管理的影响问题，能给大家带来收获。

张国有

北京大学校务委员会副主任

2011年8月19日

目录

牛津大学章程

前言:大学制定章程的权力 /3

章程 I:总则 /14

章程 II:牛津大学成员身份 /16

章程 III:评议会 /19

章程 IV:摄政院 /20

章程 V:学院、学会与永久私人学堂 /24

章程 VI:校务理事会 /27

章程 VII:学部、学科部、分学科部、系与继续教育系 /32

章程 VIII:图书馆、博物馆和科学收藏馆以及牛津大学出版社 /36

章程 IX:大学行政官员 /40

章程 X:学位、学历与证书 /46

章程 XI:大学纪律 /48

章程 XII:学术员工及督察委员会 /60

章程 XIII:学生成员:其他条款 /73

章程 XIV:学校对学术员工及后勤人员的聘用 /77

章程 XV:学院资金上缴方案与学院账务 /80

章程 XVI:产权、合同与信托 /82

章程 XVII:解释或应用大学章程和规章时的争端解决方案 /87

附录:68 类基金 /88

牛津大学规章

关于评议会选举的规章 /137

关于摄政院成员身份的规章 /139

关于摄政院事务的规章 /140

格林学院规章 /160

凯洛格学院规章 /162

圣十字学院规章 /164

关于建立和维护永久私人学堂的规章 /166

关于校务理事会的规章 /168

校务理事会关于各委员会的总规章 /171

关于各委员会向校务理事会或校务理事会的某主要委员会直接汇报的规章 /173

资金价值委员会 /210

学部规章 /212

关于学部诸委员会的规章 /215

关于各学科部的规章 /224

关于学科部委员会的规章 /225

关于各系的规章 /235

关于牛津大学图书馆服务的规章 /237

关于阿什莫尔艺术和考古博物馆的规章 /239

关于植物园的规章 /243

关于牛津大学自然历史博物馆的规章 /245

关于皮特利弗斯博物馆的规章 /248

关于科学史博物馆的规章 /251

关于牛津大学出版社专员的规章 /254

关于大学其他机构的规章 /257

关于大学行政官员的规章 /272

关于学位、学历与证书的规章 /280

关于学监根据章程 IX 第 22 条的规定对投诉进行调查的规章 /286

关于牛津大学图书馆服务设施使用的规章 /293

关于信息技术设施使用的规章 /297

关于规则委员会的组成、职责与权力的规章 /302

关于学生成员的活动与行为的规章 /304

关于考生纪律的规章 /312

关于学监对考生进行管理的规章 /314

关于学监根据章程 XI 的规定进行纪律调查的规章 /316

关于学生纪律专门小组的规章 /320

关于根据章程 XI 的规定实施罚款和赔偿的规章 /329

关于学生上诉专门小组的规章 /330

关于诉至上诉法庭的规章 /335

牛津大学学生会规章 /340

根据章程 XIII 第 26 条的规定所制定的有关医学委员会的规章 /342

关于处理医学生实践适当性问题相关程序的规章 /344

有关认定 PGCE 学生从教适当性的规章 /349

关于根据章程 XII 第 7 条第 3 款的规定任命替补人员的规章 /354

根据章程 XII 第 22 条之规定制定的督察委员会规章 /355

根据章程 XII 第 27 条第 5 款之规定制定的医学委员会规章 /360

根据章程 XII 第 34 条之规定制定的申诉委员会规章 /363

关于聘用大学职员的规章 /364

关于外聘职务及处理外聘事务的规章 /379

法令（5）：根据新大学章程废除过时法令及将某些其他法令重新指定为相关规章 /381

关于学院资金上缴的规章 /383

关于学院账务的规章 /387

财务规章 /389

关于大学知识产权政策的规章 /404

有关举行摄政院仪式和其他仪式的规章 /408

有关经校务理事会授权，由校长确定学位服的规章 /428

牛津大学组织机构表 /433

核心词汇表 /438

后记 /440

《大学章程》第四卷译校分工 /444

牛津大学章程

前言：大学制定章程的权力

1. 牛津大学的法律地位

牛津大学是一个世俗法人，最初是根据习惯法中的风俗或时效成立的，而后才通过正式的章程进行了规范。它没有任何创始人和创始章程。学校早期的历史记录显示①，它是由 12 世纪下半叶在牛津居住的一群师生自发组建的。这些师生当时共同组建的学术团体类似于当时欧洲其他学术中心形成的同类团体，特别是波洛尼亚和巴黎的此类团体。整个欧洲最早都用"泛邦大学"（studium generale）来定义这类团体。当时的"泛邦大学"旨在提供被称作"七艺"的七种人文教育，包括语法学、逻辑学、修辞学（合称"三科"），以及算术学、几何学、天文学、音乐（合称"四艺"）。人文学科毕业生可以继续深造，攻读法律、医学和神学学位。

1214 年，牛津师生群体被纳入荣誉校长（Chancellor）的管辖，荣誉校长由林肯主教任命。为解决 1209 年牛津师生与镇民之间因绞死两名参与合谋杀人的学生而产生的冲突，教皇特使图斯库卢姆的尼古拉斯主教授权设立了荣誉校长一职。这次冲突导致了一些学院的关闭，成批的学者为表示抗议而离开，其中一些人在剑桥创立了一个新的大学（*Studium*）。到 13 世纪后期，由牛津教授们选举并由林肯主教任命荣誉校长成为一种常规。

1214 年后，牛津的荣誉校长、教师和学者很快作为集体被认定为一个法人团体。"Universitas"这个词，当时是指有明确目的和法律地位的任何法人，最早于 1216 年②被用来指称牛津的全体教师。之后的 20 年中，该词被用来在皇室和教皇特使的特权授予中指称由牛津荣誉校长、教师、学生组成

---

① 拉西达尔，《欧洲中世纪的大学》，牛津大学出版社，1936 年，第二版；萨瑟恩，《牛津大学史》第一卷第一章，哈克特，《牛津大学史》第一卷第二章，牛津大学出版社，1984 年；柯班，《中世纪的大学》，梅休因出版社，1975 年，第五章第一条。

② 哈克特，同上，47 页。

的整体。牛津开始制定章程的时间不迟于1230年,1240年共同公益基金成立,1276年①公章使用制度正式建立。虽然直到1448年牛津才有教务长(Registrar)②,校长(Vice-Chancellor)的职位更直到1549年才真正设立③,但是13世纪初牛津就已经有了学监(Proctor)和仪仗官(Bedel)④。对盾徽的最早描述出自1412年至1417年,1429年⑤盾徽的使用已规范化。属于牛津大学的最早建筑是摄政院会堂、神学院和汉弗莱公爵图书馆。

牛津大学与剑桥大学的建立和它们的学院(college)*的建立不同。所有的学院都是根据章程成立的。除了更为晚近成立的一些组织,这些学院都是慈善机构。也就是说,它们基于捐赠成立,享受创始人持续的慷慨捐赠,因此也经常要承担为创始人和他(她)的亲属做弥撒或祈祷的义务。⑥

2. 大学法人地位法令

三个多世纪后,1571年牛津大学和剑桥大学才正式依照章程(statute)组建。《牛津和剑桥大学法人地位法令》内容简短,由序言和七部分组成。该法令的主要目的在序言中得到了阐述:"女王陛下和她尊贵的祖先认可并批准前述两所大学所享有的特惠权、自由权和特许权,将给予它们更多的尊重,使其拥有更大的强制力和影响力……"

法令第一条规定了牛津的荣誉校长、教师和学者的法定地位,他们及其继承者将永久享有"牛津大学荣誉校长、教师和学者"这个名称。大学的法定名称为"牛津大学",有公章并可以发起诉讼和应诉。剑桥大学也有相应的规定。尽管法令并没有创建这两所大学,但它以具有最高效力的法律形式确认了它们的法人地位。

---

① 哈克特,同上,51页。
② 哈克特,同上,56页,82—87页。
③ 《古代牛津大学规章》,斯特里克兰·吉普森编,牛津大学出版社,1931年,第二十章,283—285页。
④ 斯特里克兰·吉普森,同上,第74章,350—351页。
⑤ 哈克特,作品同上,94页。
* 牛津里的学院(college)不是学术机构,而是给教师、学生提供食宿的地方。牛津大学里的教学和研究活动主要由学部(division)来组织。学部不是大学内的自治单位,而是跨学院的机构,不隶属于任何一个学院,不过各学部的师生首先必须是牛津大学内某一学院的成员。牛津现有四个学部:人文学部,医学科学学部,数学、自然科学与生命科学学部,社会科学学部。而各学部下又设有学科部(faculty)、直属学院(school)、系(department)、中心(center)或研究所(institute)。——译者注
⑥ 参见皮卡达,《关于慈善事业的法律和行为》,巴特沃斯出版社,1995年第二版,第379页的定义。

3. 大学的早期章程

根据习惯法，团体法人有权为管理内部事务制定规程（rules），包括制定其设立新规程、废除或修改现有规程时应遵循的程序。① 这些规程应当遵守国家的一般法律，并有可能被国家法律否决。

在最初 400 年的校史中，牛津大学充分行使了规程制定权。早期的章程规定，由居住在牛津并从事教学工作的校务委员（Regent Master）组成的摄政院（Congregation）为牛津大学的主要治理机构（the principal governing body），处理大部分事务，并规定了摄政院会议的召集和开会时应遵循的程序，以及投票方式。由校务委员和其他教员共同组成的评议会（Convocation）被确定为牛津的最高治理机构（the supreme governing body），不定期召开会议。评议会而非摄政院行使制定、修改和废止章程的权力。章程还规定了大学的职位和职位选任的办法。有关学位授予、授课方式、学生纪律、学位制服、荣誉校长法庭以及其他诸事项的管理方法，章程也都有相关规定。

4.《劳狄安法典》

16 世纪，人们意识到章程陷入了一种不协调甚至是完全混乱的状态。当时的章程没有唯一的权威版本，不同职员手中的版本各异。整个 16 世纪，包括在詹姆斯一世在位期间，牛津大学尝试着修订这些规定，以使其变得更为连贯一致。1625 年 3 月查尔斯一世即位，1630 年 4 月大主教劳狄安当选为牛津大学荣誉校长，这最终促成了一个全面可行的章程的诞生，在此后长达 200 年时间中它一直得到推行。②

查尔斯国王和大主教劳狄安不仅关注章程不尽如人意的状态，也注意控制大学内宗教分歧的问题以及学生的违纪行为。《劳狄安法典》（The Laudian Code）颁布之前的 1631 年，为了削弱摄政院和评议会的影响力，劳

---

① 斯特里克兰·吉普森，同上。
② 关于《劳狄安法典》的制定和产生，参见 C.L. 沙德维尔著，《〈劳狄安法典〉前言》，格里菲斯编《劳狄安法典》，牛津大学出版社，1988 年；以及菲彻姆著《牛津大学史》第 4 卷第 4 章，牛津大学出版社，1997 年。

狄安成立了赫伯多迈德尔委员会，该委员会由校长和学院负责人组成，每周举行一次会议讨论学校事务。《劳狄安法典》的颁布还得到了查尔斯一世1636年3月3日《大宪章》的批准。《大宪章》扩大了大学的合法特权，并以普通法法庭的权力为代价扩大了校长法庭在民事和刑事方面的司法权，并增加了牛津大学出版社的特权。

经过五年的酝酿，最终由劳狄安本人确定法典的内容，并将其呈给国王。1636年5月3日，国王以皇家确认信的方式予以批准。① 这个文件的政治目的很明确，但它的法律后果存在极大的争议。其实施部分指出，国王"接受、同意、批准并确认"该法典，要求学院负责人在评议会收到并颁布该法典的当天给出书面形式的同意，并要求牛津大学所有的学院院长和学者从那天起的六个月之内宣誓效忠该法典。当年6月22日，该法典被正式采用。②

该法典纳入了之前国王授予评议会的附有皇室印章的三个章程，即所谓的卡来罗纳法规或王室章程，内容包括学监的任命、赫伯多迈德尔委员会的建立等事项。但该法典并未囊括所有的早期章程，其中一些并不受它的影响。该法典中关于评议会由皇家确认信予以授权的法规制定权条款引出了一个问题，那就是牛津大学还是否保有以及具体保有哪些制定新章程，或修改和废止现有章程的权利。这既包括对《劳狄安法典》整体上的修改和废止，也包括对三个特定的皇家章程或其他任何章程的修改和废止，以及新章程的制定。1759年③的法律顾问建议消解了皇家确认信的法律效力，对大学持续的法律独立地位作出了强有力的声明：

"我们认为，在大学获得最初的法人地位后，未经大学的同意或确认，国王不能以其特权或别的方式向大学强加法规或章程，而且大学无权将其制定理想的议事程序或章程的权利转授给任何人，包括国王。未经评议会的同意或认可，任何这类经授权而制定的章程均属无效。我们认为正是这一点给予了每一章程以'生命与规范'。我们相信，正是由于大学本身无权制定任何不能修改或废止的章程，因此它也不能授权给任何人甚至君主，来制定任何不经这些人（或其继承人）或君主（或其继承人）同意便不能废止的法规。虽然在某些情况下，大学确实将管理章程的权利委托给了君主，君主也这样做了，这种章程也得到了英国皇权的认可，但我们认为，即使如此制定并得到认可的章程也不能取消大学固有的立法权。"

---

① 在《劳狄安法典》中重新出版，294—296页。
② 载有各学院、学堂领导签字的文件登载于《劳狄安法典》第13章后。
③ 约翰·莫顿和R.威尔布里厄姆的完整观点载于《劳狄安法典》前言，16—18页。

布拉克斯东的建议是同样的意思。①

评议会自然准备按照上述建议采取行动。但 1836 年,由于牛津皇家神学教授选举产生争议,评议会准备废除《劳狄安法典》中赋予皇家神学教授对牧师拥有管辖权的规定,问题再次被提了出来。大学得到的法律意见是,鉴于皇家确认信应被视为一个新宪章,这种独特背景和别的理由一起,将使大学推翻《劳狄安法典》的权力受到《法典》自身条款的制约。这个建议未被采纳。不过,当 1850 年大学委员会建议大学请求国王取消《劳狄安法典》及其皇家确认信对大学权力的可能约束时,争论再次迸发。1854 年 7 月 10 日,牛津大学得到皇家特许文件的授权,可以对《劳狄安法典》进行修改②,但无权对赫伯多迈德尔委员会依之成立的王室章程进行修改。另外,皇家特许文件还授权大学在不需要进一步特许或授权的情况下废止、修改其他任何章程。文件对牛津大学在超越《劳狄安法典》范围而制定新章程的权力表示沉默,不过肯定是含蓄地承认了这种权力。

因此,在 19 世纪和 20 世纪的大学委员会作出相应努力之前,现在牛津大学的权力与 1759 年法律顾问的描述一致,只是不包括关于赫伯多迈德尔委员会的章程。

5. 1850—1881 的大学皇家调查专员

从 19 世纪开始,牛津大学制定自身章程的权力遭到了削弱。1850 年成立的一个皇家委员会提出了大学改革的一系列建议,包括基本章程和内部权力平衡方面的较大调整。该委员会认为,摄政院中的教授和校务委员所代表的大学影响力实际上已经消失,处于核心地位的真正权力机构是劳狄安成立的包括所有学院负责人的赫伯多迈德尔委员会,以及牛津大学的评议会。结果,各学院因为比大学享受更丰厚的捐赠,已在很大程度上成为独立的、私密的和不受监督的机构,它们享有一定程度的特权,并掌控着各自的资产,而这不利于学术和社会的进步。

寇松勋爵③曾这样描述 1852 年牛津的状况:"最早的委员会发现,各学院院士(Fellows)有近 550 人之多,他们来自极其有限的阶层,领取着数量巨大却没有一定之规的薪俸,均单身并担任圣职,终生任职却大部分在牛津之

---

① 《〈劳狄安法典〉前言》,第 18 节。
② 《〈劳狄安法典〉前言》,25—27 页。
③ 《大学改革的原则与方法》,牛津大学出版社,1909 年,93 页。

外居住。"

为了将该委员会的主要提议付诸实施，《牛津大学法令》（以下简称《法令》）1854 年获得通过。一个新的章程委员会得到授权，在 1857 年 1 月 1 日前（或根据需要延期到 1858 年）监督实施该法令。① 该法令随后的条款，凭借法令本身之力，直接将新的制度安排加之于大学。赫伯多迈德尔委员会被废除，一个新的组织，赫伯多迈德尔校务理事会取而代之。② 校务理事会（council）的成员资格以及选任方式，都有详细的条款加以规定。③ 校务理事会有权为自身运行的具体程序制定规定。④ 校长必须在校务理事会的监督下为全体摄政院成员重新造册⑤，《法令》对造册有明细说明。赫伯多迈德尔校务理事会颁布的章程需提交摄政院审议⑥，但评议会仍然是大学的最高立法机构。⑦

为了给由于种种原因不能进入学院或已有的学堂（hall）的学生提供更多机会，《法令》授权校长批准评议会成员在其住宅处设立私人学堂⑧，并授权校方为私人学堂制定章程⑨。

各学院有权修改各自的章程，但须经该委员会同意⑩，目的是使各个学院现代化。如果学院无法做到，委员会可为其制定章程。⑪ 大学在学堂和私人学堂方面拥有与学院类似的权力，委员会同样也保留了相应的权力⑫。根据这些条款颁布的章程要刊登在《伦敦公报》上，并提交议会。可能引起的异议则提交枢密院考虑。⑬

《法令》还授权大学在征得委员会和枢密院同意的情况下，修改那些时效超过 50 年的信托或有关赠与、捐赠的管理细则。⑭

大学和学院有权废除或修改依据该法令而设立的任一章程，正如他们可以修改其他章程⑮，但该委员会制定的章程不能被废除或修改，除非征得

---

① 《1854 年法令》，第 1 条和第 2 条。
② 第 5 条。
③ 第 6 到第 13 条，以及第 21 条。
④ 第 15 条。
⑤ 第 14 到第 16 条。
⑥ 第 17 到第 21 条。
⑦ 第 22 条。
⑧ 第 25 和 26 条。
⑨ 第 27 条。
⑩ 第 28 条。
⑪ 第 29 条。
⑫ 第 37 条。
⑬ 第 35 到 37 条。
⑭ 第 30、35 和 36 条。
⑮ 第 39 条。

枢密院的同意①。大学还得到授权修改该法令中涉及赫伯多迈德尔校务理事会和摄政院的设立、权力以及议事程序的条款,但仍须经枢密院同意。②

同时的剑桥大学皇家委员会也有类似举措,《剑桥大学法令》于1856年生效。

1871年的格拉德斯通《大学宗教审查法》,废除了牛津、剑桥、杜伦大学学生或职员在得到除神学学位之外的任何学位,或行使任何权利或特权、就职或接受任命之前,必须宣布其宗教信仰或所属教派的规定。1872年皇家委员会在成立之后继续推动这项改革,该委员会有权依法调查牛津、剑桥和它们各自学院的财政来源并作出报告。委员会1874年的报告促使了《1877年牛津、剑桥大学法令》(以下简称《1877年法令》)的通过。

与1854年《牛津大学法令》不同,《1877年法令》没有直接向大学和学院强加新的法规。这是一个授权法和程序法,授予根据此法令成立的委员会按照法律程序为大学和学院制定他们认为合适的法规。与以往一样,这项授权包括改变超过50年时效的信托。③ 该法令第16条规定了大学章程中可包含的详细内容,包括制定一项计划,要求各学院"从大学的利益出发"为一个共同基金筹款。委员会制定的法规仍然必须提交枢密院,征得同意之后才能提交议会。④《1854年法令》并未被废除,只是《1877年法令》第51条指出,"无论存在其他何种机构文书、议会法令",或其他文书、文件,该委员会正式制定的法令都应该有效。因此《1854年法令》中的实质性部分继续有效,直到被该委员会的新法规代替时为止。大学和学院保留修改委员会所制定的法规的权力,但未经枢密院同意所有的修改均属无效。⑤

这两个法令都没有剥夺大学独立制定、修改和废除章程的固有权力。与委员会章程(或《1854年法令》规定)不一致的现存章程均属无效。任何情况下,大学要颁布能对议会或委员制定的法规产生一定影响的新法规,都须征得枢密院的同意。其他情况下,大学治理其内务的权力未受削减,1910年各学科部(faculties)和学科部总委员会(the General Board of the Faculties)的成立是大学自治的典型事例。

---

① 第40条。
② 第40条。
③ 《1877年法令》,第13条。
④ 第45到50条。
⑤ 第55条。

6. 阿斯奎斯与《1923 年法令》

皇家调查专员在 1919 年再次得到任命,他们于 1922 年提交报告。阿斯奎斯担任其中的牛津委员会主席。他们的审查促成了至今仍发挥着效力的《1923 年牛津、剑桥大学法令》(以下简称《1923 年法令》)。该法令以《1877 年法令》为参考,纳入了其中的很多条款,见于该法令附件。新的委员会成员得到授权,为各大学及其学院、学堂①制定章程和规章,且奉命特别考虑"录取更多经济条件差的学生进入大学和学院"②。制定改变信托的章程的权利再次得到确认,但时效期限从 50 年提高到了 60 年。③

《1923 年法令》第 7 条是关于在委员会任期结束后大学和学院修改或制定章程的权力。根据法令第 7 条第 1 款,大学可以参考根据该法令进一步制定的章程,对该委员会或影响大学的其他任何权威所制定的章程进行修改。如果章程会对学院产生影响,必须获得该学院的同意。第 7 条第 3 款规定,必须遵循委员会制定章程的程序,包括向枢密院提交所建议的章程以征得同意。

在 1969 年根据法兰克斯委员会的建议修改章程之前,大学章程的形式和顺序仍然尽可能地遵循《劳狄安法典》。未受《1854 年法令》或该委员会影响的旧章程,仍用拉丁语出版。现在所谓的"枢密院会议"(Queen-in-Council)章程、由委员会制定并不断修改的章程部分,以及大学的现代章程,则放在合适的地方并用英文出版。

7. 法令与规章

为了应对更具体的管理事务,牛津很早就开始制定章程的附属法规。掌管着主要立法权的评议会召开次数较少,因此很好理解,为了法规和政策的进一步实施,它们将制定附属法规和条例的权力转授给了摄政院。有证据表明,摄政院早在 1278 年④就独立制定过一项法规。《1854 年法令》通过

---

① 《1923 年法令》,第 6 条第 1 款。
② 第 6 条第 2 款。
③ 第 8 条第 1 款。
④ 斯特里克兰·吉普森,同上,第 23 部分。

授予赫伯多迈德尔校务理事会和摄政院就各自的议事程序制定相应条例的权力,认可了此一权力转授的做法。①

在更晚近的时代,赫伯多迈德尔校务理事会以及(2001年10月1日后)大学校务理事会享有制定、修改、废除与章程相冲突的附属法规的一般权力,以及授予任何机构或个人此种权力的权力。大量的法令和规章(其中很多与考试相关),已经大大超过了大学章程的篇幅。

8. 法兰克斯委员会

1964年,牛津大学成立了一个委员会,由当时的奥利弗·法兰克斯爵士(后来成为勋爵)担任主席,负责参照政府的《罗宾斯报告》,对大学进行一次全面审查,并提出关于改革的建议。报告于1966年出版,其中有很多关于章程改革的重要建议。

法兰克斯时期,评议会对章程的管辖权已被削弱,但并未被废除。《1923年法令》保留了评议会的以下权利:选举荣誉校长;选举代表大学对外汇报的人员;颁发学位证和荣誉学位;向皇室和其他机构代表大学发送信件。当时的法令X第1条第6款规定,当摄政院通过章程的投票未达到与会票数的三分之二时,章程应提交评议会审查。同条第7款还有关于评议会通过法令的相应规定。评议会也有义务履行大学章程所委托的更多此类职责。

法兰克斯委员会建议,只有摄政院有制定、修改、废除章程的权力。该委员会也第一次完全用英语拟定了一套新的章程,章程的次序也是全新的,最终摒弃了大主教劳狄安设计的框架。法兰克斯委员会报告认可②"枢密院会议"章程和其他章程的传统区别,但同时建议,既然新制定的章程涵盖了以往委员会章程中的内容,整个新章程都应该提交枢密院批准。

大学几乎接受了法兰克斯委员会所建议的章程的全部内容,仅有关于学生纪律的条款未被采纳。但大学不同意将所有的章程全部置于枢密院的管辖范围内的建议。从1966年11月到1967年1月,代表大学的内阁大臣和枢密院文书戈弗雷·阿格纽爵士以通信的方式取得共识,对新章程中应该和不应该被视为"枢密院会议"章程的内容做了区别。这样一来,通信也就承认大学仍有权通过、修改、废除一些章程,而无须征得枢密院的同意。

---

① 第15条和第16条。
② 委员会调查报告,307页。

在取得共识以作出以上区别的过程中,通信不仅考虑到委员会制定章程的历史,也考虑到枢密院在继续对重大事项发挥监督作用的同时,也应该尽可能地减轻其审核次要事项的负担。

新章程自1969年生效。在七百多年后,评议会对章程的所有管辖权终于被撤销了,它的作用局限在传统的选举荣誉校长一事上,以及履行摄政院可能赋予它的其他职责。从那时起,分配给评议会的其他唯一职责就是选举诗歌教授(the professor of poetry)。

9. 1988年教育改革法令

根据《1988年教育改革法令》(以下简称《1988年法令》)成立的委员会负责为英格兰和威尔士的所有大学制定章程,以规范学术员工的聘任和解聘、员工出现健康问题时的处理,以及员工情绪出现问题时的处理。《1988年法令》委员会为牛津大学制定的章程,已经在后面的章程XII中被再次列出。根据《1988年法令》,此章程的内容未经枢密院同意不得修改。它因此被恰当地称为一个"枢密院会议"章程,尽管在1923年法令中它尚无这个地位。与其他委员会章程不同,此章程要求大学制定关于具体问题的实施细则。

10. 诺斯委员会

1997到1998年,为了对大学的组织、管理和财务工作进行审查并提出适当的改革建议,牛津大学成立了一个由当时的校长彼得·诺斯爵士担任主席的委员会。委员会最后递交了一份报告。之后,为了审查诺斯委员会报告,大学和各学院又成立了一个由彼得爵士的继承人科林·卢卡斯博士(后来成为爵士)担任主席的、关于治理问题的联合工作组,并最终促进了牛津大学内部结构上的重大改革。改革自2000年10月1日起生效,主要改变包括:大学的两个主要治理委员会,即赫伯多迈德尔校务理事会和学科部总委员会,合并为一个专门校务理事会,受摄政院约束;新校务理事会将非摄政院成员吸纳进来;将大学的核心事务委派给四个主要的委员会,每个委员会由校长或一名副校长担任主席;将各个学科部(Faculty)、分学科部(Sub-Faculty)和系整合为五个新的学部(Academic Devision),全面负责各自学部的活动和经费;每个这样的学部都任命一名终身主管,该主管自动成为校务理事会的成员；在以上各学术机构中，各学院均有法定代表。

诺斯委员会还指出，大学的章程和附属法规需要再次进行实质性的修改。章程本身包含不必要的细节，而章程整体需要采取一种更易于使用和理解的形式。

现行章程和规章，是由圣休学院（St Hugh's College）监察，由女王顾问（QC）德里克·伍德先生担任主席的一个工作组制定的，工作组负责实施诺斯委员会的建议，并将宪法中正式出现的一些基本条款相机纳入章程之中，如章程 I 第 1—4 条和章程 II，并使大学纪律和争端处理方法与现行的司法实务保持一致，如章程 XI 和 XVII。

这是牛津大学校史上第一次整个废除现有法规，并制定全新的章程取而代之。2001 年 11 月 11 日，摄政院通过此章程。2002 年 4 月 17 日，女王陛下和枢密院认可了其中的"枢密院会议"章程。以前分属法令和规章的附属法规，被渐进地、从根本上修订，并以一种更易识别和理解的新形式作为规章出现，这也有利于更有效地执行后续修订及替换。

新章程自 2002 年 10 月 1 日生效。

DW
Oxford
October 2002
WD375-092

章程 I：总则

（本章程为"枢密院会议"章程，见章程 IV 第 2 条第 2 款）
2002 年 10 月 1 日批准生效（《大学公报》第 4633 号补编[1], 2002 年 10 月 9 日）

1. 牛津大学是根据普通法成立的民事法团，1571 年根据《牛津和剑桥大学法律地位法令》被正式纳入法规，统称为"牛津大学的荣誉校长、教师和学者"。

2. 这些章程中牛津大学简称为"大学"。

3. 大学的核心目标是通过教学、研究增进知识，并以各种方式传播知识。

4. 大学有权进行一切能促进其目标的必要和有利的合法活动。

5. 根据以上目标制定的章程和规章应有利于实现其目标而非与之相悖。

6. 在解释所有这些章程和规章时，除非上下文另有特殊要求，否则全部适用以下原则：

（1）单数形式出现的名词包括复数形式名词的含义，反之亦然；

（2）引用议会法令时，可包括对其进行的法定修改、重新制定或替换的法令内容；

（3）"委员会"是根据这些章程的规定或者效力，而非根据评议会、摄政院、校务理事会、学会或永久私人学堂、学部、学科部、分学科部或系的规定或效力成立的机构；

（4）"学院联席会议"是各学院、学会以及章程 V 中提到的永久私人学堂的自愿联合，目的之一是向校务理事会、委员会以及大学其他机构委任其代表；

（5）"摄政院"是指章程 IV 中提到的摄政院；

（6）"校务理事会"是指章程 VI 中提到的大学校务理事会；

（7）"学部"、"学科院"、"分学科院"或"系"分别是指章程 VII 中提到的学部、学科院、分学科院或系；

（8）"成员"和"大学成员"的含义依据章程 II 的规定；

（9）"规章"是指获得授权的个人或机构根据这些章程制定的规章；

（10）"章程"和"规章"指目前生效的大学章程和规章。

7. 解释或执行这些章程和规章中任何一种时产生的争端应参考章程 XVII 中的规定。

WD1086-120
26.01.04

章程 II：牛津大学成员身份

2002年10月1日批准生效（《大学公报》第4633号，补编[1]，2002年10月9日）；2003年10月14日修订生效（《大学公报》第134卷，第139页，2003年10月16日）

1. 大学成员分以下五类：
（1）学生成员；
（2）普通（学生）成员；
（3）评议会成员；
（4）摄政院成员；以及
（5）候补成员。

2. 依程序归为上述一个或多个类别的人是大学成员。

3.（1）大学成员享有权利和特权，并承担章程和规章所规定的相应义务。

（2）任何大学成员无须为此支付任何费用（章程或规章中规定的处罚或罚金除外），除非章程和规章中有规定。

（3）大学可以与其成员签订合同，合同内容不得与章程和规章相冲突，并据其具体规定保障成员享受权利、福利和设施。

学生成员

4. 如果学生满足下列条件，他（她）是大学的学生成员：
（1）达到校务理事会规定的入学资格（本条和本章程第5条关于入学的规定）；
（2）已经被学院、学会、永久私人学堂或经校务理事会所认可的其他机

构录取,保有成员资格或被中止成员资格;

(3) 攻读学位或获取大学其他资格的学生身份,已经注册或被中止注册;以及

(4) 将要或已经在校务理事会规定的时间范围内在学院、学会、永久私人学堂或其他指定机构中入学。

5. 根据章程 XIII A 部分的规定,在牛津大学学生会担任职务的任何人在任职期间,都是符合大学章程和规章之规定的大学学生成员。

6. 需为以下情况制定规章:

(1) 若一名未来的学生成员因充分理由不能在本章程第 4 条第 4 款规定的时间内参加注册,可实行临时入学录取;

(2) 学生成员入学典礼的举行和应遵循的程序;

以及此章程第 4 条之外的情况。

普通(学生)成员

7. 已通过考试或已得到许可申请大学学位但仍未获得任何学位的学生成员是普通(学生)成员。

评议会成员

8. 符合章程 III 中所规定的评议会成员条件的人员是评议会成员。

摄政院成员

9. 符合章程 IV 中所规定的摄政院成员的条件的人员是摄政院成员。

候补成员

10. (1) 根据相关规章被任命为仪仗官的人员,在其任职期间一直是大学成员。

(2) 经摄政院批准,校务理事会可以通过规章认可其他某些人员或某类

人员为大学成员。

开除

11. （1）根据章程 XI 的规定,学生成员可能被取消成员资格。

（2）被其学院、学会、永久私人学堂或其他指定机构开除的学生成员不再是大学的学生成员。

（3）根据校务理事会按照具体情况所设立的公正程序而提出的建议,摄政院会议可以以正当理由开除任何大学成员。

（4）上面（3）中所设立的程序必须包括向独立公正的审理委员会上诉的权利,且委员会要给出作出开除学生之决定的理由（如果成员这样要求）,并公开这些理由。

（5）本条中的任何内容均无效力终止聘用合同,也无权干涉章程 XII 赋予相关成员的保护和权利。

（6）在本条中,"开除"的意思与章程 XI 第 1 条对该词的解释相同。

放弃成员身份

12. （1）大学成员可在任何时候向教务长递交书面辞呈解除与学校的成员关系。

（2）辞职不能消除在其作为成员期间本章程和规章所规定的义务或惩罚。

13. 已辞职的大学成员经校务理事会许可,可不受辞职影响获得他（她）有权享有的任何种类的成员资格。

章程 III：评议会

（本章程是"枢密院会议"章程，见章程 IV 第 2 条第 2 款）2002 年 10 月 1 日批准生效（《大学公报》第 4633 号补编[1]，2002 年 10 月 9 日）；2003 年 5 月 8 日修订生效（《大学公报》第 133 卷，第 1335 页，2003 年 5 月 29 日）

1. 评议会的职能是选举荣誉校长和诗歌教授。
2. 评议会成员应包括所有已获取本校学位（除荣誉学位外）的学生成员和任何其他摄政院成员或已退休但仍为摄政院成员的人员。
3. 评议会的选举程序由校务理事会通过规章制定。

WD780-121
26.01.04

章程 IV：摄政院

（第 1—4 条是"枢密院会议"章程，见章程 IV 第 2 条第 2 款）
2009 年 4 月 8 日批准生效（《大学公报》第 139 卷，第 932 页，2009 年 4 月 23 日）

职能与权力

1. 摄政院有以下立法权，以及其他职能、权力和职责：
（1）对校务理事会提交的关于修改、废除或增加章程或规章的议案有决策权；
（2）对摄政院中 20 名及以上成员提交的关于要求校务理事会提出修改、废除或增加章程或规章的议案有决策权；
（3）审议校务理事会或摄政院会议中 20 名及以上成员提交的任何其他决议；
（4）行使章程 IV 第 17 条所赋予的与规章有关的权力；
（5）负责解答任何两个或更多摄政院成员的疑问；
（6）授予学位；
（7）举行任一章程或规章所规定的选举；
（8）批准对校长的任命；
（9）履行或行使任一章程或规章所规定的任何其他职责和权力。

2.（1）摄政院所通过的与章程和规章相一致的任何决议，或所采取的其他举措以及所作出的决策对全校均有约束力。
（2）未经女王批准，摄政院修改、废除以下任何章程或给以下任何章程增添内容的决策均不具有效力：
章程 I
章程 III

章程 IV 第 1—4 条

章程 V 第 1 条

章程 VI 第 1—18 条

章程 XII

章程 XV 第 1—6 条

章程 XVII

(3) 未经枢密院批准,摄政院关于修改、废除章程 XVI 的 D 部分或其附录以及为其增添内容的决策均不具有效力,除非此部分或附表有明文许可。

(4) 为应对一些具体情况,校务理事会可通过议案中止任一章程的实施(非法行为除外),除去:

(a) 上面(2)部分所列的章程,或

(b) 未经枢密院批准,不得对章程 XVI 的 D 部分和附录进行修改、废除或增添内容。

成员

3. 摄政院成员包括:

(1) 荣誉校长;

(2) 总务长;

(3) 校长;

(4) 学监;

(5) 学科部成员;

(6) 章程 V 提及的所有学院、学会和永久私人学堂的主管;

(7) 章程 V 中的所有学院、学会(除永久私人学堂)的治理机构成员;

(8) 章程 V 中所有学院、学会(除永久私人学堂)的财务长(如果该财务长不是治理机构成员);

(9) 摄政院会议制定的规章中所认可的任何人员或阶层;

(10) 1997 年 6 月 1 日当天合乎章程规定的每位摄政院成员,只要他(她)当时有资格成为摄政院成员。

4. (1) 教务长应保有合乎摄政院成员资格的人员的登记簿,并在每年 1 月 1 日后第一时间公布于《大学公报》上。

(2) 除非登记簿中有名字,并且符合此章程第 3 条的规定,否则任何人不能成为摄政院成员,不能参加投票。

主席

5. （1）校庆典礼或其他授予学历、学位或荣誉学位的会议上，摄政院的主席是荣誉校长；如果荣誉校长缺席，主席由校长或副校长担任；

（2）在所有其他会议场合，校长担任主席；如果校长缺席，主席由副校长担任。

程序

6. （1）摄政院的事务处理工作应按照摄政院所制定的规章进行。

（2）校务理事会，或摄政院的20人及以上成员可对根据本条制定的任何规章提出修改、废除或增加的建议。

（3）根据本条制定的规章：

（a）规定摄政院的会议通知，包括会议上要处理的事务；并

（b）规定提出反对会议召开、更改会议内容或推迟会议的意见的期限。

（4）上述第2款规定的建议不得生效，除非此议案：

（a）在摄政院会议上得到批准；或

（b）符合本章程第7条的规定。

（5）章程Ⅵ第13～18条的内容对根据本条制定的规章不适用。

7. （1）校长有权批准符合本章程第6条第2款之规定的议案。能够满足以下条件的其他议案，也可由校长批准：

（a）提出议案的通知程序符合本章程第6条规定；

（b）在规章规定的期限内，没有针对即将讨论该建议的会议要处理的事务而提出的，反对会议召开、更改会议内容或延迟会议的要求；

（c）校长认为议案从整体上对大学没有意义，若无继续解释或讨论的机会，则不应当继续；

（d）由于c项，校长认为会议可以并且应该取消；

（e）取消会议的通知比计划会议日期至少提前四天在《大学公报》上公布。

（2）如果校长根据上面第1款的规定批准或否决议案，他（她）应根据第1款e项的规定，在《大学公报》会议取消通知中予以公布，或者尽可能及时公布。

8. 摄政院的议案可以取消本章第 5～7 条中任一条款或相关规章的实施。

WD781-121
26.01.04

章程 Ⅴ：学院、学会与永久私人学堂

(第 1 条是"枢密院会议"章程，参见章程 Ⅳ 第 2 条第 2 款) 2002 年 10 月 1 日批准生效(《大学公报》第 4633 号补编[1],2002 年 10 月 9 日)；2003 年 7 月 17 日修订

学院

1. 下列学术研究机构是牛津大学的学院：

万灵学院	奥里尔学院
巴利奥尔学院	彭布罗克学院
布拉森诺斯学院	女王学院
基督堂学院	圣安妮学院
圣休学院	圣安东尼学院
埃克塞特学院	圣凯瑟琳学院
赫特福德学院	圣埃德蒙堂
耶稣学院	圣希尔达学院
科布勒学院	圣休学院
玛格丽特夫人堂	圣约翰学院
利纳克尔学院	圣彼得学院
林肯学院	萨默维尔学院
马格德林学院	坦普尔顿学院
曼彻斯特科学院和哈里斯学院	圣三一学院
曼斯菲尔德学院	大学学院

默顿学院 沃德姆学院
新学院 沃尔夫森学院
努菲尔德学院 伍斯特学院

2. 经女王批准,大学可以通过章程来增加本章程第1条中所列学院。

学会

3. 大学可建立并经营学会(societies)这种机构。

4. 学会的成员资格和管理方法,以及学会及其任职人员的权利、特权和义务需由规章规定。

5. 以下是大学的学会:

格林学院

凯洛格学院

圣十字学院

6. 大学可增加本章程第5条所列的学会。

永久私人学堂

7. 经摄政院同意,校长可授权成立符合规章要求的永久私人学堂,学堂名称由摄政院批准。

8. 根据本章程第7条制定的规章的内容应包括学堂的位置、成员资格、管理方法以及学院和任职官员的权利、特权和义务。

9. 任何一个永久私人学堂都在校长和学监的监督和管辖范围内。

10. 如果校长认为撤销一个永久私人学堂对大学有利,他(她)在征得摄政院和校务理事会的同意后可以撤销此学堂。

11. 以下是根据本章程得到授权的永久私人学堂:

布莱克弗莱尔堂

康徒翁堂

格雷弗莱尔堂

圣贝内特堂

摄政公园堂

圣史蒂芬堂
威克利夫堂

WD782-121
26.01.04

章程 Ⅵ:校务理事会

(第 1 到 18 条是"枢密院会议"章程,见章程 Ⅳ 第 2 条第 2 款)

2002 年 10 月 1 日批准生效(《大学公报》第 4633 号补编[1],2002 年 10 月 9 日);2003 年 5 月 8 日修订生效(《大学公报》第 133 卷,第 1335 页,2003 年 5 月 29 日);2007 年 2 月 7 日修订生效(《大学公报》第 137 卷,第 788 页,2007 年 2 月 22 日);2008 年 5 月 27 日修订(《大学公报》第 138 卷,第 991—992 页,2008 年 5 月 1 日;2008 年 10 月 1 日生效);2008 年 12 月 16 日修订(《大学公报》第 139 卷,第 458 页,2008 年 12 月 11 日);2009 年 4 月 8 日修订生效(《大学公报》第 139 卷,第 932 页,2009 年 4 月 23 日)

职能与权力

1. 校务理事会有责任根据章程规定推动大学的发展,进行行政管理、财政和财产管理,而且可以行使相应的权力来履行这些责任。

2. 在履行职责和行使权力的过程中,校务理事会受摄政院根据章程和规章通过的所有议案以及其他所有法令或决策的约束,并应作出一切努力使其生效。

3. (1) 根据章程和规章中的条款,校务理事会可以不定期向任何机构或个人委派职责,并赋予其履行职责的必要权力(但不包括向摄政院提交章程的权力),但校务理事会可随时撤销委派(一般性委派或具体事务的委派),并对所委派的任务承担相应的责任。

(2) 未经校务理事会同意,第1款中受到委派的任何机构或个人,不可将委派的任务另行托付给其他机构或个人,除非校务理事会有特别规定。

成员

4. 根据本章程第5、8条规定,校务理事会成员包括:
(1) 校长;
(2) 学院联席会议主席;
(3),(4) 学监;
(5) 评估员;
(6) 一名由学院联席会议选举产生的摄政院成员;
(7)—(10)由校务理事会提名,并经摄政院任命的四名人员。获得提名时,他们既不是摄政院成员,也不在大学或任何学院、学会、永久私人学堂参与教学、研究或行政工作;
(11)—(14)人文学部,数学、自然科学和生命科学科部,医学科学学部,以及社会科学学部的主管;
(15)—(18)摄政院从数学、自然科学和生命科学学部和医学科学学部的教职人员中选出的四名摄政院成员;
(19)—(22)摄政院从人文学部和社会科学学部的教职人员中选举出的四名摄政院成员;
(23)—(25)摄政院选举的三名摄政院成员,他们可以不是任何学部的成员,并且从未被提名担任任何学部职务。

5. (1) 本章程第4条(15)—(25)款分别描述的、从摄政院三类成员中选举出校务理事会成员的程序应该遵循以下第2到第5款的规定。

(2) 在前面所述的三类校务理事会成员中,任何一个学院、学会或永久私人学堂的治理机构最多同时有3名成员。

(3) 如果前面所述的三种不同选举中任何一种或多种选举结果出现三个以上推举的校务理事会成员,则应对比每位候选人的选票数量,并以上面第2款中的人数限制为前提,选出票数最多的一个或几个候选人,取消其余候选人的资格。

(4) 在任何一次选举中,如果一位候选者没有竞争对手且得到全票支持,他(她)在上面第3款的情况下应排在其他全部候选人之前,无论后者是否也是全票。

(5) 当需要对具有相同学术地位的全票候选人进行排名,或者需要从票数相等的候选人中作出选择时,应该采用抽签的方式。

6. 校务理事会可以从摄政院成员中增选出三名作为校务理事会增补成员。

7. 校长,或校长缺席时由校长从校务理事会成员中指派的成员,应该担任校务理事会所有会议的主席。

8. (1) 当选的、提名的以及增选的摄政院成员任期四年,并可以连任四年。

(2) 临时成员空缺的填补人任职期限为原成员剩余任期,补缺方式同被补缺成员的选任方式;

(3) 被选举或提名为校务理事会补缺成员的人士,可在上一款所规定的补缺任期届满后被重新选举或提名为校务理事会成员,任期四年并可以连任四年;

(4) 校务理事会增补成员任期四年,并可以连任四年;

(5) 已经连任两个四年任期的校务理事会成员,任期届满后四年内不得被选举、提名或增选为校务理事会成员;

(6) 本条不适用于上述第 4 条(1)—(5)或(11)—(14)的校务理事会成员。

9. (1) 如果当选的校务理事会成员不再是摄政院成员,他(她)的校务理事会成员资格也将同时被取消。

(2) 根据本章程第 4 条(7)—(10)的规定,已被提名的成员,如果开始在任何学院、学会或永久私人学堂从事教学、研究或行政工作,他(她)在校务理事会的成员资格将同时被取消。

10. 校务理事会须制定规章,规定:如果当选的、提名的或增选的校务理事会成员在任一学年内出席会议的次数少于被要求的次数,该学年末他(她)的校务理事会成员资格将被取消。

11. 除非规章中对特殊事务有其他规定,校务理事会须制定规章,安排三个学生成员参加校务理事会会议。

12. 校务理事会任何成员,或不属于校务理事会成员的校务理事会任何委员会的主席或副主席,可以由校务理事会免去其在大学所应做的工作而不损失薪水;而且校务理事会应被授权根据情况制定财务安排,以完成因校务理事会、学院、学会或永久私人学堂免去相关人员的工作而需处理的事项。

规章

13. 校务理事会有权制定与章程不相冲突的规章。

14. 校务理事会可以根据具体情况授权任何机构或个人，制定与章程或校务理事会所制定的规章不相冲突的规章，以处理校务理事会认为适于授权处理的事务。

15. 根据本章程第13或14条制定的规章应该：
（1）使章程的内容更加细化；或
（2）处理章程中未涉及的内容。

16.（1）校务理事会可按规定在任意时间取消、修改或废除根据本章程第13或14条的原则制定的规章。

（2）根据本章程第14条被授权制定规章的机构或个人可以修改或废除他们所制定的规章，除非校务理事会另有指示。

（3）本条款修改或废除规章的权力不适用于章程XI中规则委员会所制定的规章，除非摄政院对校务理事会另有要求。

17.（1）根据本章程第13和14条制定的所有规章，以及对规章中任何一条的修改或废除，应公布在《大学公报》上，自出版后的第十五天开始生效（尽管某一条规章可能有更早或更晚的生效日期），除非教务长在规章公布的第11天中午之前收到要求校务理事会修改或废除规章的议案通知。

（2）如果收到这样的通知，规章不得产生效力，直到它被摄政院会议批准。

18.（1）根据本章程制定的规章以及对规章的修改对所有的大学成员均有约束力。

（2）但校务理事会或下面第20条提及的校务理事会中的任何一个获得授权的主要常设委员会，可以在特殊情况下根据不少于2/3的成员的投票形成的议案，中止任何规章的实施，除非规章是由规则委员会根据章程XI制定的。

事务处理

19. 校务理事会可通过规章、规程或其认为适合的其他文件来制定处理事务的程序。

委员会

20.（1）摄政院应设立以下主要的常设委员会，并应通过规章来规定其组成、职权范围、权利和职责：

（a）教育委员会；

（b）一般事务委员会；

（c）人事委员会；

（d）规划和资源配置委员会；

（e）研究委员会。

（2）这些委员会的成员可以在校务理事会成员之外另行包括非校务理事会成员，或者由校务理事会以外的个人或机构任命的人员，但是不可以全部由这样的成员组成。

21.（1）校务理事会可以根据具体情况，不定期地设立一些其他的常设委员会或临时委员会。

（2）这些委员会成员可以全部或者部分地由非校务理事会成员或经校务理事会以外的个人或机构任命的人员组成。

22. 根据本章程第 21 条设立的委员会的组成、职权范围、权利和职务由校务理事会在章程和规章的约束下通过规章或其认为适合的其他文件制定。

23.（1）教务长应该每年公布一次根据本章程第 21 和第 22 条的规定而设立的所有现有委员会（通过章程或规章而设立的委员会除外）的列表，并应根据要求向摄政院所有成员提供这些委员会的职权范围以及现有的成员的详细信息。

（2）教务长还应该应要求提供通过章程或规章而设立的委员会的现有成员的详细信息。

章程 VII：学部、学科部、分学科部、系与继续教育系

2002 年 10 月 1 日批准生效（《大学公报》第 4633 号补编[1]，2002 年 10 月 9 日）；2005 年 10 月 1 日修订生效（《大学公报》第 136 卷，第 246 页，2005 年 10 月 27 日）；2005 年 10 月 11 日修订生效（《大学公报》第 136 卷，第 184 页 2005 年 10 月 13 日）；2006 年 5 月 30 日修订生效（《大学公报》第 136 卷，第 1163 页，2006 年 6 月 1 日）；2006 年 6 月 13 日修订生效（《大学公报》第 136 卷，第 1240 页）；2008 年 6 月 10 日修订生效（《大学公报》第 138 卷，第 1237 页，2008 年 6 月 12 日）；2009 年 5 月 19 日修订生效（《大学公报》第 139 卷，第 1081 页，2009 年 5 月 24 日）；2009 年 10 月 13 日修订生效（《大学公报》第 140 卷，第 89 页，2009 年 10 月 8 日）

学部

1. 大学的学术活动分为以下四个学部：
   (1) 人文学科；
   (2) 数学、自然科学和生命科学；
   (3) 医学；
   (4) 社会科学。
2. 学部的组成以及分配给它们的活动由校务理事会通过规章制定。

3. 校务理事会下面应有若干负责管理每个学部的学部委员会,学部委员会应遵循校务理事会及其下设诸委员会制定的计划、政策和指导方针。每个学部委员会的成员资格、职责和权力由校务理事会通过规章制定。

4. 每个学部应有一个主管,任命主管的程序由校务理事会通过规章制定。

学科部、分学科部和系

5. 应有 27 个学科部:
(1) 人类学和地理学学科部;
(2) 生物化学学科部;
(3) 化学学科部;
(4) 古典学学科部;
(5) 临床医学学科部;
(6) 计算机科学学科部;
(7) 地球科学学科部;
(8) 工程学学科部;
(9) 英语语言文学学科部;
(10) 历史学学科部;
(11) 法学学科部;
(12) 语言学、语文学和语音学学科部;
(13) 管理学学科部;
(14) 材料学学科部;
(15) 数学学科部;
(16) 非英语中世纪和现代欧洲语言文学学科部(在其他章程和规章中称作中世纪和现代语言学院)
(17) 音乐学科部;
(18) 东方研究学科部;
(19) 哲学学科部;
(20) 物理学学科部;
(21) 生理学学科部;
(22) 植物学学科部;
(23) 心理学学科部;

（24）社会研究学科部；

（25）统计学学科部；

（26）神学学科部；

（27）动物学学科部。

6. 依照由本章程第 2 条规定所制定的规章，各学科部应分配到各个学部之中。

7. 每个学科部的成员①应该是：

（1）由相关学部委员会批准的所有大学职位的任职人员，其职责包括教学或研究；

（2）大学的学院、学会的所有职位②的任职人员，其研究或教学的职责得到学院、学会的主管的确认；

（3）一些由于在相关学术领域从事学部委员会或学科部委员会所关注的工作而被认定为成员的人员，他们应符合以下（a）到（c）所规定的条件：

（a）相关的学部委员会可根据本款规定，允许一些非大学成员成为学科部的"编外成员"；但根据章程 IV 中的条款，"编外成员"不具有成为摄政院成员的资格；

（b）年龄超过 70 岁的人员不得成为学科部的成员，但是根据第 1 到第 3 款，年龄介于 70 至 75 岁之间的学科部成员仍然保留成员的资格；

（c）年龄超过 75 岁的任何人员不再是学科部成员。

8. 相关学部委员会决定符合此章程第 7 条第 1 和第 2 款规定的人员成为学科部成员。

9. 根据校务理事会的认可以及根据规章允许的或经校务理事会批准的条款的规定，相关学部委员会可以将一个学科部分成几个分学科部。

10. 根据本章程第 9 条，如果一个学部委员会将一个学科部分成几个分学科部，此学部委员会应该决定怎样向这些分学科部分配成员。

11. 根据校务理事会的认可以及根据规章允许的或由校务理事会批准

---

① 依据第 7 条的非学科部成员，可由相关学科部委员会自主决定，授予同等学科部成员身份，但依据章程 IV，此同等学科部成员不能参与摄政院会议，不能在学科部委员会选举中投票，也不能依据 2002 年校务理事会规章 19 条参与学科部委员会。

② 此分条中批准的职位是教授、高级讲师、大学讲师（包括学科部讲师、CUF 讲师*、专门［非 CUF 讲师］、初级讲师）、高级研究人员、指导员、临床医学教授、全科导师、医学学科部和现代语言学科部管辖的讲师、经济系和微粒与核物理学分系的研究人员、讲师。此外，拥有以下身份的人是学科部成员：访问教授、教授、高级讲师、访问讲师、大学研究讲师、大学讲师（包括 CUF 讲师和专门［非 CUF 讲师］）、临床医学教授、临床医学高级讲师和临床医学讲师。

* 在牛津大学，CUF 讲师作为学院导师既要关心学生的精神生活，也要关心学生的学术生活。——译者注

的条款的规定,相关学部委员会应设立不同的系,并对其进行管理。

12. 学科部、学科部委员会、分学科部和系应履行章程、规章以及学部委员会或学科部委员会所赋予的职责。

继续教育系

13.（1）应该成立一个继续教育系。在与学部委员会合作的过程中,该系可以促进大学提供继续教育的机会(继续教育不含医学研究生教育,研究生医学和牙科教育的主管和培训主管对医学研究生教育负具体责任),进而可以促进大学和其他机构的合作。

（2）在此继续教育应被定义为:在完成初期教育并经过较长中断后继续接受的教育,不包括成年学生在各学部指导下攻读研究生学位时所受的教育。

14. 继续教育系受继续教育委员会的监督,校务理事会通过规章规定了继续教育委员会的成员资格、职能和权力。

章程 VIII：图书馆、博物馆和科学收藏馆以及牛津大学出版社

2002 年 10 月 1 日批准生效(《大学公报》第 4633 号补编[1],2002 年 10 月 9 日);2002 年 10 月 15 日修订生效(《大学公报》第 133 卷,第 250 页,2002 年 10 月 17 日);2002 年 12 月 5 日修订生效(《大学公报》第 137 卷,第 850 页,2007 年 3 月 8 日);2003 年 10 月 1 日修订生效(《大学公报》第 134 卷,第 91 页,2003 年 10 月 9 日);2003 年 11 月 13 日修订生效(《大学公报》第 134 卷,第 351 页,2003 年 11 月 27 日)

1. 大学里的主要研究性图书馆、主要博物馆和科学收藏馆构成了一个全国性的同时也是国际化的学术资源库,对此负责的机构应该确保它们的正常运行,并应就大学对其的关注和管理向校务理事会提出必要的建议。

大学图书馆

2. 下面第 3 条所列的主要研究性图书馆,以及校务理事会不定期地列入的其他图书馆统称为"牛津大学图书馆服务"(the Oxford University Library Services)。

3. 大学有下列主要的研究性图书馆:
(1) 博德利图书馆;
(2) 萨克勒图书馆;

(3) 泰勒研究院图书馆。

4. 应该成立一个大学图书馆监理会(a body of curators)。在校务理事会的领导下，该部负责牛津大学图书馆服务范围内的安全保管、收藏、有序管理、财政以及图书馆的一般政策。

5. 大学图书馆监理会的成员资格、职责和权利由校务理事会通过规章制定。

大学博物馆

6. 大学应成立下列主要博物馆和科学收藏馆：
(1) 阿什莫林艺术和考古博物馆；
(2) 植物园；
(3) 科学史博物馆；
(4) 牛津大学自然历史博物馆；
(5) 皮特·瑞弗斯博物馆。

7. 阿什莫林博物馆应有一个督察机构(a body of visitors)，在校务理事会的领导下，负责其安全保管、收藏、有序管理、财政以及一般政策。

8. 植物园应有一个督察机构，在校务理事会的领导下，负责植物园的安全保管、收藏、有序管理、财政以及植物园的一般政策。

9. 科学历史博物馆应有一个督察机构，在校务理事会的领导下，负责其安全保管、收藏、有序管理、财政以及一般政策。

10. 牛津大学自然历史博物馆应有一个督察机构，在校务理事会的领导下，负责其安全保管、收藏、有序管理、财政以及一般政策。

11. 皮特·瑞弗斯博物馆应有一个督察机构，在校务理事会的领导下，负责其安全保管、收藏、有序管理、财政以及一般政策。

12. 博物馆和科学收藏馆也应有一个委员会，负责向校务理事会提供关于大学博物馆和科学收藏馆任何问题的合理建议。

13. 本章程第7到第12条所涉及的有关机构的成员资格、职责和权力的相关规定应由校务理事会通过规章制定。

大学出版社

14. 牛津大学应成立牛津大学出版社，作为大学的一个部门。

15. 在章程和规章中,牛津大学出版社称为"出版社"。

16. 出版社的作用是在世界任何地方出版任何形式的出版物,以进一步实现大学的目标。

17. (1) 出版社的事务由代表摄政院的"牛津大学出版社代表团"进行管理。

(2) 代表团的成员被称为"专员"。

18. (1) 专员应建立一个出版社财政委员会(a Finance Committee),并对其进行管理。

(2) 财政委员会,在专员的全面监管下,应对出版社的事务、资产和财政进行指导和管理。

(3) 财政委员会的成员资格、成员任职期限以及聘任和连任的条件由校务理事会通过规章决定。

(4) 财政委员会可以根据具体情况不定期地设立分委员会。

19. 以下是专员:

(1) 校长;

(2),(3) 学监;

(4) 评审官;

(5) 出版社财政委员会主席(如果当选为主席时不是专员);

(6)—(22) 校务理事会任命的17名摄政院成员。

20. (1) 获得任命的专员任职期应为五年,除非在一学年的任职期间中曾离职一段时间,在这种情况下,任职期限应为五年加上此学年余下的任职时间。

(2) 获得任命的专员应有资格继续连任五年。

(3) 任何可以破例获第二次五年任期连任的专员,须有校务理事会议案的确认。

(4) 经校务理事会同意,财政委员会的主席从他(她)被任命为专员的时间起,可共连任三届(均为五年)。

21. 在任命的过程中,校务理事会应确保专员的整体组成能涵盖主要的学术研究领域,同时应提供大量能够胜任组织和财政工作的人员。

22. 如果一个获得任命的专员在任一学年参加的会议少于规定的次数,校务理事会可以根据规章,在此学年末撤销其成员资格。

23. 专员可以任命一个专员秘书(也可称为出版社行政主管)以及财务主管。

24. (1) 专员可以不定期将其所负责的事务委托给其他任何机构或个人,而且在必要的情况下,还可以授予履行这种责任的权力。

（2）第1款中所规定的委托可以在任何时间被撤销（全部撤销，或仅撤销特定条目），而且专员不能在被委托的任何事务上推卸责任。

（3）当专员将第2款中规定的责任和权力委托给任何机构或个人时，该机构或个人可以将此责任和权力委托给其他机构或个人，除非专员另有规定。

25. 在本章程条款的约束下，专员或任何获得专员根据章程和规章授权的个人可以进行一切在出版社事务中必要的或可取的合法行为，包括：

（1）买进、保留、卖出或转移股票、资金、股份或其他有价证券；

（2）借款用于出版社的开支，将出版社的收入或者出版社名下的任何财产作为贷款抵押；

（3）在世界各地成立法人或非法人的出版社分支机构；

（4）为出版社聘用服务人员，并且决定工资和退休金的情况以及聘用条件。

26.（1）专员可督促出版社账目的起草工作，并接受所提交的账目；

（2）根据校务理事会制定的规章，专员接下来应将账目提交给校务理事会。

章程 IX：大学行政官员

2002年10月1日批准生效(《大学公报》第4633号补编[1]，2002年10月9日)；2006年10月10日修订生效

1. 以下是大学的行政官员：
(1) 荣誉校长；
(2) 总务长(Steward)；
(3) 校长；
(4) 校长当选人；
(5) 副校长；
(6) 学监；
(7) 副学监；
(8) 评审官(Assessor)；
(9) 教务长；
(10) 大学公共发言人；
(11) 仪仗官；
(12) 副总务长(The Deputy Steward)；
(13) 行情书记员；
(14) 大学教堂司事(The Verger of the University)。

荣誉校长

2. 荣誉校长由评议会选举产生，当选的荣誉校长应终身任职，或直到他(她)辞职。

3. 应该建立由捐赠人组成的荣誉校长法庭(a Chancellor's Court of

Benefactors),荣誉校长可以不定期地接纳大学的主要捐赠者为荣誉校长法庭的成员。

4. 荣誉校长应拥有其他章程和规章或国家法律赋予他(她)的职能和权力。

5. 如果荣誉校长不能胜任其职位,或出国在外,或其职位空缺,或荣誉校长有委托,校长可以行使荣誉校长的任何职责和权力,除非章程另有规定。

总务长

6. (1) 总务长应由荣誉校长任命,并任职直到75岁,或直到辞职,以两者中较早日期为准。

(2) 如果总务长的职位空缺达三个月而荣誉校长仍未作出任命,校务理事会应进行任命工作。

7. 总务长应拥有荣誉校长、章程或规章赋予他(她)的职责和权力。

校长

8. 任命校长的程序应由校务理事会通过规章制定。

9. 校长应拥有章程所赋予的职责和权力,或拥有校务理事会根据规章或者国家法律所赋予的职责和权力。

10. (1) 校长应依据其职位担任所有委员会和其他机构(只要校长是这些机构的成员)的主席,除非章程或规章对这些机构另有规定。

(2) 一个人成为校长后,(除非他[她]辞职)仍然保留原来所在所有委员会的成员资格,但不包括他(她)曾被选举或任命的选举人委员会(boards of electors)的成员资格。

(3) 无论章程和规章对委员会和其他机构的组成以及对主席和副主席的任命有何种规定,校长可以参加根据章程成立的任何委员会或其他机构的会议,并按照他(她)的意愿担任会议主席,或委派摄政院中的任何成员——不管该成员是否为该委员会成员——代表他(她)出席会议,并根据他(她)的指示担任会议主席。但在荣誉校长出席的情况下,校长无权担任或委派会议主席。

11. 根据章程和规章的条款,校长可以将他(她)的任何职责和权力委托给摄政院中的任何成员,但是这种(全部或针对某一具体内容的)委托可以在任何时间被撤销,而且校长要对所委托的事务负责。

校长当选人

12. 根据上面第 8 条的规定,获得任命的校长在他(她)就职前被称为校长当选人。

13. 校长当选人从他(她)得到摄政院的任命批准到就职的这一段时间内,有资格参加校务理事会和校务理事会下属的所有委员会的会议,并进行发言,但没有投票的资格。

14. 校长当选人拥有章程或规章所赋予的其他职责和权力。

副校长

15. 副校长的任命程序由校务理事会通过规章制定。

16. 副校长拥有章程及规章所赋予的职责和权力,或拥有校长根据本章程第 10 条第 3 款和第 11 条的规定所赋予的职责和权力。

学监

17. (1) 应该有两位学监,他们是摄政院成员且在就职前未担任过学监或评审官职位,而且到就职当天为止作为摄政院成员的时间至少为五年。

(2) 每年的学监选举工作应按照校务理事会通过规章制定的程序进行。

18. 学监应拥有章程和规章所赋予的职责和权力。

19. (1) 学监应积极参与大学的事务。

(2) 每位学监均有权查看根据章程成立的任何委员会或其他机构的任何会议文件,有权参加上述委员会或机构的任何会议并进行发言,但是他(她)没有投票的权利(除非是该委员会成员),同时他(她)不会被呈送任何委员会的文件(若他[她]不是该委员会成员),除非他(她)提出要求。

20. 学监应确保考试按照章程和规章中的相关规定正常进行,而且他们可以根据需要制定考试纪律方面的规章。

21. 学监应陪同荣誉校长或其代理人出席校方典礼和学位授予仪式,而且应在荣誉校长要求下出席其他大学的和公共的场合。

22. 学监应解答大学成员的咨询,应根据校务理事会制定的规章对投诉(Complaint)进行调查;学监可以召集大学的任何成员协助调查,根据章程 XI 第 2 条的规定,无故拒绝召集属违纪行为。

23. 学监应该确保大学的章程、规章、惯例和特权得到遵守。

副学监

24. 每位学监在任职期间应从摄政院成员中任命两名副学监,他们可以行使该学监的代理人的权力,这种权力是由学监决定的。

25.(1)在任职的任何时间内,经校长批准,学监可以从摄政院成员中任命额外的副学监。

(2)每一位额外的副学监应行使学监的代理人的权力,这种权力是由学监决定的。

(3)获得任命后,每一位额外的副学监应尽快由校长宣布其入职,且他(她)的名字应公布在《大学公报》上。

评审官

26.(1)应有一位评审官,他是摄政院成员且以前未担任过学监或评审官职位,并且到就职的那天为止担任摄政院成员的时间至少五年。

(2)每年的评审官选举工作应按照校务理事会通过规章制定的程序进行。

27.(1)评审官应积极参与大学的事务。

(2)每位评审官有权查看根据章程成立的任何委员会或其他机构的任何会议文件,有权参加上述委员会或机构的任何会议并进行发言,但是他(她)没有投票的权利(除非是该委员会成员),同时他(她)不会被呈送任何委员会的文件(若他[她]不是该委员会成员),除非他(她)提出要求。

28. 应校务理事会的要求,评审官应该负责承担有关大学政策或管理方面的任何调查或专门研究。

29. 评审官应该履行章程和规章中所规定的其他职责。

教务长

30. 教务长应由校务理事会任命。

31. 教务长应在战略政策方面担任校长和校务理事会的主要顾问,而且应有效地协调其他官员向校长、校务理事会和大学其他机构提出的意见。

32. 根据本章程第11条,教务长应拥有章程、规章或校长所赋予的其他职责和权利。

校方发言人

33. 校方发言人应由摄政院从评议会成员中选举产生。

34. 校方发言人的职责是介绍获得荣誉学位的人员,并为他们每一个人致辞;根据校务理事会的指示撰写信函和讲话;在接待王族成员的场合以及在有校长指示的其他重要场合做演讲;应校长的要求做克列维演讲(the Creweian Oration);履行章程或规章中的其他任何职责。

35. 如果校方发言人因故不能履行职责,经校长批准,他(她)可以从摄政院成员中委派一人代行其职;如果他(她)不能委派,则由校长任命。

仪仗官

36. 一般情况下应该有四位仪仗官,他们由校长和学监根据校务理事会制定的规章任命。

37. 在校庆典礼或特殊场合,校长可以任命额外的两名仪仗官。

38. 仪仗官的职责应由校务理事会通过规章制定。

副总务长与行情书记员

39. (1) 荣誉校长可以任命一名高级人员担任副总务长这个荣誉职位。

(2) 荣誉校长和校长可分别任命一个高级人员担任行情书记员这个荣誉职位。

（3）所有这些任命应向摄政院汇报。

学校教堂司事

40. 校长和学监可以提名一名学校教堂司事，其职责和任命条件应由校务理事会通过规章制定。

薪酬

41. 大学行政官员的薪酬由校务理事会决定。

章程 X：学位、学历与证书

2002年10月1日批准生效（《大学公报》第4633号补编[1],2002年10月9日）;2005年6月14日修订生效（《大学公报》第135卷,第1174页,2005年6月16日）;2005年10月11日修订生效（《大学公报》第136卷,第184页,2005年10月13日）;2009年6月2日修订生效（《大学公报》第139卷,第1164页）

1. 以下是大学授予的学位：

神学博士	美术硕士
民法博士	生物化学硕士
医学博士	化学硕士
文学博士	计算机科学硕士
理学博士	地球科学硕士
音乐学博士	工学硕士
哲学博士	数学硕士
临床心理学博士	数学和计算机科学硕士
工学博士	数学和哲学硕士
文理硕士	物理学硕士
外科学硕士	物理和哲学硕士
理学硕士	宗教学学士
文学硕士	法学学士
哲学硕士	医学学士
研究硕士	外科学学士
法学硕士	音乐学学士

神学硕士	哲学学士
工商管理学硕士	文理学士
	美术学士
	神学学士

2. 大学应根据规章授予这些学历和证书,而且这些证书可以向非大学成员颁发。

3. 获得学位、文凭和证书的教育年限和资格应由规章规定。

4. 校务理事会应通过规章规定从文学学士、哲学学士(非哲学学科)和理学学士学位转为相应的硕士学位的条件。

5.（1）校务理事会应通过规章规定剑桥大学和都柏林大学的成员成为牛津大学成员的条件(也就是说,在牛津大学获得与以前所在大学相同的学位或职位)。

（2）校务理事会有权决定：

（a）剑桥大学和都柏林大学的哪些成员和成员阶层享有这种特权；

（b）在每种情况下授予特权的条件。

WD215-031
30.09.05

章程 XI：大学纪律

2009 年 10 月 1 日生效

摄政院批准于 2009 年 6 月 16 日（《大学公报》第 139 号，第 1246 页，2009 年 6 月 11 日）

A 部分　定义和纪律准则

定义

1.（1）在本章程中，除非上下文另有规定，以下表述的内涵是固定的：

(a) 在本章程以及依照本章程制定的任何规章中，"大学成员"和"学生成员"的意思是：

(i) 章程 II 的条款中规定的任何人；

(ii) 不属于章程 II 的条款中规定的大学成员或学生成员，但是是大学里任何考试的候选人；或者

(iii) 在纪律程序启动时，纪律程序执行所针对的、具有(i)或(ii)中所定义身份的任何人。

(b) "禁令"的意思是撤销在特定时间内使用大学的特定场所、建筑物、设施或服务的权利或延迟以上权利的实现；

(c) "学院"是指根据章程 V 成立的任何学院、学会或永久私人学堂；

(d) "开除"的意思是永久地剥夺他（她）的大学成员资格；

(e) "骚扰"是指无故对另一个人进行扰乱，为了以下目的或导致以下结果：

(i) 损害他人的尊严；或

(ii) 给他人造成一种威胁性的、有敌意的、可耻的、侮辱身份的或冒犯的氛围；

(f)"在大学里"指以下任一范围：

(i) 在大学或学院范围内；

(ii) 在牛津校内或校外进行大学活动（学术的、体育的、社会的、文化的或其他活动）的过程中；

(g)"勒令退学"是指在一定时间内或满足指定条件之前撤销使用大学的所有场所、建筑物和设施的权利，包括撤销使用教学、考试以及所有相关的学位服务的权利；

(h)"中止"是指在一定时间内或达到指定条件之前撤销上面(g)中所提及的各方面的权利，在达到特定条件的过程中临时采取行动是为了进一步的审查，或者根据章程或规章采取的行动与纪律因素无关。

(i)"考试"包括提交和审核专题论文、学位论文、小论文、实用文体或其他的课程作业，以及任何其他练习，包括为了就读研究生学业而在那些为获得学位或其他学术奖励的正式考试之外进行的练习。

(2) 除非大学的学生纪律小组或学生投诉小组另行规定，否则本章程中被禁令、勒令退学或中止学业的学生成员在此期间将没有权利参加任何可以获得大学学位、学历、证书或其他奖励的考试以及为参加这类考试而设立的资格考试。

纪律准则

2.（1）在大学范围内，任何大学成员不能故意或鲁莽地：

(a) 扰乱或企图扰乱教学、学习、研究、管理、体育、社会、文化方面或其他的大学活动；

(b) 扰乱或企图扰乱大学的成员、学生、职员或非大学成员的来访演讲者行使其合法的言论自由权；

(c) 妨碍或企图妨碍大学的任何行政官员、职员或代理人履行职责；

(d) 污损、破坏或毁坏或试图毁坏大学或任何学院、大学成员、行政官员、职员以及大学或学院的代理机构的财产或所保管下的财产；或有意侵吞这些财产；

(e) 在未经大学或学院授权的情况下，占据、使用或企图占据或使用大学或任何学院的财产或设施；

(f) 伪造或篡改大学证书或类似的文件，或者谎报考试的名次或结果；

(g) 参与可能造成伤害或危害安全的活动；

(h) 使用暴力的、粗鄙的、制造骚乱的、威胁的或冒犯的行为或语言；

(i) 进行任何与大学或大学职务担任相关的不诚实的不当行为；

(j) 不服从学监或代理学监在他们职权范围内的合理指示；

(k) 在有必要提供相关信息时，拒绝向大学或任何学院的行政官员、职员、代理人透漏本人的姓名以及其他相关细节；

(l) 使用、出售或向任何人提供毒品（占有或使用毒品属非法行为）；

(m) 对大学或任何学院的成员、来访者、职员或代理人进行骚扰；

(n) 不能遵守本章程第11、12、17或第26条的规定。

(2) 大学的任何成员都不得故意或鲁莽地违反以下任一规章：

(a) 与使用图书馆或大学的信息与通讯科技设备相关的规章；

(b) 与校务理事会分配的、作为本章程的纪律性规章的审察行为的执行相关的规章；

(c) 依据本章程任意部分而制定的规章。

(3) 大学的每一位成员，应遵守校务理事会根据《1986年教育法令》(No.2)第43条规定的职责不定期发布并出版在《大学公报》上的言论自由守则的条款，只要这些条款对该成员适用。

(4) 大学所有成员不能故意或鲁莽地：

(a) 直接或间接地为参加大牛津大学或其他大学任何一门考试的考生准备或提供与考试试题类似或相同的样题资料，这些资料可以被考生用来直接通过考试或尝试通过考试；

(b) 同意进行违反此准则中第2条第4款第a项之规定的行为；

(c) 以直接或间接方式协助或怂恿其他任何人违反此准则中第2条第4款a和b项中的规定。

3. 大学的任何成员都不得鼓动他人或他人合谋，参与此部分禁止的行为。

4. (1) 负责管理大学的任何场所、设备或服务的个人或机构可以根据章程或规章，制定关于大学场所、建筑物、设备以及所提供的服务的规章。

(2) 如果根据本条章程制定的，满足下列条件的规章提交给学监，学监会表示赞同：

(a) 具体细微地规定对场所、建筑物、设备以及所提供的服务的详细管理方法，并且

(b) 出版后能够吸引对场所、建筑物、设备以及所提供的服务的使用者的注意，

上述规章一经公布立即生效，并对场所、建筑物、设备以及所提供的服务的所有使用者产生约束力。

5. (1) 校务理事会应成立规则委员会并维持其运作，以制定与约束学

生行为的章程并不矛盾的规章,但涉及学生成员的学位服或考试行为的规章除外。

(2) 规则委员会应对所制定的所有规章进行复审,并根据具体情况对其进行修改或废除。

(3) 规则委员会的设立、权利和义务应该由校务理事会通过规章来设定。

6.(1) 在紧急情况下,学监可以针对学生成员的行为制定与章程和规章不相冲突的规章。

(2) 学监依据本条章程制定的任何规章应及时公布在《大学公报》上,一经公布立即生效。

(3) 行使这一权力时应立即报告给规则委员会。若规则委员会没有使用基于相同或基本相同术语的规章对其予以确认,并在学期三周的时间内(从学监制定规定的那天起)公布在《大学公报》上,那么学监制定的规章失效。

(4) 如果规章未得到确认,在从制定规章的当天到规则委员会决定不对其进行确认之时,或者到规章失效期的这段时间,规章仍然有效,以委员会作出决定和规章失效期二者中较早者为准。

B 部分　纪律专门小组、上诉法庭与学监

纪律专门小组与学校上诉法庭

7. 应成立以下两个小组和一个法庭:
(1) 学生纪律小组;
(2) 学生上诉小组;
(3) 上诉法庭。

8.(1) 学生纪律小组应有一个主席、两个或更多副主席以及十一个或更多的其他成员,每个人任期三年,并可连任。

(2) 主席和副主席应由总务长从摄政院成员中任命,被任命的成员应为法庭律师或事务律师,并至少有五年的律师经验,或者有其他使其胜任该职位的相关经验。

(3) 其他成员由校务理事会从摄政院成员中任命。

(4) 小组开庭时应有三个成员,其中至少一个是主席或副主席。正式开

庭日期必须是依照本章程第20条之规定所制定的规章所规定的学期*中的某一天。

9. 学生纪律小组的职责是,根据依照本章程第20条之规定所制定的规章所规定的程序,听取并决定学监向其提出的诉讼,即当一个学生成员违反了本章程第2或3条的规定时,学监应根据本章程第23条第2款、第36条第2款以及第41条第4款的规定提出上诉。

10.（1）学生纪律小组一旦确信学生成员被起诉的违纪行为属实,则可以：

（a）根据情况对其处以罚金；

（b）命令学生成员对因其行为而对任何个人或机构造成的伤害、毁坏或损失进行赔偿；

（c）根据实际情况,禁止学生成员在一段时间内使用特定场所或设施；

（d）根据实际情况,惩罚学生成员停学一段时间；

（e）开除学生成员；

（f）建议校务理事会剥夺该学生成员与该纪律程序相关的学位。

（2）学生问题小组可以分别或组合使用第1款所涉及的任何形式的惩罚。

（3）如果学生问题小组确信学生成员故意或鲁莽地违反了考试中的纪律规章,除了实施上面第一款提及的惩罚形式,小组还可以命令考官：

（i）对任意一份作业减分；

（ii）对任意一份作业判零分或不予理睬；

（iii）给任意一份作业一个不同的分数；

（iv）降低任何学位的级别,降一级或多级；

（v）根据实际情况,允许学生成员补考,或者重新上交一份作业；

（vi）授予普通学位,而非荣誉学位；

（vii）给学生成员的相关考试或部分考试不及格。

（4）如果小组成员确信学生成员违反了本章程中第2或3条中的内容,除行使上述第1、2、3款中的权力外,还可以对他（她）以后的行为予以书面警告,同时学监应保留警告记录。

11.（1）根据依照此章程第21条所制定的规章所规定的程序,学生纪律小组有责任听取学生成员根据第28条、第35条第2款以及第42条第5款的规定所提出的上诉。

（2）上诉应以复审的方式进行。

---

* 英国大学通常一个学年分为三个学期,从10月到12月中旬为秋季学期,从1月中旬到3月下旬为春节学期,从4月中旬到6月中下旬为夏季学期。——译者注

(3) 行使受理上诉的权力时,小组可以拒绝接受或认可被上诉的决定,或者作出被上诉的个人或机构可以作出的任何决定来代替被上诉的决定。

12. 在所有的情况下,学生纪律小组有权决定涉及法律和事实的任何问题,并有权进行听证。

13. 如果学生成员对学生纪律小组所做的决定不满,他(她)可以向学生上诉小组上诉。

14. (1) 学生上诉小组应由总务长任命的三名成员组成,这三名成员应至少有八年的律师经验,或有法庭经验,或拥有使其适合此职位的相关司法经验,但不应是摄政院会议成员。

(2) 学生上诉小组成员任期为3年,可以被再次任命。

(3) 学生上诉小组开庭时,至少由其中一名成员单独应对上诉。

15. (1) 为正义和公正起见,学生上诉小组开庭时可以有两名评审官,这两名评审官由总务长从摄政院会议成员中任命,他们有与上诉中所提出的问题相关的、涉及牛津大学的惯例和程序方面的知识和经验。

(2) 评审官须在与上诉相关的惯例和程序问题方面协助上诉小组,但不应参与小组做决定。

16. (1) 学生上诉小组的职责是,根据依照此章程第21条所制定的规章所规定的程序,听取并决定

(a) 来自学生纪律小组的上诉;

(b) 在校务理事会所制定的规章中被指派给学生上诉小组的其他上诉。

(2) (a) 学生上诉小组对涉及法律和事实方面的任何问题有全部权力,仅在特殊的情况下有听证的权力。

(b) 上诉小组可以认可或拒绝接受被上诉的决定,或者作出被上诉的法庭可以作出的任何决定来代替被上诉的决定。

17. (1) 大学上诉法庭应由总务长任命的五名成员组成,他们均不是大学成员,而分别是:

(a) 上诉法官或女上诉法官,上诉庭法官或女上诉庭法官,或一位最高法院审判官;或

(b) 曾担任上述职位并已退休的人;或

(c) 担任女王的法律顾问不少于六年的人。

(2) 被任命的成员任期三年,并可以连任。

(3) 上诉法庭开庭时,至少由上诉法庭的其中一名成员单独应对上诉。

18. (1) 上诉法庭的职责是,根据依照本章程第21条所制定的规章所规定的程序,听取并决定

(a) 来自巡视委员会的上诉;

（b）根据章程 XII 中 H 部分的规定而进行的所有其他上诉；

（c）校长针对解释或应用根据章程 XVII 第 5 条而制定的章程或规章时所产生的争议而进行的上诉；

（d）在校务理事会所制定的规章中规定上诉法庭应受理的其他上诉。

（2）针对根据章程 XII 中的 H 部分所提出的上诉，上诉小组享有该部分所赋予的权力。

（3）（a）当涉及所有其他的上诉时，上诉法庭对涉及法律和事实方面的任何问题有全部权力，而只是在特殊的情况下仅仅拥有听证的权利。

（b）上诉法庭可以认可或拒绝接受被上诉的决议，或者作出决议以代替被上诉的法庭作出的决议。

19.（1）为正义和公正起见，上诉法庭开庭时可以有不多于两名顾问，这两名顾问由总务长从摄政院成员中任命，他们须拥有与上诉中所提出的问题相关的牛津大学的行动和程序方面的知识和经验。

（2）顾问应该在与上诉相关的行动和程序方面协助上诉法庭，但不应该参与上诉法庭做决议。

20.（1）有关学生纪律小组、学生上诉小组和上诉法庭的设立、权力、职责和程序的进一步规定，以及学监针对本章程中所涉及事项的权力、职责和程序的进一步规定应由校务理事会通过规章制定。

（2）上面第 1 款中所涉及的任何规定应遵循程序公正原则。

学监

21. 除了第 3 和 5 条中所涉及的职责，学监应履行本章程中的以下职责：

（1）采取合理的措施来执行本章程中第 2、6 和第 7 条规定，并且防止任何违反这些规定的行为；

（2）调查对大学成员违反此章程中第 2、6 和第 7 条规定的投诉。

（3）确认对此类违规行为负责任的人。

22.（1）在履行职责的过程中，学监有权召集大学的任何成员来协助他们的调查。

（2）若此条提到的大学成员未能提供相应协助，且无正当理由，则违反了本章程第 2 条第 1 款第 c 项的规定。

C部分　学生成员的违纪行为

23.（1）如果学监有充足的理由断定学生成员违反了此章程第2或3条的规定,可以向学生纪律小组报告。

（2）如果学监或获得学监授权的任何大学成员有合理的理由断定学生成员违反了规则委员会关于考试后行为的规定,他(她)可立即对此学生成员处以罚金(即"即时罚款")。

（3）条例中应规定在即时罚款、罚款数量,以及学生成员对即时罚款的上诉权这些问题上应遵循的程序。

24.（1）在学生纪律小组或学生上诉小组之前的任何诉讼程序中,诉讼可以由学监提出,或者由任何副学监或学监指定的摄政院中的任何其他成员提出。

（2）在适当的情况下,经过相应的咨询,事务律师或法庭律师(非摄政院成员)可以提出诉讼。

（3）在任何这类程序中,学监或代行学监权力的成员的职责是在学生成员被指控的违纪行为属实的情况下,向小组陈述什么样的处罚合适,并提供他们持有这种观点的理由。

25.（1）在根据本章程第22条的规定对被指控的违规行为(不包括骚扰或严重伤害他人,严重损害财产,或严重欺骗他人的违规行为)进行调查的过程中,学监可以要求学生成员考虑自己能否接受学监对其违规行为作出的决议。

（2）如果学生成员同意本条中对诉讼的决议,此诉讼将由学监处理,而不用向学生纪律小组汇报。

（3）本条中学监只能对学生成员进行如下处罚:

(a) 单纯罚款,或者100磅以下、不超过根据本章程第27条制定的数额的赔偿;

(b) 一份有关其日后行为的,并由学监保留纪录的书面警告。

（4）有关本条中所述的学监应遵循的程序的进一步规定应在根据本章程第20条所制定的规章中列出。

26.校务理事会可不定期地依据规章,调整本章程第25条第3款a项中所指的罚款或赔偿的最高数额。

27.如果学生成员不服学监的决定,他(她)可以向学生纪律小组上诉。

28.如果学监认为,根据补充证据,此章程第25条中所赋予他们的权力不足以让他们处理一桩比较严重的案件,他们可将此案件提交学生纪律小组处理。

29.（1）在根据本章程的规定进行诉讼或调查的过程中,如果学生纪律小组、学生诉讼小组或者学监有充足的理由断定学生成员正遭受严重的疾病,小组或学监应根据章程 XIII 中 B 部分规定的程序,将其送入学校职业健康医院诊治。

（2）根据章程 XIII 中 B 部分的规定,在诊治结果出来之前,本章程本部分中所涉及的进一步的诉讼程序应延期。

30.（1）如果学监有充足的理由断定适用于章程 XII 的学生成员违反了本章程中第 2 或第 3 条的规定,在根据本章程第 23 条的规定决定起诉之前,学监可以将起诉书提交教务长,让他(她)决定是否起诉。

（2）如果教务长根据章程 XII 的规定决定不再起诉,根据本章程第 23 条的规定便不能对此学生成员进一步提起诉讼,但是学监应该继续向教务长提供他(她)所需要的协助。

（3）如果教务长根据章程 XII 决定不再起诉,且案件被断定涉及触犯第 2 条或第 3 条,在他(或她)认为合适的情况下应将案件移交给学监。

D 部分　其他成员的违纪行为

31. 如果学监有充足的理由断定大学成员(非学生成员)违反了本章程第 2 或第 3 条的规定,在学监认为有必要的情况下,可将他(或她)计划向教务长上诉的意向以书面形式通知该成员。

32. 若教务长收到依据本章程第 32 条对某大学成员的诉讼,且章程 XII 也适用于该成员,则教务长应根据章程 XII 中的条款处理此诉讼。

33. 若教务长收到依据本章程第 32 条对某大学成员的诉讼且章程 XII 并不适用于该成员,则教务长应根据具体情况,将此诉讼转交给校务理事会或该成员所在的学院,或校内或校外的其他相关机构或委员会。

E 部分　其他条款

34.（1）学院对学生成员施加的中止学业和勒令退学的惩罚也包括对其使用大学场所和设施的权利的限制,但学生成员享有下面第 2 款中规定的上诉权。

（2）上述第1款中提及的受惩罚的学生成员也可以因不服对其使用大学场所和设施的权利加以限制的惩罚向学生纪律小组上诉。如果学生纪律小组确信学生成员的违规属于特殊情况，可以允许他（她）有条件地或者无条件地继续使用大学的场所和设施。

35．如果大学成员被指控将要或可能违反本章程第2、6和第7条或者根据本章程第3条制定的规章，除非学监确信对违规行为的任何刑事诉讼已经以定罪、宣告无罪或撤销诉讼的方式结束，或者确信这个成员不至于由于该违规行为而被提出刑事起诉，否则学监不应继续参与。

36．（1）如果有合理的依据，学监有权在刑事诉讼之前，或者在学生纪律小组或学生上诉小组听证之前，中止学生成员学业或对学生成员施以禁令。

（2）本章程第27条中所规定的上诉权适用于与本条规定相关的决议。

37．如果一个学生成员在因被指控的罪行很严重而立即被判处刑期的情况下，是刑事诉讼的主体，或者如果一个学生成员因被指控犯严重罪行而很可能立即被判处刑期（无论该学生成员是否确实被处以这样的判决），那么他（她）应立即以书面形式向学监报告。

38．（1）在一个学生成员因被指控犯严重罪行而很可能立即被判处刑期（无论该学生成员是否确实被处以这样的判决）的情况下，学监可以向学生纪律小组报告。学生纪律小组根据实际情况以及基于根据本章程第20条制定的规章，开除此学生成员，或者根据具体情况对其降低惩罚力度。

（2）本章程第13条规定的上诉权适用于上面第1款中的规定。

（3）如果大学任何其他成员因这样的刑事罪名被定罪，教务长应向摄政院汇报，而摄政院则应根据章程Ⅱ第10条的条款考虑是否由摄政院将此成员开除。

39．（1）如果在学生纪律小组的事前听证过程中，任何成员的行为妨碍了治安或者违反此章程第2或6条的规定，此部分的以下规定适用。

（2）对学生成员来说，小组有权根据此章程第20条所制定的规定加以罚款，中止学业，或勒令退学。

（3）对任何其他的大学成员来说，小组应向教务长汇报，教务长应根据此章程第32或33条的规定处理。

40．（1）根据本章程的条款，当学生成员被处以罚款或被要求赔偿时，无论是否决定上诉，罚款或赔偿应在七日之内上交（在第23条中规定的即时罚款的情况下，须在两日内上交），除非罚款或要求赔偿的个人或机构，或者接收任何上诉的小组，根据本章程第20条所制定的关于程序的规定，中止或延迟要付的款项。

（2）如果罚款或赔偿未能及时上交，进行惩罚的小组（或者学监和学生纪律小组）可以根据此章程第20条所制定的关于程序的规定，暂令学生成员在某段时间内停学离校。

（3）任何小组或学监所收的全部罚款或赔偿应经由书记员上交给学监。

41.（1）如果负责大学任何场所或建筑物以及大学所提供的任何设施或服务的个人或机构有充分的理由确定，对这些场所、建筑物、设施或服务有使用权的某个成员威胁到财产的安全，或给其他使用者带来了不便，则该负责人或负责机构应根据此部分的条款立即投诉。

（2）应向学监进行针对学生成员的投诉。

（3）如果向学监进行的投诉在第36条规定的范围之内，应遵循该条规定。

（4）在对学生成员进行投诉的任何其他情况下，学监应根据本章程第20条所制定的关于程序的规定，对其予以及时关注，而且可以根据具体情况禁止学生在一定时间内（不超过42天）使用相关场所、建筑物、设施或服务。

（5）根据上面第4款所做的决定，学生成员有权利向学生纪律小组上诉。

（6）针对任何其他大学成员的投诉都应该提交给教务长，而教务长应及时关注投诉，且

（a）在章程 XII 对成员适用的情况下，如果教务长认为合适，他（她）可以根据该章程相关条款的规定，进一步考虑投诉。

（b）在其他情况下，教务长应向校长汇报诉讼，由校长作出决议。

（c）校长应该关注教务长向他（她）汇报的第41条第6款b项规定的任何事项，而且可以任命其他合适的人选代其行事。

（d）采用的程序应由处理此事项的人决定，并充分考虑自然公正原则。

（7）如果上面第1款中所指的人员不是大学成员，则应向教务长进行投诉，而教务长应对其予以及时关注，并向校长汇报，由校长作出决议。

（a）校长应关注根据第41条第7款中教务长向他（她）汇报的任何事项，而且可以任命其他合适的人选代行其职。

（b）采用的程序应由处理此事项的人决定，并充分考虑自然公正原则。

（8）如果某人的行为需要紧急处理，本条第1款中所指的个人或机构应该立刻禁止此人使用相关的场所、建筑物、设施或服务，直到进入此部分中的进一步程序，但禁令不超过21天。

（9）如果本条第1款中所指的某个成员是教务长，第6款中委派给教务长的职责应该由校长负责完成。

（10）本条中的任何规定均不能阻止大学起诉任何人。

学监年度报告

42. 在每年春季学期的期末,学监应向摄政院提交报告,陈述他们和问题小组在这学年里所处理的各种违纪行为,以及惩罚的数量和种类。

F 部分　过渡性条款

43. 为避免产生疑问,特作以下声明:

(1) 学监同样有权利调查和告发违反那些在 2006 年 10 月 1 日之前有效的大学章程和规章的学生成员,而且

(2) 学生纪律小组和学生上诉小组有与处理违反章程的行为相同的、对因违反规定而引起的指控和上诉加以听证并作出相关决定的权限。本章程中的条款在作适当修改后,可以保证上述权力和管辖权的施行。

章程 XII：学术员工及督察委员会

(本章程为"枢密院"章程，参见章程 IV 第 2 条第 2 款)
2002 年 10 月 1 日批准生效(《大学公报》第 4633 号补编[1]，2002 年 10 月 9 日)

A 部分　本章程的结构、适用范围与相关解释

1. 在任何情况下，对本章程以及任何根据本章程制定的法令、规章进行解释时，均应执行以下指导原则：

（1）保证学术员工在法律允许的范围内享有对现存知识进行质疑、检验的自由，并有权提出新的思想及有争议的或非主流的观点，而不得使其工作职位或权益受到影响；

（2）大学应当提供教育、促进学习，并有效率且经济地从事研究；

（3）遵从公平、公正的原则。

2. 除非能够根据实际情况（包括大学规模与行政资源等）提出充分合理的解聘理由，否则即使满足本章 B 部分、D 部分、E 部分及 G 部分中的相关规定，大学也不得任意解聘学术人员。

3. （1）本章程适用于：

（a）教授、高级讲师和讲师；

（b）依照 C 部分之相关规定、受督察委员会管辖的大学雇员；

（c）校长（适用范围与方式见 G 部分之规定）。

（2）本章程中提及的任何"学术员工"均指适用于本章的自然人。

4. 本章中提及的"解聘"或"免职"意为解除学术员工身份，并且

（1）包括调动或离职（根据具体情况而定）；以及

（2）当涉及雇佣合同时，解聘程序应当遵守《就业保障法(1978)》第 55 条之相关规定。

5.（1）为实施本章程,将学术员工调离其职位或解除其学术员工身份应具有"正当理由",此"正当理由"在任何情况下均须与某人作为学术员工为完成所委派的工作而需具备的品行、能力、资质相关,具体指：

（a）督察委员会依据本章 D 部分之规定行使其权力对大学学术员工进行监督,认定某学术员工有违纪行为,并认为其不符合该职位要求或不能履行其职责；

（b）被认定有不道德的、可耻的及不光彩的品行,与其职责和职务不相称；

（c）被认定在任职期间没有完成其职责,坚持拒绝、忽略履行其职责或者不遵守该职务的要求；

（d）被认定符合 E 部分中在身体或精神上丧失工作能力的相关表述；

（2）在本条中：

（a）"能力",特指对于学术人员的技能、资质、健康及其他任何身体或精神上的特质进行的评价；

（b）"资格",特指学术人员所获得的学位、文凭,及其他与其职务、地位相匹配的学术的、技术的或专业的资格。

6．为实施本章程,在下列情况下,大学可因人员冗余对学术员工进行解聘：

（1）大学已经停止（或打算停止）相关受雇学术员工所进行的活动,或者大学已经停止（或打算停止）相关学术员工进行活动的工作场所的活动；

（2）已不再需要或即将不需要该学术员工从事特定工作或在该地点从事特定工作,或者对此项工作的需求已经或将要缩减

7．（1）如果产生冲突,本章程之规定优先于其他章程或规章的规定；依据本章程制定的规章中的规定亦将优先于其他规章中的规定。本章 D 部分和 G 部分之内容不适用于任何在根据《1988 年教育改革法令》第 204 条第 9 款批准本章程施行之前已完成或因故取消的事务。与在此日期之前已完成的或因故取消的事务相关的纪律处分程序可以继续施行,也可以依据在此日期之前实施的相关章程进行改革。

（2）不论大学与学术员工达成何种任职协定或签订何种合同,其内容均不能违背本章程中关于因合理原因或人员冗余而解聘学术员工的相关内容。但前提是,它不会使根据《就业保障法（1978）》第 142 条的相关规定而签订的任何弃权书失效。

（3）如果发现依照本章程规定所指派的大学官员或其他人员在履行职责时,其行为牵涉到本章所述问题,则应依据那些根据本章程制定的规章所规定的程序来任命候补人员以替代其工作。

（4）除本章程外，任何其他章程或据其制定的规章均不得授权或指定大学行政官员成为任何委员会、审理会（tribunal）或机构的成员，也不得出席这些委员会、审理会或机构在达成决议或讨论程序时的会议。

（5）本章程不影响各学院章程赋予学院治理机构的、因各种原因（包括人员冗余）而公平地剥夺作为该学院学术员工的院士的院士资格或院士薪酬的任意部分的权力。

（6）本章中提到的任何编号的部分、条、款，均指本章的部分、条、款。

B 部分　裁员

8. 本部分中，校务理事会作为主管机构，可在人员冗余的情况下解聘学术人员。

9. （1）本部分中的任何内容都不得损害、改变、影响大学的利益、权力、责任，除非：

（a）他/她的委任书或聘任合同在 1987 年 11 月 20 日或之后签订；

（b）他/她在 1987 年 11 月 20 日或之后晋升。

（2）就个人情况而言，委任书或聘任合同在 1987 年 11 月 20 日或之后签订或在当天或之后晋升，可根据《1988 年教育改革法令》第 204 条中第 3 至第 6 款予以解释。

10. （1）本部分中，校务理事会是主管机构。

（2）本部分内容仅适用于摄政院决定削减学术员工的情况。所谓削减学术员工是指：

（a）削减整个大学的学术员工；或者

（b）削减学部、学科部、分学科院、系或其他类似组织中的冗余学术成员。

11. （1）摄政院依照第 10 条第 2 款作出决议后，校务理事会应当专门委任裁员委员会（依照本条第 3 款设立）以在校务理事会指定的日期内落实摄政院的裁员决议。为达到目的，裁员委员会还须

（a）挑选符合裁员条件的学术员工，劝告他们离职；

（b）拟定裁员名单向校务理事会汇报。

（2）由校务理事会批准依照第 1 款的规定而提交的拟裁员名单；否则将该结果返回裁员委员会，并责成其根据指示对拟裁员名单进行进一步修订。

（3）由校务理事会委任的裁员委员会应当包括：

（a）一名主席；以及

(b) 四名由校务理事会提名的摄政院成员,其中至少包括两名学术人员。

12. (1) 如果校务理事会批准了依照第 11 条第 1 款所得的拟裁员名单,主管机构应授权某位大学行政官员对裁员名单中的学术员工进行解聘。

(2) 裁员名单中的每位学术员工都应单独得到由校务理事会签发的个人裁员通知。

(3) 每份个人裁员通知应清楚、充分地说明校务理事会决定对其进行裁员的理由和原委,这些内容应包括:

(a) 摄政院和校务理事会依照本部分内容采取裁员行动的摘要;

(b) 裁员委员会制定裁员名单的过程说明;

(c) 明确声明学术人员拥有对裁员结果进行申诉的权力,以及依据本章程 H 部分之规定对裁员结果进行申诉的日期限制;以及

(d) 裁员生效日期的说明。

C 部分　督察委员会

13. 督察委员会应当由一位主席和四位成员组成。

14. (1) 由总务长依法任命主席人选,主席任期为两年,可以连任。

(2) 主席不应是摄政院成员,而应当是一名拥有五年以上从业经历的法庭律师或者事务律师,或者至少拥有丰富的司法工作经验。

(3) 如果在任期内主席由于任何原因无法行使任何职权,总务长或者校长(在总务长缺席的情况下)应当任命一名代理主席在此种情况下替代主席行使职权。

(4) 任何代理主席都应当具备本条第 2 款中所说的主席任命资格。

(5) 如果主席在任期内由于死亡、辞职或成为摄政院成员而致使主席一职出现空缺,继任者应当继续完成其未完成的任期时间。

15. 督察委员会的其他四位成员,均应为摄政院成员,由摄政院依照校务理事会制定的条例首先选举 12 名候选人,然后由校务理事会不定期地从中选任。

16. 督察委员会应当考虑:

(1) 校长依据 D 部分之规定作出的学术员工推荐,这些学术员工包括大学雇员、大学退休金联合会成员、大学退休金计划成员,以及其他按章程 XIV 之规定未被免除在外的人员;

(2) 其他任何按章程属于其管辖范围内的事项。

17.（1）D部分第22条和第23条之规定是由校长制定的适用于督察委员会的工作程序。

（2）与其他事务相关的程序应当遵循相关的章程或规章。

D部分　处罚、解聘与免职

18.（1）小过失通过非正式方式解决。

（2）如果问题比较严重，但又不足以形成解雇的充足理由时，可按照下列程序进行处理：

第一阶段：口头警告

如果行为或表现不符合学术人员标准，通常会由系主任给予正式的口头警告（本章中，系主任是指大学里相关系或其他研究所的负责人；如果没有这样的组织，则由相关的学部委员会或类似的大学机构的主席替代）。该员工将被告知警告的原因及其所拥有的申诉权利，这是处罚程序的第一阶段。口头警告将会进行简要的书面记录，如果该员工以后的行为表现令人满意，则警告记录于12个月后失效。

第二阶段：书面警告

如果违规行为较为严重，或者在口头警告后还作出违规行为，系主任应当给予学术员工书面警告。书面警告应当详细说明指控内容、改进要求和时限。书面警告应说明如果该员工没有令人满意的改进表现，则将交由督察委员会根据本节规定向教务长进行投诉，同时告知其有权根据本条提出申诉。系主任应保存书面警告的副本，如果该员工以后的行为表现令人满意，则该副本将在两年后失效。

第三阶段：申诉

对警告处分有异议的学术员工应在两周内向教务长进行申诉，并由副校长在听取各方申诉意见后作出最终决定。

19.（1）如果在按照18条第二阶段给出书面警告后，学术员工没有作出令人满意的改进行为，或其行为表现可构成解聘、撤职的正当理由，则可交由督察委员会向教务长投诉，而教务长会将投诉内容呈交校长审查。

（2）为使校长能够公正地处理所有按照本条第1款之规定呈交给他的投诉，校长在必要时可开展任何的调查和质询。

(3) 如果校长认为,按照本条第1款呈交给他的投诉中所述行为或表现没有根据第18条受到书面警告,且不符合学术员工的解聘或免职标准,或者对此类违反法令或条例的行为进行处罚通常由大学或学部、学科院、学院、系或其他相关机构来施行,或者该违反法令的行为是微不足道的或无效的,那么校长可能会立刻驳回投诉,或决定不作进一步追究。

(4) 如果校长没有依据本条第3款驳回投诉,他应陈述按本部分规定执行下一步程序的充分理由。如果校长认为合适的话,他可以在作出最后决定之前免去该员工的全薪,他可以在这一阶段或在作出最后决定之前的任何时候使用此权力。

(5) 如果校长决定根据本部分采取进一步措施,他应写信给该学术员工,并请其提出书面意见。

(6) 校长应在收到该学术员工意见(如果有的话)的第一时间内,权衡所有材料并作出决定:

(a) 驳回投诉;

(b) 根据第18条进行进一步的考虑;

(c) 如果校长与相关学术员工在书面陈述中达成一致,且校长认为可行,则校长可以以非正式的方式处理该问题;

(d) 直接按本部分第20条将指控递呈督察委员会审查。

(7) 如果在28天内没有收到相关学术人员的意见,校长可认为其否认被指控的全部内容的真实性,并可按上述程序进行下一步的处理。

20.(1) 当校长决定根据第19条第6款d项进行处理,他应将案件移交督察委员会审查,并确定相关学术员工的行为表现是否足以构成对其解聘的正当理由,或者构成其工作上的严重失职。

(2) 如果督察委员会收到听取指控的请求,校长委任的教务长、律师或其他合适人选应按指示向督察委员会阐述、展示这些控告或安排阐述和展示这些控告。

(3) 以下内容是那些进行指控的人员应尽的职责:

(a) 向督察委员会和相关学术员工说明指控,并提出与指控相关的其他文件;

(b) 作出任何必要的行政安排,包括传唤证人、出示文件并向督察委员会合理介绍指控相关学术员工的案件。

21. 督察委员会应按照本章程C部分的规定设立;任何牵涉或参与对学术员工的控告,或参与任何最初的聆讯或调查的委员会成员均不得参与审讯。

22.(1) 督察委员会在准备、聆讯、裁决中所应遵循的程序,将根据依本部分内容制定的规章进行规范。

（2）在不违背上述规定的情况下，规章应确保：

（a）被指控的学术员工有权指派他人（无论其是否具有专业法律资格）作为本人的代表参加或出席督察委员会举行的任何关于指控的聆讯；

（b）不得在被指控人员或其代表缺席口头聆讯的情况下，裁定指控成立；

（c）允许传唤指控方的证人和被指控方的证人，并可对任何相关证词进行质询；

（d）应对以下情况做好充足的准备：

（i）因无检举而推迟、延期、撤销指控；豁免指控以使校长作进一步权衡；纠正意外错误；以及

（ii）应合理安排每一个阶段（包括聆讯）的时限，以使督察委员会能够迅速审理指控并作出合理裁定。

23.（1）督察委员会须将其对指控作出的决议（连同一份对调查事实真相的说明、作出决议的理由及他们认为适当的关于处罚的建议）提交给校长和指控双方，即指控者、被指控者和奉督察委员会之令参与其中的其他人员。

（2）督察委员会应注意进行申诉的有效时间，并确保将 H 部分的副本和按照第 1 款作出的裁决副本送交指控双方。

24.（1）（a）只有当指控被提出，并且督察委员会提出了解聘或免职的正当理由和建议时，才可由主管官员决定是否解聘。

（b）如果主管官员决定接受解聘建议，他（或她）可即刻解聘相关学术员工。

（2）如果提出指控，主管官员除了根据本条第 1 款的规定决定有关解聘相关学术员工的情况，还可以采取如下行动（不包括比督察委员会所建议的更为严重的处罚）：

（a）与被控学术员工进行商讨；

（b）对被控学术员工未来的行为表现提出建议；或者

（c）提出警告；

（d）将被控学术员工停职，或停扣被控学术员工的薪水，以便进行公正合理的裁决，期限不可超过督察委员会作出裁定后的三个月；或者

（e）根据被控学术员工的雇佣合同、任职期限采取进一步的行动或其他行动，以使案件的裁决公正合理；或者

（f）采取以上多种行动的组合形式。

25.（1）校长可作为主管官员行使第 24 条所规定的各种权力，但他

也可委任一名代表行使这些权力,对主管官员的任何规定都适用于其代表。

(2)所有主管官员采取的任何措施都应以书面形式予以确认。

E部分　因健康原因对不能胜任者免职

26.(1)本部分将对因健康原因而不能胜任工作的学术人员进行解聘或免职作出单独说明。

(2)本部分所提到的"健康原因"是指基于个人身体健康状况或其他生理、心理素质而评估的能力。

(3)本部分所提到的主管官员是指校长或作为其代表来行使相关权力的官员。

(4)本部分所提到的学术员工除了指他本人,还包括那些被授权代表该学术员工的亲属、朋友或其他人(如果学术员工本人的残疾有此需要)。

27.(1)如果主管官员认为某学术员工应因健康原因而被解聘或免职,该主管官员:

(a)应通知该学术员工;

(b)可让该学术员工停职留薪;

(c)应书面告知该学术员工,将向其私人医生申请提供健康报告,并根据《1988年获得医疗报告法》征求该学术员工的书面同意。

(2)允许学术员工因健康原因选择自愿退休,大学应负担任何合理的医疗费用。

(3)如果学术员工不愿意以健康理由自愿退休,主管官员可在不告知该人员的情况下,将能够提供支持的医学证据和其他证据(包括学术人员本人提交的医学证明)提交至委员会(在下文称作"医学委员会"),该委员会人员包括:

(a)由校务理事会提名的一名成员;

(b)由相关学术员工提名的一名成员,如果没有,则再由校务理事会提名一名成员;

(c)经校务理事会和相关学术员工一致同意的具有专业医学资格的委员会主席,如果无法达成一致,则由皇家医学院院长提名。

(4)根据本条内容任命的医学委员会可以要求相关学术员工进行医学检查,检查费用由大学承担。

(5)医学委员会关于准备、聆讯、裁决所应遵循的程序,将根据本部分内

容之规定设定规章,并且该规章应确保:

（a）该学术员工有权指派他人（无论是否具有专业法律资格）作为其代表参加或出席医学委员会举行的任何聆讯；

（b）若无相关学术员工及其委任代表出席口头聆讯会,不得作出裁决；

（c）允许传唤证人,并可对任何相关证词进行质询；

（d）医学委员会应迅速审理案件并作出合理裁定。

28. 如果医学委员会根据第 27 条内容裁定该学术员工因健康原因必须退休,主管官员应立即根据相关的健康原因终止与该学术员工的聘用关系。

WD353-051a
29.07.02

F 部分　申诉程序

29. 本部分旨在阐明,在学部、学科院、学院、系或大学中的其他类似组织中,以各方都能接受的方式,及时、公正地解决或纠正个别申诉。

30. 本部分内容适用于学术员工关于其职务或工作的申诉,这些申诉涉及:

（1）影响学术员工个人的问题；

（2）影响他们个人交往或与大学其他工作人员关系的问题,但不包括本章其他部分已阐述过的问题。

31. （1）如果在学部、学科院、学院、系或其他类似组织中的其他纠正办法已经用尽,学术员工可以向系主任提出该问题（定义见第 18 条第 2 款）。

（2）如果学术员工对第 1 款的处理方式不满意,或其申诉内容与系主任有直接关系,该学术员工可以以书面形式向校长申请补充申诉。

（3）（a）如果校长认为该问题已按照本章 D、E、H 部分之规定得到合理裁决,或认为该申诉没有意义或无效,他可以立刻驳回申诉或不作处理。

（b）如果校长采取这样的措施,他应通知相应的学术员工。

（4）如果校长认为,申诉的主要问题可通过下述途径解决（或符合以下全部内容或部分内容）:

（a）D 部分规定的投诉,

（b）E 部分规定的决议,或

（c）H 部分规定的申诉,

那么他(她)可根据本部分章程推迟处理,直至有关投诉、决议或申诉已进行聆讯或立案期限已过。同时他(她)应通知相应学术员工。

(5)(a)如果校长既没有根据第3款选择驳回申诉,也没有根据第4款选择推迟处理,他应决定是否在公平公正的前提下寻求非正式的解决途径以解决问题。

(b)如果校长决定这样做,他应通知相关的学术员工,并照此执行。

32. 如果申诉问题根据第31条第5款通过非正式途径仍不能得到解决,校长应将该问题提交申诉委员会以供审议。

33. 申诉委员会由校务理事会任命,该委员会应包括:

(1)一名主席;

(2),(3)两名摄政院成员,其中至少一人应为学术员工。

34. 审议和裁定申诉的程序应按照裁决规章执行,以确保申诉人及申诉对象有权出席聆讯并有朋友或代表陪同。

35. 申诉委员会应通知校务理事会申诉材料是否齐全;如果申诉材料齐全,委员会将就该申诉向校务理事会提出合理的处置建议;如果校务理事会认为合适,则可付诸行动。

G部分　对校长的免职

36. 荣誉校长可根据本部分所述程序以正当理由免去大学校长之职务:

(1)不少于八名摄政院成员向荣誉校长投诉要求免去校长之职务。

(2)如果荣誉校长认为现有的投诉材料可以初步形成证据确凿的案件,并且一旦得到证实将会构成免去校长职务的正当理由,荣誉校长可要求校务理事会成立特别法庭受理并对该问题作出裁决。

(3)如果荣誉校长认为根据第1款所提出的投诉无法形成证据确凿的案件,或认为其本身无意义或无效,他可建议校务理事会不要就该问题采取进一步的行动。

(4)如果校务理事会根据第2款成立特别法庭,荣誉校长应指示教务长任命一名律师或其他合适人选向特别法庭提出指控并进行陈述或安排指控或陈述;该人员的责任包括:

(a)向特别法庭和校长说明指控,并提供与指控相关的其他文件;

(b)作出任何必要的行政安排,包括传唤证人、出示文件并向特别法庭合理介绍针对校长的案件。

(5)校务理事会任命的特别法庭应包括:

(a)主席应当是非受雇于本大学的、正在(或曾经在)司法机关任职的人

员,或法庭律师,或至少拥有10年工作经验的事务律师;

(b),(c)两名由校务理事会选出的摄政院成员,其中至少一人应为学术员工。

(6)提交特别法庭的指控应当依据第22条中的程序进行审理,但前提是:

(a)荣誉校长将代替校长履行职责,并行使相应权力;

(b)特别法庭能给出的唯一建议是校长是否应被免职。

(7)特别法庭应将其对相关指控作出的合理裁定连同其所调查的指控真相的说明和就免职问题的建议一并送交荣誉校长和校长,并提请他们注意上诉期限(根据H部分之内容确定)。

(8)(a)如果特别法庭作出裁决并在接受上诉后维持原判,荣誉校长应决定是否将校长免职。

(b)如果荣誉校长决定接受有关免职的建议,他可即刻免去校长之职务。

37.如果特别法庭根据第36条规定接受申诉,荣誉校长有权暂停校长在大学范围内(或部分范围内)的职权,但并不影响校长的薪酬。

38.如果校长因健康原因而丧失工作能力以至于被免职,那么本章程E部分中所提及的相关事项作如下调整后仍然有效:

(1)原文中提及的学术员工代之以校长;

(2)原文中提及校长之职代之以荣誉校长;

(3)原第28条代之以余下内容:

'28.(1)如果医学委员会认为校长因健康原因必须退休,应该事先询问荣誉校长(作为主管官员)决定是否立即根据相关的健康原因终止校长的工作。

(2)如果荣誉校长接受医学委员会的裁定,他可以立即免去校长之职。

H部分　上诉

39.本部分规定已被解聘的学术员工、收到解聘通知的学术员工以及受到纪律处罚的学术人员,在上诉、进行聆讯和裁定时的程序。

40.(1)本部分适用于:

(a)对由校务理事会作为主管机构(或其代表机构)所作出的裁定提出的、要求其按照B部分规定撤销决议的上诉;

(b)任何在申诉过程中产生或关于任何诉讼结果按照D部分规定进行

的上诉,但不包括针对第 18 条规定的警告处分而进行的上诉;

(c) 对除 B、D、E、G 部分之外的任何免职决议提出的上诉;

(d) 对除 D 部分之外的任何纪律处分提出的上诉;

(e) 对按照 E 部分内容作出的裁定提出的上诉;

(f) 对按照 G 部分由特别法庭作出的裁定而提出的上诉,并据此阐释"上诉"和"上诉人"。

(2) 对以下内容不得提起上诉:

(a) 由摄政院根据第 10 条第 2 款作出的决定;

(b) 经督察委员会根据第 23 条第 1 款调查所得事实真相;除非在上诉聆讯会征得其他听讯人的许可后,上诉人提出对其有利的新证据。

(c) 经根据第 27 条第 3 款设立的医学委员会调查发现的医学结论,除非在上诉聆讯会征得指定人员许可后,上诉人提出对其有利的新证据。

(3) 上诉各方应当包括上诉人、教务长或律师或由校长任命的其他合适人选,以及奉上诉法庭之令参与上诉的其他人员。

41. 学术员工应在第 42 条规定的上诉期限内,向教务长送交上诉请求,并应列明上诉理由。

42. (1) 上诉请求应在所上诉的决议文档送交上诉人后 28 天内送达教务长,如上诉法庭根据第 3 款进行调整,该期限可以延长。

(2) 教务长应将其收到的上诉请求(及送交时间)提交校务理事会审阅,并将此事项通知上诉人。

(3) 若上诉请求未在上述 28 天之内送交教务长,上诉法庭可不再受理上诉,除非上诉法庭认为应根据该案件的具体情况重新考虑公平公正的原则。

43. (1) 凡根据本部分规定提出的上诉,将由上诉法庭根据章程 XI 之内容进行聆讯和裁决。

(2) 章程 XI 第 27 条①之有关规定(陪审法官的任命和职责)适用于本部分向上诉法庭提出的上诉。

44. (1) 关于上诉的准备、整合、聆讯、裁决所应遵循的程序,将根据本部分内容制定规章。

(2) 在不违背上述规定的情况下,规章应确保:

(a) 上诉人有权指派他人(无论是否具有专业法律资格)作为其代表参加或出席上诉聆讯;

---

① 对于 2009 年 10 月 1 日后生效的章程 XI 中的以下更改,本部分的交叉引用中已进行了相应改动。这些改动将于下次提出对本章程进行重大更改时,递交给枢密院批准。

(b) 不得在上诉人及其或其代表缺席口头聆讯的情况下，对上诉进行裁决，在征得其他听讯人员同意后可传唤证人；

(c) 须为因缺乏原告而导致的推迟、延期及撤销上诉做充分而全面的准备，并为更正偶然错误做好准备；

(d) 上诉法庭应合理安排每一个阶段（包括聆讯）的时限，以便迅速审理上诉并作出合理裁定。

(3) 上诉法庭可以接受或驳回上诉的全部或部分请求，并且在不违背上述内容的情况下可以采取如下措施：

(a) 将针对有关 B 部分决议提起的上诉案件（或在上诉过程中出现的任何其他问题）转发至校务理事会，由校务理事会作为主管机构根据上诉法庭作出的指示进行进一步审查；

(b) 将针对有关 D 部分决议提起的上诉案件转发至督察委员会，由督察委员会根据上诉法庭作出的指示进行重新聆讯和审查；

(c) 将针对有关 E 部分决议提起的上诉案件转发至主管官员，由其根据上诉法庭的指示进行进一步审查；

(d) 将校长根据 G 部分决议而提起的上诉案件转发至原有的或新成立的特别法庭进行重新聆讯和审理；

(e) 用较轻的处罚取代主管官员按照 D 部分之规定，根据督察委员会对原指控的调查结果而采取的处罚措施。

45. 上诉法庭应将其对上诉案件作出的合理裁定（其中包括依据第 44 条第 3 款 a、b、c、d 项作出的裁定），及其所陈述的与旧有调查结果（包括由委员会作为主管机构按照 B 部分规定、由督察委员会根据 D 部分规定、由医学委员会按照 E 部分规定，或由特别法庭按照 G 部分规定所得的调查结果）不同的调查结果送交校长（若校长是上诉一方，则送交荣誉校长）和上诉各方。

WD353-051b
29.07.02

章程 XIII：学生成员：其他条款

2002年10月1日批准生效(《大学公报》第4633号补编[1]，2002年10月9日)；2002年10月15日修订生效(《大学公报》第133卷，第250页，2002年10月17日)；2003年10月14日修订生效(《大学公报》第134卷，第139页，2003年10月16日)；2007年4月24日修订生效(《大学公报》第137卷，第1050页，2007年4月26日)

A部分　牛津大学学生会与学生磋商机制

牛津大学学生会

1. (1) 应设立牛津大学学生会，该学生会应成为该校学生成员的普遍性的联合社团，如章程II第4条中所定义。

(2) 章程V中提及的学院、学会以及永久私人学堂的本科学生活动室和研究生活动室可隶属于学生会。

(3) 这种接纳个人的本科学生活动室和研究生活动室应成为学生会的构成组织。

2. 大学中的每一位学生成员都有权选择退出学生会。

3. 学生会应作为代表大学中的(而非学院中的)大多数学生成员的组织而被大学所认可，并应按有关章程、规章或其他规定选出各委员会学生代表。

4. 学生会应有成文章程，该章程的规定需经校务理事会批准和审查，每次审查间隔不超过五年。

5. 校务理事会应采取合理举措确保公正和妥善地选举学生会的主要任职人员。

6.（1）除非符合以下第 2 款的规定,学生会不得接纳任何非本校学生成员成为干事或正式成员（即在任何会议或选举中有权投票的会员）。

（2）以学生身份被选举为学生会干事的人员,当其任期未满而本人已经失去学生身份时,学生会仍可续用该干事,直至任期结束。

7.（1）校务理事会应出台学生会活动守则,以落实《教育法（1994 年）》中关于学生会的要求。

（2）学生会活动守则连同法律对学生会的任何限定（如有关慈善机构的规定,以及《1986 年教育法令[第 2 号]》第 43 条）,应每年提请所有学生成员的注意。

8. 有关决定退出学生会的权利的信息,以及对退出学生会的学生提供何种服务的安排,应每年提请所有学生成员（包括考虑成为大学成员的学生）的注意。

9. 校务理事会有权制定规章以管理学生会及其任职人员。

有学生成员参与的联合委员会

10. 任何依照章程、规章或其他规定而成立的,拥有学生成员的联合委员会或者其他为与学生成员磋商而设的机构所给出的建议,若该联合委员会中的顾问机构没有与该委员会中的学生成员进行磋商,则不能予以驳回。

低年级学生活动室主席委员会

11. 应设立低年级学生活动室主席委员会,成员为章程 V 所指的各学院、学会或永久私立学堂的低年级学生活动室主席（或其他主要干事）。

12. 该委员会应从其内部的低年级学生成员中选出一些成员,成为章程、规章或其他法令所规定的委员会的成员。

B 部分　学生成员及其伤残医疗

13. 本部分意在评定因健康状况欠佳遭遇巨大困难的学生。

14. 根据本部分提交的或考虑的任何信息都应严格保密,任何人或机构处理这类信息时均应考虑对有关信息进行保密的义务。

15. 为了达成本章程中的这些目的,应成立一个医学委员会,该委员会成员包括：

（1）一名由校务理事会提名的人选；

（2）一名由校务理事会与学生所在学院、学会或永久私人学堂协商后共同提名的人选；

（3）一名由钦定医学讲座教授提名的具有合格医学资质的主席。

16. 如果一名学生成员因健康状况欠佳而处于困境，他或她可以经由如下人士被提交至大学职业健康服务机构：

（1）学监；

（2）任何按照章程 XI 第 8 条之规定由大学建立的专门小组；

（3）该学生所在系的系主任、学科部的主管或得到正式授权的代理人；

（4）该学生所在学院的院长或得到正式授权的代理人。

17. 学监或大学专门小组对任何纪律问题的审议应在此治疗安排期间暂停，直至按照此部分的规定得出结论。

18. 大学职业健康服务机构应负责评估被建议治疗的学生，并应从学生全科医师处寻求医学意见，并在必要情况下安排学生参加专门体检，费用均由大学支付。

19. 任何要求负责某学生的全科医师开具医疗报告的请求均应遵守《获得医疗报告法（1988 年）》的规定。

20. 大学职业健康服务机构如已审议现有的证据，须出示一份报告，列明以下内容：

（1）该学生是否因健康状况欠佳正处于困境；如果有，那么

（2）该困难是否影响到他或她继续个人学业的能力，报告应当说明该生学业具体方面的要求和情况。

21. 大学职业健康服务的报告应严格保密。

22. 如果报告内容涉及研究生，大学职业卫生服务的报告应首先由系主任、学科部委员会主席审阅，如果涉及的是本科生，则应由学生所在学院的院长审阅。

23. 评审官或由其委任的人士（个人或多人）应通过与系主任、学科部委员会主席以及学院院长协商而确定此事是否应：

（1）由系、学科部进行处理，这可能：

（a）直接导致不需要采取进一步的行动；

（b）应根据大学职业健康服务机构可能建议的合理条件确定相关学生是否继续居留；

（c）让学生（不论他们是否符合包括复学之前需要提供的医疗证据的标准等条件）在指定时期内休学，或者不设期限地休学；或者

(d) 在任何纪律处分程序已暂停的情况下，如果有证据表明学生并没有遭受健康问题带来的严重困难，那么此事将提交学监以恢复这些处分程序；

(e) 建议得到进一步的医学证据；

(2) 由学院根据由学院决定的程序进行处理。

24. 该决定应由系主任、学科部委员会主席或学院院长与学生用书面形式进行适当的沟通。

25. 如果学生要对作出的决定提出上诉，那么他或她有权向医疗委员会提出上诉。

26. 医疗委员会的权力、职责和程序由校务理事会通过规章来安排。

27. 在此程序下的任何听证都不得公开。

28. 当学生的状况或行为需要立即处理，学监可以暂停其学业以待进一步调查，这样的暂停应在21天后被复审。

29. 如果在开始执行休学后28天内没有根据第23条作出任何决定，学生可以就休学一事向医疗委员会提起上诉。

30. 校务理事会可以但没有责任依据本部分内容做进一步的规定。

章程 XIV：学校对学术员工及后勤人员的聘用

2002年10月1日批准生效(《大学公报》第4633号,补编[1],2002年10月9日);2005年6月28日修订生效(《大学公报》第135卷,第1250页,2005年6月30日);2009年12月1日生效(《大学公报》第140卷,第329页)

聘用与解聘员工的权力

1. 除非经校务理事会明确表示同意并符合本章程第 2 至第 5 条的规定,大学中的任何行政官员,其他任何由大学聘用的、在系里工作或与系相关的或由大学管制的人员都无权:
（1）聘请、任命任何人作为大学学术员工或后勤人员,或签署学术员工或后勤人员的委任书;
（2）解聘后勤人员;或者
（3）在章程 XII 的 B 部分至 E 部分规定的情形之外解聘学术人员。
2. 大学提供任何就业机会时均应依照适当的条款并符合该人员类别的就业条件。
3. 任何解聘都应遵从针对有关人员解聘的适当程序。
4. 校务理事会根据上述 1 至 3 条规定给出的同意书,在校务理事会决议的复印件得到教务长证实,并送达行政官员或相关人员之前是没有效力的。
5. 校务理事会如认为合适或情况允许,可依据上述 1 至 4 条将权力转授至人事委员会,该委员会的主席或任意数量的行政官员、人事委员会主席或被委托的行政官员签署的同意书应具有与校务理事会决议同等的效力。

任职基本待遇

6. 大学聘用人员的数量、服务条件和聘任方法应由校务理事会根据本章程 7 至 14 条以及其他相关章程及规章不定期进行规定。

7. 学术员工的三个主要类别为教授、高级讲师和讲师。

8. 拥有学术职位者应按照由校务理事会不定期确定的方式获得报酬，但此规定不妨碍该人员获得额外的薪酬，这种额外的薪酬可能表现为如下形式：

（1）有可能被规章规定的与行政职责相关的津贴；或

（2）根据校务理事会不定期作出的规定，为奖励学术卓越者或对本校学术工作作出突出贡献而设的奖励。

9. 校务理事会应当作出安排，使所有教授、高级讲师、讲师以及其他学术职位工作者每工作六学期后有权申请一个学期的休假。

10. 依据本章程被任命的人员或依据本章程被重新任命直至退休的人员，在可以承担某学院或学会的成员所要求的责任的情况下，可以接受该学院或学会的成员资格；此外，所有拥有教授或高级讲师身份或规章为达到工作目的而批准的任何岗位的成员，以及所有拥有讲师身份者（被任命为讲师直至退休年龄），均有权成为学院、学会的成员。

11. （1）每名教授应由校务理事会不定期分派到学院或学会，继任教授职位的人员应成为该学院或学会的一员。

（2）被分配的学院或学会应有权在教授资格的选举委员会中保有两个代表。

12. （1）所有受雇于大学的人员都可归属于大学养老金计划，若他们没有资格成为此计划的成员则可以归属于大学建立的大学退休金计划或大学为指定类型员工安排的退休金计划。所有受雇于大学的人员都有权从适用于大学的养老金增补计划中获益。

（2）校务理事会应考虑一般大学的做法以及高校退休金计划的规则，并对那些对个人应属的退休金计划有疑问的任何事件作出决定。

（3）校务理事会应免除任何被排除在计划合理成员之外的人享受指定待遇的权利，这些人包括任何因年龄问题、已经接受计划中的一份退休金或递交书面请求自愿退出的成员等。

（4）校务理事会可以将任何享受由校务理事会支持的其他计划的个人排除在该计划外。

13. 除在本章程第 12 条提及的同时持有牧师身份与教授身份且并不享有适当的退休金的人士外,每一位受大学督察委员会遵照章程 XII 进行管辖的大学雇员,应该在不迟于校务理事会按遵照规章制定出的适用于该雇员的日期退休。

14.（1）每一位不受大学督察委员会遵照章程 XII 进行管辖的大学雇员,一旦因纪律处分而被解雇,便有权向一个三人小组提出上诉。其中两名是由该委员会的主席（或者其代理人）委任的校务理事会人事委员会成员,还有一名为校长委任的校务理事会非人事委员会的成员。

（2）在等待上诉结果期间,该雇员将被视为停薪停职。

（3）在上诉听证会上,专门小组可以确认或撤销解雇命令或发布它认为公正的命令,而校务理事会须根据专门小组的要求支付上诉人的款项。

WD788-121
26.01.04

章程 XV：学院资金上缴方案与学院账务

（本章程 1 至 6 条属于"枢密院会议"章程，参见章程 IV 第 2 条第 2 款）

2009 年 4 月 8 日批准生效（《大学公报》第 139 卷，第 932 页，2009 年 4 月 23 日）

1. 在本章程和任何相关规章中，除非文中语境另有说明，下列用语的含义应如下文所阐释：

（1）"方案"均指本章程第 2 条所提到的方案；

（2）"基金"均指学院上缴基金，该基金由学院支付的资金构成；

（3）"学院"指的是：

（a）章程 V 第 1 和 5 条列出的任何学院和学会（不包括永久私人学堂）；

（b）校务理事会（与学院联席会议事先达成一致）为了此方案的实现通过规章宣布为"学院"的任何基金会；

（4）"财政年度"是指从某年度 8 月 1 日至第二年 7 月 31 日的一年。

A 部分　学院资金上缴方案

2. 该方案的目的是建立一个由牛津大学永久信托（the university in trust in perpetuity）持有的学院上缴资金，并在大学认为有必要时为学院提供拨款及贷款。

3. 该方案应由学院上缴资金委员会管理，该委员会的成员、职能和权力应由校务理事会通过规章加以规定。

4. 各学院应在每个财政年度结束后,最晚在下个财政年度的1月31日前,尽快为该基金账户支付与校务理事会所制定的规章一致的款项。若学院没有在规定日期前上缴资金,学院上缴资金委员会有权依据规章收取剩余款项的利息。

5. 校务理事会应每年参考上缴资金委员会的建议后,依据规章,作出从基金中拨款给所有的学院、学会或它们中的任何之一的决定。

6. 若因规章的原因或任何其他大学及学院不能控制的原因而无法依照章程和相关规章执行此计划,任何一方的拨款或上缴资金责任都须取消;基金内剩余的或被返还的资金应由校务理事会决定用于大学的其他目的。

B 部分　学院账务

7. 校务理事会将建立学院账务委员会,其成员、职责和权力将由规章规定。

8. 每个财政年度结束时,根据规章规定的日期,各学院应为稽核员的检察作准备,并提供上一财政年度的报表。

9. 第 8 条中所指财务年度报表应在各方面符合校务理事会所规定的准备学院财务报告的规章要求。

10. 各学院准备的财务年度报表应真实、公正地反映:
(1) 在结账日里的学院(连同其附属及相关实体)事务;以及
(2) 过去一年中学院(连同其附属及相关实体)的综合收支;
财务报表应符合英国通用会计准则(缩写为 GAAP)和本章程的规定。

11. 各学院须按校务理事会规定的规章或根据规章的要求,提供其他经过审计或未经审计的财务资料,这些资料不须公开。

12. (1) 财务报表和稽核员的审计报告应在规章指定日期前交送给学院账务委员会。
(2) 学院账务委员会在收到报表和审计报告后在大学内予以公布。

13. 若大学的外部稽核员要求提供有关上一个财政年度中大学转交给学院的任何公共基金的进一步报告,稽核员的审计报告应按校务理事会在规章中规定的形式,包含上述报告。

章程 XVI：产权、合同与信托

（本章程 16 至 20 条是"枢密院会议"章程，参见章程 IV 第 2 条第 3 款）

2002 年 10 月 1 日批准并生效（《大学公报》第 4633 号补编[1]，2002 年 10 月 9 日）；2003 年 5 月 8 日修订生效（《大学公报》第 133 卷，第 1335 页，2003 年 5 月 8 日）；2008 年 6 月 10 日修订（《大学公报》第 138 卷，第 1121 页，2008 年 5 月 22 日）；2009 年 4 月 8 日修订（《大学公报》第 139 卷，第 932 页，2009 年 4 月 23 日）

A 部分　大学产权

通则

1. 除非被与特殊产权相关的书面信托条款所约束，否则大学作为一个民事法人，
（1）以实益拥有者的身份而不是公益信托的形式拥有自己的资产；
（2）与自然人一样，具有管理、处置和处理其资产的权力，包括在它认为合适时进行投资、借贷或者用资产作为担保的权力。

2. 校务理事会酌情安排运用大学所有的基金、捐款和资本进行投资，这些资金短期内不需要作为证券、股份、股票、基金或世界范围内的其他投资（包括土地）；投资是否涉及债务也在校务理事会的绝对自由裁量权限之内。

3. （1）除以下第 2 款提到的情况外，本章程第 2 条所授予校务理事会的权力应扩大到任何本校管理的特定信托资金，或与本校相关联事宜的投资（包括投资的种类）。

(2)文书创建的信托关系生效后的 60 年内,本章程第 2 条所授予的权力在下列情况下不得行使:

(a)如果信托条款之规定与第 2 条明确地形成冲突;或

(b)当大学在信托关系中不是唯一受托人,且没有得到其他受托人和治理机构的同意。

场地与建筑物

4.为实现大学的各方面目的,凡超过 1000 平方米的场地或总建筑面积超过 600 平方米的建筑物,必须在摄政院会议上根据章程 IV 第 1 条的规定取得批准,方能进行规划。

B 部分　知识产权

5.(1)大学对所有在本章程第 6 条中所规定的知识产权拥有所有权,这些知识产权应为在如下情况下设计、制造或创造的:

(a)由大学聘用的人在其受聘过程中;

(b)由学生们在学习的过程中或不经意地学习的过程中;

(c)由参与到大学的学习与研究中的其他人,若他们在获准进入该大学的场地或使用大学设施时作出书面保证,同意此部分规定适用于他们;以及

(d)由大学合同聘用的服务人员在聘任期里。

(2)本条第 1 款中与知识产权相关的大学权利可以在与相关人员达成书面协议后放弃或修改。

6.本章程第 5 条第 1 款所制定的归属于大学的知识产权包括:

(1)由本校所有或管理的计算机硬件、软件所创造的成果;

(2)在诸如电影、录像、照片、多媒体、排版、场地和实验室记录之类的大学设施的帮助下创造的成果;

(3)可申请专利以及不可申请专利的发明;

(4)已注册和未注册的外观设计、植物新品种和拓扑图;

(5)不在以上 4 款之列的经大学授权的工作成果;

(6)不在以上 5 款之列的数据库、计算机软件、固件、课件及有关材料(但只有当它们被认为具有商业潜力时);以及

(7)与以上内容相关的技术和信息。

7. 大学对以下内容不拥有版权：

（1）本章第 6 条第 2 款中未列举的艺术作品，以及并未被大学明确委托创作的书籍、文章、戏剧、抒情诗、乐谱或演讲；

（2）辅助讲课的音频或视频；

（3）不在本章程第 6 条第 6 款规定的大学知识产权范围之内的学生论文、练习和考试、测验的答案；

（4）非本程第 6 条规定的与计算机有关的成果。

8. 本章程第 6 至 7 条中提及的"明确委托创作的作品"是指大学专门聘请或要求相关人员创作的作品，而无论其是否有特殊报酬。但是除非大学出版社与相关人员单独协商，大学出版社在其出版工作过程中委托创作的作品不可视为条文中所说的"大学委托创作的作品"。

9. 校务理事会可制定规章以：

（1）确定本章程第 5 条第 1 款 c 项所适用的人群或具体个人。

（2）要求学生成员和在规章中指明的其他人员，在必要情况下签署文件以落实大学依照本章程所拥有的知识产权，并放弃《版权、设计及专利法（1988 年）》第一部分第四章授权给他们的任何权利。

（3）实现本章整体要求的目标。

10. 本部分适用于 2000 年 10 月 1 日及以后设计、制造或创造的所有知识产权，并遵从《专利法（1977 年）》的相关规定。

C 部分　对校方权力的约束

11. 校长和教务长均有权代表大学签署合同，并可以书面形式委托他人签署。

12. （1）校务理事会可以通过规章授权某群体或个人代表大学签署合同，但合同内容与签署方式必须符合规章的规定。

（2）根据上文第 1 款所授予的权力可以由书面形式委托，但书面委托的副本必须呈达教务长，之后方可生效。

13. 除校长、教务长以及代表教务长行使权力的行政官员与职员外，任何人不得在任何文件中使用本校印章（包括一般或特定事务）。

14. （1）除非在本章程及章程 VIII 第 24、25 条（大学出版社）中有相关规定，或者校务理事会明确表示同意，大学的任何行政官员、职员以及其他任何属于大学管理范围的工作人员、系或机构相关人员，均无权代表本校发表任何陈述或签订任何合同。

（2）仅当校务理事会的决议和教务长的证明书的复印件被递交给相关行政官员或人员时，校务理事会给出的此类授权方可生效。

15.（1）教务长应当根据本部分的规定保存记录所有授权，以及曾使用大学公章的所有文件。

（2）校务理事会中的任何成员要求检查该记录时，教务长均须配合检查。

D 部分　信托

（第 16 至 20 条是"枢密院会议"章程，参见章程 IV 第 2 条第 3 款）

16.（1）大学作为受托人拥有信托资产，此处的信托包括章程附录中列出的信托以及校务理事会所制定的规章（即《牛津大学信托规章》）中的信托，以及不定期被加入附录和这些规章中的任何其他信托。

（2）依据与信托相关的任何具体规定，大学对信托中的所有财产拥有管理权。

（3）附录或大学信托规章应视情况而：

(a) 制定管理每份信托的下属资金的条款；并

(b) 指明这些条款中可由摄政院会议修订的部分、可由校务理事会进一步制定规章进行管理的部分，以及仅能根据《牛津大学和剑桥大学法（1923年）》之规定进行修订的部分。

（4）每一信托的管理及其收益的使用，均为管理委员会的责任，或其他由附件指定的机构的责任，或大学信托规章中关于信托的部分所指定的其他机构的责任。如果未指定承担责任的任何个人或单位，则应由校务理事会作出决议。

17. 信托资产的投资应遵从方案的条款规定（这类方案由枢密院会议根据《1943 年大学与学院[信托]法》第 2 条的规定不定期批准）。并且根据任何上述方案建立的基金都被可视为牛津捐赠基金（the Oxford Endowment Fund）。

18.（1）对附录中所列信托管理的条款进行任何修订、废止或增加条款的提议，均应视为一项根据章程 IV 及相关规章中的条款提出的立法提议。

（2）任何此类由摄政院会议通过的提议仅在得到枢密院会议批准后方可生效，除非附录中有关信托管理的规定授权摄政院会议对规定进行修订、废止或增补。

19.（1）对大学信托条例中所列信托主要目标的条款进行任何修订、废止或增加条款的提议，均应根据章程 IV 及相关规章视为一项立法建议，且仅当由摄政院会议与枢密院会议先后批准后方可生效。

（2）对大学信托规章中所列信托管理的其他条款进行任何修订、废止或增加必须由校务理事会依据章程 VI 第 13 至 18 条相关的规章予以实施。

20.若关于个人信托的特定条款中没有反对该行动的，在管理委员会或其他对该基金管理负责的团体斟酌下，任何财务年度后信托的剩余所得可：

（1）在第 16 条第 4 款之规定下用于负责管理该信托的学部、学科部、分学科部和系；或者

（2）作为下一年的收入，用于支付下一年的支出。

章程 XVII：解释或应用大学章程和规章时的争端解决方案

（本章程是"枢密院会议"章程，参见章程 IV 第 2 条第 2 款）2002 年 10 月 1 日批准生效（《大学公报》第 4633 号补编[1]，2002 年 10 月 9 日）

1. 如果在根据章程 XI、章程 XII 或章程 XIII 的 B 部分之规定进行诉讼的过程中出现任何关于章程或规章的解释与应用上的争端，这些争端应该在给予上诉权利的前提下，由负责该诉讼的个人或法庭裁决。

2. 大学与其任何成员之间产生的任何此类争议，应以书面形式提交给校长，以寻求无须听证会的非正式解决方案。

3. 为裁决争端，校长可以要求当事人提供进一步的相关信息，也可咨询总务长或他或她认为合适的任何人。

4. 校长的决定及其理由应以书面形式尽快送交当事人。

5. 如果争端的任何一方在依据本章程第 2 条向校长投诉后，对校长的裁决不满意，并希望重新上诉，那么上诉者应当在收到裁决的 28 天内通知教务长，要求上诉法院根据章程 XI 中 B 部分之规定裁决上诉争端。

6. 上诉法院有全权重启并审议校长的决定，并可以在其认为合适的范围内撤销、修改或重新确认该决定。

7. 上诉法院根据本章程第 6 条所做的决定具有最终效力并对当事各方具有约束力。

8. 如果争端双方没有依据本章程第 5 条进行重新上诉，则校长的决定具有最终效力并对当事各方具有约束力。

附录：68类基金

（本附录是一个"女王和枢密院"章程，参见章程 IV 第 2 条第 3 款）

第 1 部分　雅培基金（Abbott Fund）

1.1　雅培基金是由 1871 年牛津大学接受的、代表约翰·雅培先生遗赠的资产组成的。

1.2　该基金应由管理委员会管理，其章程由校务理事会决定。

1.3　该基金委员会应不定期将基金的净收入拨款到"雅培奖学金"，用于资助大学成员中英国国教神职人员的子女（包括孤儿），这笔奖学金还适用于以下成员：

（1）在攻读：

（a）第一学位，

（b）医学学士学位或同等学力，

（c）大学的优等成绩学位课程；以及

（2）为充分享受大学教育而急需资金资助的学生成员。

1.4　委员会须经校务理事会批准，决定奖学金的颁授条件、数目、每期时长以及候选人的资格。评选应遵循下列原则：

（1）助学金的授予应以鼓励学习为目的；

（2）如有两个或两个以上的符合条件的候选人，应优先考虑出生在原约克郡西区的候选人。

第 2 部分　阿诺德纪念奖（Arnold Memorial Prize）

2.1　马修·阿诺德纪念奖的主要目标是鼓励和促进牛津大学成员对

英语文学的学习。

2.2 候选人通过一篇与英国文学相关主题的英语文章展示自己的获奖条件;若有条件充分的候选人,则每年颁奖一次。

2.3 英语语言文学学科部委员会应作为该奖项的管理委员会。

2.4 所有与本奖相关的花费,包括审查费及管理方面的任何费用,应从托管资金的年净收入中支出。

2.5 该委员会负责任命审查官,并决定审查官的报酬。

2.6 本奖项的金额应由该委员会确定,并与论文议题同时宣布。

2.7 论文议题应当由委员会设定,公布议题的日期不应晚于夏季学期的最后一天。参评的论文应在来年3月1日前送交教务长。

2.8 候选人必须是本大学成员,在送交论文之日前已通过考试获得文学学士学位,且入学年限不得超过七年;或已在入学四年内取得学校的任何其他学位;或者正在本校攻读可以获取研究生学位的课程的非本校毕业生,但入学不得超过三年。

2.9 同一个人不得两次获得该奖项。

2.10 因奖项空缺或任何其他原因产生的收益盈余,可以由委员会酌情用于下列目的:

(1) 任何一年增加的额外奖项,该奖项由审查官推荐,奖项金额由委员会决定;

(2) 其他任何与上述2.1部分定义的奖励的主要目标一致的行为。

2.11 在保证该基金的奖励目的(如2.1中所界定)不变的情况下,摄政院会议可定期修订本部分内容。

第 3 部分　巴格比遗赠(Bagdy Bequest)

3.1 菲利普·H.巴格比的遗赠本身及其利息都应用于如下目标的实现:根据获得授权的管理官员的意见,有利于在适用此遗赠的系所内,鼓励依据人类学原理和方法进行的有关城市发展和读写文化方面的比较研究。

3.2 获得授权管理遗赠的官员应是由社会人类学教授推荐的社会科学委员会成员。

3.3 适用于该遗赠的系所应是社会和文化人类学研究所。

3.4 在保证该基金的奖励目标(如3.1条中所界定)不变的情况下,摄政院会议可定期修订本部分内容。

第 4 部分　班普顿讲座(Bampton Lectures)

4.1　班普顿讲座每年或者每两年在圣玛丽教堂举行，共 8 次宗教布道，它的主题涉及如下任一内容：确认并建立基督教信仰，同时反驳所有异教徒和教会分裂主义者；圣经的神圣权威；原始神父著作的权威；原始教会的宗教仪式；救世主耶稣的神圣性；圣灵的神圣性；包含在使徒和尼西亚信经中的基督教信条。

4.2　班普顿讲座由校长决定，在秋季或春季任一完整学期或二者中每个学期的八天内完成。

4.3　班普顿讲师应仅由学院院长选举产生，每次选举应在公告发布至少 6 个月以后开始，从发布公告到讲师进行第一次讲座为止的时间应在 22 个月到 26 个月之间。

4.4　(1)班普顿讲师津贴总和不得少于 300 英镑，由选举人确定；在讲师宣讲后 12 个月内(除非选举人依据特殊情况允许延长时限)，除非他或她的宣讲内容被制作成足够多的复印件，否则讲师均不得也无权得到相应报酬。"足够多的复印件"指的是可以分别提交给荣誉校长，各学院、学会和永久私人学堂的领导，牛津市的市长以及牛津大学图书馆各一份。

(2)印刷费用应由该基金支付。

4.5　(1)只有本校毕业生有权担任班普顿讲座的讲师。

(2)同一人不得进行两次班普顿讲座。

4.6　由班普顿基金净收入支出的第一笔钱应为班普顿讲师津贴，以及印刷班普顿讲座材料的费用；班普顿讲座的选举人可以对余额酌情考量，并用于下列一种或多种方式：

(1)支付讲师的交通费用；

(2)其他任何与班普顿讲座有关的费用；

(3)奖励任何由 4.1 条规定的课题的研究推广。

第 5 部分　拜迪英联邦史教授(Beit Professor of the History of the British Commonwealth)

5.1　拜迪基金每年向英联邦史教授职位拥有者提供捐赠，该捐赠将用作该职位的部分资金，即拜迪教授职位基金。

5.2 拜迪英联邦史教授应讲授大英帝国和英联邦史。

5.3 选举该教授的委员会成员包括：

（1）校长；如果下一款中指定的学院院长是校长，则由校务理事会任命1人；

（2）校务理事会根据任何章程或规章暂时将教授分配入某一学院的院长，如果该负责人不能或不愿参加，则由学院治理机构任命1人；

（3）学院治理机构根据上一款之规定任命1人；

（4），（5）由校务理事会任命2人；

（6）由人文学部委员会委任1人；

（7）—（9）由现代史学学科部委员会任命3人。

5.4 教授应承担任何一般性章程或规章中规定的教授职责，并遵守任何特定规章中有关此教授职位的任何规定。

第6部分 博登基金（Boden Fund）

6.1 （1）博登基金净收入的第一项开支应用于拨给"博登梵语教授"的款项，其数额相当于基金总收入的一半。此类管理净费用每年由校务理事会决定。

（2）若该教授职务空缺，这项捐款应被归入大学一般收入账目。

6.2 博登基金净收入的第二项支出应用于"博登奖学金"，以鼓励研究和精通使用梵语及梵语文学。首次奖学金时限为2年，每年的数额由东方学学科部委员会决定。

6.3 东方学学科部委员会同时是该奖学金的管理委员会。

6.4 （1）奖学金获得者应由委员会决定，但每次选举的公告在《大学公报》发布的时长不能少于3个月。

（2）选举人应是博登梵语教授或其代表，以及一个或多个由委员会委任的其他人员（委员会的委任最晚在选举前1个月完成）。

（3）选举人应考虑到候选人以前的纪录及各候选人的申请动机，如果选举人认为合适，可以以口头方式或书面方式或两种方式对候选人进行考察。

6.5 （1）奖学金应对本校所有毕业生开放，他们应为到进行选举的学期的第一日为止在此学习超过九年的学生，但其年龄不能超过30岁。

（2）申请者须根据本部分规定向博登教授出示资格证明文件，以及一个由各自的学院、学会或永久私人学堂的负责人或代理人签署的表示同意的书面许可。本土语言为印度语言的人没有资格申请博登奖学金。

6.6 委员会可根据选举人的建议,将某位获奖者的奖学金获得期限延长一年,但总时限不得超过三年。

6.7 (1)奖学金获得者必须在获奖的每个学期内依据章程规定在大学居留六星期。但若有博登教授的提议,则委员会应允许他们居住在别处,只要此举对他或她的研究更有利。

(2)奖学金获得者在牛津居住期间必须参加博登教授认为有助于提高其梵文水平的讲座。

(3)执行委员会也可鉴于奖学金获得者患病或其他紧急原因免除其法定居留的要求。

6.8 如果奖学金获得者在任何一个学期都没有居住在牛津(除非根据6.7,他或她的法定居留的要求已经被免除)或不遵守本部分的其他任何规定,则该奖学金立即失效。

6.9 在每学期结束时,奖学金获得者应向博登教授申请获得一份证明书,以证明他或她获得奖金的资格,并应将这份由博登教授签名的证明书与居留证明书一起上交给教务长。若无以上证明书或缺少其中之一(根据上述6.7条规定得到免除的情况除外),奖学金获得者在下学期将不能领取奖金。

6.10 (1)若委员会认为有正当理由批准,则除博登教授以外的选举人可以获得不超过5英镑的酬金。

(2)此类酬金及其他任何用于管理的必要开支,都由基金的利息支出。

6.11 (1)任何上述目的不需要的资金盈余收入(包括奖学金获得者被没收的奖金以及由于职位空缺引起且没有依据上述第6条第1款被纳入大学一般收入账目的盈余收入)应首先按照每年50英镑的标准授予印度研究所图书馆,也可依据盈余收入的允许范围适当降低此标准。

(2)任何盈余的收入可在委员会决议下应用于以下任何一种或多种目的:

(a)提供低年级奖学金或奖项,以鼓励梵文语言和文学的学习研究;

(b)致力于协助梵文相关作品的出版或其他可促进梵文研究的活动。

第7部分 蒙塔古·伯顿国际关系教授(Montague Burton Professor of International Relations)

7.1 牛津大学接受蒙塔古·伯顿爵士的捐赠,其主要目的是维持蒙塔古·伯顿国际关系教授职位。

7.2 这项资助的捐赠净收入由校务理事会与社会科学委员会协商,决定其适用比例和条件。其主要用途是教授职务的薪酬(包括附加费用)并协助和促进大学国际关系学院的研究工作。

7.3 蒙塔古·伯顿国际关系教授应讲授国际关系学的理论,并对相关实践给予指导。

7.4 选举该教授的委员会成员包括:

(1) 校长;若巴列奥尔学院院长是校长本人,则由校务理事会任命1人;

(2) 巴列奥尔学院的院长;如果院长不能或不愿参加,则由巴列奥尔学院委员会指定1人。

(3) 由巴列奥尔学院委员会任命1人;

(4),(5) 由校务理事会任命2人;

(6)—(8) 由社会科学学部委员会任命3人;

(9) 由历史学学科部委员会委任1人。

7.5 该教授应遵循一般章程及规章中有关教授职责的规定,以及任何关于本职位的特定规章。

7.6 在保证该基金的奖励目标(如7.1条中所界定)不变的情况下,摄政院会议可定期修订本部分内容。

第8部分 伯特·戴维研究奖学金(Burtt Davy Research Scholarship)

8.1 (1) 大学学院文理硕士、哲学博士J.伯特·戴维用遗赠款项的年净收入建立一项奖学金,即伯特·戴维研究奖学金。该奖学金用于在牛津大学植物科学系植物标本室研究植物学和分类学,特别是与此相关的热带植物生态学与热带林业的研究。遗赠款项的年净收入在支付一切必要的支出后,将用于维持伯特·戴维研究奖学金。

(2) 本奖学金获得者应为注册研究生。候选人应从事如下研究:分类学和生态学的研究,生化、显微、遗传学的应用或设拉蒂安植物学教授和西布托皮安植物科学教授所指定的关于植物分类方法的其他研究。根据颁奖人的意见,此部分奖学金将用于获得者的交通费用、探险费用或研究产生的附带花费的补偿。

8.2 该奖学金应受到数学、自然科学和生命科学学部委员会的全面监管。

8.3 奖学金获得者应由颁奖人共同选出,颁奖人将决定奖学金的额度和期限（任何人在任何情况下不得超过 3 年获此奖学金），并依据本部分规定对该奖项的其他问题作出决议。

8.4 颁奖人应在每个奖项颁授之际，通知数学、自然科学和生命科学学部委员会奖学金获得者的名字、奖学金的金额与期限以及奖学金获得者的研究课题。

8.5 在保证该基金的授奖目标（如 8.1 条中所界定）不变的情况下，摄政院会议可定期修订本部分内容。

第 9 部分 钱伯斯奖学金（Chambers Studentship）

9.1 本基金来自钱伯斯女士的遗产。遗产本身将继续用于投资，所得净收入作为钱伯斯奖学金，用于支持英语文学研究。根据资金情况，它可以作为同时或交替使用的资金，以奖励圣休学院和萨默维尔学院中毕业于英伦三岛任一所大学的、拥有良好的古典学造诣并获得除英语外的荣誉学位的学生。

9.2 管理该基金的管理委员会成员包括：
（1）校长；
（2）希腊语钦定教授；
（3）默顿英语文学教授；
（4）圣休学院院长；
（5）萨默维尔学院院长；
（6）由圣休学院委员会提名 1 人；
（7）由萨默维尔学院委员会提名 1 人。

9.3 在保证该基金的授奖目标（如 9.1 条所界定）不变的情况下，摄政院会议可定期修订本部分内容。

第 10 部分 克雷文研究员职位及克雷文奖学金（Craven Fellowships and Scholarships）

10.1 约翰·克雷文勋爵创立的该奖学金全年净利息将用于推动古典作品的研究鉴赏。

10.2 为推动古典作品的研究与鉴赏，该利息将用于维持两个或两个以上研究员职位及三项奖学金，分别称为克雷文研究员职位及克雷文奖学金。

10.3 （1）研究员职位应对所有入学未超过 21 学期的本校成员开放。

（2）研究员任期两年，并由古典学学科部委员会确定该研究员职位的薪酬。

（3）在特定情况下，古典学学科部委员会可考虑依据下述 10.4 条建立的五人委员会的报告，同意偿付下述 10.5 条规定的研究员由于所承担的义务而必须获得的合理开支（若这些开支无法从其他来源获得）。

10.4 （1）只要有具备充分条件的候选人，每年的春季或者冬季学期至少要从中产生一名研究员。该研究员由古典学学科部委员会委任的五人委员会选举产生。

（2）五人委员会有权不经考试而遴选研究员，或在希腊文学和拉丁文学、历史学与考古学考试之后进行遴选，或在其中他们认为合适的科目考试后遴选研究员。

10.5 （1）研究员任期自其被遴选上的当年的 8 月 1 日算起。

（2）作为获得研究员职位报酬的条件，该研究员应自其上任之日起的 26 个月内至少有 8 个月在国外进行学术研究。研究员在国外的研究地点可以是一处或多处，并应经遴选委员会批准。

（3）遴选委员会有权推迟国外居住期，但推迟不得超过六个月，或全部或部分豁免国外居留的要求。遴选委员会应将其认为合理的部分薪酬批准给未完成居留期的研究员。

（4）遴选委员会可要求研究员出示可证明自己勤奋研究的有利证据。

10.6 （1）该奖学金应对入学不超过 12 学期的所有大学成员开放。

（2）该奖学金的额度由古典学学科部委员会确定。

（3）根据上述第 10.4 款建立的五人委员会有权决定将部分或所有奖学金作为购买书籍的花费或国外旅行花费，或同时包括二者。

10.7 （1）在每年冬季学期的考试后，从有足够资格的候选人中遴选产生三位奖学金获得者。

（2）该奖学金的三位审查官由为古典学荣誉学位考试提名审查官的委员会提名。

（3）任意两名审查官不得来自同一学院、学会或永久私人学堂，而同一人不得两次以上连续被提名为审查官。

10.8 该考试应与竞选迪尔·爱尔兰奖学金的考试相同；获得迪尔·爱尔兰奖学金者如果没有获得过克雷文奖学金，应同时第一次获得克雷文奖学金。

10.9 任何人不得两次获得克雷文奖学金。

10.10 （1）研究员遴选委员会应在公报刊登报名布告（至少提前 20 天），说明何时何地接收申请者。如果决定举行考试，则应至少提前 10 天另行通知考试时间和地点。

（2）奖学金遴选者须在《大学公报》上刊登关于考试时间和地点的公告（至少提前 20 天）。

10.11 （1）每位奖学金的申请者应当在考试前至少两天向审查官出示其所在学院、学会或永久私人学堂的领导或代理人的书面同意书，同时出示证明其身份的材料。

（2）每位研究员职位的申请者应在委员会接收申请者报名的指定日期前出示相应的同意书及其身份证明。

10.12 （1）遴选人应在《大学公报》上公布当选研究员职位及获得奖学金的人员名单。

（2）此外，遴选者还应公布他们认为在考试中有杰出表现的申请者名单；当选研究员职位及获得奖学金的人员在考试中的表现记录也将被保留。

10.13 （1）古典学学科部委员会有权将这些收入用于它认为必需的花费，包括研究员职位和奖学金的考试以及审查官的酬金。

（2）每年净收入的剩余用于克雷文大学基金的建设。由委员会从基金中拨款以支持古典学研究。

10.14 在保证该基金的授奖目标（如 10.1 条中所界定）不变的情况下，摄政院会议可不定期修订本部分内容。

第 11 部分 迈克尔·戴利纪念基金（Michael Daly Memorial Fund）

11.1 （1）本基金始于 1992 年，最初建立在艾伦·戴利夫妇为纪念他们的儿子迈克尔而向大学捐款的基础之上，基金的净利息用于提供迈克尔·戴利奖金。该奖金的申请对象是博德利图书馆的工作人员；如无符合此条件的候选人，则该奖学金还适用于大学里其他图书馆的工作人员。

（2）该奖金用于促进获奖者学习突厥语地区、高加索地区、斯拉夫和东欧地区、中东、远东或南亚及东南亚地区的语言和文化。其中，研究突厥语地区和高加索地区某些方面的申请者具有优先权。

11.2 该基金由管理委员会进行管理。该委员会的成员应包括大学图书馆服务的负责人、博德利图书馆馆长和负责东方藏品的管理者（或其各自提名的代表），一名从大学各图书馆馆长中选出的代表以及一名不定期由东方学学科部委员会选出的具有土耳其语相关学术职位的人员。

11.3　管理委员会的责任是明确合格的获奖者以及每个奖项的额度，并制定奖金使用的条件。

11.4　在保证该基金的授奖目标（如 11.1 条中所界定）不变的情况下，摄政院会议可不定期修订本部分内容。

第 12 部分　丹耶尔和约翰逊旅行研究员职位和奖金（Denyer and Johnson Travelling Fellowship and Prize）

12.1　伊丽莎白·丹耶尔夫人赠款和约翰·约翰逊博士部分赠款所得的年净收益被用来设立该奖项，目的是鼓励大学的神学研究。

12.2　丹耶尔和约翰逊旅行研究员职位和奖金用于提供出国奖学金，并用于鼓励神学研究。

12.3　该基金的管理委员会是神学学科部委员会。

12.4　由管理委员确定旅行研究员的薪酬额度，薪酬保有期为一年。

12.5　（1）若有合适的人选申请，旅行资助选举应每隔一年进行一次。

（2）候选者必须是本校人员，至遴选所在学年的 10 月 1 日时其年龄在 40 岁以下，且其要么

（a）通过了本校的任一学位考试；要么

（b）是摄政院成员。

12.6　旅行研究员职位不得向同一人颁发两次以上。

12.7　（1）每名当选的旅行研究员，若没有获得委员会的豁免，都必须在享受旅行研究员职位薪酬期间在英国以外的地区居住至少三个月（地点须经委员会批准），以完成研究目标。

（2）经委员会确定的旅行研究员职位的薪酬至少应能满足旅行研究员在上述情况下的必要支出。

（3）委员会保留授予（或拒绝授予）该职位薪酬的权力，因为可能存在研究员不能满足在国外居留的要求的情况。委员会同样有权要求学者提供证明他在外期间勤奋研究的有力证据。

12.8　在遵守本部分章程的前提下，委员会有权制定并更改有关的遴选方式、奖金的发放时间和享受期限。但是，委员会必须提前至少 20 天公布接受候选人申请的时间和地点，否则不得开展评选。

12.9　得到神学荣誉课程主审查官推荐的，且被主审查官认为在考试中表现最为出色、拥有足够资格的候选人，应被授予此项奖励。但此奖项不

得授予曾获圣经希伯来语的西尼尔·普西和伊勒顿奖的候选人,除非没有符合丹尼尔和约翰逊奖条件的候选人。

12.10 本奖项的金额应由委员会不定期讨论决定。

12.11 赠款利息每年在支付旅行研究员职位薪酬和奖金之后的剩余款项,可由委员会支配用于以下一项或几项用途:

(1) 增设一个旅行研究员职位名额,条件和要求同上;

(2) 根据委员会制定的条件,为在神学学科部攻读高级学位的研究生提供助学金;

(3) 为奖励神学学习的奖金等措施提供资金。

12.12 在保证该基金的授奖目标(如12.1条中所界定)不变的情况下,摄政院会议可不定期修订本部分内容。

第13部分 用于研究发展中国家经济的旅行基金(Travel Fund for the Economics of Developing Countries)

13.1 这项基金设立于1943年,以大学自联合非洲公司接受的赠款为基础,目标是开展殖民地事务研究。作为专用高级研究基金,该基金为在本校拥有学术职位的人员提供补助金,用以支持其出国研究发展中国家的经济。

13.2 所申请课题须经高级研究基金会的理事同意,旅行基金应在协议下支配,不定期由校务理事会按照规章批准。

第14部分 埃格顿·科格希尔风景画奖(Egerton Coghill Landscape Prize)

14.1 埃格顿·科格希尔的赠款用于设立风景画奖,该奖项面向在校就读任何学位、文凭及证书的人员。

14.2 为纪念捐赠者的父亲,该奖项被称为"埃格顿·科格希尔风景画奖"。

14.3 本奖项每年颁发一次,在本校攻读任何学位、文凭或证书的人员均可参与竞争。

14.4 (1) 参赛作品只能是过去十二个月创作的小风景画作。

(2) 所有参赛者在一次竞赛中只允许提交一幅作品。

(3) 该奖的获奖者将不再有资格参加次年的竞赛。

14.5 竞赛消息将在《大学公报》上通知,评委是绘画系拉斯金主任(或其指定的代表)和西方艺术系的系主任(或其指定的代表)。

14.6 (1) 每位评委将获得该奖项基金每年净收入的五分之一作为评审费,其余五分之三为获奖者的奖金。

(2) 如果某一年评委认为参赛者的作品均没有达到获奖水平,评委将宣布没有参赛者获奖,本条第1款规定的五分之三的奖金的使用则参照章程XVI第20条的有关规定操作。

(3) 如果某一年没有收到任何参赛作品,那么所有基金收入的使用都将参照章程XVI中第20条的有关规定执行。

14.7 获奖作品将在纪念周期间或其他合适的时间在显著位置展出。

14.8 在保证该基金的授奖目标(如14.1条中所界定)不变的情况下,摄政院会议可不定期修订本部分内容。

第15部分 埃尔登法学奖学金基金(Elden Law Scholarship Fund)

15.1 埃尔登法学奖学金基金提供埃尔登法学奖学金,主要授予对象是符合条件的有意从事法学工作的本校人员。

15.2 埃尔登法学奖学金基金由法学学科部委员会管理。

15.3 埃尔登法学奖学基金的净收入在扣除管理费用之后的部分即为埃尔登法学奖学金。该奖学金可能是一次性发放,也可能是分期(一年不超过三次)发放,每次发放金额由委员会依实际情况而定并有可能发生变化。

15.4 只有符合下述全部条件的牛津大学人员,才有资格获得埃尔顿法学奖学金:

(1) 已通过文学士或民法学士学位考试,或者通过欧洲比较法硕士、博士学位考试的人员;且

(2) 必须满足下列三项要求之一:1. 成绩为甲等;2. 在上述考试或文学士学位或者荣誉审核考试中成绩显著优异;3. 已经获得一项荣誉校长奖励;且

(3) 打算从事法律专业;且

(4) 在具有律师资格前或已具有律师资格但不足两年时申请该项奖学金。

15.5 在决定是否授予奖学金时,委员会应考虑申请人的财务状况。

15.6 在本部分的规定范围内,委员会全权负责制定奖学金发放规则,包括奖学金发放的金额和时间、申请资格及选拔方法。

15.7 在保证该基金的授奖目标(如 15.1 条中所界定)不变的情况下,摄政院会议可不定期修订本部分内容。

第 16 部分 伊勒顿神学论文奖(Ellerton Theological Essay Prize)

16.1 马格德林学院成员,牧师爱德华·伊勒顿博士在 1825 年为本校捐款的年净收入用于设立英语论文年度奖以鼓励神学学习。此收入还将继续用于伊勒顿神学论文奖的颁奖基金的建设。

16.2 本奖项每年颁发一次,金额由管理委员会确定。授予有关基督教义或其他被认为合适的神学主题的优秀英语论文。

16.3 该奖项的对象是符合下述条件的本校所有人员:截至提交论文的日期,入学不超过 30 个学期,若入学之前已经在其他大学获得学位则其入学不得超过 21 个学期。

16.4 往年得奖者将不再具有成为候选人的资格。

16.5 (1)神学学科部委员会同时是该奖项的管理委员会。

(2)委员会每年委任不超过三位评委并支付其酬金,由评委进行颁奖。

16.6 评委意见出现分歧时遵循多数意见。

16.7 (1)候选人提交论文题目以申请评委批准应不晚于冬季学期的第四周周末,而其提交论文的日期不应晚于春季学期的第一天。

(2)论文长度不超过一万个单词。

16.8 在保证该基金的授奖目标(如 16.1 条中所界定)不变的情况下,摄政院会议可不定期修订本部分内容。

第 17 部分 宗教主题的英语诗歌(English Poem on a Sacred Subject)

17.1 该基金的主要目的是为长期举办宗教主题英语诗歌的有奖竞赛。

17.2 该奖项通过每三年一次的竞赛颁发。

17.3 候选者应是本大学人员,在竞赛截止日期(该日期应在公布竞赛主题时确定)之前具备大学学位,或通过考试,或依照法令、决议持有文学硕士学位,或具有文学硕士身份,或者具备有其他大学的学位。

17.4　任何已经两次得奖的人不再具备成为候选人的资格。

17.5　评委包括诗歌教授和赞词宣读员,第三位评委由前两位评委指定,应为文学硕士或民法学学士或医学学士,或优秀毕业生。

17.6　每次竞赛的诗歌主题由上一次竞赛的评委选择,并在参赛截止日期至少两年前公布,同时公布诗歌的指定形式和其他限制条件。

17.7　参赛诗歌长度不得少于 60 行,不得多于 300 行。

17.8　如果评委认定某部作品最为优秀且有充分资格获奖,则应将奖金颁发给该作品的作者。奖金应该是从基金三年收入中扣除评委酬金、17.9 条中所规定的任何奖金及其他合理费用后的所剩余额。

17.9　(1) 评委有权提名一名候选人为二等奖获得者,可以获得不超过当年可发奖金总额 1/6 的奖金。

(2) 只有当评委认为候选人作品都不足以获得一等奖金时才可以在现有作品中作出以上提名。

17.10　获奖作品的副本应由作者送交荣誉校长,学院、学会及永久私人学堂的领导,两位学监,评审官,竞赛评委,英语语言文学学科部和神学学科部的教授、学科部—教务部的秘书长(the Secretary of Faculties and Academic Registrar)(10 份),以及博德利图书馆。

17.11　评委的酬金及其他合理费用从基金收入中支出,金额由校务理事会不定期决定。

17.12　其他盈余收入可在校务理事会和英语语言文学学科部和神学学科部的委员会商议决定后,用于鼓励宗教和文学的发展。

17.13　在保证该基金的授奖目标(如 17.1 条中所界定)不变的情况下,摄政院会议可不定期修订本部分内容。

第 18 部分　埃斯特林·卡朋特基金(Estlin Carpenter Fund)

18.1　埃斯特林·卡朋特信托(1927 年在约瑟夫·埃斯特林·卡彭特博士遗赠基础上成立)的资产构成埃斯特林·卡彭特基金。

18.2　该基金由继续教育委员会管理,净收入用于推广埃斯特林·卡朋特讲座,讲座内容是关于人类在自然界的地位,如天文学、地质学、生物、地理,以及心理学、历史、文学、艺术、社会组织、经济学和政治学等学科领域中影响人类发展的相关研究。

第 19 部分　福特英国史讲座（Ford's Lectures in British History）

19.1　福特英国史讲座的讲师任期为一年，并且任命后的 4 年之内没有重新当选的资格。

19.2　讲师开设的关于英国历史的讲座不得少于 6 个，这些讲座可以全部安排在秋季学期，也可以全部安排在春季学期，或者分别安排在秋季和春季两个学期内。

19.3　讲师由七人选举委员会选举，委员会构成如下：

（1）校长；

（2）—（4）由校务理事会任命 3 人；

（5）—（7）由历史学学科部委员会任命 3 人。

19.4　每位任命的选举人任期三年，并有资格再次当选。在由校务理事会和历史学学科部委员会任命的选举人中，每年必须分别有一人离职。

19.5　讲师在其全部讲授课程结束后可以从福特遗赠的收入中得到 600 英镑的薪酬，或经校务理事会批准后由选举人决定一个更高的薪酬数额。

19.6　选举委员会应在三年任期到期前的任意时间推选接任的讲座讲师。

19.7　竞选讲师的候选者须将自己的姓名、打算开设的讲座主题以及自己认为需要进一步提供的其他解释，不晚于每年 11 月 1 日提交给教务长，且教务长应及时将申请提交给校长。但是选举人对讲师的最终选择不一定局限在候选者中。

19.8　（1）选举委员会中的成员没有成为讲师的资格。

（2）一旦选举委员会成员出现空缺，教务长须如实向校务理事会或历史学学科部委员会报告，校务理事会和学科部委员会要及时填补空缺。

19.9　选举委员会同时是福特遗赠所得收入的管理委员会。

19.10　每年在支付讲师薪酬之后结余的收入可由选举委员会用于下列一项或几项支出：

（1）支付讲师当年或之后任何一年的交通费；

（2）支付讲座过程中产生的一些临时费用；

（3）支付与接待讲师相关的费用；

（4）在任何一年支付给一名或几名詹姆斯·福特特别讲师的薪酬。特别讲师开设关于英国历史的专题单场讲座，其薪酬最高为 100 英镑，或由委员会决定并经摄政院批准后的更高数额,同时还可报销因开设讲座而产生的交通费和其他临时费用,以及接待费。

(5)根据委员会不定期的决议,对其他能提高本校英国历史教育的方法支付费用。

第 20 部分　福楠信托和帕克赠款(Fortnum Trusts and Parker's Benefaction)

20.福楠信托和帕克赠款所得全部净收入,将由阿什莫尔博物馆的督察申请用于维护阿什莫尔博物馆的藏品和进一步增加藏品数量。

第 21 部分　嘉士福特基金(Gaisford Fund)

21.1　嘉士福特基金是为了纪念基督堂学院的院长、钦定希腊语教授汤姆斯·嘉士福特博士而设立的,基金的净收入将用于推动学校的古典学发展。

21.2　这个基金的管理委员会构成如下:

(1)希腊语钦定讲座教授;

(2),(3)由古典学学科部委员会在古典语言文学分学科部成员中选举出来的两名委员,任期三年。

21.3　(1)管理委员会每年应选举一名讲师,被称为嘉士福特讲师,该讲师任期一学年,须在希腊文学或拉丁文学里自主选择一个题目开设讲座。

(2)除非管理委员会有其他的决定,讲座将于夏季学期正式举行。

21.4　管理委员会将决定讲师的报酬,并提供交通费用,作为嘉士福特基金提供的报酬。

21.5　管理委员会将根据情况随时设立如下年度奖项,其金额、时限以及条件由委员会决定:

(1)为希腊语言和文学学习者设立嘉士福特论文奖(仅本科生有资格参选);

(2)为希腊或拉丁语言和文学学习者设立嘉士福特学位论文奖(仅研究生有资格参选)。

21.6　在保证该基金的授奖目标(如 21.1 条中所界定)不变的情况下,摄政院会议可不定期修订本部分内容。

第 22 部分　格兰斯基金（Gerrans Fund）

22　格兰斯基金是 1922 年在亨利·彻索纳·格兰斯遗赠基础上成立的。其净收入将由泰勒研究所负责人管理，用于在大学推动德语语言和文学的研究。

第 23 部分　吉布斯奖（Gibbs Prizes）

2009 年 2 月 11 日修订生效（《大学公报》第 139 卷，第 697 页，2009 年 2 月 26 日）

23.1　此基金是在查尔斯·戴·道林·吉布斯先生的遗嘱基础上建立的，主要目的是主持颁发吉布斯奖，有资格获得此奖的人员包括古典学、数学、法学、科学、历史学、神学或大学决定的其他科目的本科生。

23.2　（1）奖金每年颁发给在历史学、化学、法律、生物化学、动物学、政治学以及地理学中取得卓越成绩者。

（2）该奖项的获奖人数、奖金金额和获奖条件由管理委员会决定。

23.3　奖项的候选人到参加选拔时为止在校学习时间不得超过 12 个学期，并且正在攻读荣誉学位。但若因长期生病或其他合理理由，校务理事会可决定将奖项授予入校学习时间超过 12 学期的候选人。

23.4　这个奖项的管理委员会构成如下：

（1）校长；

（2）一名由人文学部委员会任命的人员；

（3）一名由数学、自然科学与生命科学学部委员会任命的人员；

（4）一名由医学科学学部委员会任命的人员；

（5）一名由社会科学学部委员会任命的人员。

23.5　任命的委员任期五年，且有再任的资格。

23.6　（1）委员会每年委任审查官，在应授奖的每个领域内有不少于两名审查官对候选人进行考核。除非管理委员会决定根据本校该科目的公共考试成绩来选择获奖人，否则若有候选人有充分获奖资格，应由审查官进行颁奖。

（2）审查官的报酬由委员会决定。

23.7　（1）吉布斯奖学金的考试时间和地点由审查官决定。

（2）所有与考试相关的花费，包括审查官的报酬及试卷印刷费等，将从吉布斯信托基金中支付。

23.8 委员会有权向不符合获奖条件但在考试中表现优异的候选人提供奖金。

23.9 基金的收入用于奖项后,其余额应由委员会不定期决定增加某些学科的额外奖项。

23.10 在保证该基金的授奖目标(如23.1条中所界定)不变的情况下,摄政院会议可不定期修订本部分内容。

WD354-051b
29.07.02

第 24 部分 格拉斯登捐赠(Glasstone Benefaction)

修订从2007年2月7日起生效(2007年2月22日《大学公报》第137卷,第788页)

24.1 该信托基金是由塞缪尔·格拉斯登教授建立的,自1971年由校方托管。根据格拉斯登教授的遗愿,资产的积累收入和未来的增值资产都将用于格拉斯登捐赠的建设。

24.2 (1)这个捐赠均分为两个基金,分别被命名为格拉斯登男性基金和格拉斯登女性基金。

(2)每个基金的净收入将用于研究员职位的设立,以奖励在大学中进行植物学、化学(无机化学、有机化学或物理化学)、工程学、数学、冶金学和物理学研究的人员。

(3)男性基金仅用于资助男性候选人,女性基金仅用于资助女性候选人。

24.3 该研究员职位用于纪念格拉斯登教授和他的夫人维奥莱特·格拉斯登,因此被命名为维奥莱特·格拉斯登和塞缪尔·格拉斯登奖学金;因此获奖者会收到一份有关维奥莱特·格拉斯登和塞缪尔·格拉斯登夫妇的身份和兴趣的陈述。

24.4 该研究员职位候选人并不限于牛津的研究生,该职位也不对接受者的年龄作限制。

24.5 (1)该研究员职位由大学依照校务理事会批准的方式不定期颁发并仅在大学中享有。

(2)该研究员职位的授予由负责审议研究员基金颁发的机构或者个人决定,保有期不超过三年。

24.6 在保证该基金的授奖目标(如 24.2 条中所界定)不变的情况下,摄政院可不定期修订本部分内容。

第 25 部分　卡洛斯提·古尔班基安亚美尼亚讲座教授(Calouste Gulbenkian Professor of Armenian Studies)

25.1 卡洛斯提·古尔班基安亚美尼亚讲座教授研究基金收入的第一笔开支用于设立该教授职位的成本(包括维持费用)。

25.2 任何不用于讲座教授资助的收入余额经校务理事会批准,用于卡洛斯提·古尔班基安讲座教授的交通费和其他研究花费。

25.3 在保证该基金的授奖目标(如 25.1 条中所界定)不变的情况下,摄政院会议可不定期修订本部分内容。

第 26 部分　尤金·哈瓦斯纪念奖基金(Eugene Hevas Memorial Prize Fund)

26.1 尤金·哈瓦斯纪念奖基金是建立在大学于 1985 年接受的一笔捐款的基础上,其主要目的是奖励在经济学或政治学考试中成绩优异者而非第一或第二公共考试中的成绩优异者。

26.2 基金还定期为在发展研究领域的哲学硕士考试中成绩优异者提供奖金。

26.3 获奖者要获得哲学硕士主审查官的推荐并通过校务理事会批准。

26.4 在保证该基金的授奖目标(如 26.1 节中所界定)不变的情况下,摄政院会议可不定期修订本部分内容。

第 27 部分　海斯·哈里森基金(Heath Harrison Fund)

2009 年 2 月 11 日修订生效(《大学公报》第 139 卷,第 697 页,2009 年 2 月 26 日)

27.1 根据评议会法令第三条,于 1919 年 6 月 17 日接受自布拉森诺斯学院的海斯·哈里森准男爵的 25000 英镑的捐赠将用于海斯·哈里森基金的建立。

27.2 基金收入将用于：

（1）年净收入中不超过四分之一用于大学中法语和其他现代欧洲语言的教学。

（2）建立初级和高级访问奖学金。

（3）至于本条上两款之外的多余的收入，管理委员会将考虑用于有利于推动欧洲现代语言的学习研究的其他任何用途。

27.3 初级和高级访问奖学金获得者必须是在国外研究法语或其他现代欧洲语言的大学成员。

27.4 除上述 27.3 款的规定以外，初级访问奖学金还可以在本科生中公开竞争。

27.5 负责授予奖学金的管理委员会成员包括：

（1）校长或其在摄政院中每年选任的一位成员。

（2）福熙法语文学教授。

（3），（4）由中古和现代语言委员会从摄政院中选举的两名成员。

（5）由现代史学科部委员会选举的一名委员。

27.6 被选举的成员任期三年且有资格再次当选，但是连任六年的成员在次年不再具备当选资格。

27.7 委员会具有如下权力：

（1）决定每年提供给现代欧洲语言教学的奖金数额和分配；

（2）制定有关访问奖金以及其保有期的规定；

（3）从基金收入中拨款，支付任何由于执行这一部分规定而产生的额外费用，包括审查官的薪酬；

（4）由委员会自行决定通过助学金等其他任何方式，推动现代欧洲语言学习者的学习。

27.8 在保证该基金的授奖目标（如 27.2 和 27.3 条中所界定）不变的情况下，摄政院会议可不定期修订本部分内容。

第 28 部分 汉斯利·汉森基金（Hensley Henson Fund）

28.1 建立于万灵学院荣誉会士赫伯特·汉斯利·汉森主教的捐赠基础上的汉斯利·汉森基金的净收入，将用于支持一年一度的由英国圣公会教堂、苏格兰基督教长老会、瑞典教堂举办的讲座。由委员会安排举办不少于四次、不多于六次讲座,讲座的主题是"追溯历史:基督教护教学必不可少的部分"。

28.2 任何用于支付讲座费用外的收入由神学学科部委员会决定,用于促进大学中的神学研究。

第29部分 霍普基金(Hope Fund)

29.1 霍普基金由三笔资产构成:1849年弗雷德里克·威廉·霍普主教的捐赠、1862年艾伦·霍普的捐赠和1909年乔治·布伦戴尔·朗斯塔夫博士的赠款。

29.2 由弗雷德里克·威廉·霍普主教捐赠的收藏品,分别被称为霍普昆虫藏品、霍普图书馆和霍普雕版藏品。

29.3 基金的收入将用于维护藏品和图书馆的建设。

29.4 基金收入的十三分之三将用于资助阿什莫兰博物馆中西方艺术品的保管人,此人也将成为霍普雕版藏品的保管者。

29.5 除了如下29.6条所规定的财务分配之外,十三分之一的净收入将用于资助霍普昆虫收藏(包括与霍普图书馆相关的部分),另外一份十三分之一的净收入将用于资助雕版收藏(包括与霍普图书馆相关的部分)。

29.6 基金净收入的余额由数学、自然科学和生命科学学部委员会管理,用于促进昆虫学特别是有关霍普昆虫藏品的研究。

29.7 上述29.6条中涉及的收入用途包括:

(1)资助动物学(昆虫学)教授,即霍普植物学教授职位,获得此职位者要讲授动物学特别是关节动物的相关课程;

(2)学生奖学金,即霍普奖学金,获奖者必须是牛津的学生,并且将在研究生阶段从事与霍普昆虫收藏相关的数学、自然科学、生命科学研究;

(3)为支付霍普昆虫收藏必要的、购买书籍或设备的花费以及为协助霍普昆虫收藏的研究而产生的花费;

(4)支付与霍普昆虫收藏相关的研究奖金或者医药服务;

(5)其他由数学、自然科学、生命科学学部委员会认可的关于霍普昆虫收藏的资助。

29.8 在保证该基金的授奖目标(如29.3和29.6节中所界定)不变的情况下,摄政院会议可不定期修订本部分内容。

第 30 部分　印度研究所图书馆(Indian Institute Library)

30.1　(1) 印度帝国骑士长、牛津大学文学硕士、民法博士以及博登梵语教授莫尼尔·莫尼尔威廉姆斯爵士同牛津大学荣誉校长、导师及学者于 1895 年 5 月 26 日订立的契约中达成协议的信托财产现作出如下修订：

(2) 从本章程正式生效之日起,契约的 1、2、3、4 条以及这些条下的所有款的内容将被废除,不再具备任何效力。

(3) 从本章程正式生效之日起,下列 1、2 条将代替原来的 1、2、3、4 条,修改后的契约将被宣读并生效：

'1. 这些书籍和手稿将会存放在印度研究所图书馆或其他地方,并由大学图书馆馆长进行管理,其保管和使用都必须遵循博德莱特图书馆的规章和条例。

2. 莫尼尔·莫尼尔威廉姆斯爵士的铭文将存放于印度研究所图书馆。

30.2　(1) 由巴列奥尔学院的神学博士、多塞特郡的布罗德温莎牧师所罗门·恺撒·马伦主教和牛津大学荣誉校长、导师以及学者于 1885 年 3 月 30 日订立的契约中所提及的信托基金有如下修订：

(2) 从本章程正式运行之日起,契约第 1 条将被宣读,并且产生效力,该条中的"基于信托"取代原来的"基于牛津大学印度研究所的信托"。

(3) 从本章程正式运行之日起,契约第 2 条,包括下面的(i)、(ii)、(iii)、(iv)、(v)、(vi)、(vii)款,以及各款中与之相关的每个部分将被废止,不再具有任何效力。

(4) 从本章程正式运行之日起,条款将被宣读并产生效力,且下面的第 2 条将取代原来的条款：

'2. 校长、院长和学者根据协议听从西蒙·恺撒·马伦主教的意见,将负责依照如下条件保管图书馆中的图书以及此后通过西蒙·恺撒·马伦主教信托基金购买而增加的图书馆的书籍：

(i) 这些书籍将会存放在印度研究所图书馆或者其他地方,这些书籍的保管和使用遵循博德莱特图书馆的规章和条例。

(ii) 莫尼尔·莫尼尔威廉姆斯先生的铭文将放于印度研究所图书馆。

第31部分 迪安·爱尔兰奖学金(Dean Ireland's Scholarship)

31.1 由古典学学科部委员不定期颁发的奖学金(其金额由该委员会决定),即迪安·爱尔兰奖学金,旨在促进和提高古典学的研究和鉴赏水平,候选人资格不受出身、学院、门第以及经济条件的限制。

31.2 候选人必须是学校的本科生且入学不超过12个学期。

31.3 候选人必须获得其所在学院、学会或永久私人学堂的负责人或其代理人的同意,同时出具由负责人或者代理人签名的书面身份证明。

31.4 该奖学金归古典学学科部委员会管理。

31.5 净收入中除去学者薪酬和信托基金所产生的额外费用后的剩余资金将用来建立爱尔兰大学基金。

31.6 委员会有权为促进古典学之学习和提高古典学的鉴赏水平而从爱尔兰大学基金中支出款项作为奖金。

31.7 如果有适当的候选人,则选举应在每年第一个学期考试结束之后举行。

31.8 (1)审查官应该是被指定为克雷文奖学金之选举人的三位人士,考试形式应该同克雷文奖学金的考试形式一致。

(2)审查官的薪酬由委员会决定。

31.9 每名候选人至少在考试前两天向主审查官提交上述31.3条规定的身份证明以及负责人或代理人的许可证明;若无此类证明,审查官不会继续审查该候选人。

31.10 三位审查官都会负责审查并在选举中投票,但审查的其他方面应完全由审查官决定。

31.11 审查官在选定学者之后应将其名字公布于《大学公报》上并决定其薪酬。

31.12 在保证该基金的授奖目标(如31.1条中所界定)不变的情况下,摄政院会议可不定期修订本部分内容。

第32部分 约翰·威尔弗雷德·杰克森纪念讲座(John Wilfred Jenkinson Memorial Lecturership)

2007年7月25日修订生效(《大学公报》第138卷,第4页,2007年9月20日)

32.1 学校设立并维持约翰·威尔弗雷德·杰克森纪念讲座。

32.2(1) 每年任命一位或多位讲师。

(2) 每名讲师任期一年,并有资格再次当选。

(3) 每名讲师应举行一次或多次关于比较胚胎学或实验胚胎学的讲座或者示范讲座。

32.3 讲座向大学的所有成员免费开放。

32.4 讲师的薪酬由管理委员会不定期决定。

32.5 讲师通过选举委员会选举产生,选举委员会成员包括:

(1) 校长;

(2) 埃克塞特学院主任;

(3) 钦定医学讲座教授;

(4) 李纳克尔动物学教授;

(5) 韦恩弗利特生理学教授;

(6) 李博士解剖学教授;

(7) 由数学、自然科学和生命科学学部委员会从委员会所有成员中选举出的一名成员,任期五年。

32.6 选举委员会也是遗赠收入的管理委员会。

32.7 净收入中每年所需支付讲课者薪酬的部分及必要的行政费用外的盈余可由委员会支配,用于以下几个方面:

(1) 支付讲课者的交通费用;

(2) 讲座讲义的出版费用;

(3) 针对动物学系李纳克尔动物学教授指导的与比较动物胚胎学和实验动物胚胎学有关的研究的资助。

第33部分 约翰逊大学奖

33.1 约翰逊博士遗赠的净收入每年以现金的方式奖励给大学数学资

深得奖者,即约翰逊大学获奖人,旨在促进数学学科的研究。

33.2　该奖项的获奖条件由校务理事会通过规章来制定。

第 34 部分　肯尼科特学术资助与普西和埃勒顿奖(Kennicott Fellowship and Pusey and Ellerton Prizes)

34.1　肯尼科特学术资助与普西和埃勒顿奖由下列成员组成的管理委员会管理：

（1）钦定神学教授；

（2）钦定希伯来文教授；

（3）马格德林学院院长,或由院长指定的一位摄政院成员,任期三年,有再次当选的资格；

（4）基督堂学院教务长,或由其指定的一位摄政院成员,任期三年,有再次当选的资格；

（5）沃德姆学院院长,或由其指定的一位摄政院成员,任期三年,有再次当选的资格；

（6）由该委员会指定的东方学学科部委员会的一位代表,任期三年,有再次当选的资格；

34.2　委员会每年指定的选举人不超过 3 个。选举人负责考量学术奖金之候选人的申请,并对奖学金的获奖人选作出选择；如他们认为合适,可以建议向落选的候选人提供补助金或者相关书籍。他们的薪酬每年由委员会决定,并从普西和埃勒顿基金中拨款支付。

34.3　（1）委员会至少每三年开展一次肯尼科特学术资助。如有合适的候选人,选举人应在当年的夏季学期通过他们认为合适的考试或者免试尽快推举肯尼克特研究资助获奖人。

（2）此资助的授予对象必须是在任何一个在荣誉学位考试中获得一级或者二级学位的学生或者是选举人认为的在另一所大学获得同等地位的学生,在选举当年年龄小于 25 岁的学生有优先权。

（3）每个候选人向选举人提交申请的同时还需要提交希伯来文的能力证明和让候选人满意的声明,声明应包括他打算进行的有关希伯来语语言、文学、历史、考古以及同源的、可用于阐释希伯来语的闪族语言的研究。若候选人已经是该大学成员,则还需要提交一份其所在学院、学会或者永久私人学堂负责人对其候选资格的认可批文。

（4）此奖金的保有期为两年,从选举当年的第一个学期的第一天开始计算,除非委员会决定延迟任职。委员会可在第二年结束时根据具体情况将任期延长一年,延长的条件由委员会制定。

(5) 任何人不得两次获得此奖学金。

(6) 作为获得研究资助的条件,当选人必须已经成为大学的学生,并在大学里居住满两个学年,除非选举人允许他或她到其他地方继续学业。当选人每学期要向委员会证明,他或她在认真学习委员会指定的希伯来文课程。

(7) 研究生奖学金的奖金将遵循下述34.5条的规定从肯尼克特基金中支出,奖金金额由委员考量获奖人在受奖期间的其他薪酬之后决定。

34.4　高级和初级普西和埃勒顿奖每年评定一次,获奖条件如下:

(1) 一个或多个高级奖项会根据神学院荣誉学位考试中审查官或东方学学科部最高荣誉考试中审查官的推荐,颁发给那些被审查官判定为在圣经希伯来语学习中表现优异的学生。

(2) 两个或两个以上初级奖项会根据神学预备考试成绩核定人或东方学预备考试成绩核定人的推荐,颁发给那些被核定人判定为在圣经希伯来语学习中表现优异的学生。

(3) 高级奖项对大学里所有在神学学科部或东方学学科部荣誉学位考试中获得荣誉学位的成员开放。

(4) 该奖项的奖金从普西和埃勒顿基金中支取(符合下述34.5条中的规定),金额由委员会不定期决定。

34.5　如果任一年的任一基金的净收入在支付所有必要管理花费(包括选举人的薪酬和考试所需花费)之后不足以支付奖学金,则这一基金的欠缺部分将由另一个基金的收入补足。

34.6　(1) 两个基金完成上述目的之后的任何剩余资金,可由委员会决定用于下列途径:

(a) 颁发第二个学术奖金,条件同上述34.3条的规定。

(b) 协助出版相关出版物以推进信托基金宗旨的实现;

(c) 协助其他有利于实现信托基金宗旨的行为。

(2) 对收入的使用要依照上述第1条进行,委员会应始终坚持基金创始人的主旨:肯尼科特基金旨在促进希伯来文的研究,普西和埃勒顿基金旨在促进对希伯来文扎实、审慎的研究进而推动神学研究的发展。

34.7　在保证该基金的授奖目标(如34.6条中所界定)不变的情况下,摄政院会议可不定期修订本部分内容。

第35部分 国王查尔斯一世基金会(King Charles I Foundation)

35. 国王查理一世基金会的资产会在埃克塞特、耶稣学院和彭布罗克学院之间平均分配,基金会收入用途与三学院之前从大学获得的资金的用途一样。

第36部分 莱文森旅途奖学金(Levens Travel Bursary)

36.1 该奖学金来自默顿学院成员、文学硕士 R.G.C. 莱文森承诺捐赠的每年150英镑,持续七年,其中还包括其亲友的捐款,是为纪念莱文森硕士的儿子安德鲁·莱文森而设立的旅行助学金。该奖项用来帮助在大学里学习俄语课程(无论是在现代语言荣誉学位课程或其他荣誉学位课程里)的学生走访一些以俄语为主要语言的地区以及曾属于前苏联的地区(如果前往这些地区的旅行不可行,这笔助学金也可以帮助掌握两门语言且其中一门为俄语的学生走访其所学习的另一门外语的国家)。这个奖项被称为安德鲁·莱文森旅途奖学金。

36.2 该奖学金由中世纪和现代语言学学科部委员会管理,他们有权根据这部分条款的规定,对奖金的颁发和保有期作出安排。

36.3 在保证该基金的授奖目标(如36.1条中所界定)不变的情况下,摄政院会议可不定期修订本部分内容。

WD354-051c
29.07.02

第37部分 约翰·洛克奖(John Locke Prize)

37.1 亨利·王尔德先生捐赠的主要目的是促进大学成员对心理哲学的研究。

37.2 捐赠由哲学学科部委员会管理。

37.3 捐赠收入的第一笔开支应用作心理哲学奖的奖金,即约翰·洛克奖,以缅怀和纪念约翰·洛克。

37.4 该奖项会颁发给有充分资格并在心理哲学考试中脱颖而出的候选人。

37.5 该奖项对下列人员开放：

（1）已经通过了文理学士学位所需要的全部考试，且不迟于这些考试后第十个学期参加此奖项之选拔考试的学生。

（2）正在攻读或已经获得大学研究生学位，但不包括在上述第1款里面的大学成员，并不晚于入学后第十个学期参加此奖项之选拔考试，才有资格获奖。

37.6 该奖项的奖金可支付额度为300英镑，或由学科部委员会根据上述37.3条之规定从捐赠收入中支付更高额度的奖金。

37.7 同一人不得两次获得该奖项。

37.8 此奖项的审查官应为：

（1），（2）在2001年及其后每隔一年，威克汉姆逻辑学教授以及哲学史教授；于2002年及其后每隔一年，怀特伦理学教授以及道德哲学与韦恩弗利特哲学教授。

（3）王尔德心理哲学教授。

37.9 （1）上述37.8条指定的每位教授，若他或她认为合适，可指定至少获得文理硕士学位并得到委员会批准的其他人来履行他或她的职责。

（2）在考试涉及心理学专业知识的部分，心理学教授（或其代表）应作为陪审员。

（3）在票数相等的情况下，高级主审查官可投决定票。

37.10 当且仅当主审查官判定在考试中取得第二名的候选人有足够的资格且确实没有更好人选的情况下，主审查官可以根据上述37.3条的规定奖励考试中成绩第二名的候选人100英镑的奖金或更高额度的奖金，该奖金来自捐赠收入，且由学科部委员会根据上述37.3条规定予以确定。

37.11 委员会应确定主审查官和评定人和陪审员的薪酬，并从捐赠收入中支付任何因奖项而产生的其他费用。

37.12 在保证该基金的授奖目标（如37.1条中所界定）不变的情况下，摄政院会议可不定期修订本部分内容。

第 38 部分　洛锡安侯爵近现代史奖学金（Marquis of Lothian's Studentship in Modern History）

38.1　大学于1870年接收洛锡安侯爵八世威廉·斯汉堡·罗伯特的捐赠建立该基金，旨在鼓励近现代史的研究并纪念其创立人。

38.2　该基金在支付所有行政费用之后的剩余资金将用来支付洛锡安侯爵近代史学生奖学金。

38.3　布莱斯历史研究奖学金委员会负责管理此项奖学金。

38.4　学校里任何从事近代史研究，并正在攻读哲学博士学位的学生都有资格参选此奖学金。

38.5　管理委员会在他们认为合适的情况下，可以根据其他条件遴选获奖者。

38.6　（1）在保证该基金的授奖目标（如38.1条中所界定）不变的情况下，摄政院会议可不定期修订本部分内容。

（2）对规定的任何修改都会通知有资格从基金中获得奖金的成员（条件是年龄相当、心智健全并且身在英国），但修订无需经过其同意。

第 39 部分　莱尔文献学讲师（Lyell Reader in Bibliography）

39　大学1948年接收的遗赠旨在设置并维持詹姆士·P.R.莱尔文献学讲师这一职位，该职位不附带有任何规范这一职位的规章中所提及的目的的职责。该遗赠的任何一部分收入将由选举人经校务理事会同意用于在这一职位规定中所提及的一门或者多门学科的教学或研究（或两者兼有）。

第 40 部分　麦克布赖德布道（Macbride Sermon）

40.1　大学于1848年接收的匿名捐赠的基金现在以民法博士、马格德伦学院院长J.D.麦克布赖德的名字命名为麦克布赖德基金，其净收入将用于支付一年一度的主持麦克布赖德布道的牧师。

40.2　麦克布赖德布道的主题为"圣经中有关弥赛亚的预言在上帝和救世主耶稣身上应验"。

第41部分　詹姆斯·缪阿拉伯语和拉比希伯来语*奖学金(James Mew Scholarships in Arabic and Rabbinical Hebrew)

41.1　此赠款的主要目的在于鼓励阿拉伯语和拉比希伯来语的语言学研究。此赠款不会用作其他学科的奖学金。

41.2　此奖学金包含两项内容：詹姆斯·缪阿拉伯语奖学金和詹姆斯·缪拉比希伯来语奖学金。每笔奖学金自选拔之日起生效，保有期一年。

41.3　这笔奖学金只用于奖励在阿拉伯语或者拉比希伯来语的语言学研究方面有所建树的人。

41.4　如果有充分资格的候选人，詹姆斯·缪阿拉伯语奖学金或者詹姆斯·缪希伯来语奖学金或者同时包括两项奖学金的遴选每年举行一次。

41.5　(1)拥有本校或其他学校学位且在确定的考试之日时未超过26岁的学生具有获得此奖学金的资格，但是在其他学校获得学位的学生必须被牛津大学正式录取才能获得奖学金。

(2)本国语为阿拉伯语的候选人没有资格获得阿拉伯语奖学金。同理，本国语为希伯来语的候选人也没有获得拉比希伯来语奖学金的资格。

41.6　该奖项的管理委员会成员包括：

(1)校长；

(2)钦定希伯来语教授；

(3)洛德阿拉伯语教授**；

(4),(5)其他两名成员：由东方学学科部委员会任命，任期两年并可以连任。

41.7　(1)委员会每年将指定最多四名审查官，他们负责考核候选人并从中选出奖学金获得者。

(2)每位审查官的薪酬数目将由委员会决定，从基金中支付。

(3)在任意一次任一语言的考试中支付给审查官的薪酬总数不得超过此基金年净收入的十二分之一。

41.8　(1)考试地点和时间将由审查官决定并由校长批准，但不得晚于

---

*　"早期拉比希伯来语"又称"犹太律法希伯来文"，存在于耶路撒冷神庙被毁后的罗马时期(约公元1世纪—4世纪)，主要代表为《塔木德经》中的《米示拿》、《托塞夫塔》和死海文书。它是古代圣经希伯来语的直接后裔，在巴比伦被攻占后，由犹太先知通过书写《米示拿》和其他文件得以保存下来。——译者注

**　此教授席位由威廉·洛德于1636年设立。——译者注

通知发布前一个月。

(2) 考试形式必须为笔试，内容只涉及阿拉伯语或者拉比希伯来语的语言知识，不涉及历史、圣经或者其他与此无关的问题。

41.9　奖学金获得者在享受奖学金期间必须在洛德阿拉伯语讲座教授或者拉比希伯来语钦定讲座教授的认可下继续这一领域的学习研究，且必须为此在每学年的任何一个学期里在大学居留八周，除非其获得委员会批准可以在校外进行研究。

41.10　(1) 奖学金获得者的奖金总额为100英镑或更多，但不超过扣除管理经费和审查官酬劳之后的基金的年净收入。委员会将根据奖学金获得者其他累积的收入和基金状况来决定奖金数额。

(2) 每位执行41.9条中要求的奖学金获得者可按照委员会的决定以分期支付的形式获得奖金总额。

41.11　同一个人不得两次获得两项奖学金中的任意一项。

41.12　任意一年的盈余收入将根据委员会的决定用于以下方面：

(1) 用作詹姆斯·缪阿拉伯语或者拉比希伯来语奖励：该奖励的候选人(符合41.5条的规定)由审查官推荐，尽管其工作成绩不足以获奖学金，但有充分资格获得奖励。奖励的价值和保有期由委员会决定；

(2) 用作平时的奖励：依据委员会的规定，用于奖励以阿拉伯语或者拉比希伯来语文学研究为主题的论文，称为詹姆斯·缪奖；

(3) 用作詹姆斯·缪高级奖学金和詹姆斯·缪初级奖学金：分别由东方学学科部的审查官推荐和由东方学初级公共考试机构的评分监督人员推荐的在阿拉伯语和拉比希伯来语考核中被审查官或者评分监督人员评定为具备特长的候选人；

(4) 用作旨在鼓励阿拉伯语或者拉比希伯来语语言学研究的奖金：委员会可自主决定并须征得东方学学科部委员会的同意。

41.13　委员会不定期制定与本部分不相悖的规定以保证此部分规定的效力。

41.14　在保证该基金的授奖目标(如41.1条中所界定)不变的情况下，摄政院会议可不定期修订本部分内容。

第42部分　纽迪吉特奖(Newdigate Prize)

42.1　(1) 纽迪吉特奖由诗歌教授和两名由校长和学监任命的评议会成员担任荣誉校长英语散文奖考官。

（2）如果某年诗歌教授的职位空缺或者该教授不能出任考官，将由校长和学监任命另一名评议会成员来代替诗歌教授出任考官。

（3）所有考官不得在考官会议之外的任何场合评价候选人。

42.2　获奖作品的副本将会存放在牛津大学博莱恩图书馆。

42.3　（1）纽迪吉特基金的纯收入将被平分为两部分，一部分用作奖金，另一部分用作大学学院院长的住宿费。

（2）如果任一年的奖金名额空缺，则原先用于奖金的那一半基金收入将存入储备基金。而当年的储备基金的收入也会被加入储备基金中。

（3）每年的奖金获得者将同时获得主基金当年收入的一半和储备基金的当年收入。

第 43 部分　奥德姆古典学奖学金（Oldham Scholarships in Classical Studies）

43.1　查理·奥德姆的遗嘱中用作古典学研究奖金的年收入将被用于提供至少四笔奖学金，以支付与希腊或者罗马研究有关的年旅费。

43.2　（1）有资格获得此奖学金的是：任何一位正在准备古典学荣誉学位第一次考试的学生或在准备由管理委员会认定将古典学作为重要内容的荣誉学位考试的学生。

（2）自当选那年的夏季学期的第一天开始，入学没有超过十二个学期的候选人拥有优先权。

43.3　同一个人不得两次获得此奖学金。

43.4　古典学学科部委员会将担任此奖学金的管理委员会。他们有权依据 43.1 条的规定来确定获奖人数、奖金金额和获奖保有期；通过免试或者考核从拥有资格的候选人中遴选他们认为符合条件的奖学金获得者。

43.5　委员会有权委任一个二级委员会来执行其与奖学金有关的规定。

43.6　委员会有权从基金收入中支出任何奖学金之外的杂费，其中包括考官的薪酬（如果有的话）。

第44部分　查理·奥德姆莎士比亚奖学金（Charles Oldham Shakespeare Prize）

44.1　这笔遗嘱旨在鼓励和推广大学中有关莎士比亚作品的学习和研究。

44.2　查理·奥德姆莎士比亚奖学金奖授予通过莎士比亚知识考核的合适的候选人。该奖项的授予由英语语言与文学学科部委员会决定。

44.3　英语语言与文学学科部委员会将担任此奖项的管理委员会。

44.4　所有与此奖学金有关的额外花费，都取自查理·奥德姆遗嘱中那部分为莎士比亚作品研究而设立的奖学金所产生的年净收入，其中包括考官的薪酬和管理费用。

44.5　（1）管理委员会每年决定考官的数量并委任考官。

（2）管理委员会将决定考官的薪酬。

44.6　（1）考试地点和时间将由管理委员会决定，但不得晚于通知发布后的一个月。

（2）管理委员会决定考试的题目。

44.7　这笔奖金的具体数额将由管理委员会决定并且与考试题目同时发布。

44.8　同一个人不得两次获得此奖学金。

44.9　任何不包含在奖学金或者考试费用之中的基金收入将被用作任一年的经考官推荐并由管理委员会决定的额外奖金或者用作任何符合44.1条规定的此笔遗嘱之主要目的的开支。

44.10　在保证该基金的授奖目的（如44.1条中所界定）不变的情况下，摄政院会议可不定期修订本部分内容。

第45部分　奥斯古德纪念奖（Osgood Memorial Prize）

45.1　琼·奥斯古德夫人所设立的此笔奖学金旨在鼓励室内音乐的创作以及在音乐史和音乐美学方面的研究。

45.2　此奖学金被称为约翰·洛威尔·奥斯古德奖，每年颁发一次，涵盖范围包括：室内音乐的创作、通过希瑟音乐讲座教授认可的有关音乐史或者音乐美学方面的学位论文且此论文既没有获得也不想去获得本校或其他学校的学位论文。

45.3 音乐学科部委员会将负责这一奖项的管理。它依据此部分的规定有权制定与该奖项相关的奖金及裁定人任命和薪酬的规定。

45.4 所有额外收入经由音乐学科部委员会决定可用于支持优秀的候选人发表其学位论文或者作品，也可用于任何被摄政院批准旨在推动音乐研究的需要，且此需要与鼓励室内音乐创作或者音乐史及音乐美学的研究目的不相悖。

45.5 在保证该基金的授奖目的（如45.1条中所界定）不变的情况下，摄政院会议可不定期修订本部分内容。

第46部分　帕吉·汤因比奖（Paget Toynbee Prizes）

46.1 此遗赠旨在提供年度奖金，以鼓励但丁作品研究和古法语语言与文学研究（包括普罗旺斯语与文学）。

46.2 帕吉·汤因比奖主要奖励在以下两方面的研究成就：（1）但丁作品，或者（2）古法语语言和文学研究（包括普罗旺斯语与文学）。

46.3 中世纪和现代语言学科部委员会将担任这一奖项的管理委员会。

46.4 在校务理事会许可之下，管理委员会有权规定奖项的数量、金额、主题、竞争形式以及获奖者的排名。管理委员会必须遵守以下规定：

（1）至少每隔一年有至少一个奖项产生于46.2条中提到的两个领域之一；

（2）只有入学不超过28个学期的学生才有资格获得此奖学金。

46.5 管理委员会负责任命该奖项的考官并决定他们的薪酬。

46.6 除非候选人有足够的资格否则奖学金不予颁发。

46.7 经管理委员会决定，任意一年的所有额外净收入将用于推广或者鼓励大学内但丁作品的研究、古法语语言和文学研究或者古普罗旺斯语语言和文学研究。

46.8 在保证该基金的授奖目的（如46.1条中所界定）不变的情况下，摄政院会议可不定期修订本部分内容。

第47部分　普伦德加斯特基金(Prendergast Fund)

47.1　J.S.普伦德加斯特博士遗产的剩余款项将被用于：

（1）两笔由从属于利默克利郡的格伦托修道院的在圣贝内特堂进行研究的圣本笃会创立的奖学金。管理委员会将监督并决定该奖学金的最大金额限度。

（2）该奖学金致力于帮助出生于爱尔兰共和国且父母皆为爱尔兰共和国公民的人士完成大学学业从而获得学位或继续攻读研究生课程。

47.2　此笔赠款将由一个由校务理事会授意组成的管理委员会掌管。

第48部分　兰道-麦基弗赠款(Randall-MacIver Benefaction)

48.1　兰道-麦基弗赠款是旨在支持初级研究的研究生奖学金，又名乔安娜·兰道-麦基弗奖学金。此奖学金只授予女性候选人，赠款的净收入也被用作此目的。

48.2　设立此奖学金的学术机构包括：玛格丽特夫人堂、萨默维尔学院、圣休学院、圣希尔达学院、圣安妮学院以及由摄政院通过章程决定成立的学院。

48.3　（1）此奖学金的保有期为两年且不可延长。

（2）此奖学金支持的研究领域包括：美术、音乐、任何时期任意民族的文学。

48.4　每年的奖学金金额由校务理事会决定。除此之外，校务理事会还将决定每所学院设立基金办公处的费用以及其他由此奖学金衍生的费用的金额。

48.5　（1）每个秋季学期校务理事会将考虑下个秋季学期开始生效的新的奖学金获奖人的数量并通过与48.2条中提到的学院进行协商而将奖学金拨到意愿接受此奖学金的学院。

（2）接收奖学金款项的学院全权负责奖学金获得者的选拔和任命事宜。

（3）接收奖学金款项的学院负责制定有关奖学金设立的条款。相关规定必须准许所有受奖人因工作需要而进行休假。

48.6　任何不在当年奖学金金额之中的额外收入将由校务理事会决定用于次年的奖学金的开支。

48.7　在保证该基金的授奖目的(如48.1条中所界定)不变的情况下,摄政院会议可不定期修订本部分内容。

第49部分　罗恩斯利学位奖学金(Rawnsley Studentships)

49.1　希尔达·玛丽·乌图-泰布斯女士的赠款旨在建立以逝世于1942年的空军上尉德里克·罗恩斯利的名字命名的罗恩斯利奖学金。此笔奖学金设立在圣休学院,以鼓励捷克语或者波兰语语言和文学的研究。受奖人为捷克籍或者波兰籍。如无符合此条件的候选者,则奖学金将授予其他国籍有资格的候选者或者捷克籍或波兰籍研究英语语言和文学的人士。

49.2　该笔奖学金将由学校掌管下的圣休学院的治理机构管理。

49.3　治理机构将为奖学金的具体数额制定规章,同时有权遵照女遗嘱人意愿对规章作出修订(例外情况是此奖学金也同样旨在资助有意愿学习英语语言和文学的捷克籍或波兰籍的学生)。

49.4　校务理事会下属的投资管理委员会将负责信托基金的投资。其净收入将由基金管理委员会处理。

49.5　捷克籍既指捷克共和国国籍又可指斯洛伐克共和国国籍,同理,捷克语言和文学包括捷克共和国和斯洛伐克共和国所有的语言和文学作品。

49.6　在保证该基金的授奖目的(如49.1条中所界定)不变的情况下,摄政院会议经圣休学院治理机构同意,可不定期修订本部分内容。

WD354-051d
29.07.02

第50部分　罗兹英美法讲师奖学金(Rhodes Reader in the Laws of the British Commonwealth and the United States)

50.1　基于1920年罗兹信托的款项而建立的罗马-荷兰法研究的基金旨在鼓励英美法的研究。

50.2　此奖项将设立一个英美法研究方面的讲师职位。

50.3　该讲师将在校务理事会制定的规定下进行相关法律的讲授。

50.4　选拔该讲师的管理委员会成员包括:

(1) 校长。如果在(2)中提到的学院院长即是校长,则由校务理事会指定另外一名人士;

(2) 校务理事会认为与该奖学金有关的学院院长。如果学院院长不能或者不愿担当此职,则由学院治理机构指定一名人士;

(3) 一名由在(2)中提到的学院治理机构指定的人士;

(4),(5) 两名由校务理事会指定的人士;

(6) 一名由社会科学学部委员会指定的人士;

(7)—(9) 三名由法学学科部委员会指定的人士。

50.5 该笔基金的净收入将用于支持讲师职位,但不包括讲师为其研究所进行的英美国家考察所花费的旅费以及相关衍生费用等。旅费将由通过1958年3月11日的法令(16)设立的基金支出。

50.6 在保证该基金的授奖目的(如50.1条中所界定)不变的情况下,摄政院会议可不定期修订本部分内容。

第51部分 桑德勒、丘顿·科林斯、史密斯、卡特怀特和匹克斯托克基金(Sadler, Churton Collins, Smith, Cartwright, and Pickstock Fund)

51.1 桑德勒、丘顿·科林斯、史密斯、卡特怀特和匹克斯托克基金是由如下基金组成:桑德勒奖学金、丘顿·科林斯纪念基金、A.L.史密斯纪念基金、E.S.卡特怀特纪念基金以及F.V.匹克斯托克纪念基金。

51.2 继续教育委员会负责管理该笔基金。该基金的净收入将用于助学金发放以资助学生住校修读相关课程。除此之外,这种助学金一般无其他资金来源。

第52部分 舒特基金(Shute Fund)

52 舒特基金的净收入的用途将由校务理事会通过规章来决定。其将用以支持未被列入章程V第1条中任何一所学院且急需资金资助入学的学生。

第53部分　希布索普植物学讲座教授(Sibthorpian Professor of Plant Science)

53.1　此笔善款来自于1796年1月12日数学博士和植物学讲座教授约翰·希布索普的遗嘱,将被用作捐助希布索普植物学讲座教授职位和希布索普图书馆。

53.2　希布索普讲座教授负责有关植物学的讲授和指导。

53.3　选拔希布索普植物学讲座教授的选举委员会成员包括：

(1) 校长。如果圣约翰学院院长即是校长,则由校务理事会指定另外一名人士；

(2) 圣约翰学院院长。如果院长不能或者不愿担当成员,则由该学院治理机构另指定一名人士；

(3) 一名由圣约翰学院治理机构指定的人士；

(4),(5) 两名由校务理事会指定的人士；

(6)—(9) 四名由数学、自然科学和生命科学学部委员会指定的人士；

53.4　该讲座教授必须遵守所有有关讲座教授职责的章程或规章的一般规定以及任何特定规章中所有有关希布索普植物学教授职位的特殊规定。

53.5　希布索普植物学讲座教授将被安排住宿。同时此住所将保留希布索普图书馆或者通过希布索普善款购得的相关图书,除非在校务理事会作出进一步规定之前该讲座教授认为属于希布索普图书馆但藏于植物学系图书馆的相关图书适合保留在该图书馆中。

53.6　摄政院会议可不定期修订53.3和53.4条。

第54部分　斯莱德美术讲座教授(Slade Professor of Fine Art)

54.1　(1) 此信托基金以及其收入旨在创立斯莱德美术讲座教授职位。

(2) 每年该笔信托基金的净收入将被用于：

(a) 该讲座教授旅费津贴以及54.4条中所提到的遴选委员会的其他相关花费；

(b) 当年管理信托基金的适当花费；

(c) 由委员会表决通过的购买幻灯片或其他展示用器材的花费(幻灯片

或者其他展示用器材将归校方所有）；

（d）由委员会决定的讲座教授的生活津贴（不少于 400 英镑，或不多于基金净收入）；

（3）任意一年没有用于 a 项至 d 项中提到的款项用途的那部分信托基金收入都将由委员会决定用于其他方面，以促进牛津大学美术学方面的深入研究。

54.2 此教席保有期为一年。

54.3 （1）斯莱德美术讲座教授在任职期间将在由校长指定的地点进行不少于 8 场有关美术史、美术理论和美术实践的讲座。

（2）讲座全学年向全校所有学生开放。

54.4 选拔斯莱德美术讲座教授的委员会成员包括：

（1）校长；

（2）国家美术馆馆长；

（3）一名由万灵学院治理机构指定的人士；

（4）一名由校务理事会指定的人士；

（5）一名由人文学部委员会指定的人士；

（6），(7) 两名由现代历史学学科部委员会选拔的人士；

（8）一名由美术史学科部委员会指定的人士；

（9）一名由阿什默林博物馆督察指定的人士。

54.5 教务长必须在一个月内将有关此讲座教授职位的空缺信息以及遴选继任者的时间、地点及候选人名单的通知和有关委员会会议的时间、地点及目的告知委员们。

54.6 （1）委员会讨论的所有事宜必须以多数票的方式决定。

（2）委员会成员有权书面投票决定教授的遴选或强制其退休。

（3）委员会成员只有在出席委员会会议时才可以就其他事宜投票。

54.7 （1）如果该教授因病或者因为其他由校长认定的紧急事宜暂时不能履行其职责，该讲座教授必须指定一位具备资格的代理人并征得委员会的同意。如果该讲座教授拒绝或者忘记指定代理人代行其职责，则由委员会代为指定。

（2）由委员会决定抽调该教授的部分津贴分配给该教授的代理人。

54.8 该讲座教授可在任何时候卸任，且有可能被选举人不记名投票强制卸任。

54.9 有关讲座教授在任期间的死亡、辞职和卸任：

（1）委员会根据讲座教授的实际任职时间及其讲座次数，决定 54.1 条中规定的讲座教授完成任期所获津贴的实际份额以支付给其本人或者其代

表(representative);

（2）委员会在翌日另一位讲座教授正式接任此职位之前决定是否需要填补此职位的空缺;

（3）如果委员会决定填补此职位的空缺,则由其在翌日新任讲座教授正式上任前投票表决取自基金收入的给予新讲座教授的津贴金额（不超过前任讲座教授津贴的未使用的余额）。如果委员会认为合适也可以指定同一个人填补空缺,担任次年讲座教授。此人可以在来年连任。

第 55 部分　　迈克·索伯奖学金(Mike Soper Bursary Fund)

55.1　迈克·索伯奖学金的建立是为了纪念迈克·H.R.索伯从牛津大学和农学领域退休,此笔奖学金还包括来自海格特和索斯公司的赠款。此奖学金将被用于在大学研习生物科学并提交申请的学生的旅费。学习有关农学、林业和其他与农村土地利用有关的学科的学生将享有优先权。

55.2　该基金的净收入的首要用途是充作本科生的奖学金从而支持他们在校外进行有关科学、经济或者实践的研究。

55.3　基金的运行将依照校务理事会的安排。

55.4　在保证该基金的授奖目的(如55.1条中所界定)不变的情况下,摄政院会议可不定期修订本部分内容。

第 56 部分　　斯夸尔与马里奥特赠款基金(Squire and Marriott Endowment Fund)

56.1　斯夸尔与马里奥特赠款基金的净收入将被用作学生资助款项。该学生必须诚心追求英格兰教会的圣职或者与此教会有关的其他教会的圣职,提交了申请且符合资格,同时需要资助以进行在校研究。

56.2　神学学科部委员会将负责赠款的管理并按照56.1条中的规定对赠款进行监督。

56.3　在录取圣公会候选人之后,学科部委员会可自主决定安排额外的奖学金用以录取想要从事与英格兰教会有联系的教会的教牧职事的学生或者录取非神学人士担任教会的神学专家。

56.4　56.1条中提到的奖金中的一半(或将近一半)被称为丽贝卡·弗劳尔乡绅奖学金,而另外一半被称为詹姆斯·威廉乡绅奖学金。除此之外,每五年至少有一次会有神学学科部学生获得马里奥特奖学金。

56.5　奖学金将按照学科部委员会的决议分期发放给获奖人。

56.6　（1）学科部委员会任命一个委员会以执行本部分章程中赋予它的部分权力或者全部权力。

（2）被任命的委员会每年至少向学科部委员会汇报一次自己的活动。

56.7　在保证该基金的授奖目的（如 56.1 条中所界定）不变的情况下，摄政院会议可不定期修订本部分内容。

第 57 部分　斯坦霍普现代历史学奖学金（Stanhope Studentship in Modern History）

57.1　斯坦霍普基金是大学在 1855 年接收自斯坦霍普伯爵五世菲利普·亨利。此基金旨在鼓励现代历史学的研究以及纪念其建立者。

57.2　基金的纯收入用以支持斯坦霍普现代历史学奖学金。

57.3　该奖学金与洛锡安侯爵现代历史学奖学金遵守同样的管理和运行规则。

57.4　在保证该基金的授奖目的（如 57.1 条中所界定）不变的情况下，摄政院会议可不定期修订本部分内容。

第 58 部分　霍雷肖·赛蒙兹外科医学奖学金（Horatio Symonds Studentship in Surgery）

58.1　安妮·哈里森·赛蒙兹女士的遗赠旨在支持在外科领域的研究生奖学金，因此被称为霍雷肖·赛蒙兹外科医学奖学金。

58.2　奖学金的遴选人员包括：

（1）钦定医学讲座教授（Professor）；

（2）纳菲尔德外科学讲座教授；

（3）李博士解剖学讲座教授。

58.3　有意愿住校且将在外科学方面进行研究生学习的毕业生有资格获得该奖学金。

58.4　奖学金的颁发和时间由遴选人员决定（但是在任意两年内如果该奖学金名额存在空缺，则奖学金的颁发不得少于一次）。奖学金将在考试后颁发给具备资格的候选人或者根据候选人以往的记录及其所提出的研修计划情况进行颁发。

58.5 奖学金的保有期最多不超过五年,具体保有期长度和金额由遴选人员决定。

58.6 遴选人员可因获奖者懒惰、失职或者未遵守本部分的规定剥夺其奖学金或者奖学金中规定的工资的一部分。

58.7 （1）该基金的年净收入的首要用途将用于支付基金管理的必要花费以及根据58.4条规定任命的考官的薪酬。

（2）剩余收入（除去额外收入）将被用于支付奖学金获得者的工资。

58.8 在保证该基金的授奖目的（如58.1条中所界定）不变的情况下,摄政院会议可不定期修订本部分内容。

第59部分 交通研究讲师职位（Reader in Transport）

59.1 由交通研究特许协会代表捐赠者于1958至1969年捐赠的金额将被用于建立和支持交通研究方面的讲师职位并根据59.2条和59.3条中的规定推进大学中的交通研究。

59.2 （1）此笔赠款的净收入的首要用途是讲师职位的花费。

（2）每年除去讲师职位的花费的赠款净收入将用作建立交通研究基金。该基金按照校务理事会的规定将被用于支持讲师的工作以及鼓励和推进校内交通研究。

（3）一旦讲师职位出现空缺,赠款的全部收入将被归入基金。

59.3 讲师的职责始终与本捐赠意在推进大学中的运输研究的目的保持一致,且讲师的职责与讲师选拔的方式由校务理事会通过规章予以规定。

第60部分 弗尼林奖学金（Vinerian Scholarships）

60.1 （1）弗尼林基金的净收入将被用于支付每年的弗尼林奖学金及其二等奖学金。

（2）任何除去奖学金获得者工资的那部分基金额外收入都将被用于支付弗尼林英国法讲座教授的津贴,除非校务理事会通过规章决定此部分收入另有他用。

60.2 该奖学金及其二等奖学金的竞选安排在每年的夏季学期。大学中任何一位在该学期通过公民法法学学士考试的学生都有竞争该奖学金及其二等奖的资格。

60.3 该奖学金及其二等奖的金额由法学学科部委员会决定,不得超过该基金年净收入的六分之一。奖学金及其二等奖的获得者自被遴选之日起即享有奖学金。

60.4 公民法法学学士学位考试的考官将奖学金颁发给他们认为有资格获得该奖学金且在考试中取得最高分数的候选人。

60.5 公民法法学学士学位考试的考官将二等奖奖学金颁发给他们认为有资格获得该奖学金且在考试中分数位列第二的候选人。

60.6 在决定奖项时,考官须特别注意候选人对英国法的掌握程度。

60.7 在保证该基金的授奖目的(如 60.1 条中所界定)不变的情况下,摄政院会议可不定期修订本部分内容。

第 61 部分　马乔里·渥德罗普基金(Marjory Wardrop Fund)

61.1 马乔里·渥德罗普基金旨在鼓励外高加索地区格鲁吉亚语言、文学和历史的研究,特别是:

(1)博德利图书馆格鲁吉亚区的发展壮大;

(2)有关格鲁吉亚语言、文学或者历史的格鲁吉亚语和英语作品的出版或者任何有助于此类书籍出版的活动;

(3)支持得到精心挑选的英国学生学习格鲁吉亚语言、文学和历史;

(4)牛津有关格鲁吉亚语言、文学和历史的公共教学和研究。

61.2 基金将由一个管理委员会管理。此管理委员会将自主决定大部分花费的方式和时机,将基金的净收入和用于扩大基金的额外赠款和遗嘱用于 61.1 条中提到的诸多目的。

61.3 管理委员会成员包括:

(1)一名由大学图书馆监理会指定的人员;

(2)一名由中世纪和现代语言学学科部委员会指定的人员;

(3)一名由东方研究所监理会指定的人员;

(4)一名由校务理事会指定的人员;

(5)一名由巴列奥尔学院的院长和院士指定的巴列奥尔学院评议会成员。

61.4 (1)管理委员会的成员任期为五年,可以连任。

(2)管理委员会有权每五年增选至多两名额外成员。

61.5 在保证该基金的授奖目的（如 61.1 条中所界定）不变的情况下，摄政院会议可不定期修订本部分内容。

第 62 部分　乔治·韦伯·美德利赠款基金(George Webb Medley Endowment Fund)

62.1 社会科学学部委员会将担任乔治·韦伯·美德利赠款基金的管理委员会。

62.2 该基金的净收入将用作奖学金和助学金以促进政治经济学的研究与学科发展。

第 63 部分　韦尔奇奖学金(Welch Scholarships)

63.1 韦尔奇奖学金是由沃德姆学院的硕士克里斯托佛·韦尔奇设立的，旨在促进大学中生物学的研究。它主要用于：
（1）支持韦尔奇奖学金：获奖人必须是或者曾经是本校的研究生，特别是那些充分显示出原创性观察和研究能力的学生；
（2）所有由该基金派生的花费，包括考官的薪酬；
（3）以下的所有项或者任何一项：
（a）购买图书或诸如显微镜之类的工具的花费。这些物品将用作落选但是应得到奖励的候选人的奖品；
（b）奖金或展览奖金；
（c）其他由基金管理委员会认可的开销。

63.2 基金管理委员会的成员将由校务理事会通过规章来决定，但是沃德姆学院院长或其代表必须为其中一员。

63.3 管理委员会决定授予奖学金的条款和条件，包括保有期和金额，但是每个获奖者的奖学金保有期不得超过四年。

63.4 在保证该基金的授奖目的（如 63.1 条中所界定）不变的情况下，摄政院会议可不定期修订本部分内容。

第64部分　托马斯·惠特科姆·格林尼遗赠(Thomas Whitcombe Greene Bequest)

64.1　托马斯·惠特科姆·格林尼遗赠用于建立托马斯·惠特科姆·格林尼古典艺术和建筑学奖金和托马斯·惠特科姆·格林尼研究生奖学金以支持高深的研究。

64.2　管理该奖金和奖学金的委员会由林肯古典建筑学和艺术学教授以及五名由古典学学科部委员会指定的人员组成。

64.3　所有就读于本校的学员都有资格获得该奖金。

64.4　奖金金额由古典学学科部委员会决定,每年颁发一次。

64.5　如果没有符合条件的候选人,则该奖金不予颁发。

64.6　同一个人不得两次获奖。

64.7　致力于高深的研究且遵守古典学学科部委员会规定的学生将有资格获得该奖学金。但是本科学生获取该奖学金的前提是,必须保证在接受任何报酬之前继续完成学业以获得学位。

64.8　奖学金的金额由古典学学科部委员会决定。

64.9　委员会决定奖金金额和奖学金的颁发条件及保有期限。遗赠的纯收入中必须有一部分用来支付由基金派生的花费,包括考官的薪酬(如果有的话)。

64.10　除去用于以上目的的收入的剩余金额经委员会决定将用于以下一种或几种用途:

(1) 支持偶然的附加的奖金或者奖学金;

(2) 支持托马斯·惠特科姆·格林尼储备基金的建立。这笔储备金将补助给大学中进行古典艺术和建筑学深造研究的人员或者与以上学科相关的研究机构;

(3) 建立附加奖学金或者奖学金。

64.11　在保证该基金的授奖目的(如64.1条中所界定)不变的情况下,摄政院会议可不定期修订本部分内容。

第 65 部分　埃德加·威廉爵士大学园林基金(Sir Edgar Williams University Parks Tree Fund)

65.1　埃德加·威廉爵士大学园林基金是由为纪念埃德加·威廉爵士在1952—1980年期间任罗德学院院长作出的贡献而募集的款项和其他以此为目的的赠款构成。该基金的纯收入全部投入于大学和大学园林部所有的土地上的树木和灌木的种植和记录。

65.2　该基金由大学园林管理者委员会掌管。

65.3　在保证该基金的授奖目的(如65.1条中所界定)不变的情况下，摄政院会议可不定期修订本部分内容。

第 66 部分　温特·威廉奖金和奖学金(Winter Williams Prizes and Studentships)

66.1　温特·威廉基金(原本是两笔基金——温特·威廉本科生法学奖金和温特·威廉女本科生法学奖金)是由毕业于牛津女子住宿学校(即现在的圣安妮学院)的民法学士和文理硕士艾维·威廉为纪念圣休学院的温特·威廉而捐赠的，用以设立司法研究领域的奖励。该基金主要旨在鼓励学校中法学的研究。

66.2　法学学科部委员会将负责掌管该基金，用以提供法学奖金和奖学金。

66.3　在保证该基金的授奖目的(如66.1条中所界定)不变的情况下，摄政院会议可不定期修订本部分内容。

第 67 部分　C.S.奥尔文收藏(C. S. Orwin Collection)

2007年7月25日批准(《大学公报》第138卷，第4页，2007年9月20日)

67.1　由C.S.奥尔文博士捐赠的绘画和印刷品将被大学作为收藏品存放在大学中并在合适的时间展览。大学有权将此收藏品的一部分或者全部随时借给其他的博物馆或者研究所供展览之用。

67.2 博物馆和科学收藏品委员会将负责保存和管理这批收藏品。

67.3 在保证该基金的授奖目的（如 67.1 条中所界定）不变的情况下，摄政院会议可不定期修订本部分内容。

第 68 部分　福斯特纪念基金（Foster Memorial Fund）

2009 年 2 月 11 日批准（《大学公报》第 139 卷，第 697 页，2009 年 2 月 26 日）

68.1 基督堂学院学生 M.B. 福斯特硕士的朋友们为纪念他而设立了迈克尔·福斯特纪念基金。基金收益和每年德国科学资助基金提供的资金一起作为奖学金资助在牛津学习的一名德国学生，奖学金的保有期不超过两年。获奖学生由基金和德国学术交流服务机构协商决定。

68.2 德国学术交流服务机构为一位到德国学习除艺术或音乐学科外的任何学科的牛津学生支付一年或更久的奖学金。被授予人由迈克尔·福斯特和迈克尔·威尔斯奖学金管理委员会成员组成的管理委员会推荐。

68.3 只要上述 68.2 条中的被授予人在德国期间不必向德国的大学和其他高等教育机构交付学费，那么获得福斯特纪念奖学金的德国学生来牛津求学也无需向牛津交付学费。

68.4 奖学金由迈克尔·福斯特和迈克尔·威尔斯奖学金管理委员会管理，管理委员会至多有六名永久成员，每三年一选可以连任。管理委员会可以增选至多三名额外成员并规定其任期，且全权处理与奖学金管理相关的所有事务并能从基金收益中支出费用。

牛津大学规章

关于评议会选举的规章

2002年校务理事会第8号规章

2002年6月26日校务理事会制定；2003年10月16日修订

1. （1）评议会的选举应在上一届评议会任期届满后进行，也可应校务理事会的要求在其指定的日期进行。

（2）在每次选举前，教务长应至少提前21天发布关于该选举的通知，并同时指出其接收候选人提名的最后期限。

2. 诗歌教授办公室的空缺职位选举（临时的空缺职位除外），最迟应于出现空缺前的一个学期进行；若临时出现荣誉校长或诗歌教授职位的空缺，则应立即进行选举以填补空缺（参照本规章第1条的规定）。

3. 关于候选人的提名，应参照以下规定进行：

（1）所有候选人最迟应于选举前第17天的下午4点获得书面提名资格，该提名必须是多位评议会成员的联合提名，所需的评议会成员人数下限参照以下第4条之规定。

（2）所有的提名都应具有签名和签署日期，以及一个由被提名人签署的关于同意该提名的声明，并在本条第1款中规定的日期之前提交给教务长。教务长应在接收到该提名后的第一时间在《大学公报》中公开该声明。

（3）如果到提名截止时仅有一名候选人被提名，或者除一名候选人以外其他候选人的提名资格都已经被撤销，则该候选人应在选举之日被正式委任。选举结果应在《大学公报》上进行公布。

（4）如果到提名截止时没有候选人被提名或者所有的提名都已经被撤销，校务理事会有权提名一位候选人，并在预定的选举之日予以委任。选举结果应在《大学公报》上进行公布。

（5）如果到提名截止时，每个空缺职位都接收到了多名候选人提名且所

有提名都未被撤销,那么选举应遵守以下程序:

（a）校长和学监应在选举当天出席选举现场,校长应决定选举日期（发布选举通知时,应在《大学公报》上发布选举的具体时间）；荣誉校长的选举应举行两天,这两天应在同一星期内并且其中一天是该星期的星期六。

（b）由校长指定选票的格式以及投票的方法。

（c）学监负责计票；不过当校长和学监质疑投票的合法性时,校长有权对投票的合法性作出裁决。

（d）在得票数相同的情况下,由校长在票数相同的候选人中选取一位。

（e）选举结果应在《大学公报》上进行公布。

4.（1）在提名荣誉校长职位候选人的文件上签名的评议成员数不少于50人（除候选人本人外）。

（2）在提名诗歌教授职位候选人的文件上签名的评议成员数不少于12人（除候选人本人外）。

DW1089-120
16.01.04

关于摄政院成员身份的规章

2002 年摄政院第 1 号规章

2002 年 3 月 5 日摄政院制定;2007 年 3 月 20 日修订

  1. 以下人员按照章程Ⅳ中第 3 条第 9 款的规定具有成为摄政院成员的资格:
  (1) 副总务长;
  (2) 校方发言人;
  (3) 档案馆馆长;
  (4) 罗德学院院长;
  (5) 法国会所主任;
  (6) 大学出版社专员及社长秘书(the Secretary to the Delegates and Chief Executive of the University Press);
  (7) 大学出版社的财务处长;
  (8) 拉斯金绘画与美术学院美术导师;
  (9) 75 岁以下的荣休教授;
  (10) 大学中任意系科或机构中拥有八级及八级以上职位的人员;
  (11) 校务理事会所指定的其他人员。

关于摄政院事务的规章

即 2002 年摄政院第 2 号规章

2002 年 3 月 5 日摄政院制定；2004 年 10 月 12 日、2006 年 3 月 7 日和 2008 年 10 月 14 日修订（《大学公报》第 139 卷，第 4—8 页）

第 1 部分　对会议的定义以及一般性规定

1.1　关于本规章的说明：

（1）本规章中提到的"成员"一律指摄政院成员；

（2）本规章中的"立法提案"指的是由校务理事会依照章程 IV 第 1 条第 1 款或第 2 款之规定提出的关于新增、修订或废止相关章程的提案。

1.2　摄政院应在每个学期的第 1、2、4、6、8 个星期的星期二，每个学期结束后的第 2 个星期二以及由荣誉校长或校长指定的其他时间召开会议。

1.3　如果没有需要处理的议题，会议应取消。

1.4　教务长应在《大学公报》上发布关于摄政院会议的召开时间以及讨论内容的通知，发布时间不应晚于本规章中相关部分规定的时间。

1.5　（1）根据上述 1.4 条规章所发布的公告，必须指定一个以公告发布日期为开始的时间段，在该时间段内可以以通知形式发布针对任何事项的相关反对意见或递交相关修订案的申请，也可以递交会议延期申请。

（2）如果没有关于反对意见的通知、修订案的申请或会议延期的申请，应按照章程 IV 第 7 条中的规定取消本次会议。

（3）如果会议召开日期不在学期期间，由两名或两名以上会议成员发布的反对意见的公告或添加修订案的提议，应自动按照本规章 1.9 条之规定作为延期会议的请求进行处理。

1.6 会议日期

(1) 当产生了某个立法提案,或者

(2) 按照章程Ⅳ第1条第2款的相关规定产生了新的规章提案;并且

(3) 当提案的通过以及新规章的制定需要校务理事会基金提供额外的资助时,校务理事会应在公布提案的通知中声明或另发一个通知进行声明。声明中应指出所需的资金是否可以在不缩减对已有服务或已拨款的服务的投资数额的情况下提供。

休会

1.7 会议中对于一个议题的讨论可以按照以下1.8条至1.12条中的规定中止。

1.8 针对会议议程单上所列的任何议题,若在摄政院会议前按照相关章程或规章提出异议,任何20名摄政院成员可以在摄政院会议开始前的第8天中午之前,将有关中止对有异议议题的讨论的请求以书面形式通知校长。

1.9 (1) 在满足1.5条第3款或1.8条之规定的前提下,由校长向学监反映上述请求,学监决定是否批准请求。

(2) 学监的决定最迟应在预定讨论相关事宜的摄政院会议召开前第4天在《大学公报》上发布。

(3) 如果学监未批准请求,那么针对会前已提交中止讨论申请的议题,任何两名成员都可以通过起立的方式要求投票表决是否要中止讨论议题。如果中止讨论议题的投票要求被提出,会议主席应在是否中止讨论该议题的辩论后按照1.11条之规定提请与会人员以投票方式表决该议题。

1.10 按照1.5条第3款、1.7或1.8条之规定,所有被中止讨论的议题应在下次摄政院会议中被重新提出(或者由会议主席决定在之后的会议中讨论)。教务长最迟应在该议题讨论重新开始前第5天,将通知发布在《大学公报》上。

1.11 (1) 在摄政院的任何会议中,会议主席可以随时建议休会。

(2) 该提议一经提出应立即执行,执行后摄政院会议应立即休会。

(3) 当会议持续两个小时以上,会议主席有令会议休会的绝对权力。

(4) 除非会议主席安排了另外的复会日期,否则按照本条规章之规定被休止的会议应在第二天继续召开。

1.12 任何议题只能中止讨论一次。

大会中的发言

1.13　摄政院的任何成员不得在未经会议主席批准的情况下对一个议题发言多于一次,议题的提出者在讨论结束时作出最后陈述的情况除外。

1.14　如果会议主席认为发言人所讲的内容与会议所讨论的问题不相关,会议主席有权限制发言人发言的内容,发言人应接受会议主席的建议。

1.15　(1)任何在章程 II 第 4 条中定义的学生成员,都可以在摄政院会议中发言,当然发言需得到会议主席同意。

(2)校长可以通过制定规则来约束在摄政院会议上发言的学生。①

(3)会议主席可以在任何时候终止议员席的讨论,并且进入最后的发言和投票阶段。②

1.16　校务理事会通过制定规则来管理涉及摄政院事项的传单、选举诗歌教授的评议会的相关传单,以及涉及大学整体利益问题的传单。

修正错误、疏忽和遗漏

1.17　如果校长确信依照本规章第 2 部分或第 3 部分之规定提出或通过的立法提案的内容存在错误、疏忽和遗漏,那么校长应在与教务长和学监交换意见以后修订上述错误、疏忽和遗漏。这种修订可以不提交给摄政院审核,其效力与按照相关规定通过的修订案有同等的效力。

第 2 部分　立法提案

2.1　本部分的规定,以及第 1 部分,适用于立法提案。

2.2　每一项提交给摄政院的立法提案,前面都须加上简单的前言来声明提出相关内容的原则。

2.3　教务长最迟应于会议召开前第 19 天,在《大学公报》上发布所有立法提案。

2.4　任何两名成员最迟应于会议召开前的第 8 天中午:

(1)以书面形式告知教务长,他们将投票反对正在被讨论的提案;或

(2)把提议者和附议者联合签名的修订案以书面形式提交教务长;或

(3)以上两条都执行。

---

① 参见本规章第 10 部分后的附录 A。
② 参见本规章第 10 部分后的附录 B。

2.5 （1）如果没有按照2.4条之规定给出告知或提出修订案，立法提案应被视为已在会上表决通过。校务理事会作出其他决定的情况除外。

（2）本条第1款之规定没有取消或限制校长依据章程IV第7条所拥有的权力。

2.6 凡一项修订案被提议，无论它是一项真正的修订案或只是一项替代性提议，校长都应与学监协商并汇报给校务理事会。

2.7 校长应将所有与规章2.6条一致的修订案当做真正有效的修订案报告给校务理事会，校务理事会应将它们和校务理事会提出的修订案一起呈交给摄政院。

2.8 教务长最迟应于讨论立法提案的会议召开前第四天将所有2.7条规定的修订案呈交到摄政院，以及任何按照2.4条提出的异议在《大学公报》上发布。

第一次会议

2.9 如果有不止一项修订案，校长和学监应协商决定修订案之间是否存在矛盾之处或者是否可以合并处理，然后投票决定讨论这些修订案的顺序。

2.10 在讨论立法提案的第一次会议上，摄政院应首先通过或否决所有依据本规章2.4、2.7和2.8条之规定提交的修订案。

2.11 如果没有修订案被提议，或者所有修订案被否决或按照2.19条之规定作废，则摄政院在其第一次会议上应通过或者否决原先提交的立法提案。

2.12 按照2.10条之规定，如果摄政院通过了立法提案的修订案，则应执行以下程序：

（1）摄政院可以在第一次会议上通过或否决已修订的立法提案，但须遵守两个前提：

（a）如果学监已经根据2.8条之规定发布的会议通知上声明无需延期到第二次会议，

（b）两名成员在该次会议上提出动议要求推迟到第二次会议并得到摄政院的批准。

（2）否则按照本规章2.13条至2.18条之规定，讨论该提案的下一步程序应推迟到第二次会议，并在《大学公报》上发布所作修订。

第二次会议

2.13 第二次会议最早应于修订案通过后的第14天召开，具体召开日期由会议主席决定。

2.14　教务长最迟应于第二次会议召开前第 11 天,在《大学公报》上发布会议通知。

2.15　按照 2.13 条之规定,在第二次会议召开之前,校务理事会仍可以提出进一步的修订意见或者将立法提案中存在的矛盾或不一致之处提交给摄政院。

2.16　校务理事会按照 2.15 条之规定提出的所有提案或意见应由教务长最迟于会议召开前第四天在《大学公报》上发布。

2.17　在按照 2.13 条之规定的第二次会议召开的日期当天,摄政院可以:

（1）按照 2.15 条之规定,批准或否决任何修订案,并且

（2）如果修订案获得批准,仍可以接受或否决已按照修订案作出修订的立法提案。

2.18　按照 2.17 条第 2 款之规定,若摄政院批准了修订后的立法提案,则修订后的立法提案开始生效。

其他规定

2.19　按照以上规定,所有未在摄政院中被提出并表决通过的修订案将失效。

2.20　校务理事会可以随时撤销由校务理事会按照章程 IV 的第 1 条第 1 款制定的任何立法提案。

2.21　在摄政院的任何会议上会议主席有权在立法提案被投票表决之前随时撤销该按照章程 IV 的第 1 条第 1 款制定的提案,同时校务理事会可以在随后的会议上重新提交该提案。

2.22　如果一项立法提案被摄政院否决,在它被否决的这个学期之后的三个学期内,校务理事会无权重新提交该提案。

2.23　章程开始生效的时间为摄政院批准的当天,或者章程（如果它被批准）中指定的生效日期,或者由女王陛下枢密院在校务理事会会议上批准的当天（如适用于该章程）,以所有以上日期中的最晚时间为准。

投票

2.24　（1）所有立法提案的投票规则如下。

（2）在下面的情况下:

（a）校务理事会按照章程 IV 中第 1 条第 1 款之规定提交的提案,或

（b）校务理事会按照章程 IV 中第 1 条第 2 款之规定提交的提案,且该

提案由校务理事会支持或被校务理事会接受,或

(c) 校务理事会支持或接受或提交的修订案,

则提案或修订案被视为通过,除非至少有 125 名成员构成大多数投出反对票。

(3) 依据本部分规章所产生的其他所有提案,通过与否取决于是否获得多数投票。

(4) 在本规章第 4 部分所指出的关于投票以及通过邮递方式进行投票的规定也适用于立法提案。

第 3 部分　决议

3.1　(1) 本部分适用于由 20 名或 20 名以上摄政院成员按照章程 IV 的第 1 条第 2 款之规定提交的关于校务理事会应按照指示提交立法议案的决议以及其他并不属于立法议案的决议。

(2) 本部分之规定不适用于第 8 和第 9 部分

关于中止法定程序的决议

3.2　校务理事会或任何 20 名及 20 名以上的摄政院成员可以随时提交一项决议,该决议内容为中止章程 IV 中 5—7 条或者由摄政院根据章程 IV 中 5—7 条之规定制定的任何规章(包括本规章在内)。

3.3　(1) 按照 3.2 条之规定所提出的决议至少应于讨论该决议的会议召开前四天在《大学公报》上发布。

(2) 决议内容应包括所有将被中止执行的章程或规章中的相关规定的目录以及关于中止的决议被批准后应当执行的程序的相关声明。

3.4　若将该决议提交讨论的时间与公布该决议的时间相隔不到 19 天,则校务理事会应当在针对该决议的通知中附加一条规定,即要求任何反对该决议的人员,须在正式讨论该决议的会议召开之前(在会议召开前第 8 天中午时截止),向教务长提交其书面反对意见。

3.5　如果教务长接收到了至少两名成员按照 3.4 条之规定作出的相关通告,教务长最迟应于会议召开前第 4 天在《大学公报》上发布收到的相关通告。

3.6　(1) 如果教务长没有接收到按照 3.4 条之规定作出的相关通告,该决议应在大会结束时由会议主席宣布生效。校务理事会作出其他决定的情况除外。

（2）如果一项决议提交讨论的时间与在《大学公报》上公布该决议的时间相隔不到 19 天，且在教务长宣读后，被 20 名或 20 名以上成员通过起立的方式表示反对意见，那么该决议不会被该次会议讨论。

（3）本条第 1 款之规定既不能取消也不能限制在章程 IV 第 7 条中赋予校长的权力。

3.7 校务理事会应受关于中止执行章程或规章中的相关规定的决议的约束。

其他决议

3.8 校务理事会和任何 20 名或 20 名以上的摄政院成员可以在任何时间提交关于任何内容的决议。

3.9 对于由 20 名或 20 名以上的摄政院成员提交的决议，在下列情况下校长有对该提案的否决权：

（1）校长认为该决议与大学的政策或管理无关；

（2）该决议的内容仅仅涉及一个特定的学院、学会、永久私人学堂或在不违反第 1 款之规定的情况下除校长之外的个人。

3.10 为了执行 3.9 条之规定，要求有关由校务理事会、其他机构或个人提议、修订、废止规章的决议都将被视为涉及整个牛津大学的政策或管理。

3.11 有关由 20 名或 20 名以上的摄政院成员提交并由所有相关人员签署的决议的通知，最迟应于讨论该决议的会议召开前第 22 天的中午提交给教务长。

3.12 按照 3.3 条以及 3.13 条之规定，关于议案的通告最迟应于审议该议案的会议召开前第 19 天在《大学公报》上发布

3.13 （1）由校务理事会按照第 7 部分之规定提交的关于授予学位的决议应在《大学公报》上发布。如果在发布后第 14 天的中午前，教务长没有收到两名或两名以上成员提交的关于应将该决议提交给摄政院审议的书面通知，该决议应被视为已通过。

（2）如果接收到了上述通知，校务理事会应撤销该决议（在这种情况下教务长应在《大学公报》上发布相关通知），或最迟于该决议交由摄政院讨论前第 4 天重新发布该决议。

对决议的修订

3.14 （1）任何两名成员都可提出对决议（但按照 3.2 条和 3.13 条之规定提交的决议除外）的修订案。

（2）由修订案的提出者和附议者签名的相关通知最迟应于讨论该修订案的摄政院会议召开前第8天中午提交给教务长,并最迟于会议召开前第5天在《大学公报》上发布。

3.15 按照3.14条第1款之规定提出修订案的成员,在其修订案被大会否决的情况下,应表明是否对该决议持反对意见。

3.16 （1）如果修订案是按照3.15条之规定提出的,校务理事会有权决定对按照本规章3.11条提出的决议和该决议的修订案进行的讨论推迟到原定讨论该决议的会议日期的14天以后。

（2）（a）如该讨论已经按照上一款之规定延期,校务理事会应在会议召开前的12天内在《大学公报》上发布相关通告。任何反对该决议的修订案的两名成员最迟应于大会召开前第8天前向教务长提交相关书面通告。

（b）按照a项之规定接收到的通告最迟应由教务长于在大会召开前第四天在《大学公报》上发布。

（3）除非按照上一款之规定,校务理事会接收到了持有异议的通告,并认为修订案不可接受,那么对于下列情况,校务理事会最迟应于会前第4天在《大学公报》上发布相关通知：

（a）修订后的决议应在针对该决议或决议的修订案的程序结束时由会议主席宣布生效,并且不应再对此决议提出任何质疑；或

（b）由校务理事会在会议记录中单列一部分对该修订案进行阐述。

被摄政院会议接受且未收到反对意见的修订案

3.17 当同时出现下列两种情况时：

（1）按照3.16条第2款之规定,没有收到对该修订案的反对意见,且

（2）校务理事会接受了关于修订案的提案,

校务理事会最迟应于会议召开前第4天在《大学公报》上发布相关意见。

（3）第1款之规定适用于以下情况：

（a）修订后的决议应在会议结束时由会议主席宣布生效,并且不应再对此决议提出任何质疑；

（b）由校务理事会在会议记录中单列一部分对该修订案进行阐述。

对于修订案的表决

3.18 当修订案被提出时,会议主席在咨询学监后应对以下问题作出决断：

（1）该修订案是对已有提案的修订意见还是一项新的提案；

（2）凡是有不止一项修订案被提议,修订案之间是否存在矛盾之处或者

可以合并处理；

(3) 依据上两款中作出的决断来决定投票表决这些修订案的顺序。

3.19 (1) 所有关于修订案的讨论和投票结束之后，该决议应被讨论。

(2) 如果某项修订案业经表决通过，那么最终修订后的决议应作为一个独立的决议交给摄政院，该决议的提出者有权在针对修订后的决议的相关讨论中首先发言。

(3) 如果所有修订案都被否决或宣布无效，则应将原决议提交讨论。

对决议的反对意见

3.20 (1) 除3.2—3.6和3.13条中规定的情况以外，任何两名成员可最迟于讨论某项决议的会议召开前的第8天中午向教务长发送有关反对该决议的书面通知，或者校务理事会令教务长发布关于校务理事会不接受该决议的通知。

(2) 该类通告（不论是成员反对该决议的书面通知还是校务理事会不接受该决议的通告），最迟应于会议召开前第4天由教务长在《大学公报》上发布。

(3) 如果没有该类通告，该决议应在针对该决议的程序结束时由会议主席宣布生效，且不应再提出任何质疑。校务理事会另作决定的情况除外。

无效的决议和修订案

3.21 任何决议和修订案如果没有在摄政院会议上被提出或获得支持，那么该决议无效，按照3.16及3.20之规定宣布生效的决议除外。

校务理事会的职责

3.22 (1) 除3.2或3.13之规定的情况外，如果一项决议：

(a) 在某次投票中有至少125名成员投出赞成票，或者

(b) 没有经过投票，但是在决议被会议主席宣布通过时有至少125名成员出席摄政院会议，或

(c) 按照章程Ⅳ第7条之规定由校长宣布通过但是未经会议讨论，

为了使其具有执行效力，校务理事会最迟应于决议通过的第二个学期的第八周向摄政院提交立法提案，或制定相关规章，或采取其他适宜的做法。

(2) 为执行第1款b项之规定，不论决议是否经过投票表决，当会议主席宣布决议通过时，学监都应确认决议时出席摄政院会议[①]的成员数目。

---

① 参见本规章第4.3条。

3.23 （1）如果应摄政院某项决议的要求，校务理事会需要按照3.22条之规定制定规章，则该规章应经过摄政院的批准。

（2）该规章最迟应于会前第19天在《大学公报》上发布，并根据3.14—3.19条之规定按照相同的程序提出修订案。

第4部分　投票表决

摄政院会议上的投票表决

4.1 （1）摄政院会议上的每一次相关议题的投票都应在讨论结束以后立即进行（如果存在讨论），按照本规章第一部分1.7条或1.8条中的规定中止讨论的情况除外。

（2）所有议题都应依照少数服从多数的原则进行决议，当出现票数相等的情况时会议主席有权进行第二轮投票或投出决定票，章程或规章中另作规定的情况除外。

4.2 （1）对于由会议主席提交给摄政院的议题，会议主席应指示是否对该议题进行分组表决或依情况直接宣布其个人的裁决结果（同意或否决）。

（2）如果会议主席宣布其个人裁决结果后，有6名或6名以上成员起立表示反对，会议主席应对该议题进行分组表决。

4.3 为了执行与出席会议的摄政院议事厅成员数量相关的规定，应明确会议召开的区域是指谢尔登剧院的剧院区域以及半圆区域（the Area and Semicircle of the Theatre）。

邮寄投票（postal vote）

4.4 （1）当需要进行选票表决时，由校长指定选票的格式，且该选票格式应便于统计投票人对每项提案和决议投出赞成票和反对票。

（2）学监负责保证会议为所有参加投票的成员准备了足够的选票。

（3）没有填写投票人的姓名、所在学院或系，或没有该投票人签名的选票不予计票。

（4）学监负责投票的统计工作，校长应尽快在会上宣布投票结果。

（5）选票上的内容不应向任何人透露，但为统计票数、调查投票的合法性以及为采纳投票中的合法建议而透露选票内容的情况除外。

4.5 （1）满足下列条件并已作出裁决的议题和决议，不论是否被摄政院会议通过,都应在不违背已有的章程和规章之规定的情况下提交进行邮寄投票,并由参与投票的成员确认或否决大会的决定(最迟于会后第六天下午4点):

(a) 校务理事会决定进行邮寄投票,或

(b) 进行分组以表决或裁决某项议题或决议时,有20名或20名以上成员出席摄政院会议,并有50名或50名以上成员向校长提出进行邮寄投票的申请。

(2) 为执行第1款b项之规定,学监应在摄政院会议进行分组表决时确认出席该次会议的人数。

4.6 除按照4.5条之规定进行邮寄投票的情况外,摄政院会议的记名投票在以下情况下不应作出决定,也不应通过或否决某项决议:

(1) 在决定某项议题以及通过或者否决某项决议的会议结束后的第6天下午4点之前;

(2) 会上按照4.5条之规定需要进行邮寄投票而记名投票的决定还未被邮寄选票确认时。

4.7 对于以下决定,不应进行邮寄投票:

(1) 摄政院关于会议中止讨论的决定;

(2) 关于授予大学学位(包括学位文凭和荣誉学位)的决议;

(3) 按照本规章第8部分之规定进行的选举;

(4) 校长职位的任命或连任;

(5) 按照本规章第9部分之规定提交的校长演说以及年度总结。

4.8 教务长应在《大学公报》上发布按照4.5条之规定对某项议题进行邮寄投票的某次摄政院会议的议程全文(或按照校长的决定发布其批准的摘要记录)。

4.9 当按照4.5条之规定对某项议题进行邮寄投票时,校长可以在同一次会议上提交另一项议题进行表决(无论其是否以记名投票表决的方式),但前提是校长认为该议题同前一议题相关且应同时进行表决。

4.10 实施邮寄投票的流程如下:

(1) a项教务长负责向每位成员发送选票(最迟应于校长规定的投票日期前第14天),选票上应注明将该选票寄还给教务长的最后日期。

(b) a项中指定的时间最早为按照4.8条之规定发布《大学公报》后第15天。

(c) 在a项中指定的14天中若学期已经结束,校长和学监应共同设法以方便在校外的摄政院成员参加会议。

(2) 由校长指定选票的格式(包括陈述议题的方式)以及记录选票的

方法。

（3）如果需要对某项决议及其一项或两项修订案进行邮寄投票，则投票表决的顺序应依照摄政院会议上的相关投票顺序进行。如果必要，应对相关具体投票程序作出说明。

（4）邮寄投票不应因任何选票的填写错误或者选票没有被收到而被视为无效。

（5）教务长负责计票，当教务长质疑某张选票的有效性时，应交由校长和学监共同进行决断。

（6）邮寄投票的结果应在《大学公报》上发布。

4.11 （1）进行邮寄投票表决的议题应遵守少数服从多数的原则，并不违反章程和规章中有关通过或否决一项议案所需人数的相关规定。

（2）如果出现选票数目相等的情况，校长有权进行二次投票或投出决定票。

4.12 选票上的内容不应向任何人透露。为了执行4.10条第5款之规定或为了统计票数、调查投票的合法性以及依法查看投票内容的情况除外。

第 5 部分　问题和回复

5.1 每名摄政院成员在每个学期召开的摄政院会议上都可以正式提出一个有关大学政策或行政管理的问题。

5.2 （1）任何问题的书面通知，应由提议的成员和另一名支持该提议的成员签字后提交给教务长，提交时间最迟为正式提出该问题前的第18天中午12时。

（2）除非校长认为该问题的内容或形式不可接受，否则应在《大学公报》上发布该问题及回复（回复由校务理事会起草），发布时间最迟为正式提出该问题前的第5天。

5.3 （1）发布在《大学公报》上的回复应由一名校务理事会成员或一名由校务理事会指定的人员在摄政院会议上宣读。

（2）不应对该回复进行任何讨论，但经会议主席批准可以提出补充性问题以阐明该回复。

第 6 部分 讨论的主题

6.1 (1) 校务理事会及任何 20 名或 20 名以上的成员,都可以在摄政院会议上提出与大学有关的主题以供讨论,包括按照本规章第 2 部分或第 3 部分之规定校务理事会和任何 20 名或 20 名以上成员可以提交相关决议的主题。

(2) 当 20 名或 20 名以上成员提出某项主题时,以下情况中校长可以裁定不接受该主题:

(a) 校长认为此项主题与大学无关;或

(b) 它仅与某一个学院、学会、永久私人学堂或除校长以外的个人有关。

6.2 关于 20 名或 20 名以上成员提出的主题的通告,经由所有相关成员签字后应转交给教务长,转交时间最迟为讨论该主题的会议召开前第 22 天中午。

6.3 讨论的主题应在学期期间安排讨论日程,发生紧急情况除外。若发生紧急情况,应在《大学公报》上发布该原因。

6.4 关于主题的通知应在《大学公报》上发布,发布时间最迟为讨论该主题的会议召开前第 19 天。

6.5 校务理事会应对讨论过程中的相关意见和建议进行考量,但不必就该主题采取进一步的行动。

第 7 部分 授予学位

7.1 不论是在牛津大学校庆典礼还是其他场合授予学位(学位文凭、荣誉学位、普通学位、合并学位[degree by incorporation])的流程都应按照规章进行,并在牛津大学典礼行为手册中对相关规章进行说明和更新。

7.2 (1) 对于属于本条第 2 款中所指定的人员但是未持有或尚无资格持有本校神学博士、民法博士、医学博士、文理硕士、生物化学硕士、化学硕士、地球科学硕士、工程学硕士、数学硕士、物理学硕士中的任何一种学位(荣誉学位除外)的个人,当且仅当该个人持有任何大学或大学联盟以及任何其他类似的机构或机构联盟(校务理事会随时根据相关规定调整对此类机构的认可情况)颁发的学士学位和博士学位(荣誉学位除外),或该个人自成为大学或类似机构的成员已经超过 20 个学期,或者该个人不是任何大学的成员但年满 25 岁,校务理事会应尽快向摄政院提交有关免费授予该个人文理硕士学位的决议。

（2）上一款中所指定的人员如下：

（a）荣誉校长；

（b）总务长；

（c）校长；

（d）学监；

（e）章程 V 中提到的所有学院、学会以及永久私人学堂的主管；

（f）章程 V 中提到的所有学院、学会（永久私人学堂不在此列）的治理机构成员；

（g）在章程 V 中提到的所有学院、学会（永久私人学堂不在此列）的财务总管或会计总管，并且该个人不是治理机构的成员。

（3）对于不属于上两款中所指定的人员,校务理事会应在其成为上两款所指定的人员后立即进入授予学位的程序。

（4）本规章中的所有规定都不应限制校务理事会向摄政院提交申请以免费授予其认为合适的人员相关学位资格的权力。

7.3 关于学位资格的授予决议在经摄政院批准后立即生效。

第 8 部分 选举

8.1 （1）除非校务理事会另行指定了日期,摄政院中的所有选举应在上一届摄政院成员任期届满后进行。

（2）教务长应于选举进行前 49 天在《大学公报》上发布相关通告,并同时指出接收候选人提名的最后期限。

（3）上一款中所指的 49 天应全部分布在同一个学期期间。

（4）为填补临时空缺职位而进行的选举应遵守本部分的相关规定。

8.2 如果章程和规章中没有相反规定,选举应遵守以下有关候选人提名的规定：

（1）所有候选人最迟应于选举前第 28 天下午 4 点获得书面提名,该提名必须是除被提名的候选人以外的最少 4 名、最多 10 名成员的联合提名,否则该候选人无权参与投票选举。

（2）（a）所有提名都应具有签名和签署日期并在上述提名截止日期前提交给教务长,提名应按照由校长确定的方式并由教务长尽快发布在《大学公报》上。

(b) 每位参与选举的候选人都将受邀准备一份 250 字以内的书面陈述，在陈述中说明他（她）竞选相关职位的原因和资格。在对空缺职位进行差额选举的过程中，这些陈述应在《大学公报》以及校务理事会官方选举网站上发布。教务长负责确保这些陈述不超过 250 个字，当陈述过长或陈述内容出现问题时应交由校长和学监决定处理方法。

(3) 如果接收候选人提名的日期截止后，被提名的候选人人数或已经提名且没有被撤销提名的人数正好达到或少于空缺职位所需要的人数，则所有被提名的候选人自动当选，选举结果应在《大学公报》上公布。

(4) 如果接收候选人提名的日期截止后，空缺职位所需要的人数大于被提名且没有撤销提名的人数，校长和学监应共同为余下的每个空缺职位指定一名候选人，这些指定的候选人将自动当选，选举结果应在《大学公报》上公布。

(5) 如果接收候选人提名的日期截止后，被提名且没有撤销提名的人数多于空缺职位所需要的人数，选举应按照以下程序进行：

(a) 教务长负责向所有摄政院成员发送选票（最迟应于校长指定的选举日期前第 14 天），选票上应注明该选票被寄还给教务长的最后期限。

(b) 由校长指定选票的格式以及记录选票的方法。

(c) 选举不应由于任何选票的填写错误或者选票没有被收到而被视为无效。

(d) 教务长负责计票，当教务长质疑某张选票的有效性时，应交由校长和学监共同进行决断。

(e) 如果出现票数相等的情况，候选人中学术资历更深者将被视为当选。

(f) 选举的结果应在《大学公报》上公布。

(6) 对于具有不同任期时间长度的多个空缺职位的选举，票数多的候选人应比票数少的候选人拥有更长的任期；当选举不是差额选举或两个候选人票数相等时，学术资历更深者将拥有更长的任期。

(7) 按照本条第 5 款中之规定进行的摄政院选举，应被视为遵守了所有有关任命超过正常年龄限制的人员进入各委员会的规定。

8.3　选票上的内容不应向任何人透露，为了执行上条第 5 款 d 项之规定或为了统计票数、调查投票的合法性以及依法查看投票内容的情况除外。

8.4　上述规定中提到的关于学术地位的规定标准参见 2002 年校务理事会第 22 号规章第 2 部分：学术优先和资历标准。

第 9 部分　摄政院按章程 VI 第 4 条第 7 至 10 款批准提名

9.1　本部分适用于摄政院批准按照 2002 年校务理事会第 15 号规章的 3.82 条第 2 款之规定提名的候选人,这些候选人将依据章程 VI 的第 4 条第 7 至 10 款之规定成为校务理事会成员。

9.2　提名应在《大学公报》上公布。

9.3　除非教务长收到了至少 20 名摄政院成员提交的要求对某位候选人进行邮寄投票的书面申请(最迟于提名公布后的第 14 天下午 4 点),该提名应被视为已被批准。对于在提名公布后的 14 天内学期已经结束的情况,接收书面申请的时间应延长相应天数。

9.4　如果按照 9.3 条之规定,一项提名已被视为获批准,则应在《大学公报》上发布相关通告。

9.5　如果按照 9.3 条之规定出现了要求进行邮寄投票的申请,则应执行以下程序:

(1) 教务长应在《大学公报》上发布关于进行邮寄投票的通告,通告中应包括由校长指定的投票日期。

(2) 教务长应向每位成员发送一张选票并在选票上注明选票被寄还给教务长的最后期限。该期限最早为发送选票后的第 14 天,若在这 14 天中学期已经结束,则应延长相应天数。

(3) 如果有多名候选人被要求进行邮寄投票,则应为每名候选人的投票准备单独的选票。

(4) 本条第 1 款中规定的时间不应早于 9.4 条中提到的《大学公报》公布后的第 21 天。

(5) 每张选票都应注意相应候选人的姓名并方便投票人为该候选人投出反对票或赞成票。

(6) 邮寄投票不应由于任何选票的填写错误或者选票没有被收到而被视为无效。

(7) 教务长负责计票,当教务长质疑某张选票的有效性时,应交由校长和学监共同进行决断。

(8) 如果出现票数相等的情况,校长有权进行二次投票或投出决定票。

(9) 邮寄投票的结果应在《大学公报》上公布。

9.6　选票上的内容不应向任何人透露。为了执行 9.5 条第 7 款之规定或为了统计票数、调查投票的合法性以及依法查看投票内容的情况除外。

第 10 部分　校长演说以及大学年度总结

10.1　(1) 每一个学年校长都应在摄政院会议上发表一次演说,就大学目前关切的问题向摄政院成员致辞。

(2) 在校长换届的年份,由前任校长在下任校长就职前发表演说。

10.2　校务理事会应在每一学年发布年度总结,内容为上一学年里大学中发生的具有全国或国际影响力的事件。

10.3　校长演说应发布在《大学公报》上,并应在下一个秋季学期列入摄政院会议议程,在会议主席的主持下可进行相关讨论,以及询问相关问题。

10.4　年度总结应发放给所有成员并在摄政院会议上展示,并且在会议主席的主持下可进行相关讨论以及询问相关问题。

10.5　(1) 按照 10.3 条之规定发表的校长演说以及按照 10.4 条之规定发表的年度总结的展示通知应在《大学公报》上发布,发布日期应不晚于摄政院会议召开前的第 19 天。

(2) 希望对校长演说或年度总结发表评论或提问的摄政院成员应向教务长提交关于该意向的书面通知(最迟于会议召开前第 8 天中午)。

(3) 如果提交上述通知的成员少于两人,会议主席应宣布没有对校长演说和年度总结的提问。

附录 A　关于学生成员在摄政院会议中发言的规定

(由校长制定)

1. 经校务理事会同意后,校长按照 2002 年摄政院第 2 号规章中 1.15 款之规定批准下列关于学生成员在摄政院会议中发言的安排。

2. 一般情况下,摄政院的会议主席允许牛津大学学生会中有发言意向且被提名的学生代表在大会讨论中发言,并且只允许那些提前发布发言意向通知的学生成员进行发言。

3. 如果会议主席认为会前发布发言意向通知的学生成员数量过多,他有权在这些学生成员中进行选择。

4. (1) 会议主席应尽量在学生成员的看法和能力方面进行平衡以保证

讨论的平等性。

（2）如果需要对学生成员进行知情选择，有发言意向的学生成员应在发表的相关通知中声明下面三点：

（a）是否打算在摄政院成员面前支持或反对某项提案；

（b）是否代表某一个俱乐部、委员会、团体或社团；

（c）是否得到其他学生成员的支持（最多有 12 名学生成员可在其意愿通知上签名表示支持）；

5.（1）如果发布该意向通知的人数较少，所有发布通知的学生都至少会被邀请列席摄政院会议，但是不能保证是否被允许发言。

（2）如果发布该意向通知的人数较多，则在列席摄政院会议和在会议上发言两个阶段都需进行发言人员筛选。

6.（1）如果要及时通知申请人其发言意向是否被批准，申请人提交的意愿通知必须及时被收到，因而学生成员应提前将书面通知发送给大学办公室（the University Offices），以使教务长可以在讨论开始的前一周的星期一早上 10 点前收到该通知。

（2）由学生会提名的代表名单也应在同一时间通过会议主席提交给教务长。

7. 校办公室最迟应于讨论当天早上 10 点在克莱伦顿大楼门口张贴关于发言申请的批准情况（是否所有申请人都被批准列席摄政院会议或者经过选择后被批准列席摄政院会议的申请人名单）的通知。

8. 没有被批准列席摄政院会议的学生成员通常可以在走廊里听取会议的讨论情况。

9. 在投票过程中，列席摄政院会议的学生成员应在座位上等待。

附录 B　关于发放传单的规定

（由校务理事会制定）

1. 10 名或 10 名以上摄政院成员可以安排在发放《大学公报》时连带发放一张传单，该传单涉及诗歌教授选举事宜或与大学整体利益相关的事宜。传单的发放应遵守以下规定：

（1）发放的传单不得含有校长和学监认为带有诽谤性质或非法性质的信息；

（2）大学以及大学雇员有权在未同签署人进行事前协商的情况下，要求任何被认为带有诽谤或非法的传单内容发表道歉声明。

(3) 签署人应(联合或以个人名义)保障大学以及大学雇员在发布传单方面免于遭受任何花费或损失,除非英国王室法律顾问(Queen's Counsel)(该顾问须被签署人和大学共同认可)在提出关于传单的赔偿声明四个月之内(不论相关的赔偿诉讼成功与否)给出相关建议。

(4) 传单应只有一页,可以双面印刷,传单内容应包括所有签署人的姓名及其所在的学院(或学会、永久私人学堂以及其他团体或机构)、学科院或系。

(5) 传单文字的副本应于传单发放当周的星期一上午 10 点之前提交给教务长;与传单副本一同提交的内容还应包括一份第 3 款中所规定的赔偿声明,该声明格式可以从教务长处获得并应在提交前由传单的所有签署人签名;当传单的签署人接收到校长和学监关于对传单发放是否授权的通知时,教务长也应同时接收到该通知。

(6) 对于被授权发放的传单,教务长应安排印刷和发放事宜。

2. 虽然工作人员会尽量做到传单的及时发放,但不能对及时发放作出任何保证。

摄政院或评议会会前事宜

3. 如果传单的内容是与在摄政院会议、评议会上选举诗歌教授或《大学公报》上发布的报告主题有关的正式事宜,传单的相关费用应由大学基金承担。

与大学整体利益相关的事宜

4. 如果传单的内容是与在摄政院会议、评议会上选举诗歌教授或《大学公报》上发布的报告主题有关的正式事宜,校长有权根据该传单是否与大学的整体利益相关以决定其是否能够同《大学公报》一同发放。这类传单的相关费用应由传单的签署人承担。

牛津大学学生会

5. 牛津大学学生会的执行委员会以及研究生委员会应按照上述 1—4 条之规定以及以下的两条规定安排好传单,使之能连同《大学公报》一起发放:

(1) 在第 1 条第 4 款之规定中提及的签署人人数应不少于牛津大学学生会执行委员会以及研究生委员会成员总数的一半,传单的所有签署人应签署第 1 条第 3 款之规定的赔偿声明;

(2) 被授权发放的传单,不论其内容是关于摄政院或者评议会会前事宜

（此类传单的相关费用由学校承担），或关于大学整体利益的事宜（此类传单的相关费用由牛津大学学生会承担并按照上述第 1 条的规定由校长决定），每类传单的数量每学期应不多于三份。但校长有权批准发放更多的传单。

6. 按照上述第 5 条第 1 款之规定，牛津大学学生会的执行委员会以及研究生委员会还可以支持 10 名或 10 名以上摄政院成员签署的传单的发放。

格林学院规章

2002年校务理事会第9号规章
2002年6月26日校务理事会制定

1. 格林学院将以学会的形式存在。
（1）通过格林学院，那些毕业自其他大学或者被治理机构认为具有同等学力的个人，以及那些并不属于牛津大学任何学院、学会、永久私人学堂的个人，或者不属于由校务理事会通过规章指定的为大学入学考试提供合格人选的其他机构的个人，可以被接受为牛津大学的成员；
（2）根据重新录取和转院的有关规章，那些属于其他学院、学会、永久私人学堂或其他指定机构的毕业生可以转入格林学院。

2. 其他学院、学会、永久私人学堂或者其他指定机构的毕业生，如果获得自己所属机构的批准，可以被格林学院接受为初级成员。

3. 格林学院的治理机构包括院长和院士，全权负责作为研究生学会的格林学院的相关管理工作，并遵守以下规定：
（1）向校务理事会提交年度报告；
（2）在春季学期向校务理事会提交关于下一个年度的财政评估报告，向校务理事会保证，除了得到校务理事会提供的经费不会对大学的基金造成额外的相关费用负担；

4. 治理机构有权授予满足以下条件的学生以格林学院成员资格：
（1）为医学学士学位第二次考试做准备的学生；
（2）希望获得牛津大学研究学位的学生；
（3）其他希望能够在牛津从事学术性工作的研究生；
（4）其他由主管部门认可的人。

5. 格林学院院长的任命程序是：治理机构根据校务理事会的要求和规定提交推荐名单，经由校务理事会考虑后予以任命。

6. 格林学院的行政官员应该由治理机构根据其所制定的相关条款和规定予以任命,但须经校务理事会批准。

7. 治理机构可以根据其所制定的相关条款和规定遴选适当人选为格林学院的院士,但须经校务理事会的批准。这些人选包括那些获得大学聘任且按照相关规章或章程的规定有资格成为格林学院院士的个人,或者那些获得大学终身聘任且按照相关规定有资格成为格林学院院士的个人。

8. 治理机构经校务理事会的批准可以选择包括大学教授、大学讲师以及根据任何大学的章程或规章有资格被授予教授级研究员资格(Professorial Fellowship)的人成为学院的教授级研究员。

WD11-011
24.07.02

凯洛格学院规章

2002年校务理事会第10号规章

2002年6月26日校务理事会制定；2002年7月25日、2003年5月29日、2007年2月15日修订

1.（1）凯洛格学院可以接纳凯洛格学院院长和院士以及其他为了取得研究生学位或者取得全日制研究生教育证书而进入凯洛格学院的成员为大学成员，但前提是他们不属于任何学院、学会、永久私人学堂或者其他由校务理事会根据章程指定的可以录取候选人的机构。

（2）其他学会、学院、永久私人学堂或者其他指定机构的成员可以按照重新录取和转院的规章中的相关规定作为院长、院士或者学生转入凯洛格学院。

2.（1）继续教育部主任自动成为凯洛格学院的院长，还应根据校务理事会不时批准的要求向治理机构提供住宿和其他设施。

（2）主任不能同时担任另一个学会、学院、永久私人学堂或其他指定机构的主管职位或院士职位（荣誉院士或荣休院士职位除外）。

（3）校务理事会有权不时指定一名摄政院成员为执行院长，在院长缺席或生病期间或者职位空缺的时候代行其权力并履行其职责。

3.（1）凯洛格学院的治理机构包括院长和院士（荣休院士、名誉院士、临时院士或者访问院士除外）。

（2）治理机构可不时订立细则，经校务理事会批准后该细则对所有凯洛格学院的院士都具有约束效力。

（3）根据本规章的规定，治理机构应有管理凯洛格学院这一大学学会的充分权力，但须遵守以下规定：

（a）向校务理事会提交年度报告；

（b）在春季学期向校务理事会提交关于下一个年度的财政收支报告，并

向校务理事会保证,除了得到那些已被校务理事会特许的经费,不会对大学的基金造成额外的相关费用负担。

4. 治理机构应向那些取得了终身职位或那些任期虽短但任期结束后将取得终身职位的继续教育部的大学讲师,提供被遴选为凯洛格学院院士的机会。

5.（1）治理机构可遴选以下人员为凯洛格学院院士:

(a)持有大学任命且按照章程或者规章的规定可以成为凯洛格学院院士的个人,或者那些取得终身职位,按照相关规定可以成为凯洛格学院院士的个人。

(b)摄政院的其他任何成员,只要他们被遴选为凯洛格学院院士的总人数不超过组成治理机构的那些院士总人数的四分之一;

（2）任何情况下凯洛格学院的院士都不得担任另一个学会、学院、永久私人学堂或者其他指定机构的主管职位或院士职位(荣誉院士或者荣休院士职位除外)。

6. 治理机构可以按照校务理事会依据本规章第3条第2款之规定而不时批准的细则,选择凯洛格学院的荣休院士、荣誉院士和访问院士,以及至多30名临时院士。

7. 治理机构经由校务理事会批准可以遴选包括大学教授、大学高级讲师以及持有大学的其他教职且根据牛津章程或规章有资格被授予教授研究员职位的人成为学院的教授研究员。

8. 所有凯洛格学院的院士如果不再担任使其成为凯洛格学院院士的职位,将立即失去其院士资格。

9. 凯洛格学院的行政官员由治理机构任命,但前提是治理机构的任命决定须经校务理事会批准。

圣十字学院规章

2002年校务理事会第11号规章
2002年6月26日校务理事会制定

1. 圣十字学院是这样一个学会:通过该学会,那些毕业自其他大学的个人或者被治理机构认为具有同等学力的个人,以及那些并不属于牛津大学任何学院、学会、永久私人学堂或者其他由校务理事会通过规章指定的为大学入学考试提供合格人选的机构的个人,可以被接受成为牛津大学的成员。

2. 治理机构可以接受以下人员成为圣十字学院的成员:

(1) 希望获得研究学位(research degree)的学生;

(2) 其他希望在牛津从事学术工作的研究生;

(3) 其他由治理机构认可的人;

3. 治理机构包括院长、正式院士和普西院士(Pusey Fellow),以及其他根据本规章第4条第1款由校务理事会批准并由治理机构决定的细则,可以成为治理机构成员的院士。

4.(1) 治理机构可不时制定细则,当细则获得校务理事会批准后,就对圣十字学院的所有成员都具有约束效力。

(2) 根据本规章的规定,治理机构全权负责作为研究生学会的圣十字学院的相关管理工作,但须遵守以下规定:

(a) 向校务理事会提交年度报告;

(b) 在春季学期向校务理事会提交关于下一个年度的财政评估报告,向校务理事会保证不会对大学的基金造成额外的相关费用负担,除非得到校务理事会的授权;

5.(1) 圣十字学院院长的任命程序是:治理机构根据校务理事会的要求和规定提交推荐名单,经由校务理事会考虑后予以任命。

(2) 院长可同时担任讲授、高级讲师、讲师或者大学的其他教学或研职位,但这一点须经校务理事会决定,而且校务理事会在作出决定之前须与相关的学部委员会以及其他任何相关机构协商。

6. 圣十字学院的行政官员由治理机构任命,但前提是治理机构的任命决定须经校务理事会批准。

7. 治理机构可以根据其相关条款和规定来选择适当人选成为圣十字学院的正式院士,但须经校务理事会的批准。这些人选包括那些获得大学聘任且按照相关规定可以成为圣十字学院院士的个人,以及那些获得大学终身聘任且按照相关规定有资格被选为圣十字学院院士的个人。

8.（1）委员会（即"提名委员会"）由至多两名由治理机构选出的正式院士和至多六名普西博士纪念基金会的管理者组成。该委员会可以推荐适合的人选成为学院的普西院士。

（2）当被提名为学院普西院士和提名为由治理机构成员的人申请加入时,治理机构应予以接受,条件是这样的普西院士不应超过三名。

（3）普西院士资格应遵守由治理机构制定且获校务理事会批准的条款和规定,但这些针对普西院士的条款和规定不应比正式院士所需遵守的更加严厉。

（4）提名委员会应遵守以下规定来自行制定程序性规章：

（a）所有会议通知都应该发送给委员会的所有成员；

（b）通知按照 a 项之规定发送后,委员会会议的法定人数应是任意五名成员。

9. 治理机构可遴选适合的人选担任其他类别的院士,但前提是治理机构的遴选决定须经校务理事会批准。

WD517-122
24.07.02

关于建立和维护永久私人学堂的规章

2002 年校务理事会第 12 号规章

2002 年 6 月 26 日校务理事会制定;2003 年 7 月 17 日修订

1. 永久私人学堂的建立必须满足以下条件:
(1) 已经制定了关于学堂的永久性地位以及治理的规定;
(2) 学堂的建立不以盈利为目的;
(3) 学堂的院长应由其治理机构在校务理事会的批准下任命,负责学堂的管理和指导工作;
(4) 学堂院长应是评议会的成员之一;
(5) 学堂的建筑应位于距卡法克斯* 2.5 英里之内的地方;学监应对其进行审查,在确定满足校长的要求并适合学生居住之后,给予鉴定证明。

2. 学堂院长在任职之前应会见校长并签署下列声明:

我,×××,特此承诺:

  我会遵守章程和规章中关于永久私人学堂的规定;在发生与学堂学生相关的事件时,我将开放学堂接受校长或大学其他相关机构的审查。

                    ×××

3. (1) 永久私人学堂的每任院长都应持有一份本学堂所有学生的名单。
(2) 院长按照相关条款或规定应在一个月之内向教务长提交包括学堂所有住校学生的名单。

---

* 牛津大学城的中心是在市区的卡法克斯(Carfax),是四条主要干道的十字路口,在卡法克斯两旁则有许多古色古香的学院。——译者注

4.（1）任何一个永久私人学堂中,攻读文理学士、神学学士和艺术学学士或者第二荣誉学位的本国和欧盟学生总数应不超过以下的相关人数规定：

布莱克弗莱尔堂 24 人

康彼翁堂 19 人

格雷弗莱尔堂 30 人

摄政公园堂 85 人（另加 10 名兼修神学学士学位的全日制学生）

圣贝内特堂 37 人

圣史蒂芬堂 36 人（另加 6 名兼修神学学士学位的全日制学生）

威克利夫堂 55 人（另加 6 名兼修神学学士学位的全日制学生）

（2）校务理事会有权依据规章的相关规定不时调整永久私人学堂中攻读任何学位、文凭、牛津大学证书或其他类似范畴的学生的人数上限。

5. 学堂院长应保证为学堂的成员支付所有花费、应付款以及应向大学支付的其他相关费用。

6. 永久私人学堂的院长与学堂所有学生是辅导和被辅导的关系。院长负责管理所有学生的行为和学习情况。

7. 永久私人学堂的院长有权制定与大学章程和规章一致的细则来管理学堂。

8. 如果大学的纪律官员（disciplinary officer）依据相关规定处理学堂的学生,学堂院长应予以支持并保证处理决定生效。

9（1）永久私人学堂的院长每个学期应至少有 6 个星期住在学堂里。

（2）每个学年院长应向学堂的本科生提供至少 24 周（不包括学堂的考试时间）的指导性课程。

10（1）如果永久私人学堂的院长生病或者因合理理由缺席,校长应赋予其推荐评议会中的一名成员为代理院长的权力,但代理院长行使权力的时间不能超过一年。提名必须获得校长的批准。

（2）被提名的代理院长应该在所有和学堂有关的大学事务和活动中代行院长的职权,包括教育学生和管理学堂。

11. 永久私人学堂的院长应能够在任何合理的时间接受校长和学监或者其中一人或多人审查本学堂被录取学生的登记记录。

12. 如果校长认为永久私人学堂的院长或者其代理院长违反了章程或规章中的相关规定,在合理的质询之后校长可以对院长或其代理院长提出警告或者将学堂执照吊销一段时间。

关于校务理事会的规章

2002 年校务理事会第 13 号规章
2002 年 6 月 26 日校务理事会制定;2003 年 5 月 8 日修改
(《大学公报》第 139 卷,第 1244 页,2009 年 6 月 11 日)

出席校务理事会

1. 如果按照章程 IV 第 4 条第 6 款或第 15 至 25 款之规定被推选的校务理事会成员,或按照第 6 条之规定增选的校务理事会成员,每一学年参加的会议次数少于 8 次(不包括学年期间被取消的会议的次数),则在这一年结束的时候由校长宣布撤销其职位,且该成员应立即离职。以下情况除外:

(1) 被推选或增选来填补临时空缺的人必须参加的会议次数与其就职以后计划召开的会议总数之间的比例应等于 8 与每一学年计划召开的会议总数之间的比例(零碎的时间应按照四舍五入的原则进行计算)。由此得到的应参加的会议次数再减去其当选之后被取消的会议次数,作为其在一个学年中应参加的实际会议总数。

(2) 在任何一年内,如果校务理事会的成员已经履行了至少一个学期的大学或学院的相关职责,并参加了至少 6 次会议(不包括这一期间被取消的会议次数),则其应被认为已经遵守了本规章中的相关规定;而被推选或增选来填补临时空缺的人必须参加的会议次数应使用本条第 1 款中的计算方法(将 8 改为 6 即可,必要时可作相应调整),如果其未参加足够次数的会议,但是已经履行了至少一个学期的大学或学院的相关职责,则也应被认为已经遵守了本规章中的相关规定。

(3) 如果校务理事会成员的最低参会次数要求没有按照第 2 款之规定减少,但是已经参加了 6 次会议(不包括这一期间被取消的会议次数)并有充足的理由说明未能参加更多会议的原因,经由校长批准,仍可被认为已经遵守了本规章中的相关规定。而被推选或增选来填补临时空缺的人必须参加的会议次数应使用第 1 款中的计算方法（将 8 改为 6 即可，必要时可作相应的调整），如果其未参加足够次数的会议，但是有充足的理由说明未能参加更多会议的原因，经由校长批准，也仍可被认为已经遵守了本规章中的相关规定。

2. 如果按照章程 VI 的第 4 条第 7 至 10 款之规定被提名的校务理事会成员所参加的会议次数少于 8 次（不包括学年期间被取消的会议次数），则在这一年结束的时候由校长宣布撤销其职位，且该成员应立即离职。以下情况除外：

（1）被提名以填补临时空缺的人必须参加的会议次数与摄政院批准其提名以后计划召开的会议总数之间的比例应等于 8 与每一学年计划召开的会议总数之间的比例（零碎的时间应按照四舍五入的原则进行计算）。由此得到的应参加的会议次数再减去其提名被批准之后被取消的会议次数，作为其在一个学年中应参加的实际会议总数。

（2）如果校务理事会成员在任何一年内已经参加了 6 次会议（不包括这一期间被取消的会议次数）并有充足的理由说明未能参加更多会议的原因，经由校长批准，仍可被认为已经遵守了本规章中的相关规定。而被提名以填补临时空缺的人必须参加的会议次数应使用第 1 款中的计算方法（将 8 改为 6 即可，必要时可作相应调整），如果其未参加足够次数的会议，但是有充足的理由说明未能参加更多会议的原因，经由校长批准，也仍可被认为已经遵守了本规章中的相关规定。

学生成员出席校务理事会

3. 以下人员应作为学生成员的代表出席校务理事会：
（1）牛津大学学生会主席；
（2）牛津大学学生会副主席（负责研究生事宜）；
（3）一位由校务理事会指定的牛津大学学生会校务理事会成员。

4. （1）上条第 3 款之规定所指定的成员应从春季学期第一周的周六开始任职，为期一年。且该成员可以重复当选。

（2）如果上条第 3 款之规定所指定的职位出现临时空缺，那么应任命另一名成员在剩余任期里担任该职位。在每个职位的任职期间，至多只能有一次这样的替换任命。

5. 如果学生会的副主席（负责研究生事宜）在其任期中担任了大学的非

学生成员职位,则在执行本规章时,其仍应被认为是学生成员。

6. 学生成员可以获准在校务理事会上发言但是不能投票。

7. (1) 学生成员不能参加关于保留事项(reserved business)的讨论。

(2) 下列事项应作为保留事项讨论:

(a) 任命、晋升以及其他有关大学职员的人事变动的决定;

(b) 商讨是否接受个人成为校务理事会成员以及对其学术和私人事件的评价;

(c) 关于荣誉学位和学位文凭的提案;

(d) 关于招聘各种职员的条款和规定;

(e) 其他由会议主席决定的事项。

(3) 在任何有疑问的情况下,由会议主席决定该事项是否属于第2款之规定的保留事项,且会议主席有最终决定权。

8. 学生成员应收到校务理事会的完整议程表,涉及保留事项的文件和会议记录除外。

9. 学生成员应尊重校务理事会会议规程(standing order)中的相关规定。

10. 章程 XIII 的第 10 条中有关联合委员会(joint committee)的学生成员进入上级机构的规定,在其生效期间不适用于学生成员进入校务理事会联合委员会的情况。

WD1101-120
28.10.02

校务理事会关于各委员会的总规章

2002年校务理事会第14号规章

2002年6月26日校务理事会制定;2002年10月6日修改后重新出版;2004年10月21日和2006年11月30日修订

1. 本规章适用于校务理事会以及章程 I 的第 6 条第 3 款所定义的任何"委员会"。

2.（1）在本校或其他大学或学院中担任章程 IV 的第 3 条第 6 至 9 款所规定的学术职务的个人,如果被选举或任命为任何委员会的成员,那么其从学术职务退休之后就不能继续在该委员会任职(如果一个人在不同的时间从不同的职位退休,那么应该以最后时间为准)。除非校务理事会的一般事务委员会(the General Purposes Committee of Council)或人事委员会主席(如果该人员属于人事委员会的管理范围)认为应按个案另外决定。

（2）从章程 IV 的第 3 条第 6 至 9 款所规定的大学或学院职务上退休且不再继续担任另外的类似职务的个人,不应被选举或任命为任何委员会的成员。除非校务理事会的一般事务委员会或人事委员会主席(如果该人员属于人事委员会的管理范围)认为应按个案另外决定。

（3）没有在大学或学院担任职务但是被任命或选举为任何委员会成员的个人不应继续在该委员会任职。个人年满66周岁当年的9月30日以后,不应被任命或选举为任何委员会的成员。除非校务理事会的一般事务委员会或人事委员会主席(如果该人员属于人事委员会的管理范围)认为应按个案另外决定。

3. 如果没有违反相关章程和规章的规定，所有委员会的主席都可以在赞成票和反对票票数相等时进行第二次投票或投出决定票。

4.（1）当任何委员会有职位因任期期满即将出现空缺时，应遵守相关章程和规章的规定，在出现职位空缺前及时任命或选举新的人员来填补空缺，而被任命或选举的人员应该从下个学期的第一天起开始任职。

（2）（a）不是因任期期满而产生的职位空缺应在出现空缺后尽快填补。

（b）被任命或选举的人应立即就职，并遵守相关章程和规章的规定完成上任所余下的任期。

5. 如果委员会未能任命合适人选或者因到规定日期接收的提名不足或其他原因而未能选举合适人选，校长和学监应任命一人填补空缺。

6.（1）学监或者评审官仍担任其成为学监或评审官前所在委员会的成员。其在该委员会的职位空缺应保留到其结束学监或评审官任期后重新担任会员，或者保留到其担任委员会成员的任期结束，以较早的时间为准。

（2）如果担任学监或评审官期间，其担任委员会成员的任期结束，只要具有当选资格，学监或评审官仍可再次被任命或选举为该委员会的成员。

7. 除校长、学监或评审官外，若其他人被任命或选举为任何委员会的成员，则应视为其已经辞去之前的职位。

关于各委员会向校务理事会或校务理事会的某主要委员会直接汇报的规章

2002年校务理事会第15号规章

2002年6月26日校务理事会制定；2002年7月11日、2002年7月25日、2008年3月19日、2008年5月22日修订；2008年10月1日生效。

第1部分　通则

1.1　（1）如果不违反章程或规章的相关规定，除学生成员之外，其他被任命、选举或增选为校务理事会委员会成员的人员任期应为三年且可以再次当选。

（2）如果不违反章程或规章的相关规定，学生成员的任期应为一年且可以再次当选。

1.2　学生成员参加校务理事会委员会的事务应遵守校务理事会规章第3至10条中关于允许学生出席校务理事会会议的相关规定（必要时可做相应调整）。

1.3　（1）各校务理事会委员会应在校务理事会指导下对校务理事会在章程Ⅴ中的第20—22条之规定的事务负责。

（2）根据校务理事会制定的相关政策和准则，各委员应在适当的时候向校务理事会提交报告和建议。

第 2 部分　主要的委员会

教育委员会

2003 年 5 月 8 日修订并生效(《大学公报》第 133 卷,第 1335 页,2003 年 5 月 29 日);2006 年 3 月 23 日修订;2006 年 10 月 19 日修订;2008 年 2 月 21 日修订;2008 年 5 月 29 日修订(2008 年 10 月 1 日生效);2009 年 10 月 15 日修订。

2.1　教育委员会由以下人员组成:
(1) 担任委员会主席的副校长(主管教育);
(2)—(4) 学监和评审官;
(5),(6) 由校务理事会在校务理事会成员中任命的两名成员;
(7),(8) 由校务理事会在各学部成员中任命的两名成员(其中一名一般为研究生教育主任),以维持学科间的适当平衡;
(9) 学院联席会议(the Conference of Colleges)的主席或副主席;
(10) 学院联席会议的高级导师委员会主席;
(11) 学院联席会议的研究生委员会主席;
(12) 学院联席会议的招生委员会主席;
(13) 研究生招生委员会的主席;
(14)—(17) 各学部的继续教育委员会(或其他同级机构)的主席;
(18) 继续教育部的主任;
(19),(20) 牛津大学学生会负责招生和学术事务的副主席以及负责研究生事务的副主席;

2.2　委员会可另外增选最多两名成员。

2.3　在与各学部、学院、学会和永久私人学堂协调的基础上,委员会应负责以下事宜:
(1) 在大学使命宣言和战略规划(the University's Mission Statement and Strategic Plan)的指导下,定义并持续审议学院制大学(the collegiate University)的教学方针、政策和相关标准,具体内容包括:
(a) 本科生和研究生的招生工作;
(b) 学生资助和入学工作;
(c) 本科生和研究生课程结构和课程表设计;

（d）博士生课程的结构；安排评估博士生的考试和发展情况；

（e）教学和评估（包括与学监协商之后所有与考试有关的实际安排以及对本校授予学位标准的监督）；

（f）批准开设新课程；

（g）学术和宗教信仰方面的支持和指导；

（h）学习资源的提供和使用；

（i）协调多部门联合提供资源；

（j）对非全日制学习的相关安排；对以牛津大学名义举办但不授予学位的课程的监督。

（2）建立并持续审议相关结构和机制以确保政策得以执行，管理学习机会，维持标准，促进有益的教学活动；

（3）与规划和资源配置委员会一起代表校务理事会及其委员会管理好各学部的常规审查工作（此处的"学部"包括继续教育部）；

（4）与各学部按照国际标准共同管理和监督各学部下属学科部和系科的常规审查工作。

（5）监督、协调为满足与教育标准相关的外部机构的要求而展开的活动；

（6）鉴于上述规定以及各学部的五年计划，平衡本科生教育、研究生教育和继续教育之间活动和资源的分配；通过规划和资源配置委员会向校务理事会提出建议。

2.4 （1）委员会有权制定、修改或撤销与本科生、研究生及其他学生（包括正式学生和交流生）的课程以及考试相关的规定；批准各学部委员会（divisional board）以及其他负责课程相关工作的机构依据相关规定提议制定的规章。

（2）按照本条下述第3款之规定，委员会有权根据本科生、研究生和其他学生（包括正式学生和交流生）的课程以及考试的相关规定同意或反对个人的以下申请：

（a）免试录取；

（b）对高年级学生的地位和特别权利的承认；

（c）扩大获得荣誉、大学奖励或其他奖励的人数；

（d）选择已经取消的课程、已经禁止同时选修的课程或规章中未提及的课程或者按照旧的规章而举行的考试；

（e）早于或者晚于规定的考试时间进行考试；

（f）录取或入住日期提前；

（g）口试和其他口语考试；

(h) 实习；

(i) 免除参加考试或考试的一部分，或免除考试的先修要求；

(j) 第一次医学学士(BM)考试的科目；

(k) 延长申请时间（由学部委员会、学科部委员会及其他机构授权）；

(l) 不按时复学；

(m) 允许不按时转换身份；

(n) 延长持有试读研究学生(Probationer research student)这一身份的时间；

(o) 与录取符合资格的非牛津大学学生成为哲学博士相关的问题；

(p) 减少规定的必须在牛津大学学习的时间（由学部委员会、学科部委员会及其他机构授权）；

(q) 与研究生、第二学位或者更高学位相关的规定；

(r) 学部委员会、学科部委员会及其他机构在处理学生申请研究性学位的过程中出现的相关问题；

(s) 将研究生在录取日期前所覆盖的学期中向其他大学支付的学费认定为在牛津大学所支付的学费；在其他地方就读研究生课程超过一年的学生在特殊的情况下可以给予让步。

(3) 除了第2款中提到的情况，关于免除学费的申请应该由评审官和评审官当选人(Assessor Elect)共同决定；关于以上规定未提及的免除遵守住宿要求的申请，如果评审官和评审官当选人或学监无法达成共识，则应将申请交由委员会决定。

一般事务委员会

2003年5月8日修订生效（《大学公报》第133卷，第1335页，2003年5月29日）；2006年3月23日、2006年9月21日、2009年10月15日修订

2.5 一般事务委员会由以下人员组成：

(1) 校长；

(2)—(4) 学监和评审官；

(5) 学院联席会议的主席；

(6)—(9) 各学部主管；

(10)—(12) 根据章程VI的第4条(15)—(25)之规定，由校务理事会从校务理事会成员中任命的三名成员；

2.6 在根据2.5条(10)—(12)之规定任命成员的时候，校务理事会应在委员会的总体成员中维持各学部之间以及学部与非学部之间在学术活动

上的平衡。

2.7 委员会应密切关注以下事项：

（1）综合大学的国内和国际地位而制定的长期发展战略；

（2）与风险管理相关的战略性事宜；

（3）与地方、地区和国家政府的关系；

（4）与其他外部团体的关系；

（5）与大学整体利益相关且超过校务理事会的其他主要委员会或其他专门委员会管辖范围（专门委员会按照需要适当地向规划和资源配置委员会提供建议，这也是专门委员会每年都要履行的职责）的事务或活动政策；

（6）具体事宜的相关意见和建议；

（7）监督大学的治理事宜；

（8）由校务理事会向其他委员会推荐的任命人选。

2.8 在下列情况下，委员会有权制定、修改和撤销相关规章，如果有特殊困难则应交予校务理事会决定：

（1）将法定职位分配到某学院或学会，或将职位与某学院或学会联系起来，以及在以上过程中所产生的任何调整（如果需要相关规章进行规定的话）；

（2）为资助、讲座、奖金、研究基金、奖学金、收藏或类似事项建立新的信托或者其他专门基金；调整关于基金管理的现有规章（在相关规定允许的情况下）；

（3）建立新的委员会，以及调整有关委员会（向校务理事会直接报告的委员会除外）管理的规章；

（4）删除现有规章中不合理的部分，并对现有规章中此前被忽略的部分进行后续修订。

人事委员会

2005 年 7 月 14 日、2006 年 3 月 23 日、2008 年 2 月 21 日修订

2.9 人事委员会由以下人员组成：

（1）担任委员会主席的副校长（负责人事和机会均等）；

（2）由校务理事会任命的一名校务理事会成员；

（3）—（5）学监和评审官；

（6）高级导师委员会（the Committee of Senior Tutors）的主席；

（7）—（10）各学部的主管；

（11）—（14）由各学部委员会指定的成员（每个学部委员会指定一人）。

2.10　委员会可增选至多 7 名额外成员,在行使该项权力时,应确保委员会的成员组成可充分合理地体现校各学科部、各系、各学位服务相关机构,和各学院、学会和永久私人学堂的相关利益和考量。

2.11　在遵循相关法规和规定并与学院、学会和永久私人学堂保持适当联系的前提下,委员会应对所有与雇用职员有关的政策(包括与招聘和挑选新职员、职员发展和培训、机会均等、工资及其他服务有关的政策)负责。

2.12　委员会应:

(1) 监督所有与人事相关的有组织的活动,例如授予教授或高级讲师头衔、给予教授和高级讲师以特殊奖励;

(2) 通过二级委员会对大学、学院、学会以及永久私人学堂的联合任命政策负责,并向校务理事会提供建议;确保二级委员会在成员组成中维持大学和学院、学会、永久私人学堂之间的均衡;

(3) 监督大学政策的执行和有效性;

(4) 通过被认可的职员代表来监督大学和其职员之间的关系。

2.13　在下列情况下,委员会有权制定、修改和撤销相关规章,如果有特殊困难则应交付校务理事会决定:

(1) 任命选举委员会的成员来填补一段时间的特定空缺(如果需要相关规章进行规定的话);

(2) 授予访问教授或访问讲师头衔(如果需要相关规章进行规定的话);

(3) 修订有关向某些部门主管支付特殊津贴的规章,校务理事会规划和资源配置委员会对这些修订意见中的财务问题进行批准;

(4) 当某学部委员会或其他支出部门提议建立一个定期的讲师职位,且该职位并非是为填补离职成员造成的职位空缺或者填补突发的教职空缺(如果需要相关规章进行规定的话)。

规划和资源配置委员会

2003 年 5 月 8 日修订生效(《大学公报》第 133 卷,第 1335 页,2003 年 5 月 29 日);2005 年 7 月 14 日修订;2006 年 3 月 23 日修订;2008 年 2 月 21 日修订;2008 年 5 月 22 日修订(2008 年 10 月 1 日生效)

2.14　规划和资源配置委员会由以下人员组成:

(1) 校长;

(2) 担任委员会副主席的副校长(负责规划和资源配置);

(3)—(5) 学监和评审官;

(6) 学院联席会议的主席或副主席;

(7）大学不动产财务管理委员会（the Committee of Estate Bursars）的主席；

(8）—(11）各学部的主管；

(12）—(16）根据章程 VI 的第 4 条(15）—(25）之规定，由校务理事会从校务理事会成员中任命的 5 名人员；

(17）根据章程 VI 的第 4 条(7）—(10）之规定，由校务理事会从校务理事会成员中任命的 1 名人员；

(18）规划和资源配置委员会下属的建筑和不动产二级委员会主席。

2.15 在根据 2.14 条(12）—(16）之规定任命成员的时候，校务理事会应在委员会的成员组成中维持各学部之间以及学部成员和非学部成员之间的平衡。

2.16 根据校务理事会的相关规定，委员会可增选 1 名额外成员，在行使该项权力时应确保委员会的成员组成能充分合理地体现学院制大学的各方利益。

2.17 委员会应对以下事项负责：

(1）根据学部委员会、继续教育部、服务部门和其他支出部门准备的计划，编写并每年更新大学的学术、学位服务和其他活动的五年滚动收支计划。

(2）根据由财政委员会提出经校务理事会批准的总体规划、学术部门和其他支出部门的年度业务报表以及其他相关信息，向校务理事会提出有关年度预算的建议。

(3）发展、执行、完善并监督资源配置过程，以制定年度预算，并根据需要向校务理事会提出相关建议；

(4）监督学生数量、不同院系中的学生数量分配以及学生需支付的费用水平，并根据需要向校务理事会提出相关建议；

(5）监督各学术部门、继续教育部以及服务部门已通过的相关计划和预算；

(6）监督大学与学院、学会和永久私人学堂之间就确定相关费用而产生的财政安排问题，并向校务理事会提出相关建议；

(7）监督大学发展规划的相关工作并向校务理事会提出相关建议；

(8）根据财务规章（Financial Regulations）中的相关财务规定，批准由资本指导小组（Capital Steering Group）提出的建议并根据需要向校务理事会报告；向校务理事会提交由资本指导小组提出的需经由校务理事会批准的建议。

(9）酌情考虑任何不分配给或不由学术部门、学位服务部门或者其他机构使用的资源（包括信托基金、大学储备、未指定用途的捐赠、资本基金或其他各种储备资源），并向校务理事会提出相关建议；

（10）酌情考虑牛津大学、高等教育基金委员会（Higher Education Funding Council for England，简称 HEFCE）与其他外部资助机构之间的财政关系，并向校务理事会提出相关建议。

2.18 （1）在下列情况下，委员会有权制定、修改和撤销相关规章，如果有特殊困难则应交予校务理事会决定：

（a）校务理事会不时规定的本国或欧盟学生以及海外学生应缴纳的相关大学费用；

（b）除 a 项中的相关费用，还有参加考试的候选人应付的费用以及其他相关费用，例如入学考试费和学位证书费；

（c）建立新的法定职位；调整有关管理现有法定职位的规章（如果法律允许在规章中制定此类规定的话）；

（2）委员会在酌情考虑并遵守其与学部委员会达成的方针后，有权委托学部委员会在 c 项情况下制定相关规章。

研究委员会

2008 年 7 月 10 日校务理事会制定

2.19 研究委员会由以下成员组成：

（1）担任委员会主席的副校长（负责研究工作）；

（2）学监或评审官之一，由两者协商决定；

（3）—（4）由校务理事会从校务理事会成员中任命的两名人员；

（5）—（8）由校务理事会从校务理事会成员中任命的四名人员；其中一人应为校外人员，其余三人从各学部中挑选；

（9）—（16）由学部委员会任命的人员（每个学部委员会可任命两人）；

（17），（18）由学院联席会议任命的学院治理机构中的两名人员。

2.20 委员会可增选至多两名成员，任期由委员会根据需要确定。

2.21 在根据以上 2.19 条（3）—（8）之规定任命成员的时候，校务理事会应保证委员会对研究理事会（research councils）以及资助英国大学研究的主要慈善团体的运行有足够的了解；保证委员会在资金资助研究和创新方面有足够的能力；保证委员会的成员包括了大学的研究人员（research staff）。

2.22 委员会应

（1）向校务理事会就与研究相关的政策和计划提出建议；

（2）向校务理事会就与大学研究活动相关的战略规划的各个方面提出建议（与学术部门协商，必要时还要与教育委员会、规划和资源配置委员会协商）并审查战略规划所取得的进展；

（3）监督外部因素对研究发展造成的影响，就研究发展对大学造成的影响向校务理事会提出相关建议，保证相关程序到位以便大学可以及时有效地对外部审查结果及与研究相关的咨询作出反应；

（4）与各学部协调合作，推动对学院制大学的各成员的研究质量进行外部审查的准备工作，酌情协调各系统的使用，以协助收集所需的来自牛津大学各处的数据；

（5）与规划和资源配置委员会协调合作，负责大学中有关研究定价和成本的政策及程序，包括充分的经济成本回收；

（6）向校务理事会就涉及促进负责任的研究行为、遵守相关法规以及相关风险管理的政策提出相关建议；

（7）收集与各学部研究计划相关的五年计划信息；

（8）推动和协助学部之间的研究活动以及各学院之间研究活动的合作；

（9）监督大学主要的机构性研究合作以及国际性研究联盟的成员资格；对大学参与其中的国际研究合作协议作出指导并保留记录。

（10）负责发展大学关于知识传递的制度性战略，以及负责协调相关活动。

第3部分　其他委员会

动物关爱和伦理审查委员会

2005年7月14日、2006年5月4日、2006年12月14日修订

3.1　动物关爱和伦理审查委员会由以下人员组成：

（1）一名由校务理事会根据证书持有者（the Certificate Holder）推荐并与证书持有者达成一致后任命的成员，此人应不从事为1986年《动物法》所管理的相关工作并应担任委员会主席；

（2）由数学、自然科学和生命科学学部委员会从各系的伦理审查委员会中提名的一名代表；

（3），（4）由医学科学学科部委员会从各系的伦理审查委员会中提名的两名代表，其中应至少有一人来自海丁顿的医院；

（5）学监或评审官之一，由两者协商决定；

（6）在与指定的兽医和生物医学服务部门主任协商之后，证书持有者从各系的提名人选中任命一名个人执照持有者（Personal Licensee）；

（7）在与指定的兽医和生物医学服务部门主任协商之后，证书持有者从各系的提名人选中任命一名项目执照持有者（Project Licence Holder）；

（8）—（10）根据证书持有者的推荐并在与证书持有者达成一致后，校务理事会任命的至多三名大学成员，这三名成员不应从事为1986年《动物法》所管理的相关工作，其中至少一人应是统计学或实验设计方面的专家；

（11），（12）根据证书持有者的推荐并在与证书持有者达成一致后，校务理事会任命至多两名成员，这两名成员应不从事为1986年《动物法》所管理的相关工作，也不应是大学或任何学院、学会、永久私人学堂或其他指定的大学机构的雇员；

证书持有者、指定的兽医、生物医学服务部门的主任和至多两名由证书持有者任命的动物关爱和福利行政官员应出席但没有权力进行投票。

3.2 （1）委员会有权增选额外成员以保证委员会具备相关能力。

（2）增选的成员任期为一年，且可以再次当选。

3.3 委员会应从大学利益出发或在大学内创造关爱动物的良好氛围并促进相关最佳实践的实施。为达此目的，委员会应：

（1）根据资格指定机构（the Certificate of Designation）的相关规定，建立并维护整个大学的伦理审查过程。审查过程的具体细节应经由校务理事会不时批准，未经国务大臣（the Secretary of State）的批准不得修改；

（2）与证书持有者协调合作，保证所有在大学（以及经大学的资格指定机构认证的外部研究机构）工作且需要遵守1986年《动物法》相关规定的人员对其在该法条和其他相关法令规定下的角色、职责有清醒的认识。

（3）代表证书持有者制定相关程序以保证所有在大学（以及经大学的资格指定机构认证的外部研究机构）工作且需要遵守1986年《动物法》相关规定的人员按照证书持有者、本委员会以及指定人员和内政办公室的共同建议行动。

（4）保证所有在大学（以及经大学的资格指定机构认证的外部研究机构）工作且需要遵守1986年动物法令相关规定的人员积极推进关爱动物、关注动物福利的良好氛围，并且尽一切努力精简、完善和替换相关技能以致力于最佳实践。

（5）按照1986年《动物法》的规定支持指定人员的卸任；

（6）按照1986年《动物法》和其他相关法律的规定，向校务理事会、证书持有者和大学其他机构根据需要在服务、设施及支持员工促进学校目标的实现方面提出相关建议；

（7）监督大学内（以及经大学的资格指定机构认证的外部研究机构内）动物的抚养、养殖、供食和健康状况；

（8）按照1986年《动物法》以及其他相关法律的相关规定和指导原则，监督涉及1986年《动物法》的相关实施情况并向校务理事会和医疗科研部门（以及经大学的资格指定机构认证的外部研究机构）提出相关建议；

（9）就利用动物进行教学和研究的问题以及动物实验方面的公关处理问题向校务理事会提出相关建议；

（10）与兽医服务部门主管和生物医学服务部门主任联合监督动物健康和福利的标准，定期从兽医服务部门和生物医学服务部门接收报告，并将结果通报给证书持有者。

3.4 委员会一学期内应至少召开一次会议并在其他必要场合召开会议。

3.5 委员会应向校务理事会提交年度报告；如果需要的话，还应提出相关的行动建议。

3.6 （1）兽医服务部门主管和生物医学服务部门主任应经由证书持有者的批准并在与委员会协商之后由校务理事会任命。

（2）兽医服务部门主管和生物医学服务部门主任所应遵守的条款和规定由委员会经由证书持有者的批准并在与委员会协商之后制定，并向证书持有者保证履行自己的职责。

3.7 委员会有权在需要的时候依据规程成立二级委员会。

审计和监督委员会

2003年5月8日、2006年6月1日、2010年1月21日修订

3.8 该委员会所有成员任期应为五年且均有资格连选连任一次。

3.9 该委员会由以下人员组成：

（1）由校务理事会任命的一名校务理事会成员，该成员不应担任大学、学院、学会或永久私人学堂的任何教学或行政职务，也不应担任校务理事会认为涉及大学行政权力的其他任何机构的成员或职位；该成员应担任委员会的主席。

（2）—（5）由校务理事会任命的四名成员，这四名成员不应担任大学、学院、学会或永久私人学堂的任何教学或行政职务，其中至少两名应有在非公共部门担任高层的经验，且所有四名成员都应具备管理该委员会的相关专

业知识。①

（6）当然成员——学院联席会议主席。

（7）摄政院从数学、自然科学和生命科学学部及医学科学学部的学院成员中选举出的一名摄政院成员，该成员不应任职于校务理事会、财务委员会或校务理事会认为涉及大学主要行政权力的任何委员会，或大学和学院中涉及行政权力的职位。

（8）摄政院从人文学部与社会科学学部的学院成员中选举出的一名摄政院成员，该成员不应任职于校务理事会、财务委员会或校务理事会认为涉及大学主要行政权力的任何委员会，或大学和学院中涉及行政权力的职位。

（9）由摄政院选举出的一名摄政院成员，该成员不必是任何学部的成员或者获得学部提名资格；该成员不应任职于校务理事会、财务委员会或校务理事会认为涉及大学主要行政权力的任何委员会，或大学和学院中涉及行政权力的职位。

3.10　该委员会的法定人数不应少于四名。

3.11　该委员会应争取大学全体职员及学生的合作，且：

（1）有权进行其认为必要的调查，召集人员以及要求获得任何与调查相关的文件；

（2）接收来自资金价值委员会关注合理安排以实现节俭、效率、有效性的定期报告。

（3）接收来自国家审计署（the National Audit Office）、高等教育基金委员会（HEFCE）及其他组织的报告；

（4）接收来自牛津大学出版社审计委员会的记录和年度内部审计计划，以及该委员会主席的定期报告；认真考虑这些记录和报告中受到大学审计委员会关注的问题，必要时可要求进一步的调查或者汇报。

（5）接收来自牛津大学出版社审计委员会的年度报告，以起草向校务理事会和摄政院提交的大学审计委员会的年度报告；

（6）接收并认真考虑20名或20名以上的摄政院成员通过学监和评审官递交的关于评议内部审计结果的要求；

（7）审查风险管理、控制和治理安排（governance arrangements）的有效性，包括评议外聘审计员的管理建议书、内部审计员的年度报告及管理反应（management response）；

（8）应校务理事会的要求，接手包括项目评议在内的审计评议；

（9）对机构防范诈骗及违规的政策进行监督，其中包括关注该机构根据

---

① 当校务理事会有更多的校外成员（lay member）时，应作出相应调整以满足 HEFCE 关于校务理事会成员中至少应有三名校外成员的规定。

该政策采取了何种举措;

（10）确保:大学向各学院下拨的公共资金得到合理使用和控制,这些资金的效益收入得到合理安排;并每年向校务理事会汇报这些相关事项;

（11）审查内部审计员的审计风险评估、策略及审计计划;考虑内部审计调查的重大发现及管理反应;促进内部审计员和外聘审计员之间的合作,并确保内部审计员可支配的资源足以满足机构的需要;

（12）监督已协商过的基于审计结果的相关建议的实施,无论该建议由谁提出;

（13）确保所有重大损失都得到了合理调查,并告知内部审计员和外聘审计员,如果需要则也应告知高等教育基金委员会会计主管;

（14）考虑并向校务理事会建议有关外聘审计员的任命、审计费用、所有外聘审计员的非审计服务规定,以及关于外聘审计员聘任及解聘的所有问题;

（15）在审计前就审计的性质和范围同外聘审计员达成共识;

（16）同外聘审计员谈论审计中期和尾期出现的问题,包括审议包含管理反应的管理建议书,以及其他外聘审计员或内部审计员希望探讨的问题（如果需要,管理层不出席）;

（17）考虑并决定内部审计服务部门（必要时包括内部审计主管）的任命及参与程度条款、审计费用、所有内部审计员的非审计服务规定,以及与内部审计员聘任及解聘相关的任何问题;

（18）每年都监督内部审计员和外聘审计员的业绩和效益,包括影响其保持客观的事项,并在适当的情况下向校务理事会建议对他们进行重新任命的相关事宜;

（19）在外聘审计员的参与下,根据高等教育基金委员会对财务的相关指示考虑年度财务报表,包括审计员的正式意见、成员职责声明及内部管控声明;

（20）每年向校务理事会及摄政院汇报一年的活动,汇报主要关注的是一些重大问题,并针对机构所作的以下安排的妥善性及有效性提供委员会的意见:

（a）风险管理、控制及治理（风险管理的内容包括年度账目报表中的内部控制声明的准确性）

（b）节约、效率及有效性（资金价值）;

（21）在学年的任何时间都可以要求校务理事会提请摄政院关注委员会认为需要特殊、及时关注的任何事宜;

（22）在委员会接收到所有内部审计报告（包括按照本条第6款之规定所作的报告）后的一个月之内,由委员会在牛津校园网上发布报告中的完整

意见(委员会认为需立即提交校务理事会的意见除外),或者关于所要求的核查的不必要性的总结;

(23)所有内部审计核查的完整报告(提交给校务理事会的报告除外),以备用于所安排的与委员会秘书的商议;

建筑与不动产二级委员会

2005年7月14日修订;2006年5月4日修订;2008年5月22日修订(自2008年10月1日起生效);2006年6月1日重新编号

3.12 规划和资源配置委员会下属的建筑与不动产二级委员会由以下人员组成:

(1)一名由校务理事会任命并任职于规划和资源配置委员会的委员会主席;

(2)副校长(负责规划与资源配置);

(3)—(6)由各学部委员会任命的成员(每个学部委员会可任命一人);

(7)牛津大学图书馆服务主任博德利图书馆馆长或由主任任命的一名成员;

(8)由博物馆和科学收藏委员会从大学各博物馆的馆长中任命的一名成员;

(9),(10)由摄政院选举的两名成员。

3.13 二级委员会可从牛津大学内部或外部增选至多两名额外人员为其在建筑、规划及环境方面提供咨询。

3.14 (1)二级委员会负责功能性不动产的管理和维护并向规划和资源配置委员会负责;各学部、资本指导小组以及其他机构所负责的事务不在委员会的职责范围内。

(2)功能性不动产指为大学所拥有的或租赁的土地以及大学机构所有的财产(投资的资产及资产管理二级委员会负责管理的资产除外)。

(3)规划和资源配置委员会应委托二级委员会进行决策;二级委员会应考虑委托之外的不动产问题并向委员会提出相关建议。

(4)教务长应任命不动产主管兼大学视察员(the Director of Estates and University Surveyor)来担任二级委员会的首席执行官。

3.15 (1)二级委员会尤其应:

(a)考虑功能性不动产中的土地和财产分配问题并向规划和资源规划委员会提出建议;

（b）监督不动产主管兼大学督察所接手的修缮和维护项目、对停车场的安排，以及对通讯的相关规定（通讯战略除外）；

（c）考虑功能性不动产的战略发展问题并向规划和资源配置委员会提出建议，并考虑有关机构计划、环境、规划以及遗产的问题；

（d）在预先批准的财力限度内，监督所有重大项目的设计和施工的启动和管理。

（2）二级委员会应制定有关功能性不动产的维护和所有其他工作及不动产上的建筑物的规定，还应制定有关在大学停车场停车的规定。

第 3 部分　其他委员会

资本指导小组

3.16　资本指导小组由以下人员组成：

（1）担任小组主席的副校长（负责规划和资源配置）；

（2）财务主管；

（3）不动产主管；

（4）财务规划与分析主管；

（5）规划与资源配置部门的主管；

（6）资本项目主管；

（7）财务部门中专门从事资本项目的项目会计师。

3.17　资本指导小组应：

（1）根据相关财务规定中的财力限度，考虑资本项目事宜并向规划和资源配置委员会提出相关建议；

（2）当规划和资源配置委员会的ICT（信息通信技术）二级委员会或规划和资源配置委员会的建筑与不动产二级委员会向资本指导小组提交临时收益项目内容时，向规划和资源配置委员会提出相关建议；

（3）确保商业企划案得到了合理筹备，并根据相关财务规定经过了大学相关人员的签名，且与大学优先考虑的事项及计划保持了一致；

（4）考虑如何获得、租赁及处理功能性不动产中的土地和财产并向规划和资源配置委员会提出相关建议；

（5）对根据本规章所提交的有关项目设计与施工的财务管理予以监督；

（6）制定一项长期的资本计划并提交给规划和资源配置委员会。

大学研究道德中央委员会

2002年10月31日、2008年3月19日修订
2006年6月1日、2008年5月22日重新编号，2008年10月1日起生效

3.18 大学研究道德中央委员会由以下人员组成：

（1）一名由校务理事会任命的委员会主席；

（2）学监或评审官之一，由两者协商决定；

（3）医学科学学部各分支学科间研究道德委员会（the Medical Sciences Interdivisional Research Ethics Committee）的主席

（4）社会科学学部和人文学部间研究道德委员会（the Social Sciences and Humanities Interdivisional Research Ethics Committee）的主席

（5）牛津热带研究道德委员会（the Oxford Tropical Research Ethics Committee）的主席；

（6），（7）两名由校务理事会任命，且不在大学、学院、学会或永久私人学堂担任任何教学、研究或行政职务的成员；

（8）—（13）至多六名由校务理事会为确保合理代表诸多牵涉人类参与者（多人或个人）资料的研究领域而任命的成员；

3.19 被任命的成员任期为四年且可以再次当选。

3.20 委员会可以增选至多四名额外成员，其任期由委员会决定。

3.21 委员会应：

（1）建立、促进、实施并监督相关政策和程序以对诸多牵涉人类参与者（多人或个人）资料的研究项目进行酌情考虑、批准和监督，从而确保所有研究符合伦理审查的要求。

（2）对本章程3.24条（1）—（3）款之规定的机构或其他相关机构向委员会提交的牵涉人类参与者（多人或个人）资料的研究申请进行考虑并提出建议；

（3）对在相关规定下参与考量申请及进行牵涉参与者（多人或个人）资料的研究人员，酌情考虑并就他们的培训规定提出相关建议；

（4）考虑大学其他机构向委员会提交的涉及研究道德的所有问题。

3.22 委员会应建立、实施并审议用以斟酌其二级委员会针对本章程3.28条第3款中的权力的行使所提出的上诉的程序。

3.23 委员会应每年通过校务理事会的一般事务委员会就3.21条和3.22条中规定的事项向校务理事会汇报。

3.24　委员会应包括以下二级委员会：
(1) 医学科学学部各分支学科间研究道德委员会；
(2) 社会科学和人文学部间研究道德委员会；
(3) 牛津热带研究道德委员会。

3.25　各二级委员会由以下成员组成：
(1),(2) 由校务理事会的一般事务委员会任命的担任委员会主席和副主席的两名成员,其中一名不应参与到涉及人类参与者（多人或个人）资料的研究中；
(3) 经相关的二级委员会主席（该主席的主要个人兴趣或专业兴趣不在涉及人类参与者或个人资料的研究领域）推荐,由大学研究道德中央委员会任命的一名成员；
(4) 经相关的二级委员会主席（该主席不在大学、学院、学会或永久私人学堂担任任何教学、研究或行政方面的职务且个人主要兴趣或专业兴趣不在任何特定的研究领域）推荐,由大学研究道德中央委员会任命的一名成员；
(5)—(12) 经相关的二级委员会主席（该主席具有与各委员会将审查的提案相关的方法论和伦理方面的专业知识）推荐,由大学研究道德中央委员会任命的成员（数量不少于三名且不多于八名）。

3.26　被任命的成员任期为四年且可以再次当选。

3.27　各二级委员会可增选至多四名额外成员,并决定其任期。

3.28　各二级委员会应：
(1) 审议所接收的由大学职工或学生或其他校内人员提出的涉及人类参与者（多人或个人）资料的研究提案的伦理规范,除非该研究属于国家研究道德服务部门(the National Research Ethics Service)管辖的范围,在这种情况下研究应满足该服务部门的要求；
(2) 在所进行的研究遵从大学关于涉及人类参与者（多人或个人）资料的研究的政策和程序的情况下,代表大学进行伦理批准；
(3) 在所进行的研究违反大学关于涉及人类参与者（多人或个人）资料的研究的政策和程序的情况下,有权中止、推迟或撤销所有相关机构对该研究的批准；
(4) 确立并定期审议以下由大学研究道德中央委员会批准的程序：
(a) 为确保研究继续遵守大学关于涉及人类参与者（多人或个人）资料的研究的政策和程序,而批准的监督该研究的程序；
(b) 为确保涉及人类参与者（多人或个人）资料的所有研究被审议和批准,而根据相关二级委员会的规定建立的程序；

(c) 议事规程。

(5) 每年向大学研究道德中央委员会汇报,并提供其议事规程中提到的其他报告。

学院账务委员会

2006年6月1日、2008年3月19日、2008年5月22日重新编号;2008年10月1日起生效

3.29 在以下3.30—3.31条的规定中,"学院"一词的意思与章程XV中第一部分所定义的"学院"相同。

3.30 学院账务委员会由以下人员组成:

(1) 校长;

(2) 一名由校长任命且具有财务经验的成员;

(3) 由校务理事会任命的一名校务理事会成员;

(4) 由校务理事会任命的一名成员(可以不是校务理事会成员)

(5)—(7) 由学院联席会议选出的三名成员。

3.31 委员会应:

(1) 每年酌情考虑根据章程XV的条款及其他相关规定提交的已审计的各学院的账目;

(2) 有权要求学院就提交给委员会的财务报表中的事项作出解释(必要时包括其审计员提供的补充证明);

(3) 仅受其他人根据章程I和章程XVII所获得的解释权的约束;全权负责由于执行章程XVII及其他规章中有关学院账务的条款而产生的所有问题和疑难事项;在确认据以评估学院上缴资金数额的学院收入时产生的问题和疑难事项除外。

(4) 批准在校内发布学院已审计的年度账目;

(5) 每五年至少向校务理事会汇报一次章程XV及其他相关规章中有关学院账务的规定的实施情况。

利益冲突委员会

2009年7月30日校务理事会制定

3.32 利益冲突委员会由以下人员组成:

(1) 一名由校务理事会任命的担任委员会主席的非校务理事会成员;

(2)—(5) 由校务理事会分别从数学、自然科学以及生命科学学部,医学科学学部,社会科学和人文学部选出的摄政院成员(每个学部一名)

（6）由校务理事会任命且不在大学、学院、学会或永久私人学堂担任教学或行政方面职务的一名成员

3.33　委员会可增选至多三名额外成员，任期由委员会决定，以保证委员会具备所需的专业能力。

3.34　委员会应负责：

（1）向大学机构、ISIS创新有限公司*提出有关委派行政官员、职员或学生的建议（在适当的情况下才能建议委派学生到委员会中）；

（2）监督有关利益冲突的大学政策，并根据经验以及外部机构的实践指南提出相关建议；

（3）确保有适当的体系可以促进并监督利益冲突政策的实施；

（4）审议外部收益年度声明（Annual Declarations of External Interest），并通知需要作出进一步声明或行动的大学相关机构；

（5）碰到棘手问题时酌情向校务理事会或其他相关委员会提出建议；

（6）碰到关于个人的问题时，向该个人提供建议；

（7）不时以校务理事会的名义就有关利益冲突的大学政策采取必要的举措；

（8）每年向校务理事会汇报委员会的运作及前一年的政策的相关情况。

校务理事会部门委员会

2003年3月13日、2004年5月6日修订；2006年6月1日、2008年3月19日、2008年5月22日（2008年10月1日起生效）、2009年4月23日、2009年7月30日重新编号

3.38　校务理事会部门委员会由以下人员组成：

（1）一名由校长任命的委员会主席；

（2）评审官；

（3）上一任评审官；

（4），（5）由校务理事会一般事务委员会从摄政院成员中任命的两名成员。

3.39　委员会可增选至多一名额外成员，并酌情决定其任期。

3.40　委员会负责：

（1）向校务理事会下属的各部门（经校务理事会一般事务委员会认可的部门）分配经费，并确保这些经费的有效利用；

（2）将争取资源作为年度财政预算案编制工作的一部分（合理解释所有

---

* ISIS创新公司是隶属于牛津大学的技术转化公司。——译者注

提及的资源增长,但前提是,这样的增长应被视为部门从财政部获得的年度拨款的一部分且根据需要可用于支出)。

发展委员会

2009 年 7 月 30 日校务理事会制定

  3.41 发展委员会由以下人员组成:
(1) 校长;
(2) 担任委员会副主席的副校长(负责发展与对外事务);
(3) 学监和评审官之一,由两者协商决定;
(4) 学院联席会议的主席,或经校务理事会批准的主席候选人;
(5) 发展校务理事会的副主席;
(6)—(9) 四个学部的四名主管(或主管候选人);
(10)—(13) 校务理事会根据章程 VI 的 4(15)—(25)之规定从校务理事会成员中任命的四名成员,其中一名应为规划和资源配置委员会的成员,两名应为学院一级单位的主管。
  3.42 委员会可增选至多两名额外成员,并酌情决定其任期。
  3.43 委员会负责:
(1) 就与发展及根据大学战略目标而形成的优先发展计划相关的战略和政策向校务理事会提出建议;
(2) 就长、短期资金筹措的优先计划向校务理事会提出相关建议(不过应酌情咨询学术部门及校务理事会的主要委员会);
(3) 在大学范围内进行宣传,从而促进资金筹措;
(4) 监督大学在发展方面的政策和程序的实施情况及有效性。

捐赠审议委员会

2009 年 3 月 26 日校务理事会制定
2009 年 5 月 28 日修改;2009 年 4 月 23 日、2009 年 7 月 30 日重新编号

  3.44 捐赠审议委员会由以下人员组成:
(1) 由校务理事会从校务理事会成员中任命的一名委员会主席,该主席
 (a) 不能在大学、学院、学会或永久私人学堂担任教学、研究或行政方面的职务,或者
 (b) 担任学院院长(担任学院联席会议的主席除外);
(2) 由校务理事会任命且不在大学、学院、学会或永久私人学堂担任教学、研究或行政方面的职务的一名成员,且该成员应具备有关委员会运转的

商业知识,若还具备企业社会责任方面的知识更佳。

(3) 学院联席会议的主席或其经校务理事会批准的候选人;

(4)—(6) 由校务理事会任命且具备有关委员会运转的专业知识(比如伦理学、公共事务或法律)的三名摄政院成员。

3.45 委员会负责:

(1) 维持并审议大学接受捐赠的指导原则;

(2) 对以下问题进行斟酌并作出决议:

(a) 大学所接受的捐赠是否在以下方面违反了上述第 1 款中的指导原则;

(i) 每笔 10 万英镑或更多的捐赠提议;

(ii) 累计等于或超过 10 万英镑的捐赠应被视为一项捐赠,并且达到总值 10 万英镑时应作出相关决议;

(iii) 委员会应关注所有低于 10 万英镑的捐赠提议,因为接受这项捐赠将违反相关指导原则;

(b) 收到有关捐赠人或捐赠可能违反上述第 1 款中的指导原则的信息;

(c) 是否批准要求加入荣誉校长捐赠者法庭(Chancellor's Court of Benefactors)或校长办公室捐赠处(the Vice-Chancellor's Circle)的捐赠者的提名;如果使捐赠者能够获得提名的捐赠尚未完成但已提交给委员会,评估该捐赠是否符合上述第 1 款中的指导原则;

(3) 当学院将接受捐赠的情况提交给委员会时,委员会向学院就其接受的捐赠是否违反上述第 1 款中的指导原则提出相关建议

3.46 委员会

(1) 可以将 3.45 条第 2 款中所涉及的事项提交给校务理事会以获取最终决议;

(2) 向一般事务委员会提交委员会认为超出其管辖范围的事项。

3.47 按照 3.45 条第 1 款中的指导原则,只有当负责发展与对外事务的副校长已知晓并接受捐赠者的身份才可以接受其捐赠,但捐赠者指示基金(Donor Advised Funds)的情形除外——在此情况下,捐赠者是众所周知的声誉良好的机构,该机构以书面的形式向负责发展与对外事务的副校长确认:该机构完全知晓此次捐赠,且捐赠者完全不涉及根据本规章 3.45 条第 1 款之规定而制定的指导原则中的伦理问题。

财务委员会

2006年6月1日修订(《大学公报》第139卷,第474页,2008年12月18日);2008年5月22日修订(2008年10月1日起生效);2006年6月1日、2008年3月19日、2008年5月22日(2008年10月1日起生效)、2009年3月26日、2009年4月23日、2009年7月30日重新编号

3.48　财务委员会由以下人员组成:

(1) 校长;

(2)—(4) 由校务理事会任命的三名校务理事会成员,这三名成员不能是摄政院成员,也不能在大学、学院、学会或永久私人学堂担任教学、研究或行政方面的职务;

(5) 由校务理事会从摄政院选举出的校务理事会成员中任命的一名成员;

(6) 由学院联席会议任命的一名学院院长;

3.49　审计和监督委员会的成员不能成为财务委员会的成员。

3.50　委员会负责:

(1) 考虑大学可使用的财务资源;向校务理事会建议总收入和支出、预算、资本支出预算以及五年战略并获得校务理事会的批准;与规划和资源配置委员会交流沟通;

(2) 向校务理事会建议通过预算而确定的大学需求,从而使校务理事会在制定投资政策时可以考虑这些建议;

(3) 酌情考虑高等教育基金委员会的财务预测,以及大学、高等教育基金委员会与其他外部资助机构之间的财务关系,并向校务理事会提出相关建议;

(4) 与审计和监督委员会一同审议并批准大学的年度财务报表;

(5) 审查并考虑牛津大学出版社专员的年度报告和账目,并向校务理事会汇报;

(6) 审议大学的财务规章,并酌情考虑对这些规定进行必要的变更;

(7) 批准大学的银行业务安排;

(8) 不时根据需要以校务理事会的名义就大学财务事宜采取相应举措。

3.51　委员会经由校务理事会批准可增选至多两名额外人员。

健康与安全管理委员会

2006年3月23日、2007年2月15日、2007年6月28日、2009年1月15日修订；2006年6月1日、2007年6月28日、2008年3月19日、2008年5月22日(2008年10月1日起生效)、2009年3月26日、2009年4月23日、2009年7月30日重新编号

3.52　健康与安全管理委员会由以下人员组成：
(1) 一名被校长任命来担任委员会主席的摄政院成员；
(2) 副校长(负责学位服务及大学收藏)；
(3)—(6) 各学部的主管；
(7) 由校务理事会任命的一名成员。

3.53　委员会可增选至多四名额外成员，并决定其任期。

3.54　委员会负责以下事项：
(1) 决议免除大学在职业健康与安全方面的法定义务所需的管理策略和政策；
(2) 建议实施大学安全政策所需的适当举措，从而在大学财力所允许的范围内为职员、学生、获得授权的访客以及公共成员提供安全保障；
(3) 就管理安全与职业健康保健以及委员会管理范围内的其他事项采取相关举措，包括控制被分配给该委员会的资金。

3.55　委员会的管理范围应包括所有涉及健康与安全、消防安全、食品安全、危险物品的运输的法例所包含的事宜，以及所有涉及处理有害废物、放射性物质和基因改造的环境保护法规所包含的事宜。

3.56　委员会可根据需要成立二级委员会和专家咨询小组，并决定这些二级委员会和小组的成员和任期。

3.57　委员会每学期应至少举行一次会议，并在会议后就会上所讨论的主要事项向校务理事会汇报；委员会还应向校务理事会提交年度报告。

荣誉学位委员会

2006年1月26日修订；2006年6月1日、2007年6月28日、2008年3月19日、2008年5月22日(2008年10月1日起生效)、2009年3月26日、2009年4月23日、2009年7月30日重新编号

3.58　荣誉学位委员会应在与校务理事会商议所提交的人选名单后，决定递交给摄政院并授予荣誉学位的人选。委员会应包括校长、评审官、至

多六名校务理事会成员、至多三名非校务理事会成员的摄政院成员,所有这些成员均由校务理事会任命,且任期为一年,可至多连任四年。

规划和资源调配委员会下属的信息和通讯技术(ICT)二级委员会

2007年10月11日校务理事会制定;2008年5月29日修订,2008年10月1日和2009年1月15日起生效;2008年3月19日、2008年5月22日重新编号(2008年10月1日起生效);2009年3月26日、2009年4月23日、2009年7月30日修订

3.59 规划和资源配置委员会下属的ICT二级委员会由以下人员组成:

(1)担任二级委员会主席的副校长(负责学位服务和大学收藏)

(2)—(5)每个学部委员会选定一人;

(6)由学位服务和大学收藏部门的战略小组(the Strategy Group of the Academic Services and University Collections Division)指定的一名成员;

(7)一名教育委员会的成员;

(8),(9)由学院联席会议任命的两名成员;

(10),(11)由牛津大学学生会的委员会选举出的两名学生代表,其中一名为研究生代表,另一名为本科生代表。

3.60 二级委员会可从大学内外增选至多三名成员对ICT相关事宜提出建议。

3.61 (1)二级委员会应向规划和资源配置委员会负责,主要负责对学院制大学ICT策略和政策框架的实施及发展进行管理。

(2)规划和资源配置委员会应委托ICT二级委员会就相关事宜作出决议;在处理其委托范围之外的ICT事宜时,ICT二级委员会应酌情考虑并向上级委员会提出建议。

3.62 二级委员会尤其应:

(1)在规划和资源配置委员会的授权下,决定学院制大学的ICT策略和政策框架;

(2)监督牛津大学计算机服务直接向用户提供的服务的规模、质量和成本效益;

(3)在规划和资源配置委员会的资金请求范围内,考虑ICT部分以提供全新的或调整过的委托服务,并在提出的解决方案是否开销适当、符合标准,是否与其他ICT系统相容以及是否有合适的运行计划等方面提出建议;

（4）运营一个ICT创新基金，所有的中心服务部门可申请进行ICT方面的发展工作；

（5）建立ICT框架，以便中心和其他各处提供的服务之间的合作能更加有效、可靠和符合成本效益，减少ICT服务的重叠，保证从软件授权ICT项目中取得最大限度的收益；

（6）执行并更新ICT的五年滚动战略计划；

（7）接收其他学位服务部门以及学术部门中与ICT策略和调度相关的信息并提出相关建议；

（8）监督ICT服务水平的定义、质量、安全以及中央ICT服务的关键绩效指示物；

（9）对ICT服务规定中可能出现的重大失误制定应对措施；管理相关风险分析；

（10）酌情向公共关系咨询委员会（PRAC）、校务理事会和大学的其他机构提出ICT的建议。

投资委员会

2007年3月1日修订；2006年6月1日、2007年6月28日、2008年3月19日、2008年5月22日（2008年10月1日起生效）、2009年3月26日、2009年4月23日、2009年7月30日、2009年11月12日重新编号

3.63　投资委员会由以下人员组成：

（1）校长；

（2）由校务理事会任命的至少五名成员，这些成员不应在大学、学院、学会或永久私人学堂担任教学或行政方面的职务，且所有成员应具备运行委员会所需的投资管理方面的相关专业知识，其中一名成员应由校务理事会任命为委员会主席；

（3）由校务理事会任命的至少其他两名成员，这些成员应具备投资管理方面的相关专业知识；

所有成员任期应为五年并可以再次当选。

3.64　委员会应负责：

（1）监督大学的捐赠资金管理、监督对外部机构按照大学制定的指导原则而置于大学中的资金的管理（这些资金应根据为实现大学目标而设定的基准来衡量绩效）；并

（2）向校务理事会汇报。

3.65 委员会尤其应负责：

(1) 确定目标并与校务理事会达成一致；

(2) 制定指导原则并设定基准从而实现目标；

(3) 招聘、支持、评价并监督投资总监(Chief Investment Officer)；

(4)（以个人名义或者以委员会的名义）推荐管理者；并

(5) 就分配不动产和选择管理者提出相关建议。

大学图书馆监理会

2003 年 5 月 22 日、2005 年 11 月 17 日、2006 年 3 月 23 日、2007 年 3 月 22 日、2009 年 1 月 15 日修订；2006 年 6 月 1 日、2007 年 6 月 28 日、2008 年 3 月 19 日、2008 年 5 月 22 日(2008 年 10 月 1 日起生效)、2009 年 3 月 26 日、2009 年 4 月 23 日、2009 年 7 月 30 日、2009 年 11 月 12 日重新编号

3.66 大学图书馆监理会由以下人员组成：

(1) 担任委员会主席的副校长（负责学位服务及大学收藏）；

(2) 学监或评审官之一，由两者协商决定；

(3)—(6) 由校务理事会任命的四名成员，其中一名应既是校务理事会成员又是规划和资源配置委员会的成员，其中另两名不应在大学、学院、学会或永久私人学堂担任教学、研究或行政方面的职务。①

(7)—(10) 四个学部委员会任命的四名成员（每个学部委员会任命一名本学部委员会成员）；

(11) 由继续教育委员会任命的一名成员；

(12)—(15) 由摄政院选举出的四名摄政院成员；

(16) 由学院联席会议选举出的一名成员；

(17) 由牛津大学学生会主席任命的一名学生成员；

(18) 由牛津大学学生会的研究生委员会任命的一名学生成员。

3.67 监理会可增选至多两名额外成员，并决定其任期。

3.68 以上 3.66(3)—(16)中规定的监理任期为四年并有资格连选，(17)和(18)中规定的监理任期为一年并有资格连选；除非被任命及被选举的监理的任期受各自所具备的能被任命或被选举的资格的限制而有所不同。

3.69 大学图书馆服务主任兼博德利图书馆馆长应担任监理会秘书。

---

① 校务理事会认为：(1) 其中一名外部成员应该具有管理大型研究型图书馆的经验；(2) 它还应任命一名具有图书馆信息技术实践经验的成员。

3.70 学生成员不应参与讨论或接收有关校务理事会规章中第 7 条之规定的有关保留事项的文件或会议记录。

3.71 监理会在校务理事会的指导下,根据章程 VIII 的第 4 部分履行安全保管、收藏、有序管理、财务和有关收藏、图书馆以及牛津大学图书馆服务范围内的其他机构的一般政策的相关责任时,应:

（1）确保已制定与大学图书馆以及教学和科研所需信息服务相关的规定;

（2）就涉及大学图书馆中资源的使用以及教学和研究所需信息服务的规定提议向校务理事会提出相关建议;

（3）确保包括伯德利图书馆、赛克勒图书馆以及泰勒研究所图书馆在内的大学主要研究图书馆成为国内外的学术资源;

（4）根据需要就图书馆中的收藏的大学托管制度向校务理事会提出相关建议,包括酌情提供专业的法律或金融方面的建议;

（5）在适当情况下,就大学图书馆的图书馆和信息服务政策以及大学图书馆服务范围外的所有有关信息服务的使用问题向校务理事会提出相关建议;

（6）经校务理事会的同意,制定、修改并颁布关于控制和管理大学图书馆服务设备以及确保大学图书馆服务设备的安全使用方面的规定;

（7）校务理事会不时赋予的其他责任。

3.72 根据章程 VIII 第 4 部分履行责任时,监理会在校务理事会的指导下有权:

（1）针对从校务理事会或其他资源获得的资金作出财务方面的规定,该规定所适用的图书馆及服务是校务理事会所决定的大学图书馆服务的一部分;

（2）确定大学图书馆服务范围内的图书馆和服务的开放和运营时间;

（3）确定有关允许读者使用大学图书馆服务范围内的图书馆和服务的政策;

（4）安排大学图书馆服务范围内的图书馆和服务中的收藏的获得、发展、管理和处置等问题;

（5）安排或以其他方式促进大学图书馆收藏中的资料保护;

（6）为大学提供相关电子信息资源。

3.73 监理会应批准牛津大学图书馆服务范围内的相关任命和授权安排,只要六级图书馆职员的任命由大学图书馆服务主任兼博德利图书馆长推荐,并经监理会的同意即可。

3.74 在校务理事会的指导下,监理会有权根据需要作出其他安排从而履行他们的责任,并享有章程或规章中所规定的其他权利。

博物馆与科学收藏委员会

2003年6月27日、2005年11月17日、2006年5月4日、2006年7月27日、2009年1月15日修订;2006年6月1日、2007年6月28日、2008年3月19日、2008年5月22日(2008年10月1日起生效)、2009年3月26日、2009年4月23日、2009年7月30日、2009年11月12日重新编号

3.75 博物馆与科学收藏委员会由以下人员组成:
(1) 负责学位服务与大学收藏的副校长;
(2) 由校务理事会任命的一名委员会副主席;
(3) 阿什莫尔博物馆馆长;
(4) 皮特利弗斯博物馆馆长;
(5) 牛津大学自然历史博物馆馆长;
(6) 科学史博物馆馆长;
(7) 植物园园长;
(8) 贝特乐器典藏馆馆长;
(9)—(12) 由各学部委员会任命的成员(每个学部委员会任命一名);
(13) 由学院联席会议选举出的一名成员;
(14) 由校务理事会任命且不在大学、学院、学会或永久私人学堂担任教学、研究或行政方面职务的一名成员;
(15) 学监或评审官之一,由两者协商决定;
(16)—(18) 由委员会从博物馆与科学收藏职员中任命且具备信息技术、收藏和教育方面专业知识的三名成员。

3.76 委员会除了应按照章程 XIII 第12部分之规定向校务理事会提出建议,还应促进大学博物馆与科学收藏之间的协调,尤其是在规划、分配和使用资源方面,以及发展、关注、促进收藏成为国内外的教学、研究和公共资源方面。

3.77 委员会应联络当地及国内外的博物馆,共同制定与博物馆和收藏相关的政策。

提名委员会

2007年11月15日校务理事会制定
2008年9月25日修订;2008年3月19日、2008年5月22日(2008年10月1日起生效)、2009年3月26日、2009年4月23日、2009年7月30日、2009年11月12日重新编号

  3.78 提名委员会由以下人员组成:
  (1)由校务理事会(i)从校务理事会现任成员中提名经摄政院批准,且被提名时不是摄政院成员或者不在大学、学院、学会或永久私人学堂中担任教学、研究或行政方面职务的一名成员,或者(ii)从现任或前任校务理事会成员中任命的一名成员;
  (2)由校务理事会从校务理事会现任成员中提名经摄政院批准,且被提名时不是摄政院成员或者不在大学、学院、学会或永久私人学堂中担任教学、研究或行政方面职务的一名成员;
  (3)由校务理事会从校务理事会成员中任命的一名成员;
  (4)学监或评审官之一,由两者协商决定;
  (5)由校务理事会从摄政院选举出的校务理事会成员中任命的一名成员,该成员应是人文学部或社会科学学部的成员;
  (6)由校务理事会从摄政院选举出的校务理事会成员中任命的一名成员,该成员应是数学、自然科学和生命科学学部或者医学科学学部的成员;
  (7)—(10)由摄政院选举出的四名摄政院成员。
  3.79 委员会应从上一条(1)和(2)中的委员会成员中任命一名会议主席。
  3.80 由校务理事会任命的委员会成员的任期应由校务理事会根据情况决定,最多为三年,且可以超出每个人的校务理事会成员资格期限。校务理事会的外部成员被考虑连任时不应任职于委员会。由校务理事会任命的委员会成员可以连任,但总任期不得超过六年。由摄政院选举出的委员会成员任期为三年且可以连选。
  3.81 委员会负责:
  (1)设立(经与校务理事会磋商)、公布并审议选拔或选举校务理事会成员的标准;
  (2)根据章程VI第4条7至10款,如果校务理事会成员由校务理事会提名并经摄政院批准,且被提名时不是摄政院成员或者不在大学、学院、学会或永久私人学堂中担任教学、研究或行政方面工作的职位,那么,当其职

位出现空缺时：

（a）委员会应在《大学公报》上通过公告从摄政院成员中征求书面提名候选人。征求公告在《大学公报》上的发布日期与提交提名的截止日期之间的间隔至少是在学期期间的 21 天；

（b）截止日期过后，委员会应斟酌所接收到的所有提名以及委员会成员所推荐的候选人，并完全按照公平、多样的原则以及遵循既定的选拔标准从中挑选合适人选，并向校务理事会提出相关建议；

（c）校务理事会应斟酌提名委员会推荐的候选人，且应向每一个空缺职位提供一名候选人并征求摄政院的批准，或者要求委员会另行提供候选人名单；

（d）如果候选人被摄政院否决，委员会应按照（b）之规定向校务理事会提供一名或多名候选人名单，或者在必要时按照（a）之规定在《大学公报》上重新征求候选人直到空缺被填补为止。

（3）应校务理事会不定期的要求，就校务理事会成员的资格问题向校务理事会提出相关建议。

3.82 委员会应就 3.81 条所涉及的事项向校务理事会以及摄政院汇报。

财产二级委员会

2008 年 5 月 22 日校务理事会制定（2008 年 10 月 1 日起生效）；2009 年 3 月 26 日、2009 年 4 月 23 日、2009 年 7 月 30 日、2009 年 11 月 12 日重新编号

3.83 财产二级委员会应包括由校务理事会任命且具有财产管理方面的最新专业知识的至少四名成员，其中一名由校务理事会任命成为委员会主席。

3.84 委员会的所有成员任期为五年并可以连任。

3.85 财产二级委员会经授权有单笔 100 万英镑的决定权力，在此权力限制下，应：

（1）在自行制定的指导原则下，监督大学资本基金财产、基金库乡村不动产、基金库城市直接投资、企业资产基金财产以及研究生贷款的管理；并按为实现大学目标而设定的基准来衡量它们的工作表现；

（a）向投资委员会汇报资本基金财产、基金库乡村不动产以及基金库城市直接投资的情况；

（b）向规划和资源配置委员会汇报企业财产以及研究生贷款情况；

（2）确定目标并同投资委员会和规划和资源配置委员会达成共识；

（3）为实现目标而确定指导方针和基准；

（4）（以个人或以委员会的名义）推荐大学财产投资组合的管理者。

大学高级行政官员薪资审议委员会

2003年10月9日、2007年6月28日修订;2007年11月12日、2008年3月19日、2008年5月22日(2008年10月1日起生效)、2009年3月26日、2009年4月23日、2009年7月30日、2009年11月12日重新编号

3.86　大学高级行政官员薪资审议委员会由以下人员组成:

(1)担任委员会主席的审计和监督委员会主席;

(2)学监或评审官之一,由两者协商决定;

(3)、(4)由校务理事会任命的两名校务理事会外部成员;

(5)、(6)由校务理事会任命的两名成员,这两名成员均不受制于涉及个人薪资安排的相关规定,其薪资由委员会决定。

3.87　(1)委员会负责向校务理事会就校长、副校长(负责发展与对外事务)、教务长和财务主任的薪资提出相关建议;负责审议在任职官员的入职薪资确定后的两个日历年后的10月1日起生效的任职官员薪资;此后还应每两年负责审议一次每位任职官员的薪资。

(2)在人事委员会的ALC6/RSIV小组的建议下,委员会负责决定承担指定责任的其他副校长以及学部主管的薪资;在人事委员会的ALC6/RSIV小组的建议下,审议在任职官员的入职薪资确定后的两个日历年后的10月1日起生效的任职官员薪资;在人事委员会的ALC6/RSIV小组的建议下,以后每两年审议一次每位任职官员的薪资。

(3)应校务理事会的要求,委员会应执行其他类似的审议任务。

3.88　在执行审议任务时,委员会应认真考虑自任职官员的薪资最后确定时起,该职位的职责是否发生了任何重要的变化或有任何发展;并确保征求了相关任职官员的意见以及负责这些任职官员的官员的意见。任职官员有权要求获得相关决议的解释。

社会责任投资审议委员会

2008年3月19日校务理事会制定;2009年1月15日、2009年3月26日修订(《大学公报》第139卷,第929页);2008年5月22日(2008年10月1日起生效)、2009年3月26日、2009年4月23日、2009年7月30日、2009年11月12日重新编号

3.89　社会责任投资审议委员会由以下人员组成:

(1)由校务理事会任命为委员会主席的一名非校务理事会成员;

（2）由校务理事会不定期决定的副校长（负责科研或者负责教育）；

（3）由校务理事会任命的一名捐赠审议委员会成员；

（4）由校务理事会任命的一名成员，该成员不应在大学、学院、学会或永久私人学堂担任教学或行政方面的职务，且应具备委员会运行所需的投资管理方面的最新相关专业知识；

（5）由摄政院从数学、自然科学和生命科学学部以及医学科学学部的学院成员中选举出的一名摄政院成员；

（6）由摄政院会议从人文学部和社会科学学部的学院成员中选举出的一名摄政院成员；

（7）由牛津大学学生会干事从学生会成员中任命的一名学生成员。

3.90 委员会应至少每五年审议一次大学的社会责任投资政策及政策实施情况，并向校务理事会提出相关变更建议。

3.91 委员会应考虑本条第一款a至c项的人员或机构提交的关于社会责任投资的政策以及进行投资或撤资的提议陈述，寻求投资委员会对投资的有效性以及相关实施费用的观点，并适时向校务理事会提出相关建议。

（1）关于社会责任投资的政策以及进行投资或撤资的提议陈述应由以下人员或机构提交：

（a）校务理事会、投资委员会或其他向校务理事会直接汇报的委员会；

（b）20名或20名以上的摄政院成员；

（c）牛津大学学生会之理事会（the Council of the Oxford University Student Union）中多数人员的决议。

3.92 委员会应根据具体情况，就对其投资的正面或负面审查，或者实施战略问题向校务理事会提出相关建议。

3.93 委员会应每年通过校务理事会一般事务委员会就规章3.91条第1款之规定的提议、对大学投资是否违反其关于社会责任投资以及其他相关事项的政策声明的评估，向校务理事会提出相关建议。

体育战略委员会

2007年10月11日、2007年11月15日、2008年3月19日、2008年5月22日（2008年10月1日起生效）、2009年3月26日、2009年4月23日、2009年7月30日、2009年11月12日重新编号

3.94 体育战略委员会由以下人员组成：

（1），（2）由校务理事会任命的一名主席和一名副主席，其中一名为男性，一名为女性；

(3) 学监或评审官之一,由两者协商决定;

(4),(5) 由相关俱乐部中老资格成员选举出的两名体育基金老资格成员;

(6),(7) 由相关俱乐部老资格成员选举出的两名体育发展项目的老资格成员;

(8) 由相关俱乐部老资格成员选举出的一名已建立体育项目的老资格成员;

(9),(10) 运动联合会的主席以及该联合会选举出的另一名运动联合会成员,其中一名为男性一名为女性,并应代表被认可的体育项目的利益;

(11),(12) 由学院联席会议选举出的两名成员,其中一名为男性一名为女性,并应对被认可的体育项目或大学运动组织之一(或两者)感兴趣。

3.95　按照以上 3.94 条(1)和(2)任命的成员任期应为四年。

3.96　委员会可增选至多三名额外成员,并根据具体情况决定其任期。

3.97　体育项目主任和体育发展主管有权参加会议,但不是委员会的投票成员,除非委员会要求两者之一或两者撤出全部或部分会议。

3.98　委员会负责管理大学体育运动,并向校务理事会提交年度报告,在报告中列出中期计划以及实现这些计划的具体进程。

3.99　委员会应接收由校务理事会部门委员会所决定的拨款,用于体育部门的员工费用以及设备的运转和维修费用。

3.100　委员会应监督拨款的使用,以及部门所接收的其他用于大学体育项目的收益和资金的使用,但前提是,部门每天的运转由体育项目的主管负责,所依据的规定就是建筑和不动产二级委员会不定期制定的关于建筑的指导方针,以及与大学停车场管理者对大学停车场中设备的使用问题、与资产投资委员会对马斯顿绿地(the Marston Field)的使用问题所达成的共识。

枢密院之前的章程委员会

2007 年 10 月 11 日、2007 年 11 月 15 日、2008 年 3 月 19 日、2008 年 5 月 22 日(2008 年 1 月起生效)、2009 年 3 月 26 日、2009 年 4 月 23 日、2009 年 7 月 30 日、2009 年 11 月 3 日重新编号

3.101　枢密院之前的章程委员会(由校务理事会任命的至多五名成员组成)应作专项报告陈述如下事宜:诸学院根据《牛津、剑桥大学 1923 年法令》(*the Universities of Oxford and Cambridge Act*, 1923)而制定的章程是否直接影响了大学(根据《法令》附表中第 46 条的规定),或是否导致章程

的修改(根据法令第 7 条第 2 款的规定)。

3.102 委员会应关注学院章程的哪些修改会对大学和学院的整体发展有所启示。

大学章程和规章委员会

2007 年 10 月 11 日、2007 年 11 月 15 日、2008 年 3 月 19 日、2008 年 5 月 22 日(2008 年 10 月 1 日起生效)、2009 年 3 月 26 日、2009 年 4 月 23 日、2009 年 7 月 30 日、2009 年 11 月 3 日重新编号

3.103 大学章程和规章委员会(由校务理事会任命的至多五名成员组成)应:

(1) 审议大学的章程、摄政院规章及有关投诉与纪律的规章,并酌情向其他机构咨询。

(2) 考虑有关废除、修改或增加章程的提议,特别是这些变更对章程的整体影响;

(3) 对大学的其他规章进行监督并应要求对具体规章提出建议;

(4) 针对向摄政院成员以及其他利益相关方公布、宣传章程和规章的最佳途径问题向校务理事会提出建议。

教育委员会下属的学生健康与福利二级委员会

2009 年 7 月 30 日校务理事会制定;2009 年 12 月 3 日重新编号

3.104 教育委员会下属的学生健康与福利二级委员会由以下人员组成:

(1) 校长从教育委员会现任或前任成员中任命的一名委员会主席;
(2) 评审官;
(3) 学生管理与服务部门主任;
(4) 由学院联席会议选举出的一名高级导师;
(5) 由学院联席会议选举出的一名研究生导师;
(6) 由学院联席会议选举出的一名成员;
(7) 由学院护士协会任命的一名学院护士协会成员;
(8) 一名残疾事务高级官员;
(9) 由牛津学院医务官员协会选举出的一名成员;
(10) 牛津大学学生会副主席(负责福利与机会均等);
(11) 学生咨询服务部的主管或其候选人;

3.105 当选或被任命的成员任期为两年并可以连选连任,但总任期不应超过六年。

3.106 二级委员会应向教育委员会汇报,且每年至少召开三次会议,通常每学期至少召开一次会议。

3.107 二级委员会经教育委员会批准可增选至多两名额外成员,额外成员的任期为一年且可以连选连任,但总任期不应超过四年。

3.108 二级委员会负责向教育委员会就以下事项提出相关建议:

(1) 基于学院医生体系制定的有关学生健康安排的规定;

(2) 残疾学生问题;

(3) 大学范围内健康和福利意识的增强;

(4) 大学范围内涉及学生健康和福利的其他所有事项。

3.109 应该成立一个为学生咨询服务提供咨询的小组(an Advisory Panel for the Student Counselling Service),该小组由以下人员组成:

(1),(2) 由学生健康与福利二级委员会任命的该二级委员会的两名成员,其中一名应被任命为主席;

(3) 由牛津学院医务官员协会选举出的学生健康与福利二级委员会的一名成员;

(4) 由学生健康与福利二级委员会任命的一名成员(不一定是该二级委员会的成员),该成员应在大学的某学院中担任或曾担任过导师或牧师职务;

(5) 牛津郡和白金汉郡的精神健康基金会的一名代表(由该基金会任命)。

3.110 经学生健康与福利二级委员会的批准,咨询小组可增选至多一名额外成员,该成员任期为一年并可以连选连任,但总任期不应超过四年。

3.111 咨询小组的主席和成员任期为三年并可以连选连任,但总任期不应超过六年。

3.112 咨询小组负责向学生健康与福利二级委员会就有关学生咨询服务部门的事项提出建议。

3.113 咨询小组应向学生健康与福利二级委员会汇报,且每年至少召开三次会议,通常一学期至少召开一次。

学生成员联合委员会

2005年9月22日修订;2007年11月15日、2008年3月19日、2008年5月22日(2008年10月1日起生效)、2009年3月26日、2009年4月23日、2009年7月30日、2009年12月3日重新编号

3.114 学生成员联合委员会由以下人员组成:

(1) 一名委员会主席(由校长或由校长任命的一名校务理事会成员担

任）；

（2）学监或评审官之一，由两者协商决定；

（3）—（7）由校务理事会任命的五名摄政院成员，其中至少两名是校务理事会成员；

（8）牛津大学学生会主席；

（9）牛津大学学生会副主席（负责研究生事宜）；

（10）牛津大学学生会副主席（负责女性事宜）；

（11）牛津大学学生会副主席（负责福利与机会均等）；

（12）牛津大学学生会副主席（负责录取与学术事务）；

（13），（14）由牛津大学学生会主席任命的两名学生会的学生成员；

（15）—（17）牛津大学学生会之理事会选举出的三名学生成员，其中一名应是研究生。

3.115 委员会代表校务理事会接收所有报告、预算估算、条例修改以及章程 XIII 的 A 部分中规定的其他事项，并向校务理事会提出建议；但只有按照 3.114 条（1）—（7）之规定任命的成员才可以对章程 XIII 的 A 部分中规定的事项进行投票表决。

3.116 委员会应考虑大学中所有影响学生成员的事项，并向校务理事会提出相关建议；但是属于按照章程 VII 成立的所有大学机构的联合委员会、大学图书馆监理会或规则委员会的管理范围的事宜除外。

3.117 委员会有权考量所有联合委员会职权范围内的事宜，3.116 条中规定的事宜或拥有学生成员代表的委员会中的事宜除外，除非委员会一开始就参与到了这些事宜中来。

规划和资源配置委员会和教育委员会下属的学生数量规划二级委员会

2008 年 6 月 26 日校务理事会制定（2008 年 10 月 1 日起生效）；2009 年 3 月 26 日、2009 年 4 月 23 日、2009 年 7 月 30 日、2009 年 12 月 3 日重新编号

3.118 规划和资源配置委员会和教育委员会下属的学生数量规划二级委员会由以下人员组成：

（1）担任委员会主席的副校长（负责规划和资源分配）；

（2）副校长（负责教育）；

（3）学监或评审官之一，由两者协商决定；

（4）由人事委员会从人事委员会成员中任命的一名成员；

（5）—（8）由各学部委员会从其成员中任命的人员（每个学部委员会可任命一人）；

(9) 由继续教育委员会任命的一名继续教育委员会成员；

(10)—(14) 由学院联席会议选举出的五名成员。

3.119 为改进大学的学生数量规划政策，二级委员会应代表校务理事会向规划和资源配置委员会以及教育委员会汇报，并应：

(1) 对牛津现在及将来的学生数量和构成形成一个整体认识，使之与战略计划的目标和价值保持一致；

(2) 定期接收有关学部、继续教育部、学院、学会和永久私人学堂的长期和短期规划中的学生总数；

(3) 对规划中的学生总数进行审议，确保学院与学部之间的学生数量平衡并与校务理事会的现行政策保持一致；

(4) 与特定的学部或学院进行适当的沟通，从而避免违反校务理事会关于学生数量政策的行为；

(5) 确定是否可以通过引进一些奖励措施以促进学部和学院遵守校务理事会关于学生数量的政策；

(6) 确保学生数量在学生整体组成中的既定平衡并与高等教育基金委员会以及牛津市议会所批准的标准保持一致；

(7) 与其他相关委员会和工作组在有关学生数量规划的事项方面保持适当联系；

(8) 告知校务理事会进一步修改学生数量政策的必要性，并根据需要担任领头工作；

(9) 对在全国范围内出现毕业生短缺的学科，要特别注意维持现有学生数。

3.120 二级委员会每年应向校务理事会汇报。

资金价值委员会

2004年4月22日、2005年9月22日、2006年5月4日、2006年7月1日修订(《大学公报》第139卷,第474页,2008年12月18日);2007年11月15日、2008年3月19日、2008年5月22日、2008年6月26日(2008年10月1日起生效)、2009年3月26日、2009年4月23日、2009年7月30日、2009年12月3日重新编号

3.121　资金价值委员会由以下人员组成:
(1) 由校长任命的委员会主席;
(2)—(3) 由校务理事会任命的两名学院一级单位主管*;
(4)—(6) 由校务理事会任命的三名成员,该三名成员应具有相关经验且其中至少一名是校务理事会成员;
(7) 人文学部主管(或其候选人),或社会科学学部主管(或其候选人),由双方不定期协商决定;
(8) 数学、自然科学和生命科学学部主管(或其候选人),或医学科学学部主管(或其候选人),由双方不定期协商决定;
(9) 国内财务主管委员会主席;
(10) 由校务理事会任命的一名成员,该成员不应在大学、学院、学会或永久私人学堂担任教学、研究或行政方面的职务且应有在非公共部门担任高层的经验。

3.122　(1) 委员会可增选至多三名额外成员;

---

* 在牛津,学院、永久私人学堂及正式的独立中心(Recognized Independent Centres)的主管均称为 Head of House。——译者注

（2）被增选成为成员的人不必是大学成员。

3.123　（1）任职委员会的初始任期为三年。

（2）个人任职总时间不得超过六年。

3.124　除委员会成员外,教务长、财务部主管以及采购部官员在正常情况下应出席所有会议。

3.125　委员会每学期至少应召开一次会议。

3.126　委员会负责：

（1）制定一项资金价值（VFM,value for money）政策,详述大学在追求资金价值时的目标以及负责目标实现的相关机构；

（2）制定在大学范围内有助于提高资金价值的规划,并通过更节约（减少行动的相关费用）、更高效（物品与服务的产出与所花费资源之间的关系）、更有效（目标实现的程度）的方式实现该规划；

（3）监督从大学下拨到各学院的公共基金的资金价值的实现；

（4）在规划与决策过程中,促进资金价值的提高并加强这样一种意识：追求资金价值不仅仅是财务部门的责任,也是所有大学职员的责任；

（5）对为实现资金价值而采用的措施进行监督,并对追求资金价值的主观动机进行审议；

（6）将对委员会所认同的资金价值的审议行动规定为必须进行的审议；

（7）在适当时就宣传良好的习惯做法提出相关建议；

（8）每年向校务理事会以及审计和监察委员会进行一次汇报,其职责范围包括向校务理事会就大学内促进资金价值的安排是否令人满意提出相关建议。

学部规章

2002 年摄政院第 16 号规章

2002 年 6 月 26 日由摄政院制定；2004 年 10 月 14 日、2005 年 2 月 24 日、2005 年 5 月 5 日、2005 年 10 月 13 日、2006 年 5 月 4 日、2007 年 6 月 7、2007 年 10 月 18 日修订；2008 年 8 月 1 日（《大学公报》第 138 卷，第 1237 页，2008 年 6 月 12 日）和 2009 年 2 月 15 日起生效

组成

1. 人文学部应包括以下学科部、系和学科：

（1）汉学研究；

（2）古典学；

（3）绘画和美术（拉斯金学院）

（4）英语语言和文学；

（5）中世纪和现代语言；

（6）历史；

（7）语言学、语文学和语音学；

（8）现代中东研究；

（9）音乐；

（10）东方学研究；

（11）哲学；

（12）神学。

2. 数学、自然科学和生命科学学部应包括以下学科部和系：

（1）化学；

（2）计算机科学；
（3）地球科学；
（4）工程学；
（5）材料学；
（6）数学；
（7）物理；
（8）植物学；
（9）统计学；
（10）生态学。

3．医学科学学部应包括以下学科部与分学科部：
（1）生物化学；
（2）临床医学；
（3）生理学；
（4）心理学。

4．社会科学学部应包括以下学科部与分学科部、系和学科：
（1）人类学；
（2）考古学；[①]
（3）区域研究；
（4）发展研究；
（5）经济学；
（6）教育；
（7）网络研究所；
（8）法律；
（9）管理；
（10）地理学和环境学学院（School）；
（11）政治和国际关系；
（12）社会政策和社会工作；
（13）社会学。

[①] 在由人文学部赞助的学科部或分学科部中任职的考古学人员不再属于考古学系，而属于其所任职的学科部或分学科部。

学部主管

5. 各学部主管应由遴选委员会（a selection committee）推荐并由校务理事会任命，该遴选委员会由以下人员组成：

（1）校长；

（2），（3）由校务理事会任命的两名成员；

（4），（5）由学部委员会任命的两名成员（每个学部委员会任命一人）；

委员会如果认为有必要，可以再任命一名遴选委员会的额外成员进入该委员会。

6. 在主管职位出现空缺时或将要出现空缺时任命一个遴选委员会。

7. （1）遴选委员会的成员可以从该委员会辞职以成为学部主管候选人，条件是其应在公布的接受申请的截止日期之前辞职，或者在截止日期之后被其他成员邀请参与竞选。

（2）如果一名成员在上述情况下辞职，校务理事会应提名另一个人来填补这个空缺并代行辞职的成员在剩余任期内的职权。

8. 各学部主管拥有章程或规章或校务理事会赋予其的职能和权力。

9. （1）按照章程和规章的规定，各学部主管的每届任期至多为五年。

（2）现任或前任主管可以再次当选。

关于学部诸委员会的规章

校务理事会 2002 年第 17 号规章

2002 年 6 月 26 日由摄政院制定；2005 年 5 月 5 日、2005 年 7 月 14 日、2005 年 10 月 13 日、2006 年 3 月 16 日、2005 年 5 月 4 日、2006 年 7 月 27 日、2007 年 6 月 7 日、2007 年 7 月 12 日、2007 年 10 月 18 日、2008 年 2 月 21 日(2008 年 8 月 1 日起生效；《大学公报》第 138 卷，第 1237 页,2008 年 6 月 27 日)、2008 年 5 月 29 日(2008 年 10 月 1 日生效)、2008 年 10 月 14 日(《大学公报》第 139 卷，第 4—8 页)、2008 年 10 月 23 日、2009 年 1 月 15 修订

职能和权力

1. 各学部委员会的职能、权力和职责包括以下所列，以及其他由校务理事会按照相关规定分派的权力和职责：

（1）协同学院、学会和永久私人学堂监督课程（包括本科生课程和研究生课程）的组织、发展和实施，并在学部所关心的主要学科领域与学部中的学术管理单位（本规章中称为二级单位）密切协商，共同监督和改进研究的大环境；

（2）与学院、学会、永久私人学堂、二级单位以及学位服务部门合作，推动战略性五年计划和包括学术、财政、信息和通讯技术、物质资源和职员事务的年度运行报表的发展并提出相关建议，关注小单位和跨学科活动的特殊需求；

（3）在被批准的规划和报表以及大学总体政策范围内，在委员会认为合

适时与学院、学会和永久私人学堂协商，对学部各二级单位中与预算、工作场所、课程提纲和人员编制等相关的所有事务进行监督和负责；根据日常运转的相关规划和预算，应将日常操作层面的工作交给二级单位负责，并由委员会根据规划和预算监督二级单位的工作；

（4）特殊二级单位的周期性战略总结；

（5）批准二级单位（根据规章和章程建立的遴选委员会的任命除外）学术人员的任命和再次任命，批准各系主任的任命，对二级单位提交的有关渐进地增加大学讲师薪水的建议予以考量，审查各学科中学术人员的聘用情况；

（6）根据大学/学院联合小组的批准，以及二级单位根据与学院、学会和永久私人学堂之间的协商而提出的建议，来处置学院中新增学术职位和空缺学术职位；

（7）保持主要学科领域的教育质量和标准；

（8）根据相关二级单位或者其他二级单位的建议，审议考官（包括外聘考官）的报告；

（9）监督二级单位之间的关系，审议有关重组二级单位的建议（向校务理事会提交具体而适度的建议）；

（10）学部在战略层面以及宽广的学科层面上与学院、学会和永久私人学堂之间的关系，以防在二级单位层面上学院、学会、永久私人学堂和大学之间的个别问题无法解决；

（11）学部之间在共同利益上的关系；

（12）学部与继续教育委员会在共同利益上的关系，以及其他与设置非全日制课程、宣传和其他继续教育活动相关的发展规划；

（13）学部和教育委员会在共同利益上的关系；

（14）学部和学位服务部门在宽广的学科层面上的关系；

（15）学部和外部基金组织之间的关系应服从大学的总体政策和实践；

（16）按照大学的整体政策和实践来监督学科领域的资金筹集；

（17）对从大学向学部以及从学部向二级单位进一步下放权力的范围进行定期审查。

2. 每个委员会应就前一学年本学部所展开的活动制定一个年度报告并提交给校务理事会，并根据学部已制定的运转宗旨来衡量这些活动。

3. 除学部委员会在本规章第1条中规定的职能和权力，医学科学学部委员会还应：

（1）审议影响大学与地区内的英国国家卫生事业局（NHS）之间关系的医疗政策，根据需要与NHS相关部门协商后酌情向校务理事会和校务理事

会的委员会提出建议,如果需要还可与国家卫生事业局进行协商;

(2) 通过医学研究基金委员会来分配纳菲尔德促进医学发展赠款的部分年收入以促进医学研究的相关活动;该基金是基金信托人为了促进医学发展而批准设立的,连同其他捐赠一起用于一般医学研究目的。

(3) 医学研究基金委员会由以下人员组成:

(a) 担任委员会主席的医学科学学部主管(或其候选人);

(b)—(d) 由纳菲尔德赠款委员会任命的三名成员;

(e)—(g) 由医学科学学部委员会从临床医学学科部成员中任命的三名成员;

按照(b)—(g)任命的六名成员中的至少四名应该拥有教授规章C表中提及的教授资格;其中至少一名应在医院实验室工作。

4. (1) 医学科学学部委员会应设有常务委员会(standing committee)以规范牛津大学临床心理学博士课程的有效性。

(2) 委员会应该包括医学科学学部委员会的两名代表和课程指导委员会的两名代表。

(3) 委员会应根据医学科学学部委员会的不定期的要求,对由医学科学学部委员会规定的临床心理学博士学位拥有权力并负有职责。

(4) 课程代表有权参加学部委员会里与课程相关的任何会议。

5. (1) 医学科学学部委员会应保留那些在牛津大学准备医学学士学位第一次考试的学生的牛津大学医学学生注册记录并制定相关实施细则。

(2) 不在注册记录上的人无法参加医学学士学位的第一次考试。

6. (1) 医学科学学部委员会应保留那些在牛津大学准备医学学士学位第二次考试、其他医学资格考试或医学预备考试的学生的临床医学注册记录并制定相关实施细则。

(2) 不在注册记录上的人无法参加医学学士学位的第二次考试。

(3) 医学科学学部委员会有权注销注册学生的名字,但前提是与该在读生或该校友所在的学院、学会或者永久私人学堂进行协商。

(4) 如果没有事先获得校务理事会的批准,那么划去学生名字和相关规章的理由和程序,以及对已被批准的理由和程序的修改应经过校务理事会一般事务委员会的批准。

7. 医学科学学部委员会的秘书长在需要的时候应签署证书,证明已完成课程的学生满足一般医学校务理事会和相关考试机构的要求可以参加医学考试。

成员资格

8. 人文学部委员会由以下成员组成：

（1）担任委员会主席的人文学部主管；

（2），（3）由古典学学科部成员选举出的两名该学科部成员；

（4）—（6）由英语语言和文学学科部成员选举出的三名该学科部成员；

（7）—（9）由中世纪和现代语言学学科部成员选举出的三名该学科部成员；

（10）—（12）由历史学学科部成员选举出的三名该学科部成员；

（13）由语言学、语文学和语音学学科部成员选举出的一名该学科部成员；

（14）由音乐学学科部成员选举出的一名该学科部成员；

（15）由东方学学科部成员选举出的一名该学科部成员；

（16），（17）由哲学学科部成员选举出的两名该学科部成员；

（18）由神学学科部成员选举出的一名该学科部成员；

（19），（20）按照学院联席会议的程序任命的两名成员，任期为三年。他们应对学术政策和金融有相关的经验和知识，并熟悉相关学科领域，但不能在相应的学部担任有薪的教学和研究职务。

9. 委员会可至多增选六名额外成员；委员会在行使增选成员的权力时应保证委员会的成员组成切实合理地代表了学部中的全体成员。

10. 数学、自然科学和生命科学学部委员会由以下成员组成：

（1）担任委员会主席的数学、自然科学和生命科学学部主管；

（2）—（11）化学系、计算机科学系、地球科学系、工程学系、材料系、数学系、物理系、植物科学系、统计学系和生态学系的系主任；

（12），（13）化学学科部成员从该学科部成员中选举出的两名成员；

（14），（15）工程学学科部成员从该学科部成员中选举出的两名成员；

（16），（17）物理学学科部成员从该学科部成员中选举出的两名成员；

（18），（19）数学学科部成员从该学科部成员中选举出的两名成员；

（20）计算机科学学科部成员从该学科部成员中选举出的一名成员；

（21）地球科学学科部成员从该学科部成员中选举出的一名成员；

（22）材料科学学科部成员从该学科部成员中选举出的一名成员；

（23）植物科学学科部成员从该学科部成员中选举出的一名成员；

（24）统计学学科部成员从该学科部成员中选举出的一名成员；

(25)生态学学科部成员从该学科部成员中选举出的一名成员;

(26)—(28)按照学院联席会议程序任命的两名成员,任期为三年。他们应对学术政策和金融有相关经验和知识,并熟悉相关学科领域,但不能在相应的学部担任有薪的教学和研究职务。

11. 委员会可增选至多四名额外成员;委员会在行使增选成员的权力时应保证委员会的成员组成切实合理地代表了全体学部成员。

12. 医学科学学部委员会由以下成员组成:

(1)担任委员会主席的医学科学学部主管;

(2)钦定医学教授;

(3)由南部中央策略卫生局或者其他继任机构任命的一名成员;

(4)—(7)由生物化学学科部、临床医学学科部、生理学学科部以及心理学学科部的成员从临床医学学科部成员中联合选举出的四名成员;

(8)—(11)由生化学学科部、临床医学学科部、生理学学科部和心理学学科部的成员联合选举出的来自生物化学学科部、生理学学科部和心理学学科部的四名成员,其中来自生物化学系、生理学系以及解剖学和遗传学系、威廉·邓恩爵士病理学院、药理学系和实验心理学系的每个系不超过一人;

(12)—(14)由委员会的会议规程详细说明职权的人事、教育和预算以及资产规划委员会主席;

(15)由生化学科部、临床医学学科部、生理学学科部和心理学学科部的成员从生化学科部、临床医学学科部、生理学学科部和心理学学科部成员中联合选举出的一名由外部资金资助的研究人员;

(16),(17)按照学院联席会议的程序任命的两名成员,任期为三年。他们应在学术政策和金融方面有相关经验和知识,并熟悉相关学科领域,但是不应该在相应的学部担任有薪的教学或研究职务。

13. 委员会可增选至多四名额外成员;委员会在行使增选成员的权力时应保证委员会的成员组成切实合理地代表了全体学部成员。

14. 由生物化学学科部、临床医学学科部、生理学学科部、心理学学科部的成员从临床医学学科部成员中联合选举出的一名荣誉高级临床讲师,该讲师将被邀请参加委员会的会议,但没有投票表决的权力。

15. 社会科学学部委员会由以下成员组成:

(1)担任学部委员会主席的社会科学学部主管;

(2)—(14)校务理事会依职权划分的十三个下属部门的系主任或学科部委员会主席;

(15)—(17)从学部的以下分支机构中的学术人员中合理选出的三名成

员,任期为两年:

(i) 经济学系;

(ii) 教育学系;

(iii) 法学学科部;

(iv) 政治学和国际关系学系;

(v) 地理和环境学院(School);

(vi) 赛义德商学院(School);

(18)—(19) 从学部的以下分支机构中的学术人员中合理选出的两名成员,任期为两年:

(i) 国际发展系;

(ii) 跨学科区域研究学院(School);

(iii) 社会学系;

(iv) 牛津大学网络学研究所;

(v) 社会政策和社会工作系;

(vi) 人类学学院(School);

(vii) 考古学研究所、考古学和艺术史研究实验室;

(20),(21) 按照学院联席会议的程序任命的两名成员,任期为三年。他们应在学术政策和金融方面有相关经验和知识,并熟悉相关学科领域,但是不应该在相应的学部担任有薪的教学或研究职务。

(22) 由社会科学学部的学科部和分学科部成员从该学部成员中选举出的任意一名校务理事会成员。

16. 委员会可增选至多两名额外成员;委员会在行使增选成员的权力时应保证委员会的成员组成切实合理地代表了学部全体成员。

17. 按照规章中的相关规定,学部委员会的当选或增选成员任期为四年,并有资格再次当选。

18. 如果一名当选或增选的成员退出其当选时所在的部门或机构,那么其在该部门或机构的职位应立即腾出。

选举

19. (1) 除学院联席会议的选举以及在本规章 30—38 条中涉及的选举外,学部委员会的选举应在每年夏季学期进行;当出现其他需要填补的临时空缺时,由校长决定选举的时间。

(2) 学科部和教务部秘书长应至少在《大学公报》上发布有关选举时间

的通知至少49天,并同时公开候选人原先所在的部门或机构、选举人员的部门或机构、各部门或机构空缺的职位数目以及向大学办公室(University Offices)提交提名的最后日期。

(3) 上述规定中的49天是指在一个学期中的连续时间。

(4) 为填补临时空缺的职位而举行的选举必须遵守本部分规章中的规定。

20. 候选人在所有与自己相关的选举中没有投票权;除非候选人最迟在规定的选举时间之前的第28天下午4点获得了至少四名至多十名成员(候选人不计在内)的书面提名,按照规定该候选人可以参加与自己相关的选举。

21. (1) 所有有日期和签名的书面提名应在以上规定的时间内按照校长规定的形式提交给学科部和教务部秘书长,学科部和教务部秘书长应尽快将提名信息发布在《大学公报》上。

(2) 所有参选的候选人应按要求准备一份至多250字的书面材料,陈述其竞选该职位的原因和资格。在竞选相关职位的差额选举中,这些陈述应在《大学公报》和校务理事会官方选举网上发布。教务长负责保证陈述的长度不超过250字,如果超过字数规定或者内容出现问题,应报告给校长和学监以确定处理办法。

22. 如果提名参加各委员成员资格选举的候选人人数等于或少于该委员会需填补的空缺职位数,或者有一名或更多的候选人在确定提名之后退出选举导致提名人数变动,那么学科部和教务部秘书长应宣布没有退出选举的正式候选人当选。

23. 如果提名参加各管理委员会成员资格选举且没有退出的候选人的人数超过该委员会需填补的空缺职位数,那么选举的程序如下:

(1) 学科部和教务部秘书长最迟应在规定的选举时间前第14天向所有有选举权的人发送选票,选票上应列出所有候选人的姓名并标明投票人在签署选票之后将选票上交给大学办公室的最后期限。

(2) 选举不应由于任何填写错误或者选票没有被收到而被视为无效。

(3) 学科部和教务部秘书长负责计票,当学科部和教务部秘书长质疑某张选票的有效性时,应交由校长决断。

(4) 如果两名或者两名以上的候选人获得相同的选票数,则应该按照学术资历对他们进行排序。

(5) 选举结果应在《大学公报》上发布。

24. 本部分的规章中提到的学术资历的划分标准参考2002年校务理事会第22号规章的第2部分:学术优先和资历标准。

25. 如果选举中那些已提名且没有退出的候选人的人数少于需填补的

空缺职位数，校长和学监有权共同提名其他候选人来填补剩余的空缺职位并宣布这些候选人正式当选。

26. 如果空缺职位的任期不相同，当选的候选人的任期应遵守以下规定：所获得选票数多的人应该比所获得选票数少的人拥有更长的任期；但是如果选举不是差额选举或者两名候选人获得相同的选票，那么学术资历更深的候选人任期更久。

27. 如果在选举中一名候选人被同时提名到多个空缺职位中，那么该候选人应在其被提名的职位中作出选择，余下的空缺职位应由该职位的被提名人中获得第二多票数的人担任；如果没有其他候选人，则按以上第24条中的方法填补空缺职位。

28. 学部委员会的选举由学院联席会议决定如何举行。

增选成员

29. 按照本规章第8—18条中的规定，所有的学部委员会可在任何一次会议上经多数人的投票同意增选一名委员会成员以填补职位空缺，但是应公布增选的意愿以及被提名人的姓名，并最迟在会议召开前第14天将信息通过秘书告知委员会中的所有成员。

30. 如果学部委员会的增选成员因担任某职位或当选成为正式成员，则应立即空出其作为增选成员时的职位。

出席会议的学生成员

31. 按照以下31—38条的规定，学生成员有权参加学部委员会的每一次会议：

32. （1）学部委员会的每次会议可有两名学生成员出席，这两名学生成员应在与该学部相关的学科领域内学习，且其中一名应该是研究生；

（2）参加会议的学生代表由学生会的相关机构选举产生并经学生会的理事会批准；每次选举的学科领域也应由学生会的理事会决定。

33. 学生代表的任期为一年；如果他们继续担任学生会的成员并继续在与该学部相关的学科领域内学习，则有资格再次当选。

34. 如果出现临时的代表职位空缺，应按照本规章上述第31条的规定选举另一名学生在剩余时间内填补该空缺职位；但在一次任期内，至多只允许进行一次此类选举。

35．如果研究生代表在其任职期间已经是或者即将担任大学中任何非学生成员的职位,则其仍应被视为学生成员。

36．学生成员可在学部委员会会议上发言,但是没有投票权。

37．学生成员不能出席讨论校务理事会第 7 号规章中规定的讨论保留事项的会议。

38．学生成员应接收到相关学部委员会会议的全部议程(与保留事项相关的议程或会议记录除外)。

39．学生成员应遵守学部委员会的会议规程。

其他与会人员

40．(1) 各学部委员会中的流通文件应发送给包括大学委员会的行政官员在内的由摄政院不定期界定的学校行政官员,同时这些人员可以参加或者派代表参加任何学部委员会的任何会议,并参与相关事项的讨论。

(2) 这些行政官员或其代表有权在此类讨论中发言,但没有投票表决权。

关于各学科部的规章

2002年校务理事会第18号规章
2002年6月26日校务理事会制定

1. 依照相关学部委员会的批准,学科部委员会可将其学科部分成多个分学科部,并且可决定由适当的分学科部履行整个学科部的通常履行的职能。

2. 每个学科部的职能,或当学科部被分为分学科部后的每个分学科部的职能,在于向相应的学部或学科部委员会就本学科部或分学科部的相关科研活动发布提案;并且当某项提案涉及本学科部或分学科部时,应向学部或学科部委员会提出建议。

3. 每个学科部,或当学科部被分为分学科部后的每个分学科部,应每年选出主席一名。

4. 主席可在他(或她)认为合适时,在他(或她)所任主席的学科部或分学科部召开会议,会议应有不少于该学科部或该分学科部一半的成员参加;如果该学科部或该分学科部的成员超过30位,会议应在成员人数不少于15位时召开。

5. 每个学科部或分学科部都有权通过细则(By-law)来制定会议议项。

6. 任何学科部或分学科部的主席,应将其会议中作出的决定向学科部和教务部秘书长报告,后者应保留这些决定的记录。

7. 任何被分为分学科部的学科部的委员会主席,可在他(或她)认为合适时,在他(或她)就任主席的学科部召开会议,会议应有不少于该学科部一半的成员参加;如果该学科部的成员超过30位,会议应在成员人数不少于15位时召开。

关于学科部委员会的规章

2002年校务理事会第19号规章

2002年6月26日校务理事会制定;2005年5月5日、2006年3月16日、2008年5月15日修订,2008年8月1日(2002年6月12日《大学公报》第138卷,第1237页)、2008年10月14日(《大学公报》第139卷,第4—8页)和2009年5月28日生效

1. 以下每个学科部都应当有一个学科部委员会:
(1) 古典学;
(2) 英语语言与文学;
(3) 法学;
(4) 语言学、文献学和语音学;
(5) 管理学;
(6) 中世纪和现代语言;
(7) 历史学;
(8) 音乐学;
(9) 东方研究;
(10) 哲学;
(11) 神学。

职能与权力

2. 各学科部委员会的职能与权力应为：

（1）按照章程、规章或其他规定中赋予或可能赋予的职能，对大学的学习和考试方面的情况进行监督；

（2）在必要时需准备一份关于其履行监督职能及相关事项的报告，并提交给相关学部委员会，并且就一切与此相关的事项向学部委员会提出建议；

（3）接收并审查学科部、分学科部、系和考试委员会的报告和陈述；

（4）按照章程、规章或其他规定中赋予或可能赋予的职能，履行与学术职位相关的职责。

（5）向相关学部委员会就学科部房间、图书馆中设备的配备及学科部其他方面提出建议；

（6）履行章程、规章或其他规定中所要求的其他职责。

3.（1）每个学科部委员会应从自己的成员中选出一名主席，主席的任期应为一年，只要他（或她）仍是委员会的成员就有被重新选举的资格；

（2）经相关学部委员会在学科部委员会建议的基础上作出决定，此类主席可被免除其应在大学中承担的常规职责且仍保留薪金；当学部委员会或者该主席所在的学科部、学会或永久私人学堂已经免除了主席的常规职责，并且学部委员会认为此职责仍有必要被履行时，学部委员有权力提供此类资金。

4. 每个学科部委员会都可以在其认为合适的时候建立相应的委员会（Committees），这些委员会应依照相应的组织结构（每个委员会应至少含一个学科部委员会的成员）以及权限来建立。

5. 每个学科部委员会可随时委托其他团体或个人负责某项事宜，也可在其认为必要时，将此类权力（不含制定、修改和取消规章的权力）委托给其他团体或个人，但条件是：

（1）任何此类权力的委托都可被随时撤销（无论对一般的或者具体的事宜）；

（2）任何此类权力的委托都不意味着解除委员会在此事宜上的一般责任。

有学生成员参与的联合委员会

6. 每个学科部委员会应为满足相关学部委员会的需要建立联合委员会,或者通过其他方式使学生成员能就本科生和研究生的相关事宜进行交流。

成员资格

7. 有资格成为学科部委员会(古典学,语言学、文献学和语音学,管理学,中世纪和现代语言、历史学、音乐学和哲学学院的委员会除外)官方成员的人应为:
（1）在附表里列举的人；以及
（2）以下几种类型的任职者：
（a）相关学科部委员会机制内单一任期和固定任期的教授（但不包括基于资历委员会推荐而授予的荣誉教授以及客座教授）；
（b）由相关学部委员会设立的,在相关学科部委员会机制内的高级讲师（但不包括基于资历委员会推荐而授予的高级讲师）；
（c）相关学院管理委员会管辖内的系主任或与系同级的部门或单位的主任（Directorships）。

教授席位和高级讲师席位附表

英语

德鲁·海因茨美国文学教席
罗林森和波斯沃斯盎格鲁-撒克逊教席
默顿英国语言教席
高德史密斯英国文学教席
默顿英国文学教席
托马斯·华顿英国文学教席
J.R.R.托尔金英国文学和语言教席
鲁波特·默多克语言和交流教席
诗歌教席
文献学和文本批评主讲席
非戈夫森·劳兴冰岛文学与博物学主讲席

（续表）

法律
犯罪学教席
法学教席
法律教席
御设民法教席
诺顿·罗斯商业和金融法教席
克利福德·香瑟比较法教席
阿伦和欧福利企业法教席
英国法教席
委尼瑞安英国法教席
雅各·德洛欧洲共同体法教席
路特知识产权和信息技术法教席
奇科勒国际公法教席
KPMG 税法教席
法学主讲席
万灵法学主讲席
罗得英联邦和美国法主讲席
东方研究
哈里德·本·阿卜杜拉·阿尔·萨乌德当代阿拉伯世界研究教席
劳迪安阿拉伯语教席
卡劳斯特·顾本迁美国研究教席
现代中国研究教席
肖氏中文教席
埃及学教席
钦定希伯来语教席
印度历史和文化教席
尼桑现代日本研究教席
马索梅和非列东·索达瓦尔波斯研究教席
斯巴尔丁东方宗教和伦理教席
博登梵语教席
奥列尔和莱英圣经解释教席
现代南亚历史主讲席
犹太研究主讲席

(续表)

神学
玛格丽特夫人神学教席
钦定神学教席
钦定希伯来语教席
钦定教会史教席
诺罗特基督教哲学教席
安德烈·义德雷科学与宗教教席
爱尔兰教长圣经阐释学教席
奥列尔和莱英圣经解释教席
钦定神学、道德和传教学教席

8.（1）学科部委员会的普通成员应是相关学科部成员，并且应随时根据这些规章来选出；

（2）一个人无论他（或她）有无资格成为官方成员，应有作为普通成员的资格。

9. 各学科部委员会（除了古典学，语言学、文献学和语音学，管理学，中世纪和现代语言、历史学、音乐学和哲学学科部的委员会）的选举人应为：

（1）在选举官方成员的时候，所有的学科部成员；

（2）在选举普通成员的时候，除有资格成为官方成员之外的学科部成员；

10. 任何人选举学科部委员会成员的权利出现问题时，应由校长作出决定。

11. 学科部委员会（不含古典学，语言学、文献学和语音学，管理学，中世纪和现代语言、历史学、音乐学和哲学学科部的委员会）的官方成员和普通成员的数量应如下：

	官方成员	普通成员
英国语言文学	8	12
法学	8	17[①]
东方研究	8	12
神学	6	10

除此之外，如果任一学科部委员会中满足本规章上述第7条中所述官方成员资格的人数少于本规章第11条中所指明的人数，那么学科部委员会官

---

① 其中，两人应为学科部委员会中的研究生教育的主任，一人应为学科部的主席。

方成员的人数应以二者中的较小数字为准。

12. 年度选举选出的学科部委员会人数应如下：

	官方成员①	普通成员
英语语言文学	4	6
法学	4	7
东方研究	4	6
神学	3	5

13. 每个选举出的学科部委员会成员的任期为两年，任期从他（或她）被选上之后的秋季学期的第一天开始算起；如果是临时空缺，那么应该完成被替代者未完成的任期。

14. （1）有资格选举学科部委员会普通成员的人，如果他们认为合适，根据细则的指示，最多可连任三期每期两年。

（2）学科部主席可在任何时候召开选举人会议，如果该学院被分为分学科部，会议则由学科部委员会的主席召开。会议的目的在于制定或者废除细则。主席召开大会时必须有至少半数的选举人同意参加，如果选举人超过30人须有不少于15人同意参加。

（3）会议公告出示的时间不应少于七个整天；学科部主席或者学科部委员会主席应主持会议（除非会议任命了其他主席），但不应投票（除非他或她也是选举人）。

（4）会议主席应及时将会议中作出的决定向学科部和教务部秘书长报告，而且会议的决定应在《大学公报》上发布。

15. 如果任何一个学科部委员会的普通成员成为委员会的官方成员，他（或她）应立即空出其普通成员的位置。

16. 古典学学科部委员会应由以下成员组成：

（1），（2）古代史分学科部以及古典语言和文学分学科部的主席；

（3），（4）古代史研究生教育以及古典语言和文学研究生教育的主任（Directors）；

（5）—（7）古代史分学科部的成员互选产生的三人；

（8）—（10）古典语言和文学分学科部的成员互选产生的三人。

17. 根据本规章下述第40—43条，学科部委员会可增选至多三名候补成员。

---

① 当官方成员的选举必要的时候。

18. 语言学、文献学和语音学学科部委员会应由以下成员组成：

（1）普通语言学讲座教授；

（2）迪博尔德比较语言学讲座教授；

（3）语音学实验室主任；

（4）—（8）语言学、文献学和语音学学科部的成员互选产生的五人。

19. 根据本规章下述第40—43条，学科部委员会可增选至多三名候补成员。

20. 管理学学科部的委员会应由以下成员组成：

（1）萨伊德商学院(Saïd Business School)的彼得莫里斯院长；

（2）—（6）萨伊德商学院的副院长；

（7）—（9）管理学学科部任命的三人。

21. 中世纪和现代语言学学科部委员会应由以下成员组成：

（1）—（5）法语、德语、意大利语、俄语和其他斯拉夫语，以及西班牙语分学科部的主席；

（6）—（11）由以下分学科部的成员互选产出的五人，担任委员会辖下设立的职务；

（a）意大利语分学科部；

（b）现代希腊语分学科部；

（c）葡萄牙语分学科部；

（d）俄语和其他斯拉夫语分学科部；

（e）西班牙语分学科部；

（12）—（14）由法语分学科部的成员互选产生的三人，担任学科部委员会辖之下设立的职务；

（15），（16）由德语分学科部的成员互选产生的两人，担任学科部委员会辖之下设立的职务；

（17）凯尔特耶稣讲座教授或代替他（或她）的被提名者；

（18）由语言学、文献学和语音学学科部的成员互选产生的两人，担任学科部委员会管辖之下设立的职务；

22. 根据本规章下述第40—43条，学科部委员会可增选至多四名额外成员。

23. 被选上的学科部委员会成员的任期应是三年，而且连任不得超过两届，每届三年。

24. 应根据学科部委员会的会议规程来作出选举安排。

25. 历史学学科委员会应包括以下成员：

（1）钦定历史学讲座教授；

(2) 研究生教育委员会的主任；

(3) 本科生教育委员会的协调员（Co-ordinator）；

(4) 历史学学科部的主席；

(5)—(15) 由历史学学科部的成员互选产生的 11 人，担任委员会辖下设立的职务。

26. 根据下述第 40—43 条，学科部委员会可增选至多四名候补成员。

27. 音乐学学科部委员会应由以下成员组成：

(1) 希瑟音乐教授；

(2) 合唱团指挥；

(3) 音乐学高级讲师；

(4) 音乐学研究生教育的主任；

(5) 音乐学本科生教育的主任；

(6) 音乐学研究的主任；

(7)—(15) 所有担任章程 VII 第 7 条第 1 款中所设置的大学职位的音乐学学科部成员；

(16)，(17) 由音乐学学科部的成员互选产生的两人。

28. 根据本规章下述第 40—43 条，学科部委员会可增选至多四名额外成员。

29. 哲学学科部的管理委员会应由以下成员组成：

(1) 哲学学科部的主席；

(2) 哲学研究生教育的主任；

(3) 哲学本科生教育的主任；

(4)—(10) 由哲学学科部的成员互选产生的七人。

30. (1) 学科部和教务部秘书长应在《大学公报》上刊登有关选举的通知，刊登时间不应少于 49 天，同时应该公布将选举的官方成员的人数和普通成员的人数以及候选人名单提交给大学办公室的最后期限。

(2) (1)中所提到的 49 天时间应在同一完整学期之内。

(3) 临时空缺职位的选举应遵循该部分的规定。

关于选举

31. 候选人在任何与自己相关的选举中没有投票权，除非他（或她）最迟于选举规定时间之前第 28 天下午 4 点，由除候选人之外的至少四名成员至多十名成员书面提名，按照规定可具有参加与自己相关的选举的资格。

32.（1）所有注明日期和签名的提名应在本规章上述第30条规定的时间之内交给学科部和教务部秘书长，形式由校长规定，而且学科部和教务部秘书长应尽快在《大学公报》上公布。

（2）每个参选的候选人应准备一份至多250字的书面陈述材料，陈述他（或她）符合所要竞选的职位的标准和条件的理由。在仍存疑的空缺职位的差额选举中，这些陈述材料应公布在《大学公报》和校务理事会选举的官方网站上。教务长应负责确保陈述材料的长度不超过250字，如果字数超过规定，或者此类陈述的内容出现其他任何问题，应与校长和学监商讨以确定如何处理。

33. 候选人在任何与自己相关的选举中没有投票权，除非他（或她）最迟于选举规定时间之前第28天下午4点，由除候选人之外的四名成员书面提名，按照规定可具有参加与自己相关的选举的资格。

34. 所有注明日期和签名的提名应在上述第30条规定的时间之内交给学科部和教务部秘书长，形式由校长规定，而且学科部和教务部秘书长应尽快在《大学公报》上公布。

35. 如果委员会的官方成员或者普通成员候选人正式提名的人数不超过该委员会需要填补的官方成员或普通成员的职位；或者如果一个或几个候选人在被正式提名之后退出，使得候选人的名额不超过空缺职位的数目，那么学科部和教务部秘书长应宣布那些未退出选举的提名候选人为委员会的官方成员。

36. 如果任一个类别的被正式提名参选委员会的候选人的数量（除去已退出的候选人）超过了该委员会此类别职位的数目空缺，那么选举的过程应该如下：

（1）学科部和教务部秘书长应该最迟于确定的选举时间前的第14天向每个选举者送达列有所有被提名的人和提名人的选票，选票上应标明投票人在签署选票之后上交大学办公室的最后期限。

（2）如果出现未收到选票或选票有误的情况，选举不应被视为无效；

（3）学科部和教务部秘书长应负责计票，但应由校长根据学科部和教务部秘书长的意见决定存疑的选票是否有效。

（4）如果两个或者两个以上的候选人所获得的选票相同，他们应该按照学术资历排序。

（5）选举结果应在《大学公报》上公布。

37. 上述规章中所指学术标准是由2002年校务理事会第22号规章第2部分的学术优先标准来定义。

38. 在没有候选人退出的情况下，如果空缺项目的数目多于候选人的名额，校长和学监有权联合提名其他候选人来填补剩余的空缺，并应宣布这些候选人是由正式选举产生的。

39. 在选举中,当空缺职位的任期不同时,被推举的候选人的任期应该遵循以下规定:与获得较少选票的人相比,获得更多选票的人应该获得更长的任期,但是如果选举并没有竞争性或者两个候选人获得相同的选票,那么学术资历更高的候选人的任期更长。

增选成员

40. 任何学科部委员会可在任何会议经大部分人的投票同意增选一个或几个成员填补职位空缺,应公布增选的目的以及被提名人的姓名,并最迟于会议前第14天将信息通过秘书送达委员会的所有成员,且增选成员人数在任何条件下不能超过4个。

41. 一个人即便不是评议会的成员,也不能因此被取消作为委员会成员参与增选的资格。

42. 每个作为增选成员加入学科部委员会的人的任期为两年且可以被重选。

43. 任何学科部委员会的增选成员如果成为委员会的官方成员或普通成员,他(或她)应立即空出其作为增选成员的位置。

关于各系的规章

2002 年校务理事会第 30 号规章

2002 年 7 月 10 日校务理事会制定;2007 年 2 月 22 日修订

系主任

1. 根据章程 VII 第 11 条的规定,每个被学部委员会认可的系应有一个系主任,系主任的任命应依照校务理事会通过规章(参看学术职位与其他职位规章)所作出的安排。

2. 各系主任享有由章程、规章或校务理事会赋予他(或她)的职能与权力。

系委员会(Departmental Committees)

3. 根据章程 VII 第 11 条的规定,每个被学部委员会认可的系应有一个系委员会。

4. 系委员会的成员资格为:在本系工作的教员以及在本系中从事与学术相关的工作的 8 级和 8 级以上的人员,且这些从事与学术相关的人员应该在 6 级以及 6 级以上有三年的工作经验。

5. 按照上述第 4 条的规定,一个系委员会的成员人数、选举产生的成员与因在办公室任职而成为成员的人之间的平衡(以及前者的选举方法和后者的定义)以及增选成员的条款(如果有),是由相关的系自己决定的事项。当有需要的时候,应根据该系的具体情况取得相关学部委员会的认同,相关的学部委员会有权在认为不违背大学一般政策的前提下修改与这些事项相关的具体条款。

6. 对于任何一个系而言,系委员会的初始章程(initial constitution)应遵循以下的规定:

(1) 系主任应召集所有在该系中工作的教员参加会议,对于经过学部委员会同意的与上述第 5 条中所提到的事项相关的提议,与会的教员应该予以遵守。

(2) 在学部委员会同意了这些提议(或者进行了修改)之后,这些提议应成为系的章程,并且应立即根据此章程设立委员会。

7. 在相关学部委员会的同意之下,一个系委员会可在任何时候修改自己的章程。

8. 系委员会的职能应为:就所有对该系具有影响的事项,向系主任提出建议,具体内容如下:

(1) 年度评估;

(2) 资源和空间的配置;

(3) 初级学术任命。

9. 根据上述第 8 条的规定,一个系委员会可在其认为合适的时候制定其议事程序规则,条件是:

(1) 每学期至少要开一次会;

(2) 每次会议都应该有会议记录。

关于牛津大学图书馆服务的规章

2002年校务理事会第44号规章

2002年7月24日校务理事会制定；2007年6月7日修订

第1部分 牛津大学图书馆服务

1.1 牛津大学图书馆服务的目的应为：尽可能提供最有效的大学图书馆服务来满足当前和未来的使用者的需求，维护和发展牛津大学藏书的使用权及其作为国内和国际研究资源的地位。

1.2 牛津大学图书馆服务应包括以下图书馆以及其他由校务理事会决定的图书馆：

（1）博德利图书馆（包括博德利日本图书馆、博德利法律图书馆、罗德堂[Rhodes House]、博德利英联邦和非洲研究图书馆、东方艺术图书馆、虎克图书馆、印度研究所图书馆、中国研究所图书馆、东方研究所图书馆、哲学图书馆、拉德克利夫科学图书馆和韦雷哈姆斯沃思图书馆）；

（2）凯恩斯（医学）图书馆；

（3）古典学借阅图书馆；

（4）经济学图书馆；

（5）教育图书馆；

（6）英语学科部图书馆；

（7）历史学科部图书馆；

（8）卫生科学研究所图书馆；

（9）国际发展中心图书馆；

（10）现代语言学学科部图书馆；

（11）音乐学学科部图书馆；

（12）植物科学图书馆；

(13) 政治学、国际关系和社会学图书馆；
(14) 难民研究中心图书馆；
(15) 赛克勒图书馆；
(16) 赛恩斯伯里图书馆(萨伊德商学院)；
(17) 社会政策和社会工作图书馆；
(18) 泰勒研究所图书馆；
(19) 神学学科部图书馆。

第 2 部分　牛津大学图书馆服务主任兼博德利图书馆馆长

2.1　大学图书馆服务主任兼博德利图书馆馆长应是牛津大学图书馆服务的一级行政官员。

2.2　大学图书馆服务的主任兼博德利图书馆馆长应受大学图书馆监理会的委托履行职责并应对自己行使的权力负责。

2.3　大学图书馆服务主任兼博德利图书馆馆长应由一个选举委员会任命,该委员会由校长或其提名者担任主席,其余成员应由监理会任命。

2.4　选举人应该根据托马斯·博德利爵士的如下指示进行遴选:博德利图书馆馆长应该是"众所周知的勤奋的学者,其所有的谈话应是可靠的、积极的以及慎重的,同时应是一名毕业生和语言学家"。

WD280-072

关于阿什莫尔艺术和考古博物馆的规章

2002 年校务理事会第 45 号规章

2002 年 12 月 5 日校务理事会制定；2004 年 1 月 22 日、2005 年 11 月 17 日、2006 年 5 月 4 日、2007 年 3 月 22 日和 2009 年 1 月 15 日修订

目的

1. 阿什莫尔博物馆的目的是：

（1）收集、保存以及展示可能会增进历史、考古和艺术方面的知识的艺术品、历史文物、印刷品以及其他文件；

（2）协助大学内部相关的教学和研究；以及

（3）从总体上促进学者和公众研究和欣赏这类文物和文件。

治理

2.（1）阿什莫尔博物馆的督察（Visitors）应该是：

（a）校长；

（b）负责学位服务和大学收藏的副校长；

（c）经协商，学监或评审官中的一位；

（d），（e）人文学部委员会任命的两人；

（f）考古学院（School）的主席；

（g）—（i）由摄政院选举的三名摄政院成员；

（j）—（p）在与督察的主席和副主席协商之后，由校务理事会任命七人，这些人在被任命时不应在大学或者任何学院、学会和永久私人学堂、从事教学、研究或者管理工作。

（2）在与督察协商之后，校长应在上述（1）中的（j）—（p）的成员中任命一名主席，在（d）—（i）的成员中任命一名副主席。

（3）主席和副主席的任期为四年，且任期可以延长至多三年时间。

（4）上述（1）中（d）—（p）的成员作为督察的任期应为四年，并有资格连任至多一次。

（5）临时填补空缺职位的人要么需完成被替代者所剩下的任期，要么需根据校长的决定完成一个完整的任期。

（6）在博物馆工作的人不能被选为督察。

（7）督察一年至少开六次会议。

3. 阿什莫尔博物馆馆长应为督察的秘书长，除非督察要求他（或她）退出会议。

4. 副馆长和行政官员（Administrator）可参加督察的会议，可以在会议上对其各自负责任的事项发言（但不能投票表决），除非督察要求他们退出会议。

5. 根据章程 VIII 第 7 条的规定，督察应在校务理事会的监管之下履行以下职责：安全保护、保存、有秩序的管理、金融职责和履行博物馆的一般政策。为此，督察：

（1）应遵守本规章下述第 11 条的规定，按照议事程序任命或委派博物馆所有的工作人员，不过铸造品美术馆管理者的职位应由林肯古典考古学和艺术学教授担任。

（2）应准备有关博物馆活动的年度报告。

6. 在校务理事会的监管之下，督察应有权力根据议事程序在必要时作出其他相关安排，以履行其职责。

7. 在履行其职责时，督察应与博物馆和科学收藏委员会合作，共同促进大学的博物馆、科学收藏在规划、分配和利用资源、发展与保护方面的作用，进一步提升其作为全国和世界教育和研究的资源以及公众资源的地位。

阿什莫尔博物馆馆长

8. 阿什莫尔博物馆馆长是博物馆的一级行政官员，应受督察的委托履行职责并应对自己行使的权力负责。

9. 在督察监管之下,馆长应负责所有与博物馆的运行与福祉相关的决策事务,包括：
(1) 空间、资源、支持性服务和其他设备的配置；
(2) 根据督察制定的政策进行采购；
(3) 对馆藏、展示方式以及相关出版物进行保护和研究；
(4) 参与和促进博物馆内的学术工作和公众教育。
10. 馆长应有权授课,只要督察认为这与主任职责的履行不矛盾。
11. 馆长应由选举委员会任命,而选举委员会应由以下成员组成：
(1) 校长；如果(2)中任命的学院院长是校长,那么就由学院任命一人；
(2) 担任选举委员会主席的学院院长；如果学院院长不能或不愿意担任选举委员会主席,则由校务理事会任命一人；
(3) 由选举委员会主席所在的学院的治理机构任命的一人；
(4),(5) 由校务理事会任命的两人；
(6)—(9) 由督察任命的四人。

副馆长

12. 在馆长领导之下,副馆长应对与收藏保护相关的事项进行监督,即：馆藏的管理、保护、登记、展览、研究和出版,并可应馆长的要求代行馆长的职责。

保管员和助理保管员

13. 博物馆应该包括以下保管员,保管员对馆长负责,管理自己所负责的收藏：
(1) 古代文物保管员；
(2) 西方艺术保管员；
(3) 东方艺术保管员；
(4) 赫伯登钱币室保管员；
(5) 铸造品美术馆的监理。
14. 保管员有职责对其所负责的收藏品进行检查、研究以及出版。
15. 经与馆长协商,并遵循督察制定的规定和政策,保管员有权：
(1) 对专门指派给各系的或由督察分配的馈赠、遗产或者捐赠等进行维护和改善；

（2）通过购买或者接受馈赠、遗产、交换或者贷款来增加收藏品，从而增加收藏品的艺术性、历史性或者考古学的价值。

16. 助理保管员应在馆长和相关保管员的领导下，负责对其照管下的收藏品进行研究、展示和诠释。

17. 只要督察认为保管员和助理保管员从事教学与其履行管理职责不矛盾，保管员和助理保管员应有权从事教学活动，并对自己管理下的收藏品进行研究。

18. 督察可向有资格的助理保管员授予"高级助理保管员"称号。

督察常务委员会

19. 应建立一个督察常务委员会，就与博物馆管理相关的日常事务及其收藏向馆长提出意见，并召开相关会议以及拥有督察不时授予的各项权力。

20. 委员会应由以下成员组成：

（1）—（3）由督察从本规章上述第2条第1款中的(d)—(i)的成员中任命的三人；

（4），（5）由督察从本规章上述第2条第1款中的(j)—(p)的成员中任命的两人；

21. 督察应任命委员会成员之一为主席。

22. 馆长、副馆长、保管员、行政管理人员、保管（Head of Conservation）和教育行政官员可在委员会认可的前提下参加会议并在会议上发言。

关于植物园的规章

2003 年校务理事会第 3 号规章

2003 年 2 月 27 日校务理事会制定;2003 年 11 月 13 日生效(《大学公报》第 134 卷,第 351 页,2003 年 11 月 27 日);2005 年 11 月 17 日、2007 年 3 月 22 日、2009 年 1 月 15 日修订

目的

1. 植物园的目的是在植物园、温室和哈考特植物园收集、维护和展示大学的植物收藏,并在植物园收藏的基础上促进相关研究、教学、保护和公共教育。

治理

2. 植物园的督察应该是:
(1) 由校长任命的主席;
(2) 负责学位服务和大学收藏的副校长;
(3) 经协商,学监或评审官中的一位;
(4) 谢拉尔丁植物学教授(又被称为"植物园的保管员");
(5) 由植物科学系任命的一人;
(6) 由摄政院选举的三名摄政院成员;
(7),(8) 由校务理事会任命的两人,这两人不一定是摄政院成员。
3. (1) 督察可增选至多三名额外成员,这三人不一定是摄政院成员。

（2）任命、选举和增选的成员的任期应为三年。

4. 植物园园长应为督察的秘书长，除非督察要求他（或她）退出会议。

5. 根据章程 VIII 第 8 条的规定，督察应在校务理事会监管之下履行以下职责：安全保护、保存、有秩序的管理、金融职责和履行植物园的一般政策。为此，督察：

（1）应按照议事程序任命或委派植物园所有工作人员；

（2）应准备有关植物园活动的年度报告。

6. 在校务理事会的监管之下，督察有权根据议事程序在必要的时候作出其他相关安排，以履行其职责。

7. 在履行其职责时，督察应与博物馆和科学收藏委员会合作，共同促进大学的博物馆、科学收藏在规划、分配和利用资源，发展、保护和增进收藏方面的作用，进一步提升其作为全国和世界教育和研究的资源以及公众共享资源的地位。

植物园的保管员

8. 谢拉尔丁植物学教授作为植物园的保管员的职责，以及他与植物园及督察的关系应根据本规章上述第 6 条规定的议事程序设立。

植物园园长

9. 植物园园长是植物馆的一级行政官员，应受督察的委托履行职责并应对自己行使的权力负责。

10. 在督察监管之下，园长应负责所有与植物园的运行和福祉相关的决策方面的事务，包括：

（1）空间和其他资源的分配和发展；

（2）资助和其他设备的分配；

（3）采购政策；

（4）对馆藏展示方式以及相关出版物进行保护和研究；

（5）参与和促进植物园内的学术工作和公共教育。

关于牛津大学自然历史博物馆的规章

2002年校务理事会第48号规章

2002年12月5日校务理事会制定；2005年10月13日、2005年11月17日、2006年5月4日、2007年3月22日（2009年1月15日）修订

目的

1. 牛津大学自然历史博物馆的目的是收集、保存和展示大学的自然历史收藏，并在博物馆收藏基础上，促进自然科学的研究教学和公共教育。

治理

2. 牛津大学自然历史博物馆的督察应该是：

（1）校长；

（2）由校长任命的主席；

（3）负责学位服务和大学收藏的副校长；

（4）经协商，学监或评审官中的一位；

（5）—（8）由校务理事会任命的四人，其中两位在被任命时不应在大学或者任何学院、学会和永久私人学堂从事教学、研究或者管理工作。

（9）动物学教授或其提名者；

（10）李纳科尔动物学教授或其提名者；

（11）地质学教授或其提名者；

(12) 地球化学教授或其提名者；
(13) 皮特利弗斯博物馆主任；
(14) 如果没有满足第(9)和第(10)的人选，则选用动物学系主任；
(15) 如果没有满足第(11)的人选，则选用地球科学系主任。

3. (1) 督察可增选至多三名额外成员，这三人不一定是摄政院成员。

(2) 任命、选举和增选的成员的任期应为三年。

4. 牛津大学自然历史博物馆馆长应为督察的秘书长，除非督察要求他（或她）退出会议。

5. 根据章程 VIII 第 10 条的规定，督察应在校务理事会的监管之下履行以下职责：安全保护、保存、有秩序的管理、金融职责和履行博物馆的一般政策。为此，督察：

(1) 根据本规章下述第 11、13 和 14 条，应按照议事程序，任命或委派博物馆所有工作人员；

(2) 应准备有关博物馆活动的年度报告。

6. 在校务理事会的监管之下，督察有权根据议事程序在必要时作出其他相关安排，以履行其职责。

7. 在履行其职责时，督察应与博物馆和科学收藏委员会合作，共同促进大学的博物馆、科学收藏在规划、分配和利用资源，发展、保护和增进收藏方面的作用，进一步提升其作为全国和世界教育和研究的资源以及公众共享资源的地位。

牛津大学自然历史博物馆馆长

8. 牛津大学自然历史博物馆馆长是博物馆的一级行政官员，应受督察的委托履行职责并对自己行使的权力负责。

9. 在督察监管之下，馆长应负责所有与博物馆的运行和福祉相关的决策方面的事务，包括：

(1) 空间和其他资源的分配和发展；

(2) 资助和其他设备的分配；

(3) 采购政策；

(4) 对馆藏展示方式以及相关出版物进行保护和研究；

(5) 参与和促进博物馆内的学术工作和公共教育。

10. 根据督察与相关学部委员会的磋商结果，馆长应每学年开设 16 次讲座或课程。

11. 馆长应由选举委员会任命,该委员会应由以下成员组成:
（1）校长,或者如果（2）中任命的学院院长是校长,那么就由校务理事会任命一人;
（2）担任选举委员会主席的学院院长;如果学院院长不能或不愿意担任选举委员会主席,则由该学院的治理机构任命一人;
（3）由选举委员会主席所在的学院的治理机构任命的一人;
（4）由校务理事会任命的一人;
（5）、（6）由数学、自然科学和生命科学学部委员会任命的两人;
（7）—（9）由牛津大学自然历史博物馆的督察任命的四人。

监理

12. 博物馆有以下监理,负责各自的收藏,并对主任负责:
（1）动物学收藏监理;
（2）昆虫学收藏监理;
（3）地质学收藏监理;
（4）矿物学收藏监理。

13. 动物学收藏监理和昆虫学收藏监理应同时担任动物学系的学术职位。在数学、自然科学和生命科学学部委员会和督察达成共识的条件下,地质学收藏监理和矿物收藏监理应同时担任地球科学系的学术职位。

14. 监理可参加督察的任何会议（但不能投票表决）,除非督察要求他们退出会议。

关于皮特利弗斯博物馆的规章

2002年校务理事会第49号规章

2002年12月5日校务理事会制定；2005年11月17日、2006年5月4日、2007年3月22日和2009年1月15日修订

目的

1. 皮特利弗斯博物馆的目的是收集、保存和展示皮特利弗斯收藏，并在博物馆收藏基础上，增进公众对人类学和世界考古学的认识，促进人类学和世界考古学的教学和研究。

2. 皮特利弗斯收藏包括：

(1) 皮特利弗斯将军的人类学收藏；

(2) 继其之后所增加的收藏；

(3) 藏品或有关藏品的记录，复制品以及目录；

(4) 巴富尔图书馆以及摄影和手稿藏品。

治理

3. 皮特利弗斯博物馆的督察应该是：

(1) 校长；

(2) 由校长任命的主席；

(3) 负责学位服务和消防收藏的副校长；

(4) 经协商，学监或评审官中的一位；

（5）由校务理事会任命的一人；
（6）由社会科学委员会任命的一人；
（7）牛津大学自然历史博物馆馆长；
（8）阿什莫尔博物馆馆长；
（9）人类学教授或其提名者；
（10）由考古学学院选出的一人。

4．（1）督察可增选至多四名额外成员，这四人不一定是摄政院成员。

（2）任命、选举和增选的成员的任期应为三年。

5．皮特利弗斯博物馆馆长应为督察的秘书长，除非督察要求他（或她）退出会议。

6．根据章程 VIII 第 11 条的规定，督察应在校务理事会的监管之下履行以下职责：安全保护、保存、有秩序的管理、金融职责和履行博物馆的一般政策。为此，督察：

（1）根据本规章 12 和 13 条，应按照议事程序，任命或委派博物馆所有工作人员；

（2）应准备有关博物馆活动的年度报告。

7．在校务理事会的监管之下，督察应有权根据议事程序在必要时作出其他相关安排，以履行其职责。

8．在履行其职责时，督察应与博物馆和科学收藏委员会合作，共同促进大学的博物馆、科学收藏在规划、分配和利用资源，发展、保护和增进收藏方面的作用，进一步提升其作为全国和世界教育和研究的资源以及公众共享资源的地位。

皮特利弗斯博物馆馆长

9．皮特利弗斯博物馆馆长是博物馆的一级行政官员，应受督察的委托履行职责并对自己行使的权利负责。

10．在督察监管之下，馆长应负责所有与博物馆的运行和福祉相关的决策方面的事务，包括：

（1）空间和其他资源的分配和发展；
（2）资助和其他设备的分配；
（3）采购政策；
（4）对馆藏展示方式以及相关出版物进行保护和研究；
（5）参与和促进博物馆内的学术工作和公共教育。

11. 根据督察与社会科学委员会的磋商结果,馆长应每学年开设 16 次有关人类学或世界考古学的讲座或课程。

12. 馆长应由选举委员会任命,该委员会应由以下成员组成:

(1) 校长,或者如果(2)中任命的学院院长是校长,那么就由校务理事会任命一人;

(2) 担任选举委员会主席的学院院长;如果学院院长不能或不愿意担任选举委员会主席,则由该学院的治理机构任命一人;

(3) 由选举委员会主席所在的学院的治理机构任命的一人;

(4) 由校务理事会任命的一人;

(5)—(7) 由社会科学学部委员会任命的三人,其中至少一人来自人类学学院,至少一人来自考古学学院。

(8),(9) 由督察任命的两人。

高级讲师—监理

13. 任命或重新任命同时担任博物馆监理的高级讲师应依据生命与环境科学委员会和督察协商后作出的安排。

14. 讲师—监理可互选出一人参加督察会议,除非督察要求他们退出会议。

关于科学史博物馆的规章

2003年校务理事会第5号规章

2003年10月16日校务理事会制定;2005年5月5日、11月17日、2007年3月22日、2009年1月15日修订

目的

1. 科学史博物馆的目的是收集、保存和展示那些能够说明科学史的物品,特别是早期科学仪器以及相关的书籍和原稿,以协助大学内部相关的教学和研究,促进对自然科学史的学术研究和增加公众的自然科学知识。

治理

2. 博物馆的督察应该是:
(1) 校长;
(2) 由校长任命的主席;
(3) 负责学位服务和大学收藏的副校长;
(4) 经协商,学监或评审官中的一位;
(5) 自然科学史教授;
(6) 医学史高级讲师;
(7),(8) 由校务理事会从除自然科学史博物馆之外的大学博物馆的馆长和监理中任命的两人;
(9) 由历史学学科部委员会任命的一人;
(10) 由东方研究学科部委员会任命的一人;
(11) 由哲学学科部任命的一人;

（12）由数学和自然科学学部委员会任命的一人；

（13）由医学科学学部委员会任命的一人；

3.（1）督察可增选至多四名额外成员，这四人不一定是摄政院的成员。

（2）任命、选举和增选的成员的任期应为三年。

4. 科学史博物馆馆长应为督察的秘书长，除非督察要求他（或她）退出会议。

5. 根据章程Ⅷ第9条的规定，督察应在校务理事会的监管之下履行以下职责：安全保护、保存、有秩序的管理、金融职责和履行博物馆的一般政策。为此，督察：

（1）根据本规章下述第13条，应按照议事程序任命或委派博物馆所有工作人员；

（2）应准备有关博物馆活动的年度报告。

6. 在校务理事会的监管之下，督察应有权根据议事程序在有需要的时候作出其他相关安排，以履行其职责。

7. 在履行其职责时，督察应与博物馆和科学收藏委员会合作，共同促进大学的博物馆、科学收藏在规划、分配和利用资源，发展、保护和增进收藏方面的作用，进一步提升其作为全国和世界教育和研究的资源以及公众共享资源的地位。

8. 督察应与相关的学科部、系合作以促进大学在科学史、医药史以及技术史方面的教学与研究。

9. 督察应与相关的系协商，有责任制定有关冗余科学设备（这些科学设备具备实际的或者潜在的历史性的用途，但不再为大学各系所需要）处理的连贯性政策并对该政策进行监管。

科学史博物馆馆长

10. 科学史博物馆馆长应作为博物馆的一级行政官员，应受督察的委托履行职责并应对自己行使的权力负责。

11. 在督察监管之下，馆长应负责所有与博物馆的运行与福祉相关的决策方面的事务包括：

（1）空间和其他资源的分配和发展；

（2）资助和其他设备的分配；

（3）采购政策；

（4）对馆藏、展示方式以及相关出版物进行保护和研究

(5) 参与和促进博物馆内的学术工作和公共教育。

12. 根据督察与相关学部委员会或学科部委员会的磋商结果,馆长应每学年开设 16 次讲座或课程。

13. 馆长应由选举委员会任命,该委员会应由以下成员组成:

(1) 校长,或者(2)中任命的学院院长是校长的话,那么就由校务理事会任命一人;

(2) 担任选举委员会主席的学院院长,如果学院院长不能或不愿意担任选举委员会主席,则由该学院的治理机构任命一人;

(3) 由选举委员会主席所在的学院的治理机构任命的一人;

(4) 由校务理事会任命的一人;

(5) 科学史教授;

(6)—(9) 由督察任命的四人。

助理保管员

14.（1）助理保管员应协助主任履行本规章上述第 11 条所规定的义务。

（2）助理保管员应协助博物馆安排课程的教学。

关于牛津大学出版社专员的规章

2002 年校务理事会第 20 号规章

2002 年 6 月 26 日校务理事会制定；2006 年 7 月 27 日修订

参加会议

1. 如果由校务理事会任命的出版社专员每个学年参加的代表会议少于九次，在学年结束的时候应由校长声明将其撤职且其职位空缺，该专员应在校长发表声明之后马上离职，不过离职与否应受以下情形的约束：

（1）被选举出来填补临时空缺的人从入职时候开始计算，参加会议次数的比例应与每年举行的会议的总次数除以九的比例相同，计算时若得到分数将进行了四舍五入；

（2）如果该专员当时不在牛津大学并且离开牛津大学经过校务理事会批准，他们可以不遵守这个要求。

财务委员会

2. 根据章程 VIII 第 18 条所设立的专员财务委员会（the Finance Committee of the Delegates）应由以下成员组成：

（1）由代表们选举的主席；

（2）校长；

（3）高级学监；

（4）—（9）由专员在被任命的专员中选举出来的六人；

（10）—（13）校务理事会在与代表团讨论之后所任命的四名具有商业或

金融高级资格的人;

(14) 专员与社长的秘书;

(15) 财务主任。

(16)—(20) 由专员任命的出版社高级行政官员,人数不超过五个;

3. (1) 主席应该从被任命的专员中选举产生,或者从之前当选为专员且最近担任财务委员会的成员的人中选举产生。

(2) 从被任命的专员中选举产生的主席和六个成员一届任期不得超过五年,只要他们继续作为专员,就有资格参选并继续任职不超过五年;如果主席本身并不是从被任命的代表中选举产生的,那么只能任职五年,不得连任。

(3) 如果财务委员会中的专员成员不再作为专员,那么他(或她)作为委员会成员的资格将立即终止。

4. 由校务理事会任命的成员应任职五年,有资格连任。

5. 由专员任命的出版社的高级行政官员的任职时间由专员决定。

6. (1) 专员根据财务委员会主席的在职时间决定出版社应为其支付的薪水和津贴。

(2) 根据专员的请求,校务理事会的人事委员会可以根据情况在一定期限内决定免除主席在大学的日常职责。

7. (1) 财务委员会应将其会议记录递交给下次的专员会议,并保证专员能够获得财务委员会处理或考虑过的相关事务的信息。

(2) 财务委员会可在其认为合适之时,在任何时间建立二级委员会,二级委员会可以包含非财务委员会成员的人。

年度账目

8. 出版社专员账目的制作应遵守本规章下述第9—12条的规定,不应被列入综合收入和支出账目中,资产负债表、大学财政决算中相关的财务报表和注释应按照财务规章来编制和审定。

9. (1) 专员的年度账目应根据专员的指示,由校务理事会每年任命的审计员审核,审计员的薪水应该由专员来支付,而审计员应该向校务理事会提交有关账目正确性的证明书。

(2) 年度账目应该在以年度账目为主题的专员例会上由财务委员会提交给专员,并附上由委员会提交的账目报告。

10. (1) 专员的审计决算和财务委员会的报告以及账户的摘要应根据

校务理事会所批准的安排提交给校务理事会。

（2）按照上述第1款中的要求，财务委员会的主席或者副主席，专员与社长的秘书（或其助理），出版社账户的审计员应随时提供，并且应该提供关于账户以及报告的更进一步的解释。

11. 本规章上述第9条第1款中和第10条第2款中提到的需要准备的账户摘要以及审计员的证明书应刊登在《大学公报》上，作为本规章下述第12条中所提到的报告。

12. 专员应该向校务理事会提交一份关于出版社整体情况和活动的年度报告，这份报告应该服从校务理事会的权威，并应刊登在《大学公报》上。

关于大学其他机构的规章

2004 年校务理事会第 2 号规章

2004 年 6 月 30 日校务理事会制定；2004 年 10 月 21 日、2005 年 4 月 28 日、2005 年 11 月 17 日、2006 年 1 月 12 日、2006 年 5 月 4 日、2006 年 9 月 21 日、2007 年 1 月 11 日、2007 年 3 月 8 日、2007 年 3 月 22 日、2007 年 6 月 7 日、2008 年 5 月 1 日修订，2008 年 8 月 1 日（《大学公报》第 138 卷，第 1237 页，2008 年 6 月 12 日）和 2009 年 1 月 15 日生效

第 1 部分 档案委员会

2004 年校务理事会第 2 号规章
2004 年 6 月 30 日校务理事会制定

1.1 应当在校务理事会的监管之下设立一个档案委员会，对大学档案事宜享有总控制权。

1.2 委员会应由以下成员组成：

（1）校长，或者由校长任命一人作为委员会的主席；

（2）负责学位服务和大学收藏的副校长，但是他（或她）不能是其他任何委员会的成员；

（3）经协商，学监或评审官中的一位；

（4）教务长，或者由教务长任命的一人；

（5）牛津大学图书馆服务主任兼博德利图书馆馆长，或者由他（或她）任

命的一人；

（6）—（10）由校务理事会任命的五人，其中至少三人应是摄政院成员。

1.3 本规章上述1.2条中（6）—（10）的成员的任期为三年。

1.4 档案馆馆长应由委员会根据校务理事会批准的条款任命。

1.5 档案馆馆长应遵从委员会的指标，负责档案管理，同时应对委员会负责，并应按要求向其报告。

1.6 档案应包含以下材料：

（1）（a）校务理事会的章程，许可和签署的命令，所有权证书，信托证书，以及其他同类材料；

（b）荣誉校长的会议记录；

（c）在校务理事会的指导下由教务长负责的大学日常维护的注册和记录，这些材料应与大学办公室的规章保持一致；

（d）档案委员会认为应当保存的来自大学（包括大学各系和各下属单位）的官方文件中的其他所有材料。

（e）档案委员会认为应当保存的与上述类似的其他所有材料，只要这些材料没有在使用中。

（2）以下材料的收藏：

（a）章程和规章；

（b）校务理事会、校务理事会主要委员会、各学部和各学科部委员会的会议程序，及其签名的会议记录；

（c）不动产和投资的注册表；

（d）《大学校历》和《大学公报》。

1.7 档案馆馆长应当出于其行政目的使得这些材料能为调动这些材料的大学各部门或办公室主管以及由档案委员会认定的其他类似的人或群体所拥有。

1.8 档案委员会应当确定档案审查或移出档案室的条件及应付费用。

第2部分 圣职代表团

2.1 应当有一个圣职代表团，圣职代表团应包括以下成员：

（1）校长；

（2），（3）学监；

（4）评审官；

（5）钦定神学教授；

（6）玛格丽特夫人神学教授；

（7）—（10）四名评议会成员，由摄政院选出且其任期应为六年。

2.2　（1）选出的成员中，每三年应有两人离职更换人选；

（2）选出的成员期满离任两年之后，才有资格再次被选举；

2.3　当大学有权授予空缺的圣职时，圣职代表团有权在校务理事会的许可下选择一名牧师来接替这个圣职。

2.4　（1）圣职代表团应该建议校长在需要时任命合适的人员作为大学代表，按照1986年赞助（圣职）措施第八部分的要求行使代表的权利。

（2）考虑圣职代表团的建议之后，校长有权在需要时任命或监督任命大学代表。

（3）大学代表接受代表团的特殊职位任命后，应行使圣职代表团所授予的权利，按照规章要求以大学的名义解除注册资助者的职能。

（4）圣职代表团应给予这些大学代表以指导，例如对其解除职能时准确判断的指导。

2.5　当圣职资助者需要大学的准许或同意时，校长有权代表大学或以大学的名义批准或同意。

第3部分　就业服务委员会

3.1　应当有一个就业服务委员会，就业服务委员会应包括以下成员：

（1）校长；

（2）经协商，学监或评审官中的一位；

（3）—（7）由校务理事会任命的五名成员，其中至少一人是校务理事会成员；

（8）—（11）四个学部中每个学部的主管（或主管的提名者）；

（12）—（50）每个学院和学会可任命一名成员，其总数不超过39名；

（51）由牛津大学学生会中的研究生委员会任命的一名住校生；

（52），（53）由牛津大学学生会中的学术事务委员会任命的两名住校生；

（54）—（69）由委员会增选的其他人，不应超过16名，且不需要是大学的成员，但是这些成员应能给委员会带来更多的关于毕业生职业规划的经验。

3.2　委员会成员的任期应当是在其任职时作出具体规定，但是：

（1）由校务理事会任命的成员，任期不超过三年，若在任命时未确定成员任期，则任期至三年时自然终止。

（2）由学院和学会任命的成员以及增选的成员，任期均不超过五年；

（3）由牛津大学学生会中的研究生委员会及牛津大学学会生会任命的成员，任期不超过1年。

3.3 （1）委员会应当建立和维护牛津大学就业服务，以促进和帮助在读学生得到充分的就业信息并作出职业规划。

（2）委员会应当准许就业服务也惠及其他人，包括（根据互惠的原则）居住在牛津地区的其他大学毕业生。

3.4 就业服务委员会的财务安排须得到校务理事会的同意。

3.5 就业服务委员会应当在校务理事会的同意下，任命一名管理就业服务的主任和副主任，其他的相关学术职员、文书和助理，并决定他们的服务条件。

3.6 就业服务委员会可以：

（1）设立一个执行委员会，包括：

（a）校长，或者作为校长代理的主席；

（b）学监或评审官中的一员；

（c）—（i）至少七名委员会里的其他成员，其中应有不少于总人数一半再减一的人按照本规章上述3.1条（12）—（50）的规定任命，一名按照本规章上述3.1条（3）—（7）的规定任命；

（2）如果认为合适，可给予执行委员会行使委员会职责的权利。

3.7 （1）委员会可以邀请每个学院和学会任命各自学院或学会中的一人作为委员会在该学会的代表和联系人，这个人可以是该学院或学会任命的委员会成员。

（2）这些代表的任期为两年。

3.8 如果委员会认为合适，可任命自身的成员组建二级委员会（其他有能力对小组委员会提出建议的人员也可以被增选为该二级委员会的额外成员），各二级委员会应根据下列由委员会决定的条款和条件组建：

（1）商业专员假期计划；

（2）旨在帮助和促进就业服务的学生活动。

第4部分 俱乐部委员会

4.1 应当成立一个俱乐部委员会，该委员会应包括以下成员：

（1）评审官，且应作为委员会的主席；

（2）评审官当选人；

（3）一名摄政院成员，由学院联席会议任命、作为联合俱乐部的高级会计主管（Treasurer）；

（4）一名摄政院成员，由体育策略委员会任命的、作为在学监处注册过的体育俱乐部的高级成员或高级会计主管；

（5）由牛津大学学生会的研究生委员会任命的一名住校生；

（6）由牛津大学学生会的执行委员会任命的一名住校生；

（7），（8）由俱乐部委员会任命的两名住校生，他们应是非体育俱乐部的秘书或者是在学监处注册过的刊物的秘书。

4.2　本规章上述4.1条（3）—（4）中的成员任期应为三年，4.1条（5）—（8）中的成员任期应为一年。

4.3　俱乐部委员会可以增选至多一名其他成员，其任期由委员会决定。

4.4　俱乐部委员会应当：

（1）制定一种为大学的俱乐部、学会和刊物提供帮助的制度，尤其是接受和决定来自这些组织的经费申请。

（2）有权要求这些俱乐部、学会和刊物满足一定的条件，委员会可随时决定将这些条件作为提供（1）中经费的前提条件，且其有权采取必要措施使任何获得许可的经费申请必须符合所列条件。

（3）有权提供和管理一个俱乐部中心办公室，任命其秘书和文书人员，并经校务理事会的同意，决定他们的服务条件；

（4）对拨付给委员会的所有经费负责；

（5）对任何大学机构提出的有关俱乐部、学会和刊物的问题给予充分考虑并提出建议。

4.5　财政主任和基金秘书可接受以下机构的捐赠：学院、学会、永久私人学堂，以及校务理事会按规章指定的其他研究所，这些研究所能允许申请者入学，并经校务理事会同意，从其他个人或组织获取有利于委员会发展的捐赠；委员会在认为合适时可以收取大学成员使用赞助服务的费用。

4.6　委员会应向校务理事会的日常事务委员会（General Purpose Committee）提交简明年度报告，并随后发布于《大学公报》，为摄政院成员提供信息。

第5部分　语言中心委员会

5.1　应当成立一个语言中心委员会，该委员会应由以下成员组成：

（1）副校长（主管教育、学位服务和大学收藏），或其提名人，且应作为委员会的主席；

（2），(3) 由数学、自然科学、生命科学学部委员会和医药科学学部委员会任命的一人；

（4）由人文学部委员会任命的一人，其不能是中世纪和现代语言学学科部的成员，也不能是东方研究学科部的成员；

（5）由社会科学学部委员会任命的一人，其不能是教育系的成员；

（6）由继续教育委员会任命的一人；

（7）由中世纪和现代语言学学科部委员会任命的一人；

（8）由东方研究学科部委员会任命的一人；

（9）由教育系委员会任命的一人；

（10）语言中心的主任；

（11），(12) 两名住校生，一名由牛津大学学生会中的研究生委员会任命，另一名由牛津大学学生会的学术委员会任命。

5.2 上述第5.1.条(2)—(9)的成员任期应为四年，第5.1条(11)和(12)的成员任期应为一年。

5.3 委员会有权增选至多五名其他成员，其任期由委员会决定。

5.4 委员会的职责有：

（1）确定中心的政策，并大体监督中心的工作；

（2）任命中心的主任和主任助理，在校务理事会的许可下规定他们的职责和服务条件；

（3）向校务理事会提交年度报告。

5.5 根据提交给委员会的报告，主任应该：

（1）任命中心的辅助人员（但不包括主任助理），根据通用的章程和规章的条款规定其职责和服务条件；

（2）为分配给中心的场地提供照明、供暖、供水和清洁服务。

5.6 所有的学生成员都不能参与讨论或者接受有关校务理事会规章第7条中定义的关于保留事务的文件或纪要。

第6部分 法国会所

6.1 法国会所应当被大学承认为：

（1）一个与法国、法语国家及其欧洲相关地区进行学术交流和信息交换的中心；

（2）一个学术中心，为从事法语研究和有意去法国访学的大学成员提供

信息;

（3）一个牛津大学内法语学者和学生可进行深入工作和研究的中心。

6.2 校务理事会应任命摄政院的一名成员代表大学加入指导机构,该指导机构由巴黎相关的官方机构建立,并由其任命会所的主任,管理会所的活动。

6.3 应当成立一个牛津大学委员会:

（1）管理法国会所并对大学负责;

（2）就法国会所和大学之间的关系向主任提出建议,协助他（或她）确定法国会所的活动项目,并确保法国毕业生和其他法国访学人员与大学各学院、系、学科部的联系;

（3）必要时同指导机构商议,以确保委员会的政策与大学的政策和规章一致;

（4）为法国会所提供中央行政管理部门分配的资金之外的资金。

6.4 这个委员会应由以下成员组成:

（1）校长;

（2）会所的主任;

（3—5）由校务理事会任命的三名摄政院成员,其中一人应当是会所主任;

（6—8）由中世纪和现代语言学学科部委员会任命的三名成员,其中一人应当是马休·佛赫法国文学教授;

（9）由人文学部和社会科学学部联合任命的一名成员。

委员会的成员任期为三年,而且可以被重选。

委员会有权增选至多三名其他成员,任期不超过三年,不得连任。

第7部分　军事指挥代表团

7.1 应当设立一个军事指挥代表团,该代表团应由以下成员组成:

（1）校长;

（2）,（3）学监;

（4）评审官;

（5）,（6）牛津大学军官训练部队的指挥官（或者其代表）,以及一名由其提名的行政官员;

（7）牛津大学飞行中队的指挥官（或者其代表）;

（8）,（9）牛津大学皇家海军指挥官（或者其代表）,以及一名由其提名的行政官员；

(10) 齐契利战争史教授；

(11) 由国防理事会的海军管理委员会任命的一人；

(12) 由国防理事会的陆军管理委员会任命的一人；

(13) 由国防理事会的空军管理委员会任命的一人；

(14)—(19) 根据本规章下述第7.3条的规定选举出的六名评议会成员；

(20) 由牛津布鲁克斯大学校长任命的一人；

(21) 由雷丁大学校长任命的一人。

7.2 代表团有权增选至多五名额外成员，他们的任期为两年。

7.3 (1) 选出的六名评议会成员中，应有一人由摄政院选出，一人由校务理事会选出，另外四人分别由人文学部，数学、自然科学和生命科学学部，医学科学学部和社会科学学部的委员会选出。

(2) 任期应为4年，而且每年都应有一人或两人离职轮换。

(3) 上述7.1条(20)和(21)中的成员任期为4年。

7.4 代表团的职责为：

(1) 在校长的许可下选举一名成员作为代表团主席，任期为三年，可连任；

(2) 选取一名成员作为副主席，一名成员作为秘书；

(3) 监督牛津大学军官训练部队、大学飞行中队和皇家海军部队的学生训练及其他活动；

(4) 加强那些有成员参加其军事学习项目的大学与牛津军官训练部队、牛津飞行中队和牛津皇家海军部队的武装部队及其他与军事教育有关的牛津机构的武装部队代表之间的联系；

(5) 促进大学和武装部队之间的相互理解和沟通。

7.5 代表团有权：

(1) 接收并管理用于本校军事研究推广的资金；

(2) 经常制定并及时修改有关这些规章执行的议事程序。

第8部分 学监办公室委员会

8.1 应当有一个学监办公室委员会，学监办公室委员会应由以下成员组成：

(1) 校长或者他（或她）的提名人，且应作为委员会的主席；

(2),(3) 学监；

(4) 评审官；

(5) 一名来自校务理事会规划与资源配置委员会的建筑和不动产二级委员会安全专门小组（Panel）的成员，由二级委员会的主席提名；

(6),(7) 两名由校务理事会任命的成员，其中至少一人应担任过学监；根据(6)和(7)选出的成员任期为5年，可连任。

8.2 委员会应在有事需商讨时及时开会。

8.3 委员会应当确保学监办公室为学监和评审官提供足够的支持，并且应在本校代表学监办公室的利益。

8.4 （1）在校务理事会的监管之下，委员会有权控制校务理事会为学监办公室的职员安置和运行所拨付的一切资金，并对与此资金有关的人员（包括校长根据1881年《牛津警察法》第23条规定，运用荣誉校长或校长的保留权利任命的警官）的任命负有责任。

（2）委员会有责任为由荣誉校长和校长任命的特别警官承担费用，并负责学监、副学监和评审官的津贴以及其行使职责所产生的费用。

8.5 委员会应负责学监的书记员的委任、接纳、评估和职业培训工作，这些人应当在学监之下监督和指导办公室的职员（包括警官在内的由学监分配、由大学安保主任负责的职员并不在监督和指导之列）。

8.6 委员会可以举办非正式的学监咨询会。

第9部分 拉斯金绘画与美术学院委员会

2009年11月12日修订

9.1 拉斯金绘画与美术学院应有一个委员会，该委员会应由以下成员组成：

(1),(2) 由人文学部任命的两人，其中一人应作为委员会主席；

(3) 拉斯金学院的绘画大师；

(4)—(7) 在拉斯金学院执教的其他四名人员，应由除绘画大师以外的所有教职人员选举产生，选举办法依照2002年校务理事会第19号规章的第31—39条的规定；

(8) 由高级导师委员会任命的一人；

9.2 （1）委员会可以增选至多五名候补成员；

(2) 任命、选举和增选的成员的任期为三年。

9.3 根据2002年校务理事会第19号规章,委员会在管理拉斯金学院及大学美术研究的事务上,拥有学科部委员会的职能与权力。

9.4 委员会里的学生代表应由以下成员组成:
(1) 拉斯金学院联合咨询委员会的主席;
(2) 由拉斯金学院联合咨询委员会在其成员中任命的一人。

9.5 学生成员应当:
(1) 服务一年,如果一年之后还是拉斯金学院联合咨询委员会的成员可再次当选;
(2) 在委员会会议上有发言权,但没有投票权;
(3) 尊重委员会在议事程序中颁布的规定。

9.6 (1) 根据校务理事会第7号规章,所有的学生成员都不能参与保留事务的讨论;
(2) 学生成员有权接收除关于保留事务的文件或会议纪要之外的委员会所有日程安排文件。

第10部分 谢尔登剧院

10.1 谢尔登剧院(Sheldonian Theatre)的监理会应包括以下成员:
(1) 校长;
(2),(3) 学监;
(4) 评审官;
(5)—(7) 由摄政院选举的三名摄政院成员,任期为六年;

10.2 监理会应当:
(1) 管理剧院及外围,为其提供照明、供暖、供水和清洁服务;
(2) 负责安排校庆典礼的相关事务;
(3) 有权根据剧院的需要委任和解雇所有短期或长期的服务人员;

10.3 (1) 校长有权在他(或她)认为合适的时候在剧院举行摄政院会议和评议会,并且有权将剧院的使用权批准于任何以学术为目的的活动;
(2) 其他活动的剧院使用权的申请都要由监理会批准;

10.4 (1) 剧院的不动产由校务理事会的投资委员会管理。
(2) 在支付了修缮费用和不动产管理杂费之后,委员会应当把剩余的收入交给管理层。

（3）校务理事会的规划与资源配置委员会的建筑和不动产二级委员会应当负责剧院基本结构的维护。

（4）为此目的，监理应当为了剧院的利益将所接受的捐赠支付给二级委员会。

第 11 部分　大学俱乐部

11.1　大学俱乐部应当是一个社会化和娱乐化的机构，主要为大学职员和研究生服务。俱乐部会向其成员及其访客提供社会服务、饮食和体育设施，其他无权使用大学设施的成员有特定的参考标准。俱乐部的目的是为其所有成员（成员不分机构、雇佣级别和学院隶属关系）提供能进行社交和学术交流的环境。

11.2　俱乐部的指导和管理以及由校务理事会分配给它的资金的开支，应当由管理委员会（下称"委员会"）运作。委员会由五人组成，由校务理事会的日常事务委员会（General Purpose Committee）来任命，其中一人应由日常事务委员会任命为主席。

11.3　（1）委员会可酌情邀请其他人参加会议。

（2）委员成员的任期为三年；并有资格被再度委任；

11.4　符合下列条件的人员可成为俱乐部会员：

（1）在大学从事高级研究、教学或者管理工作的大学成员；

（2）大学的雇员以及认可的独立研究中心（Recognised Independent Centers）的雇员；

（3）访问学者。无论其是否是大学的成员，只要暂时居住在牛津并从事高级研究。

（4）注册为本校研究生的人；

（5）由委员会决定的其他人。

11.5　委员会可以将职责授予二级委员会；

11.6　对于俱乐部设施的策划和运营，如果委员会认为合适，总经理和委员会应与俱乐部会员协商。

11.7　委员会可以就会议的执行和俱乐部的运行制订规则，这些规则应与本规章 11.1—11.6 保持一致。

11.8　委员会应每年向校务理事会的规划与资源配置委员会提交一份报告；

第 12 部分　大学公园监理会

12.1　大学公园监理会应包括以下成员：
（1）校长，或者由校长任命的摄政院成员且应作为主席；
（2）.（3）学监；
（4）评审官；
（5）校务理事会规划与资源配置委员会任命的建筑和不动产二级委员会的主席（或由主席提名的二级委员会的其他成员）；
（6），（7）摄政院选举的两人；
（8），（9）由校务理事会任命的两人。

12.2　（1）上述第 12.1 条（6）—（9）中的成员的任期为六年。
（2）监理会如果认为合适，可增选至多两名额外成员。

12.3　（1）在校务理事会的监管之下，监理会应负责公园的管理，包括泽韦尔渔场、以前的海滨浴场和美索不达米亚之路，而公园里的所有大学体育设施的维护、使用以及使用时间的设置应由体育战略委员会（Sports Strategy Committee）负责，建筑和不动产二级委员会有时也会委托监理会管理部分土地。
（2）为此目的，监理会应当接收和使用来自公园活动的任何净收入，以及由校务理事会随时根据规章决定的其他款项。

12.4　监理会应每年向校务理事会提交一份报告。

第 13 部分　牛津大学校友会

目的

13.1　牛津大学校友会（The Oxford University Society，以下简称"校友会"）是校务理事会监管下的一个大学组织，目的是聚集大学里的校友，并且鼓励他们对学院或大学提供与筹款无关的支持并对这些支持行为进行协调。它以牛津大学的名义服务于校友关系和校友活动。

分支机构

13.2　通过牛津大学校友会，牛津大学可认可任何与校友会有共同目标的区域性团体(称之为"分支机构"),这些团体须同意并遵守校友会制定的指导方针。本着上述条例,这些分支机构将由校友会志愿成员组织并进行自主管理。

会员资格

13.3 以下类别的人群具有校友会的成员资格:
(1) 本科生以外的大学成员。
(2) 与牛津大学及其组成学院或其他相关机构有着密切联系的人员。

13.4 可以根据由委员会制定且经校务理事会批准的指导方针对以上类别进行修改。

治理

13.5 校友会的指导和管理以及在其管理之下的资金开支应由委员会在校务理事会的监管之下运作。委员会应向校务理事会提交关于校友会经营成本的年度预算。

13.6 校友会主席应是荣誉校长。

13.7 校友会应设有副主席和咨询委员会,以协助主席并促进校友会发展。

13.8 应设立一个校友会委员会,它拥有以下权利,这些权利在校务理事会许可下可被校友会修改或补充:
(1) 管理校友会事务,行使与校友会有关的所有职责;
(2) 管理校友会通过任何渠道获取、存于任何地点的资金,包括以前由独立的慈善公司,如牛津大学校友会和赫尔莫遗赠基金管理的资金。就此而言:
(a) 馈赠物、礼物以及牛津大学校友会的其他款项应计入这些资金。
(b) 大学为发展校友关系而筹集的款项应计入这些资金。
(c) 大学对校友会的运作所支付的款项将单独鉴定和核算,由主管校友关系的校友会秘书对负责发展与对外事务的副校长作出说明。
(3) 就发展校友关系的事项向大学提出建议;
(4) 筹划和促进有助于校友会目标发展的活动和服务;
(5) 为学生提供奖学金和助学金,满足其生活所需,并激发其积极性;
(6) 不定时地参加其他活动以促进校友会目标的达成;
(7) 为校友会及其事务的管理制定、废除和更改议事程序;

(8) 将其权力或决议的执行授权给其他任何委员会或个人(但仍对委托的权力负责)。

13.9 委员会应有以下荣誉官员:一名主席、一名副主席和一名会计主管。他们应该给予校友会秘书以指导和支持。他们的任期为四年,最多连任两届。副主席和会计主管应由委员会从其成员中选出(副主席为根据本规章下述13.11条第2款之规定由校友会成员选出的一员)。

13.10 委员会的主席应当:

(1) 由荣誉校长任命;

(2) 通常主持委员会的会议;

(3) 投决定票;

(4) 是《今日牛津》编辑顾问委员会的当然成员;

13.11 委员会的成员应当是:

(1) 由校务理事会任命的八名成员,其中四名是与学院联席会议的主席协商后决定的;

(2) 校友会成员在年度公开大会上根据校友会的议事程序互选产生的八人;

(3) 上述两款中任命或选举产生的成员任期为四年,最多连任两届。

13.12 委员会可至多增选三名成员,其任期为一年且可被重选。

全体大会

13.13 委员会

(1) 依照校友会的议事程序,应每年召开一次成员公开大会,校友会委员会也可在其他时间决定召开此会;

(2) 依照校友会的议事程序,如有需要可召开临时全体大会,并应以书面形式召集至少50名校友会成员出席大会。

秘书

13.14 校友会的秘书应是大学里校友关系的主管以及校友会的执行官。他(或她)应向主席和负责发展与对外事务的副校长汇报工作。

规章的修改

13.15 校务理事会在与校友会委员会协商后可修改这些规章。

第 14 部分　为协调各经认可的独立研究中心而设立的联合委员会

14.1　为协调各经认可的独立研究中心而设立的联合委员会应确保两点：一、一视同仁地对待那些根据校务理事会不时认可的原则和协议被授予独立研究中心之地位的机构；二、在实施大学政策时能一视同仁地对待这些机构。

14.2　委员会应当对各中心里与大学有关的活动进行定期审查，并把结果报告给校务理事会。各中心应至少每五年被检查一次。

14.3　委员会应包括：

（1）由整体规划委员会任命的一名校务理事会成员，并应担任委员会主席；

（2）分管教育的副校长；

（3）经协商，学监和评审官之一；

（4）在各经认可的独立中心的治理机构中服务的大学成员；

（5）由每个中心任命的一名成员。

14.4　成员任期应为两年，只可连任两届。

14.5　委员会有权增选至多两名额外成员，任期为两年，只可连任两届。

关于大学行政官员的规章

2002 年校务理事会第 21 号规章

2002 年 6 月 26 日校务理事会制定；2005 年 2 月 24 日、2006 年 3 月 23 日、2008 年 3 月 19 日修订

荣誉校长

1. 荣誉校长一旦顺利当选，将在评议会上得到承认，并由校长和高级学监将盖有大学公章的文书交给荣誉校长，一起交给他的还有荣誉校长办公室的证章，即章程、钥匙、办公室印章和仪仗官的权杖。

校长

2. 校长首任期限一般为五年，可连任至多两年，但如果他（或她）在正式任职期满之前（除了学年末）离职，他（或她）的继任者的任期除了正常的五年外还将包括上任校长离职后的剩余学年时间，并可继续连任至多两年。

3. 任何人都有资格获任校长，只要他（或她）能在"大学雇员退休年龄规章"所规定的退休年龄前完成上述规章第 2 条规定的任期。

4. 根据上述第 2 条的规定，一般情况下一个人只能被任命为校长一次。除非校长在任职期满之前离职，那么前任校长可以被再委任一年（或者，达到退休年龄的校长在学年末之前离职，那么前任校长可以在余下的学年时间和接下来的一年继任），并且上述第 3 条所限制的年龄对此类连任无效。

5. 校长的任命和连任应遵循以下程序：

（1）逾期一年未上任的校长，将被取消资格。应设立一个由以下成员组成的委员会：

（a）荣誉校长。如果荣誉校长不能或不愿担任主席，荣誉校长可在根据章程 VI 第 4 条（7）—（10）提名的校务理事会成员中任命一人来担任委员会主席。如果荣誉校长不能或不愿任命，将由校务理事会任命委员会主席。

（b）—（e）由摄政院选举产生的四人，不必是校务理事会的成员；

（f）—（h）由校务理事会任命的三人，如果荣誉校长亲自担任委员会主席，其中一名应是根据章程 VI 第 4 条（7）—（10）提名的校务理事会成员之一；

（i）—（l）由各学部委员会任命的一人；

（m）学院联席会议主席或其提名人；

（n）由学院联席会议选举产生的一人，不必是校务理事会的成员；

该委员会负责向校务理事会建议，当前的校长是否被重新任命（不超过两年），或是由另一个确定的人选担任下一届校长。

（2）重新任命的校长若逾期一年未上任，上述第 1 款中提到的委员会应当向校务理事会推荐一个确定人选担任下一届校长；

（3）（a）上述第 1 款中任命或选举产生的委员会成员任期为五年，期满之前即选举之日起五年内，不得连任或重新被选举；如果一名成员为填补临时空缺而当选，任期不满一届，则可连任或被重新选举，使其任职至一个完整的任期。

（b）上述第 1 款（b）—（e）或（n）中选出的委员会成员如果在任职期间成为校务理事会成员，应立即离职；如果某人的任命或当选致使委员会的成员（主席除外）中，任一学院、学会、或永久私人学堂的治理机构人员超过两名，那么他（或她）不得被任命或当选为第 1 款（b）—（l）或（n）中的职位；如果某些人因同时由不同的机构任命或当选而打破了这一限制，此人或某些拥有高级学术地位的人员应在限制允许的范围内视为当选或被任命，（考虑到学术地位方面的公平性）另一人或其他人则不能当选或被任命。

（4）校务理事会在研究委员会的报告，以及其要求委员会作出的关于任命和连任的后续报告之后，应根据具体情况向摄政院提交建议任职人选的姓名，或当前校长提出的连任的建议。

（5）（a）除非有至少 125 名成员投反对票，校务理事会有关任命新任校长的提议应被视为通过。

（b）如果有关任命新任校长的提议被否决，校务理事会应在从即日起的两个月内与委员会商讨提名新任校长的候选人两名（仍可提名先前被否决的人选),并将其姓名上交摄政院,供其选择。

(6)(a) 除非有至少 125 名成员投反对票,校务理事会有关当前校长连任的提议应被视为通过。

(b) 如果有关当前校长连任的提议被否决,校务理事会应在从即日起的两个月内与委员会商讨提名新任校长的候选人一名,并将其姓名上交摄政院,程序参照第 5 款中所述。

(7) 无论出于何种原因,新选出的校长在上任校长卸职后不能或不愿接任,将按照本规章下述第 7 条的规定任命一名代理校长,直到按照本条上述 1—6 款的程序选出新任校长为止。

6. 校长应尽可能在学年开始就任,并应在摄政院上得到承认。

代理校长

7. (1) 当牛津大学校长不能胜任或离职时,或校长职位空缺时,应任命一名副校长为代理校长。

(2) 任命程序为:

(a) 如果校长不能胜任或空职的时间可能不超过两个月,由校长任命;

(b) 如果校长不能胜任或空职的时间可能超过两个月,或者根据 a 项作出的任命持续了两个月,或者在校长职位空缺的情况下,由名誉校长任命;

(c) 如果根据本款前两项仍无法任命,则由校务理事会任命。

8. 代理校长拥有和校长一样的职能与权力。

副校长

9. (1) 校长经由校务理事会同意任命的副校长不得超过五位,且每人都有特定的职责,这些职责由校长推荐并经校务理事会同意。

(2) 副校长的任期将由校长推荐,由校务理事会决定。

10. 校长可以任命任一摄政院成员为备选的副校长,备选副校长的总数在任何时间都不得超过七个。

学监和评审员

11. 学监和评审官应于每年春季学期第八周的周三选举,并在下一年的秋季学期结束后的周三开始任职,届时他们将在专门的摄政院会议上得到承认。

12. 2008 年到 2055 年(包括 2008 年和 2055 年)任职的学监和评审员,应由以下学院和学会选举产生:

任职年份	选举学监的学院和学会	选举评审官的学院和学会
2008	圣安妮学院、伍斯特学院	马格德林学院
2009	新学院、圣安东尼学院	曼斯菲尔德学院
2010	女王学院、圣凯瑟琳学院	曼彻斯特科学院和哈里斯学院
2011	努菲尔德学院、彭布罗克学院	奥列尔学院
2012	圣埃德蒙堂、圣彼得学院	埃克塞特学院
2013	格林坦普尔顿学院、圣三一学院	玛格丽特夫人堂
2014	利纳克尔学院、默顿学院	沃德姆学院
2015	基布尔学院、圣休学院	耶稣学院
2016	圣休学院、凯洛格学院	萨默维尔学院
2017	布拉森诺斯学院、圣十字学院	林肯学院
2018	基督堂学院、万灵学院	大学学院
2019	巴利奥尔学院、赫特福德学院	圣约翰学院
2020	马格德林学院、圣安妮学院	圣希尔达学院
2021	曼斯菲尔德学院、圣安东尼学院	沃尔夫森学院
2022	曼彻斯特科和哈里斯学院、女王学院	伍斯特学院
2023	奥列尔学院、努菲尔德学院	新学院
2024	埃克塞特学院、圣彼得学院	圣凯瑟琳学院
2025	玛格丽特夫人堂、圣三一学院	彭布罗克学院
2026	耶稣学院、沃德姆学院	圣埃德蒙堂
2027	林肯学院、萨默维尔学院	格林坦普尔顿学院
2028	利纳克尔学院、圣休学院	默顿学院
2029	凯洛格学院、圣十字学院	基布尔学院
2030	布拉斯诺兹学院、圣休学院	基督教堂
2031	万灵学院、大学学院	赫特福德大学
2032	巴利奥尔学院、圣约翰学院	马格德林学院

(续表)

任职年份	选举学监的学院和学会	选举评审官的学院和学会
2033	圣安妮学院、圣希尔达学院	曼斯菲尔德学院
2034	圣安东尼学院、沃尔夫森学院	曼彻斯特科学院和哈里斯学院
2035	女王学院、伍斯特学院	奥列尔学院
2036	新学院、纳菲尔德学院	埃克塞特大学
2037	圣凯瑟琳学院、圣彼得学院	玛格丽特夫人堂
2038	彭布罗克学院、圣三一学院	沃德姆学院
2039	耶稣学院、圣埃德蒙堂	林肯学院
2040	格林坦普尔顿学院、萨默维尔学院	利纳克尔学院
2041	默顿学院、圣休学院	凯洛格学院
2042	基布尔学院、圣十字学院	科珀斯克里斯蒂学院
2043	布拉斯诺兹学院、基督教堂	万灵学院
2044	赫特福德大学、大学学院	巴利奥尔学院
2045	马格德林学院、圣约翰学院	圣安妮学院
2046	曼斯菲尔德学院、圣希尔达学院	圣安东尼学院
2047	曼彻斯特科和哈里斯学院、沃尔夫森学院	女王学院
2048	奥里尔学院、伍斯特学院	努菲尔德学院
2049	埃克塞特学院、新学院	圣彼得学院
2050	玛格丽特夫人堂、圣凯瑟琳学院	圣三一学院
2051	彭布罗克学院、沃德姆学院	耶稣学院
2052	林肯学院、圣埃德蒙堂	萨默维尔学院
2053	格林坦普尔顿学院、利纳克尔学院	圣休学院
2054	凯洛格学院、默顿学院	圣十字学院
2055	圣休学院、基布尔学院	布拉森诺斯学院

13. 拥有选举学监或评审官权利的学院或学会中的所有摄政院成员（但不能是另一个学院或学会的治理机构成员）以及不属于摄政院成员但属于该学院或学会中的治理机构成员的个体，将有权参加学监或评审官的选举。

14. （1）得票最多的候选人将被宣布当选。

（2）如果两个或两个以上的候选人获得相同数目的选票，学院或学会的主管投决定票，若主管缺席或主管职位空缺，由其代理人投决定票。

（3）如果选举在一天之内无法完成，且不能于晚上9点前将结果报告给校长，校长应在一周内任命符合章程IX第17条的任一学院或学会的成员为学监或评审官。

15. （1）如果学监或评审官在其任期结束前死亡或辞职，其学院或学会的主管应在一周内任命符合章程IX第17条的任一学院或学会的成员为代理学监或评审官。若主管缺席或主管职位空缺，应由其代理人执行。

（2）如果在一周内没有任命，校长将任命任一学院或学会中符合条件的成员。

16. 经与有选举权的学院或学会主管及另一学院或学会主管商讨后，校长有权解决不在以上条款内的任何有关选举学监或评审官的问题；或者，如果校长本身即是学院或学会的主管，那么校长应与两个其他学院或学会的主管商讨选举事宜。

17. 每年第一个得到文理硕士学位的学监将成为高级学监，其他学监则为初级学监。

教务长和其他行政官员

18. 教务长应是摄政院和校务理事会的秘书长，且当任何由摄政院或校务理事会按照章程和规章设置的委员会或机构没有行政官员时，教务长负责为其指派秘书长。

19. 在校长监管之下，教务长应为大学中央行政服务的主管，负责工作人员的管理和职业发展，以及支持其他行政事务的发展。

20. 教务长可将其职责或权力委托给大学中任何高级行政官员，条件是这种授权应符合下述第24条的规定，即授权（一般授权或者某项特定权力的授予）可在任何时间撤回，并且这种授权并不意味着免除教务长对委托事项的一般责任。

21. 在校长的指导下，教务长负责监督大学的对外关系，以及负责能传达大学基本政策的交流活动。

22. 教务长有权获得按照章程和规章设立的委员会或机构的文件，并且教务长或其提名人可以参加各种会议，并在会议上发言（但没有投票权）。

23. 教务长应根据校务理事会的明确说明，确保大学记录和注册表的维护和传播，为入学、毕业、大学考试结果和大学出版物提供证明。

24. 大学高级行政官员应遵循教务长的指导，履行职责，对他（或她）负责。但他们应有权利对金融方面的、专业方面的和技术方面的问题发表意见，这些问题需告知校长、校务理事会和大学的相关委员会。

25. 大学高级行政官员应由校务理事会与教务长商讨后任命。

26. 教务长缺席、不能胜任，或者教务长职位空缺时，校长应指定一个代理教务长行使教务长的所有职责、权利和义务，直到空缺的职位被填补为止。

27. 本条例所称的"大学高级行政官员"是指直接对教务长负责并持有

最高行政级别职位的人员。

仪仗官

28.（1）仪仗官应由校长和学监共同任命，分别被称为神学、法学、医学和艺学仪仗官。

（2）仪仗官的入选应遵循章程 II 第 10 条第 1 款的规定。

（3）校长决定仪仗官的入选仪式的形式。

（4）每个仪仗官在入选时应充分学习与其相关的大学章程、规章、特权和习俗。

29. 应校长要求，仪仗官应出席大学的布道、评议会和摄政院会议、学监确立大会等所有礼仪场合，并随时由校长召集。

30. 校长将推举一名仪仗官为神学仪仗官；其他三名按任职高低，依次为为法学仪仗官、医学仪仗官、艺学仪仗官。

31. 神学仪仗官应引领他（或她）的学院或学会的牧师去教堂和布道坛并引领其返回。

32. 三名高级仪仗官携带金色权杖，初级仪仗官携带银色权杖，均着长袍和圆帽，按惯例走在荣誉校长和校长前面。

33. 这四名仪仗官没有各自对应的特殊职责，但他们应履行规章和习俗所要求的仪仗官的职责，以及校长赋予他们的特殊职责。

34. 仪仗官应长期居住在校内，没有校长的特殊批示不得离开牛津。

35. 仪仗官若不能胜任、失职，或有任何丑闻和不道德行为，可随时被校长和学监开除。

36. 根据章程 IX 第 37 条的规定，校长若认为合适，可命令对服务表现突出的仪仗官给予奖励。

大学教堂司事

37. 大学教堂司事（Verger of the University）若不能胜任、失职或有任何丑闻或不道德行为，可随时被校长和学监开除。

38. 教堂司事的职责应是：

（1）出席在大学前的所有的布道以及评议会和摄政院的所有会议；

（2）负责上述所有布道和会议的钟声；

（3）负责大学教堂中书籍和家具的清理、整理和保管工作；
（4）履行由校长和学监要求的其他与其职位相关的合理职责。

必须居住在校区的行政官员和其他人员

39. 以下人员必须居住在卡法克斯 25 英里以内：
（1）校长；
（2）学监；
（3）牛津大学图书馆服务主任兼博德利图书馆馆长；
（4）博德利图书馆行政官员；
（5）阿什莫尔博物馆馆长；
（6）阿什莫尔博物馆部门保管员；
（7）档案馆馆长；
（8）教务长；
（9）大学地产代理；
（10）泰勒研究所图书馆馆长；
（11）章程或规章以及相关条款要求他（或她）在任职其间必须居住在校区的人。

关于学位、学历与证书的规章

2002 年校务理事会第 22 号规章

2002 年 6 月 26 日校务理事会制订;2005 年 6 月 14 日、2005 年 10 月 11 日修订(《大学公报》第 139 卷,第 1004 页,2009 年 4 月 30 日)

第 1 部分 学位证书

总纲

1.1 只有符合以下条件的学生才能取得学位证书:

(1) 已支付在校期间的所有费用;

(2) 完成学位所需要的学术要求,被免除此要求的除外;

(3) 满足学位的居住时间要求,被免除此要求的除外;

(4) 依据摄政院对毕业典礼的规定形式,从其学院、学会、永久私人学堂,或者其他指定的机构获得宽限,并且每个院长或其他相应行政官员在典礼前应交给教务长一份有他(或她)签名的获得宽限期的候选人名单。

1.2 (1) 尽管考试规章或其他相关规章的条款作出了规定,任何人对相同的学位只能申请一次。

(2) 根据考试规章或其他相关规章的条款作出的规定,任何人得到考官许可或者得到能申请一个已经授予给他(或她)的学位的许可,且若其满足了所有章程或规章关于学位授予规定的所有其他必要要求,并提出请求,将被授予一个证书以证明他(或她)完成了此学位的要求。

关于授予缺席人员学位

1.3 在此规章列出的条件下,若接受学位者不在场,大学仍可授予其学位,但前提是:申请人满足了该学位要求的所有条件,同时已经获得他(或她)所在的学院、学会、私人学堂,或其他指定的教育机构的宽限,并且申请了摄政院的宽限。

1.4 根据校务理事会规章的规定,缺席人员被授予学位时应支付相关费用。

文学学士、哲学学士和理学学士向文学硕士、哲学硕士和理学硕士的转换

1.5.(1)任何被授予文学学士学位或者哲学学士学位(非哲学学科)的人可以通过他(或她)所在的学院、学会、私人学堂,或其他指定的教育机构,向教务长申请重新命名他(或她)的学位头衔为相应的文学硕士学位和哲学硕士学位。

(2)收到该申请后,教务长应发出修订后的学位证书并修改他(或她)相应的记录。

1.6(1)任何被授予理学学士学位的人可以通过他(或她)所在的学院、学会、私人学堂,或其他指定的教育机构,向教务长申请重新命名他(或她)的学位头衔为理学硕士学位。

(2)收到该申请后,教务长应发出修订后的学位证书并修改他(或她)相应的纪录。

本校与外校间学位的合并(Incoporation)

1.7(1)根据本规章的规定,学位在大学之间的合并意味着他(或她)在以前的大学里获得的学位和地位在本大学依然得到承认。

(2)根据有关考试的章程或规章,相关的学部委员会有权决定在其就读的前一所大学通过考试获得特定资格证的人是否可以在本大学获得同等的资格证书。

1.8(1)学位合并仅限于剑桥大学或都柏林大学的文理学士、文理硕士、神学学士、神学博士;以及剑桥大学的工程学硕士、自然科学硕士、法学学士、法学博士、医学学士、医学博士、外科学硕士,并且应符合以下条件:

(a)一名学生被一所大学同时授予文理学士学位/文理硕士学位和工程硕士学位/自然科学硕士学位,既不能获得本大学第一或第二级别的学位,也不能获得生物化学、化学、地球科学、工程学、数学或者物理学的硕士学位。

(b)校务理事会应随时决定获得剑桥大学自然科学硕士学位应学习的科目,对获得此学位的合格学生,校务理事会应给予其获得本校生物化学、化学、地球科学、工程学、数学或者物理学硕士学位的资格。

（2）剑桥大学或都柏林大学的理学博士和音乐学博士，剑桥大学的文学博士和哲学博士，以及都柏林大学的文学博士和哲学博士可以申请合并为本校的学位，如果同时具备相应资格，他们可以申请合并为本校文理硕士；但是，如果他们不具备申请文理硕士的资格，但具备章程 IV 第 3 条中所述的摄政院成员的资格，可以合并为博士。

（3）剑桥大学的法学学士和法学博士可分别合并为本校的民法学士和民法博士；都柏林大学的文学博士可相应地合并为本校的文学博士。

1.9　（1）任何想要将其学位合并为本校研究生学位的人必须获得校务理事会的许可，为此他（或她）必须通过学院、学会、永久私人学堂，或者其他指定教育机构的主管或代理人向校务理事会提出申请。

（2）申请必须要有书面陈述来证明申请人有足够的理由获得许可，并且需证明申请人在拿到学位之前在剑桥大学或都柏林大学居住过，获得牛津大学相应的学位之前也应按要求在牛津居住相同数目的学期；并且应符合以下申请条件：

（a）文理学士、工程学硕士或自然科学硕士学位不可合并为本校的相应学位，除非满足以下条件：校务理事会收到来自学院、学会、私人学堂，或其他指定的教育机构提交的申请，确保申请人在学习牛津大学课程之前已获得所有必要的权威机构的同意，且申请人计划继续学习此课程，并且此人被剑桥大学或都柏林大学的权威机构认为具备良好品德或在本大学取得某教育职位[①]；

（b）文理硕士学位不可合并为本校的相应学位，除非申请人符合上述 a 项中文理学士学位合并的条件，或者在牛津取得某教育职位，或者对牛津或其成员提供了有价值的服务。

1.10　（1）想要将其学位合并为本校本科生学位的人，则不需要获得校务理事会的许可。

（2）剑桥大学或都柏林大学的入学证明可作为牛津大学入学注册的证明；任何有资格进入剑桥大学或都柏林大学学位期末考试的学生都可以免除第一次统考，根据相关考试规章的规定，有资格进入第二次统考。

1.11　（1）本校与外校间学位的合并应在摄政院的一次会议上进行。

（2）想要在此类会议上获得学位合并的人的姓名最迟应于会议举行前第十天的中午，由学院、学会、私人学堂，或者其他指定机构的行政官员登记到大学办公室。

[①]　校务理事会决定，攻读荣誉学位（Final Honour School）的研究生通常不允许学位合并；若申请者所申请合并的学位证书和文凭对外校学生也开放，则一般不被允许学位合并，但是其提交的申请还是可以被考虑的。

1.12 想要将其学位合并为本校本科生学位的人的姓名必须在他（或她）入学考试或者临时入学考试的21天内登记。

1.13 在登记姓名时，以下由剑桥大学或都柏林大学的有关权威部门签署的证书必须向教务长出示：

（1）大学入学日期的证书；

（2）申请人作为学院或其他教育机构成员的学期数目的证书；

（3）申请人每个学期在校居住的证书；

（4）如果申请人是本科生，需有他（或她）通过剑桥大学或都柏林大学考试的证明。

（5）如果申请人是研究生，需有学位证书。

（6）如果申请人是剑桥大学自然科学硕士，需有他（或她）已通过第三部分自然科学荣誉学位考试的证书。

1.14 每次进行学校之间学位的合并，教务长都应在摄政院会议上证明符合本规章上述1.9条、1.12条和1.13条的规定。

1.15 在摄政院会议上申请学位合并之前，不管是作为本科生还是研究生，每个想要合并为本校学位的人都必须被本大学录取或者临时录取，必须支付校务理事会规定的费用，且须遵从以下情形：

（1）想要合并为本校文学硕士和其他学位的学生按要求只需支付学费较高的学位的费用；

（2）凭借在本大学取得的一定教育性职位而进行学位合并的学生不需要支付任何费用；

1.16 将其学位合并为本校学位的学生，只要他（或她）在原大学每学期实际居住时间不少于42天，可将其在原来大学的居住学期计算在现居住期内。

1.17.（1）将其学位合并为本校本科学位、文理学士学位或生物化学硕士学位、化学硕士学位、地球科学硕士学位、工程学硕士学位、数学硕士学位、物理学硕士学位的学生，其作为本校学生的身份应在他（或她）在剑桥大学或都柏林大学的录取入学之日计起。

（2）将其学位合并为其他学位的学生，其身份的确立应在进行学位合并之日计起。

1.18 将学位合并为本校神学博士、医学博士、民法博士或文理硕士的人应在评议会上获得有关学位合并的表决权。

第 2 部分　学术地位和排名

2.1　以下学位的持有人应按以下顺序排列：

神学博士

民法博士

医学博士同时也是文理硕士

文学博士同时也是文理硕士

理学博士同时也是文理硕士

音乐学博士同时也是文理硕士

哲学博士同时也是文理硕士

临床心理学博士同时也是文理硕士

外科学硕士同时也是文理硕士

理学硕士同时也是文理硕士

文学硕士同时也是文理硕士

哲学硕士同时也是文理硕士

研究学硕士同时也是文理硕士

神学硕士同时也是文理硕士

教育学硕士同时也是文理硕士

工商管理硕士同时也是文理硕士

美术硕士同时也是文理硕士

文理硕士,或生物化学,或化学,或计算机科学,或地球科学,或工程学,或数学和计算机科学,或数学和哲学,或物理学,或物理学和哲学硕士从入学考试起第 21 个学期生效①

医学博士且不是文理硕士

文学博士且不是文理硕士

理学博士且不是文理硕士

音乐学博士且不是文理硕士

哲学博士且不是文理硕士

临床心理学博士且不是文理硕士

外科学硕士且不是文理硕士

理学硕士且不是文理硕士

---

①　如果同时拥有生物化学,或化学,或地球科学,或工程学,或数学,或物理学硕士学位和一个更高的学位,那么学位持有者将与同时拥有相同的高学位及文理硕士学位的人排名相同。

文学硕士且不是文理硕士
哲学硕士且不是文理硕士
研究学硕士且不是文理硕士
神学硕士且不是文理硕士
教育学硕士且不是文理硕士
工商管理硕士且不是文理硕士
美术硕士且不是文理硕士
神学学士
法学硕士
医学学士
外科学学士
文学学士
理学学士
音乐学士
哲学学士
文理学士,或生物化学,或化学,或计算机科学,或地球科学,或工程学,或数学,或数学和计算机科学,或数学和哲学,或物理学,或物理学和哲学硕士从录取入学开始到第 21 个学期
美术学士
神学学士
教育学学士

2.2　每个学位下学位持有人的顺序应由获得学位的时间决定,对于在同一天获得学位的人,则按他们姓名的首字母顺序排列。

2.3　无本大学学位的摄政院成员应有排在本大学医学博士且不是文理硕士的学位持有者之前的学术优先权;这些摄政院成员的顺序应由他们成为成员的日期决定,对于在同一天成为成员的人,则按他们姓名的首字母顺序排列。

第 3 部分　剥夺学位

3.1　摄政院有权以任何其认为正当的理由剥夺任何毕业生的学位。
3.2　降级的程序应由校务理事会视情况而定。

关于学监根据章程 IX 第 22 条的规定对投诉进行调查的规章

2003 年校务理事会第 6 号规章

2003 年 11 月 6 日校务理事会制订；2005 年 7 月 14 日、2006 年 5 月 4 日、2007 年 7 月 26 日、2008 年 5 月 29 日修订，2008 年 10 月 1 日生效；2009 年 6 月 11 日修订（2009 年 10 月 1 日生效）

1. 除非另有说明，本规章所提及的条款均为章程 IX 中的条款，本规章所提及的学院应包括学院、学会、永久私人学堂和校务理事会按规章指定的能允许申请者入学的其他教育机构。

2. 根据第 22 条的规定，学监应每年制定并公布管理大学成员投诉的方法和程序，并根据需要更新信息。

3. 程序应有两部分，即：

（1）对学术委员会或其他机构作出的关于学术问题的决定进行上诉的程序；和

（2）除了本规章下述第 5 条规定的其他投诉的程序。

4. 程序的制定应与相关的大学机构协商，公布之前须经校务理事会批准。

5. 根据规章，学监不得对以下情况进行调查：

（1）《工作人员手册》中所规定的教职员申诉的程序可适用的，或章程 XII 第 F 部分可适用的任何教职员申诉。

（2）关于个人与其学院关系的投诉应根据相关的学院程序进行处理。

（3）大学法典中欺诈、公共利益泄露、学术诚信，以及信息自由法令可适用的投诉或指控。

（4）对违反章程 XI 第 2—6 条中纪律法典的行为的指控，应按如下方式处理：

（a）对于学生成员，学监依照那些按章程 XI 精神制定的规章进行处理；或

（b）对于大学其他成员，教务长根据章程 XI 中的条款进行处理。

6. 经与大学的机会均等部门（the University's Equal Opportunities Unit）协商，学监应确保所公布的程序与大学或高等教育部门中的治理机构所出版的法典中关于机会待遇均等的政策保持一致。

7.（1）如果个人对学监的调查进展不满意，他（或她）可以在提出申请之日起 28 天内要求学监给出关于其调查进度的书面报告。报告应包括对调查可能完成时间的说明。

8. 学监应向校务理事会准备一份年度报告说明投诉的数量和类型，调查和裁决每个投诉所花费的时间以及大致的结果。

处理提交给学监的投诉（包括学术上诉）的程序

本程序是根据基于章程 IX 第 22 条之规定所制定的规章而确立并公布的

根据大学章程的规定，学监应与大学成员商讨并调查投诉。任何希望向学监或学监办公室寻求建议的大学成员都可以通过书记员与学监预约时间（电话：[2]80190）。学监由学院轮流选举并且在任职期间被调离正常教学或行政工作。他们负责确保大学章程被拥护；具体责任包括保证考试是遵守相关章程和规章正确进行的。作为调查投诉程序的一部分，学监可以传唤任何大学成员。按照惯例，初级学监主要处理与讲授式课程（Taught-course）的考试相关的投诉，而高级学监主要处理与研究学位候选人的资格和考试相关的投诉。

正式投诉将依照下列程序来进行。

本程序所涉及的内容

1. 下列程序涉及的是关于学生与大学、俱乐部、学会或其他组织的关系的投诉，这些投诉应接受学监的监督。

2. A 部分下的程序可以用来处理有关教学与学习问题（例如：教学设施、监督安排，等等）以及非学术问题（例如：支持服务、图书馆服务、大学住

宿、大学俱乐部和学会,等等)的投诉。它不包括下文提到的上诉和其他问题。A 部分下的投诉只有在试图通过非正式决议,或在系、学部或牵涉问题的单位公布的程序下不能解决时,才应将投诉提交给学监。

3. A 部分下的程序也可适用于工作人员的投诉。

4. B 部分下的程序可用于某学生或教职人员质疑学术委员会或机构("学术上诉")制定的有关学术问题的决议。应当指出,学监有权考虑学生或教职人员对考官委员会、学科部委员会和研究生教育委员会之类的学术机构制订决议的程序进行的投诉(例如,行政性或程序性错误是否有可能发生,考试过程中出现偏见或不充分的评定,主考官没有考虑到影响考生表现的特殊因素)。

本程序未涉及的内容

5. 本程序不包括《工作人员手册》中所列出的工作人员申诉程序可适用的申诉,或章程 XII 第 F 部分可适用的工作人员申诉。

6. 本程序不包括关于个人与其学科部关系的投诉,此类投诉应根据相关的学科部程序进行处理。

7. 本程序不包括对违反纪律章程和规章的指控,此类指控必须根据依该章程制定的相关规章由学监调查。

8. 本程序不包括《大学法典》中欺诈、公共利益泄露、研究中的学术诚信以及信息自由法令可适用的投诉或指控。(有关骚扰、机会平等、种族平等、研究中的学术诚信、公共利益泄露以及欺诈的大学政策副本和适用法令可以通过书记员从学监处获得,或者可以进入以下网站获得:

www. admin. ox. ac. uk/eop/har/code. shtml;www. admin. ox. ac. uk/eop/eopolicy. shtml;www. admin. ox. ac. uk/eop/rraa/rraaeop. shtml;www. admin. ox. ac. uk/rso/policy/conduct. shtml;www. admin. ox. ac. uk/ps/staff/codes/pid. shtml www. admin. ox. ac. uk/finance/finregs/finregs. doc.)

9. 根据相关考试规章,本程序不包括对学监作出的决定提出上诉,以防学监被要求同意特殊请求(例如:以身体不适为由)或免除对个别申请人在学业进展或考试方面的审查。这些情况应向校务理事会的教育委员会主席报告。高级导师和学院办公室也可获知此类信息。

10. 学监无权质疑考官或学术机构的学术判断。

查阅个人资料

11. 根据 1998 年的《资料保护法》的条款,任何发起投诉的人都有权要求查阅与调查相关的个人资料。查阅请求表格可以从资料保护行政官员、大学办公室、惠灵顿广场获得,或者在大学网站(www. admin. ox. ac. uk/ councilsec/oxonly/dp/policy.shtml)查阅。投诉者应注意到,查阅个人资料的权利也是有限的,特别是由于对第三方的保密责任,某些查阅个人资料的权利是被禁止的。

A 部分

适用于对有关教学和学习以及非学术问题的投诉的程序

12. 这些程序中提及的学监包括单独行使权力的学监和下述第16条指定的任何人。

13. 投诉和上诉将得到严肃对待,而不必担心遭到指责。

14. 调查投诉的任何人都必须与事件无关,对处理的投诉无利益冲突,且不会在结果中获得利益。

15. 如果调查投诉的其中一个或者两个学监都事先参与了该事件,校长将任命另外一人或一些人处理该投诉,被任命的人拥有与学监相同的调查和裁决的权力。

16. 学监可以在他们的调查中要求大学内外的任何人提供专家帮助。

保密性

17. 对投诉的处理将以保密的方式进行,所有参与调查过程的人,包括证人、代表以及提供证据或建议的人,都有责任保密。然而,对于需要彻底调查并采取措施的投诉,有必要向被投诉的人或机构以及直接涉及的人员透露投诉者的身份。

恶意或无理的指控

18. 如果有恶意或无理的指控,可以对相关人员作出纪律处分。

程序

19. 投诉应以书面形式提出。在作出书面投诉时最好提供尽可能多的信息,并列出关于投诉的准确的细节。应该说明进行投诉所采取的步骤,指出就此事已进行的所有讨论,附上早期信件的副本,如果有申诉人要求补偿,补偿措施应明确指出。作出书面投诉之前,申诉人应该向牛津大学学生会、学生活动室或工会行政官员等寻求意见。

20. 调查投诉应公正和迅速。

21. 投诉收到后即被记录并且会要求投诉者提供有关其原籍的详细信息，以便依据机会均等的大学政策进行监督。投诉人的原籍信息将严格保密并被分开保管，除非这些信息与正在审议的投诉有关。

22. 如果在根据这一程序展开调查的任何时间内，学监认为该事件依照个人或有关人员的纪律程序能得到恰当处理，那么该事件应参考纪律程序，投诉人也应得到通知。

23. 书面投诉通常在五个工作日内被确认。如果学监认为投诉人没有采取足够的措施使投诉在地方层面解决，他们在同意深入调查之前可能会建议投诉人继续在地方层面解决该问题。

24. 如果投诉是微不足道的或实际上是对已经解决过的投诉的重复，学监可以拒绝考虑。

25. 学监可邀请投诉人出席会议讨论此事（或投诉人可要求召开会议）。

26. 任何被投诉人将被告知投诉的详情，并会给其一段合理的时间去回应投诉涉及的事项，回应投诉的时间通常为10天，但可以根据相关个人或机构的要求延长。相关个人、机构或学监可以要求召开会议讨论该投诉。

27. 根据这些程序，任何与学监一起参加会议的个人可以有一名摄政院成员陪同；如果是大学教职人员，可由其工会代表陪同；如果是学生，可由大学的另一名学生陪同。

28. 受访者可以检查任何访问的记录。

29. 投诉人以及被投诉的个人或机构将被告知调查的进展情况。

30. 一旦调查的结果与投诉的情况一致，通常在接收到书面报告的30个工作日之内，学监会对该投诉作出决议。由于事件的复杂性或学监无法处理的因素（例如，调查的某个关键因素无法在牛津获得），时间可以适当延长。

31. 投诉人将得到一份书面决议，这份决议概述了所做的调查以及作出该决议的原因。其结果也将通知被投诉人或者需要知道该决议的大学机构。

32. 对于被搁置的投诉，学监将会向相关责任机构指明为改善所投诉事件需要采取哪些措施。如果责任机构不能或不愿采取行动，学监可将此事提交给校务理事会。

33. 如投诉人请求对学监的决议作出澄清或提出更多的问题，学监通常应给予他（或她）这个机会。根据其意愿，学监可以依据新的信息重新审理此投诉。

34. 如果投诉人在任何时候撤回投诉，学监可自行决定是否继续调查被投诉的事项。

B 部分

适用于有关学术上诉问题之投诉的相关程序

与大学讲授式课程的考试有关的上诉

35. 任何针对大学讲授式课程的考试相关事项都应事先讨论。讨论在学生与其学院领导、学科导师、课程辅导员、论文指导教师或相关的研究生教育主任之间进行。

36. 对于考试相关事项的异议不应直接向考官提出，即使有确凿信息。考官应将所有与此相关的交流报告给学监。

37. 学生、论文指导教师、院系领导以其个人名义，或是其他任何关心考试相关事项的大学工作人员都可开诚布公地以书面形式正式与学监交流沟通。

38. 无论是否得到高级导师的支持，学生提出的投诉必须由他（或她）所在学院的高级导师提交。

39. 与讲授式课程考试有关的申诉，通常由初级学监解决。

40. 关于考试的投诉必须以书面形式提交给学监，而且应提供尽可能多的信息，并列出关于投诉的准确细节。提交给特定学术机构或研究生教育办公室的投诉将被立即转交给学监。

41. 如果所提出的问题是很容易解决的（比如只需检查考生有效的笔迹、记号，或是被处理过的记号），学监将无须再按程序全面调查而可直接对被投诉人代表进行必要的询问，而后将结果通过其学院通知其本人。如果事后学监再次收到投诉人对其处理结果表示不满的书面材料，学监将会考虑进行全面调查。

42. 对于讲授式课程考试的投诉，学监通常将从主席或其他有相应责任的学术机构（如考官委员会、学科部委员会或研究生教育委员会）里的高级代表处获得信息和评论来展开调查。在适当情况下，他们也可从其他个人或考试管理部门中有相应责任的行政官员（如考试主管和评估主管），即被投诉人处，获得信息和评论。

43. 投诉必须尽快提交给学监，最迟不能超过考试结果公示后的三个月。（必须严格按照这个时限，因为 3 个月后，相关考试记录将不再有效。）

44. 学监在收到投诉后应通知相关学术机构的主席、考生所在学院的负责官员及考生的导师。

45．与上述 35—44 条相关的上诉审议程序可参照 A 部分。

46．初级学监将每年向校务理事会下设的教育委员会报告所调查的投诉的数量和性质。

与研究生学位有关的上诉

47．对于研究生考试的疑问应首先在学生和其学院领导、论文指导教师，或系行政官员（比如相关的研究生教育主任）等人之间展开讨论。

48．对于考试方式的异议不应直接向考官提出，即使有确凿信息。考官应将所有学生就考试方式与教官的交流内容报告给学监。

49．学生、论文指导教师、院系领导，或是其他任何关心考试方式的学校工作人员都可以其个人名义公开地向学监作正式陈述。

50．对有关程序的疑惑，例如身份的转换或确认，或其他会影响考生资格（如监督资格）的事项，也可以通报给学监。但通常应首先向其学院领导或一名系行政官员（比如相关的研究生教育主任）提出。考生不应该直接联系评卷人员。

51．与研究生学位有关的上诉，通常由高级学监处理。

52．投诉必须尽快提交给学监，最迟不能超过考试结果公示后的三个月。（必须严格遵守这个时限，因为 3 个月后相关考试记录将不再有效。）

53．学监在收到投诉后应通知相关学术机构的主席、考生所在学院的负责行政官员及考生的论文指导教师。

54．与上述 47—53 条相关的上诉审议程序可参考 A 部分。

55．高级学监将每年向校务理事会下设的教育委员会报告所调查的投诉的数量和性质。

关于牛津大学图书馆服务设施使用的规章

2006 年图书馆监理会第 1 号规章
2006 年 6 月 12 日大学各图书馆监理会制定；2006 年 7 月 10 日校务理事会批准；2007 年 7 月 12 日和 2009 年 6 月 11 日修订（2009 年 10 月 1 日生效）

  这些规章包含博德利图书馆声明。所有获准使用牛津大学图书馆服务（图书馆和相关设施）的读者必须认同且拥护这一声明。声明如下：

  "我保证绝不以任何方式偷窃、标记、毁损、破坏图书馆的任何书籍、文件以及属于图书馆或由其保管的其他物品；不将任何易燃物品带入图书馆，不在馆内抽烟；我承诺遵守图书馆的一切规定。"

适用范围

  1. 这些规章适用于牛津大学图书馆内的所有服务设施。

  2. 规章中的"图书馆资料"指的是任何形式的资料，包括图书馆或图书馆服务所有拥有或由某保管的电子资料；"流通中"意味着某一读者已按规定借出或预定了图书馆资料，或取得了借出物的馆内使用权，也包括读者不经过图书馆工作人员按规定直接带走的资料和设备。

准入

3. 任何人在正式注册成为图书馆的读者后方可使用图书馆。除了按天访问的短期读者外,所有读者须持有有效的校园卡或图书馆卡。

4. 使用牛津大学图书馆服务(OULS)的读者需支付一定费用。收费标准由牛津大学图书馆监理会经校务理事会批准不定期公布的价目表而定。

5. 读者必须获得图书馆工作人员明确表态同意后方可带参观者入馆。

6. 除了导盲犬外,动物不得带入馆内。

7. 读者存于图书馆内的个人信息,包括住址和邮箱地址,若发生变化,需与图书馆联系修改。

图书馆和图书馆资料的使用

8. 在按相关程序归还之前,读者必须对所借的资料或设备负责,必须时刻爱惜所借资料或设备,不得损害它或将其暴露于危险的环境中。

9. 读者不得以任何方式在图书馆资料或设备上面涂写、标记,对其进行破坏,或损伤其外观。

10. 读者只能利用经图书馆允许的设施对馆内资料进行影印、拍照或扫描。

11. 读者不得在图书馆的任何地方食用或咀嚼任何食品(包括糖果和口香糖),不得饮用任何饮料(包括水),除非该图书馆规章允许。

12. 读者只有在图书馆工作人员允许下方可使用笔记本电脑或其他个人电子设备。

13. 如没有OULS特别批准,无论是出于个人目的还是商业目的,读者不得使用图书馆设施,包括IT或网络设施服务(除非读者是大学或学院聘用人员或是与大学或学院有某种协议的人员)。

14. 读者必须依据图书馆相关流程从架上自取、预定或借出馆内资料。

15. 读者必须遵守所有关于提包和箱子的使用、存放和检查的相关规章和规定。

16. 读者必须熟知并遵守图书馆的规章和程序;有火警警报或由于紧急事件要求离开时必须立刻离开图书馆。

17. 读者必须按照规定的闭馆时间按时离馆,除非获得闭馆后的进入许可权。

18. 读者在图书馆内必须随时携带自己的读者卡或校园卡,并在图书馆工作人员要求时出示。

19. 读者必须遵循图书馆工作人员的其他所有合理要求。

20. 如果图书馆要求归还任何借出的资料或设备,读者必须按时归还。

21. 对于通过使用图书馆设施可能接触到的信息(如其他读者的信息),如果没有明确规定可以散播,读者必须对其保密。未经图书馆、其他相关个人或机构同意,不得对此类信息进行部分或整体的影印、修改、传播或使用。

22. 读者可依据《1988年版权、设计和专利法》及其后续修订法规对馆内图书资料进行影印。

23. 读者不得以任何方式违反牛津大学管理以下财产的规章:由大学使用、拥有或保管的财产,由大学或代表大学提供的设施和服务。也不得以任何方式违反有关信息技术设施使用的规章。

24. 读者不得将本人的读者卡、校园卡、电子资源的使用密码,或其他从图书馆借出的物品交予他人在图书馆使用,或为他人谋取私利。

25. 读者在图书馆内的谈话或行为不得给其他读者或图书馆工作人员带来或可能带来任何不便、骚扰或侵犯。

26. 使用电脑或其他电子设备时,读者应尽量保持安静以免打扰其他人。

27. 即便带有耳机,读者也不得在图书馆内使用手机、收音机、录音机、照相机或类似设备,除非有条款明确允许使用。

28. 读者不得骚扰其他读者或图书馆工作人员。

29. 读者不得在馆内任何地方抽烟。

30. 读者不得以不遵守秩序、威胁或冒犯等行为危害其他读者或图书馆工作人员的人身安全或健康。

31. 读者必须对自身、其他读者及图书馆工作人员的安全予以充分的考虑。

馆内纪律

32. 读者如果违反或试图违反上述第7—12条而导致所借资料未能按时归还,将支付罚款,罚款金额依据牛津大学图书馆监理会不定期发布的价目表而定。

33. 如果违反或试图违反上述第7—12条而导致所借资料的损害或丢

失,读者应当对损害和丢失的资料进行赔偿,包括赔偿资料管理和资料更新所需费用。

34. 除非上述规章或特定的规章另有规定,已违反上述规章或未遂的大学成员(由章程 II 第 1 条定义)将遵循章程 XI 及相关规章按程序给予处罚。

35. 除非上述规章或特定的规章另有规定,已违反上述规章或未遂的非大学人员将根据章程 XI 第 42 条第 7 款及相关规章进行处理。

【注:要了解更多章程和规章的内容,请访问 http://www.admin.ox.ac.uk/statutes/。

修订内容会及时公布在《牛津大学公报》(http://www.ox.ac.uk/gazette/)上。】

关于信息技术设施使用的规章

2002 年 ICTC* 第 1 号规章

2002 年 6 月 6 日 ICTC 制定；2002 年 7 月 24 日校务理事会批准；2003 年 10 月 2 日、2003 年 10 月 23 日、2006 年 2 月 16 日、2006 年 6 月 1 日修订。

1. 在这些规章中，除非另有说明，"学院"指任何学院、学会、永久私人学堂或者校务理事会根据规章指定的经认可能够录取考生的其他机构。

2. 大学的 IT 和网络设施的使用遵循校务理事会制定的以下政策：

（1）大学电脑设施和其电脑网络接入服务仅供与牛津大学、各学院及其成员正常学术活动相关的活动使用。

（2）个人无权将大学设施另作他用。

（3）大学保留对使用大学电脑设施活动的控制权，包括检查使用者的数据内容，如必要时会检查电子邮箱，目的如下：

（a）为有效管理大学设施；

（b）为配合针对违反或可能违反大学章程和规章（包括本规章）的授权调查；或

（c）为遵循法律要求。

（4）上述行为必须依照本规章来执行。

3. 本规章适用于对大学所有 IT 和网络设施的使用的管理，无论该设施是否属于大学财产。

4. 为妥善监管网络或经本规章的特殊授权，必要时设施的使用会随时被监控。

---

* ICTC 即 Information and Communication Technology Subcommittee（信息和通信技术二级委员会）的缩写。——译者注

5.（1）在有相应授权的情况下，个人可以使用大学设施。

（2）"相应授权"此处指特定行政官员的事先授权，该行政官员必须是牛津大学电脑服务部（OUCS）的主任或其本人在OUCS监督下提名的代理人，或由学院或系提名的学院或系的行政官员。

（3）任何授权须符合大学的章程和规章，包括本规章。如果授权违反或可能违反这些规章，将被终止。

6.（1）授权要具体到个人。

（2）使用者的任何使用密码、授权码，只能限其本人使用，使用者必须对其保密，不得公布给他人或让他人使用。

7. 使用者不能将大学IT或网络设施用于以下活动：

（1）任何非法活动；

（2）制造、传播、储存、下载或展示任何冒犯性、淫秽、猥亵或威胁性的图片、数据，或其他任何可能转化为此类图片或资料的资料或数据。除非是出于得到恰当监管的正当的研究目的，并且使用者应当事先从其系主任或学科部委员会主席那里取得专用于某项活动的书面授权（或者，如果使用者是系主任或学科部委员会主席，已取得其所在学部主管的书面授权），使用才被视为合法；

（3）制造、传播或展示旨在或可能骚扰他人的资料，违反《大学法典》中关于骚扰事项的规定。

（4）制造或传播用于诽谤任何个人或组织的资料；

（5）发送的电子邮件没有准确的发送者ID或试图隐藏发送电脑的ID；

（6）伪装成他人或试图假冒他人发送信息；

（7）在没有相关授权的情况下，将电子邮件发给很多接受者（除非这些接受者已经表示愿意接收此邮件）；发送或转发具有自我复制功能的邮件；

（8）制造、传播或使用资料的行为侵犯了版权、道德权益、商标权或其他知识产权。

（9）为谋取个人私利（除非使用者由牛津大学或某学院雇员授权或与其达成协议），或未经具体授权而进行商业性活动；

（10）在没有授权的情况下从大学内部或外部进入或试图进入任何服务设施，或试图干扰或损害这一服务设施；

（11）有意或无意可能导致下列情况：

（a）浪费工作人员的辛勤工作和网络资源，包括通过大学网络进入任何系统的时间；

（b）影响或破坏其他用户的数据；

（c）侵犯其他用户的隐私；

(d) 干扰其他用户的工作；

(e) 将病毒引入网络或在网上传播；

(12) 没有相关授权而从事与工作、学习及与牛津大学或学院的研究无直接关系的活动（不包括在不违反本规章或其他禁令的前提下为了社会娱乐目的对设施进行合理有限的使用）。

8. 在大学网络上使用的软件和电脑可识别的数据集仅在有相关许可的情况下可使用，且须符合联合高等教育软件小组（CHEST）发布的行为法典。

9. 使用者对使用设施过程中可能接触到的任何信息，如果没有可以自由散播的明确规定，应尽可能保密；未经相关个人或机构同意，不得对此类信息进行部分或整体的拷贝、修改、散播或使用。

10. (1) 任何使用者不能使用 IT 设施保存或处理那些与其他人有关的数据，除非符合现行的数据保护法规的条款（多数情况下，应征得数据所有者的事先同意）。

(2) 任何希望使用 IT 设施做此类数据处理的人须提前通知大学数据保护行政官员并且遵守任何有关数据处理过程的指导。

11. 任何负责大学或学院电脑或网络系统管理的人员，或有权访问此系统数据的人员应遵守由 ICT 委员会不定期发布的《IT 安全和隐私政策声明》中的规定。

12. 用户应时刻遵循由 OUCS 不定期发布的以促进网络管理和网络有效使用的指导。

13. 将电脑（无论是学院、系还是个人的电脑）连接到大学的网络时，应当符合以下附加条件：

(1) (a) 连接到大学网络的电脑只能使用同大学命名法则一致的网络接入标识符，并且需在 OUCS 注册。

(b) 特别需要引起注意的是，所有此类名字必须在 .ox.ac.uk. 这一域名范围内。

(c) 任何例外必须由 OUCS 的主任批准，并且可能要缴纳许可费用。

(2) (a) 连接到大学网络的电脑的所有者和行政官员负责电脑安全，防止未授权登录，防止"拒绝服务"的攻击等。他们尤其要确保电脑已安装杀毒软件并按时更新，确保由 ICTC 不定时发布的安全规则和指导方针及杀毒政策能贯彻实施。

(b) 无论在牛津校园内部或外部，当任何电脑或子网络，对任何系统、网络安全或网络完整性造成威胁，或由于违反安全规定而可能影响牛津大学声誉时，大学可以暂时禁止其访问权。

(3) (a) 任何服务的供应者必须采取各种合理措施确保其所提供的服

务不会给大学内部网络或其外部网络连接带来过多流量。

(b) 大学可随时禁止任何不合理消耗网络资源的电脑的访问权。

(4) (a) 在通知负责本地资源的学院或系并获其同意后,和大学网络连接的电脑可以被允许作为网页的宿主机,但是任何网页的提供者必须遵循由 OUCS 或其他相关权威机构出版的指导方针。

(b) 不允许那些获得大学网络支持的网页提供商业服务,或为任何商业组织提供"主页"便利,除非有 OUCS 主任的同意;获取此同意需要支付许可费用。

(5) 不允许参与分布式文件共享网络,除非该设施的使用是以有合理授权的学术活动为目的,此时使用应是合法的,而且使用者须满足以下条件:

(a) 在使用由 OUCS 监督下的服务时,使用者已经明确向 OUCS 主任或他(或她)指定的代理人表明,他(或她)事先已经从其所在系的系主任或所在学科部委员会主席那里获取用于具体活动的书面授权;或

(b) 在使用学院或系提供的服务时,使用者已经明确向指定的学院或系行政官员表明,他(或她)已经事先从学院院长或系主任那里获取用于具体活动的书面授权。

(6) (a) 非牛津大学或其学院的成员或雇员,不得使用连接到大学网络的电脑访问此电脑所在学院或系之外的网络服务。

(b) 允许例外的情况存在,比如,当使用者是英联邦其他大学的成员、访问某系或学院的政府官员或已经支付了许可费用的人员。

(c) 存疑区域应当同 OUCS 的注册经理讨论。

(7) 只有获得 ICTC 的授权后,从外部访问大学网络资源用作共享活动或计划的一部分才是被允许的,并且这种外部访问必须服从 ICTC 指明的所有具体条件。

(8) 如果任何连接到网络或子网的电脑不符合此部分的要求,网络行政管理员或其他由相关学院、部门或系主管正式授权的人员会立刻断开其网络连接。

14. (1) 如果一名使用者涉嫌违反大学的章程或规章,包括本规章,他(或她)会被上报给相应的行政官员,该行政官员会向相应的大学或学院权威机构建议,处理程序应基于牛津大学或/和学院的纪律执行程序。

(2) 根据章程 XI 第 42 条,在某项决策中设施使用权可能会被撤销,或须服从学监或教务长(根据具体问题来决定是由学监还是由教务长负责)根据具体情形提出的其认为合理的条件。

检查使用者的资料

15. 任何有特权通过设备获得信息的IT设施管理人员无论是有意或无意接触到这些信息，如果没有明确规定该信息可以自由传播，必须尊重隐私并确保信息安全。

16. （1）系统行政管理员（即负责电脑系统管理、运行或维护的人员）有权查看使用者文件和检查网络流量，但只有他们在担任系统行政管理员这一职务时才能这样做。

（2）在没有相应授权的情况下，他们应尽量避免详细检查使用者的文件内容。

17. （1）如果系统行政管理员需要检查某一使用者的文件内容，必须遵循以下（2）—（5）中的步骤。

（2）一般情况下，需获取使用者的同意。

（3）如果无需征得使用者的同意，在检查之前应尽量获取相关权威的批准。

（4）如果无法获取提前批准，应尽快告知使用者或告知相关权威。

（5）在这些规定中，"相关权威"的定义如下：

（a）对于牛津大学拥有的系统（不论是中心系统还是系的系统）而言，如果是学生成员的文件，"相关权威"指学监；如果文件属于非学生成员的其他大学人员，"相关权威"指教务长或其提名的人；如果文件属于非牛津大学成员的其他雇员，"相关权威"指此雇员所在的系、学院或其他单位对其负责的主管，或主管的委派代表。

（b）对于系的系统而言，"相关权威"指上述（a）中所指，或者在所有情况下"相关权威"都可指系主任或其委派的代表。

（c）对于学院系统而言，"相关权威"指学院院长或其委派的代表。

关于规则委员会的组成、职责与权力的规章

2002年校务理事会第42号规章
2002年7月24日校务理事会制定

1. 规则委员会委员应包括：
(1) 高级学监（在其缺席时由初级学监担任），且应作为委员会主席；
(2),(3) 两名学监当选人；
(4),(5) 两名由学院联席会议选举的学院院长；
(6) 由校务理事会任命的一名摄政院成员；
(7),(8) 由牛津大学学生会校务理事会在其成员中选出的两名学生成员（要求任职时需入学满三个学期）；
(9),(10) 由牛津大学学生会行政部门任命的两名学生成员，且不必是其成员（要求任职时需入学满三个学期）；
(11),(12) 由牛津大学学生会研究生委员会在其成员中任命的两名学生成员；

2. 上述第1条(4)—(6)中的成员任期为三年，并且直至三年期满不得连任或被重新选举。

3. 上述第1条(7)—(12)中的成员任期为一年，并且根据(7)—(12)不得连任或被重新选举。

4. (1) 如果上述第1条(4)—(12)中的成员在任期内死亡、辞职或离开大学，其空缺职位或是由选举或任命该成员的中填补，或是空置下来（由该机构决定）。

(2) 如果某人在其任职期未满一半时死亡、辞职或离开大学，则有关重新选举的条款对该继任者仍适用，同其继任者任期已满的情形一样；否则这

些条款不再适用。

5. 除临时缺席，上述第 1 条(4)—(12)中的成员应在秋季学期第一天任职。

6. 规则委员会若认为合适，应对管理此类事宜的学生成员制定规章，但不可制定与下列情况有关的规章：

（1）章程 XI 第 2 部分所包含的事项；或

（2）学生成员的服装；

（3）考试的执行。

7. 规则委员会必要时可随时制定或修订规章，包括学监依据章程 VI 第 5 条制定的确认规则的规章。

8.（1）规则委员会应在每个春季学期审查现行的委员会规章，并于每个春季学期结束在其认为必要时修订或制定新的规章。

（2）任何此类规章修订或新的规章应在下一个秋季学期初生效时予以公布。

9. 学监应负责委员会所有规章的打印工作，并将副本送达每个学院以分发给所有即将入住的学生。

10.（1）任何六名成员应构成规则委员会会议的法定人数。

（2）如果选票数目相等且成员未全数出席，讨论事项应推迟到下次会议。

（3）如果下次会议选票数目仍相等，或会议成员到齐时选票数目仍相等，主席将投决定票。

WD244-062
22.07.02

关于学生成员的活动与行为的规章

2008年规则委员会第1号规章
2008年4月24日公布

按照章程XI的A部分中第4条和校务理事会2002年第42号规章,规则委员会已同意在2008年10月1日即学年开始时实行下述规章。

第1部分　俱乐部、社团和出版物

1.1　成立俱乐部、社团或组织的大学学生成员无论出于何种目的(包括以纸质或电子形式出版期刊、报纸和杂志),若想在其名称中使用大学的名字或徽章,或在期刊、报纸和杂志的名称中使用"牛津"两字,应当:

(1) 向学监申请注册;

(2) 征得校长同意;及

(3) 签署标准形式的大学商标许可。

1.2　俱乐部、社团或组织需连续两个学期向学监申请注册,否则校长不予考虑是否同意其申请,并可适时撤回同意许可。如果俱乐部、社团或组织的注册存在失误或被学监撤回或扣留,校长授予的同意许可也将被扣留或撤回。

1.3　俱乐部、社团或组织如若符合下述1.9—1.11条,即使其名称中不使用大学的名字,仍需向学监注册。

1.4　学监不可无理由地扣留或撤回注册。

1.5　(1) 俱乐部、社团或组织如若不遵守本规章,学监将撤销其注册并/或处以不超过 500 英镑的罚款。

（2）对于任何目前未向学监注册但在前三个学期内曾经注册过的俱乐部、社团或组织，本规章仍然适用。

1.6 俱乐部、学会或组织的管理委员会的任何成员在举办活动或行使职能或其他情况下，不得鼓励或煽动任何违反章程 XI 及依照它而制定的任何规章的行为。

1.7.（1）每个注册的俱乐部、社团或组织将由学监视情况指定为：

（a）与体育无关的俱乐部、社团或组织（"非体育俱乐部"）；或

（b）为体育而办的俱乐部、社团或组织（"体育俱乐部"）；或

（c）以纸质或电子形式出版期刊、报纸或杂志的组织（"出版单位"）。

（2）任一非体育俱乐部和出版物须通过学监秘书向学监申请注册，任一体育俱乐部须通过体育系主任向学监申请注册。

（3）在本规章中，"非体育俱乐部"、"体育俱乐部"和"出版物"是指相关的俱乐部、社团或组织的成员。

1.8 任一向学监申请注册过的俱乐部、社团或组织应有权利以自身名义向牛津大学计算机服务（"OUCS"）申请使用信息技术（"IT"）设施（例如电子邮件和网页发布）。由 OUCS 分配的相关设施应由俱乐部、社团或组织负有如下责任：

（1）仅一人可被指定为有权获得大学电子邮件账户（由 OUCS 规则定义），且其应作为 IT 行政官员，其职责应包括就分配设施使用情况与 OUCS 联络和向其继任者转交所有（无论以何种形式记录的）关于分配设施使用情况的记录。

（2）将一名成员（应是学生，特殊情况下可以是摄政院成员，其可以是，但不必是 IT 行政官员）指定为其主要的网络管理员，其职责应包括保持网络信息提供商对大学准则的注意，并统筹和调节对俱乐部、社团或组织使用的网络设施的访问；

（3）遵守 OUCS 制定的有关 IT 设施使用的规章以及 OUCS 为学生俱乐部、社团和组织使用 IT 设施不时发布的准则（包括关于电子邮件列表操作的准则）；

（4）确保所有负责俱乐部、社团或组织 IT 资源的指定人员有能力应对本条的要求，必要时能在 OUCS 的指导下接受培训。

非体育俱乐部

1.9 （1）每个向学监注册的非体育俱乐部应当：

（a）制定一个规章并将副本提交给学监；学监可要求规章采取其规定的

格式,以确保俱乐部的管理适用于相应法规;

(b) 遵守依据上述(a)所制定的规章;

(c) 在上述(a)制定的规章有任何变化时,及时通知学监;

(d) 向学监报告本学期的会议安排和发言者(例如可通过发送学期卡副本),且不得迟于每个完整学期的第二周结束之时;

(e) 任命一名学生成员或以课程学习为目的加入了下述(l)所列的其他机构的成员为主席(或类似的主要行政官员)(在后一种情况下,由选举产生的成员应签署遵守本规章的承诺书,并接受学监对俱乐部事务的管理);

(f) 任命一名学生成员或以课程学习为目的加入了下述(l)所列的其他机构的成员为秘书(在后一种情况下由选举产生的成员应签署遵守本规章的承诺书,并接受学监对俱乐部事务的管理),其应负责各种活动的记录;

(g) 任命一名学生成员或以课程学习为目的加入了下述(l)所列的其他机构的成员为会计主管(在后一种情况下由选举产生的成员应签署遵守本规章的承诺书,并接受学监对俱乐部事务的管理),其应负责正确地记录金融交易,以供依据下述(i)任命的高级成员或学监审查;并应在每个完整学期的第二周结束之前向学监提交由高级成员签字的上个学期账目的副本(格式可由学监规定),该副本将保留于学监档案中;

(h) 避免任命几人联合担任(e)、(f)和(g)中说明的职位或一人同时担任两个以上的职位;

(i) 任命一名摄政院成员为高级成员,在担任此职位时,其应是非体育俱乐部委员会的成员;

(j) 在每个完整学期的第二周结束之前将其委员会成员的名字报告给学监;

(k) 若(e)、(f)和(g)中所指的职位的担任者有任何调整,应立即向学监报告;

(l) 仅以下人员有成员资格:本校成员,注册的访问学生,以及经俱乐部委员会同意的在本校注册攻读学位和证书的学生,非本校但属永久私人学堂的学生,拉斯金学院、里彭学院、卡兹登、牛津法律实践研究所的学生,注册攻读牛津大学学位或牛津大学承认的其他资格证书的牛津布鲁克斯大学威斯敏斯特研究所的成员;

(m) 如果愿意接收其他非本校人员或上述(l)列出的机构中的人员为成员,则其人数不得超出成员总数的五分之一;

(n) 如果上一年营业额超过15000英镑,或者由于活动的性质或规模发生变化有信心认为当年会有此等营业额,应将账目(格式可由学监规定)交予由学监事先核准的有适当资格的人士,由其进行独立的专业审查和报告;

账目应在其财政年年底前的四个月内准备好以备进行独立的专业审查和报告,审查和报告的费用应由非体育俱乐部承担;如果学监核准的人提出要求,非体育俱乐部应提交账目和相关材料以作为会计程序审查的基础,其费用同样由非体育俱乐部承担;

(o) 如俱乐部管理章程中所详述,应建立成员注册表并及时更新,注册表中的成员应选举或任命行政官员(包括e项、f项和g项中所指明的行政官员)并对非体育俱乐部的活动负有最终责任;学监可随时审查该成员注册表;

(p) 如果非体育俱乐部停止运作或将要解散,应报告学监,同时提交账目的决算陈述(格式可由学监规定)。

(2) 非体育俱乐部的每个行政官员在退出任命时,应及时转交给其继任者(或俱乐部委员会指定的另一位成员)所有属于俱乐部的官方文件和记录,连同其占有的其他任何属于俱乐部的财产(如果俱乐部委员会有此要求),并且必须应要求移交对该俱乐部银行账户的控制权,以及建立社会账户或其他金融事务的权利。

(3) 在特殊情况下,应非体育俱乐部的要求,学监可酌情减免上述第1款中(e)—(j)和(l)—(n)项的任何要求,学监可根据这些条款和具体情况施行。

体育俱乐部

1.10 (1) 每个向学监注册的体育俱乐部应当:

(a) 制定一个法规并将副本提交给体育主任;该法规必须包括学监基于地区安全事务行政官员(体育)关于安全和保险事项的建议而批准的条款,必须可供体育俱乐部按照本规章上述1.9(1)(e)、(f)、(g)和(h)中的规定任命一名主席(或类似的主要行政官员)、一名秘书和一名会计主管;必须可供俱乐部依据本规章上述1.9(1)(l)和(m)接收成员;必须如俱乐部法规所详述,保存一个成员注册表;如果俱乐部停止运作或将要解散,应通过体育主任报告学监,同时提交账目的决算陈述(格式可由学监规定);必须保证管理俱乐部的委员会中本校人员(无论其是学生还是其他人员)占大多数;学监可要求法规采取其规定的格式,以确保俱乐部的管理符合相应法规;

(b) 遵守依据上述(a)制定的法规;

(c) 在依据上述(a)制定的法规有任何变化时,及时通过体育主任通知学监;

(d) 在学监咨询体育战略委员会后认为适当的情况下,被指定或重新指定为"基础体育"、"发展体育"、"健全体育"或"公认体育";

(e)向委员会任命一名高级成员(应当是摄政院会议的成员),俱乐部通过该高级成员向学监负责;在特殊情况下(例如没有找到合适的摄政院成员),一个得到认可的体育俱乐部可要求体育主任履行高级成员的职权;

(f)通过体育主任向学监呈递年度账目、俱乐部的现行法规以及一份行政官员名单(账目提交不得迟于财政年底后的一个月),并符合下列条件:

(i)在注册的第一年,学监可要求俱乐部提交学期账目;

(ii)如果上一年营业额超过 40000 英镑,或者由于活动的性质或规模发生变化有信心认为当年会有此等营业额,体育俱乐部须将账目(格式可由学监规定)交予由学监事先核准的有适当资格的人,由其进行独立的专业审查和报告;

(iii)账目应在其财政年年底前一个月内准备好以备审计,且审查和报告的费用应由体育俱乐部承担;如果学监核准的人员提出要求,体育俱乐部应提交账目和相关材料作为会计程序审查的基础,其费用同样由体育俱乐部承担;

(g)确保所有领取薪金和不领取薪金的俱乐部行政管理人员和教练的任命都得到体育战略委员会的批准,所有教练都得到相关国家治理机构的相应认可;

(h)应建立一个合适的俱乐部网页并及时更新,该网页(至少)要展示俱乐部当前联系方式、法规及已获批准的有关安全问题和风险评估的处理规范。

(2)任何由体育俱乐部批准或宣传的俱乐部官方活动或竞赛(在俱乐部已获批准的有关安全问题和风险评估的处理规范中已包含的活动除外),其组织者须最迟于议定活动举办日前第 21 天向学监提交活动计划和风险评估,连同相应的保险文件证据。组织者应遵循学监具体指明的有关活动举办的条件(学监可听从大学司仪官[University Marshal]和区域安全行政官员[体育]的建议)

(3)体育俱乐部的每个行政官员在离职时应及时向其继任者(或俱乐部委员会指定的另一位成员)移交所有属于俱乐部的官方文件和记录,连同其占有的其他任何属于俱乐部的财产(如果俱乐部委员会有这方面的要求),并且必须要求移交对该俱乐部银行账户的控制权、建立社会账户的权利或处理其他金融事务的权利。

(4)任何已注册的体育俱乐部可通过体育战略委员会向学监申请获取合作建立联邦组织或代表队的许可。

(5)每项运动只能注册一个俱乐部,该俱乐部可是包含多项运动的联盟制俱乐部。

(6)在特殊情况下,应体育俱乐部通过体育主任提出的要求,学监可酌情减免上述(1)中(a)—(g)的要求,学监可根据这些条款和具体情况施行。

出版物

1.11 (1)向学监申请注册的出版物应当:

(a)在每个完整学期的第二周结束前向学监报告本出版物的编辑人员和同意承担财务责任的人员的名字,并应及时向学监报告编辑人员的变更情况;

(b)任命一名摄政院成员为高级成员,其应被及时告知本刊物的活动情况;

(c)为金融交易保持正确的记录,其可应高级成员或学监要求接受审查;并在每个完整学期的第二周结束之前向学监提交由高级成员签字的上个学期账目的副本(格式可由学监规定),该副本将保留于学监档案中;

(d)当出版物停止发行时应通知学监并同时提交财政陈述;并

(e)如果上一年营业额超过15000英镑,或者由于活动的性质或规模发生变化有信心认为当年会有此等营业额,应将账目(其格式可由学监规定)交予由学监事先核准的有适当资格的人,由其进行独立的专业审查和报告;账目应在其财政年年底前的四个月内准备好以备进行独立的专业审查和报告;如果学监核准的人员提出要求,出版物应提交账目和相关材料作为会计程序审查的基础,其费用同样由出版物承担;

(2)在特殊情况下,应出版物要求,学监可酌情减免上述(1)中(b)、(c)的要求,学监可根据这些条款和具体情况施行。

第 2 部分 财产污损和未授权广告

2.1 任何学生不得蓄意或无心地,在无法律授权的情况下,在卡法克斯六英里范围内:

(1)在任何楼宇、墙壁、围栏或其他建筑物上涂鸦及张贴或附着任何海报;

(2)在公共场合展示任何广告资料。

第3部分 考试后的行为

3.1 学生必须熟悉发布于学监办公网站上的章程 XI 中的学监指令。

3.2 （1）除考生本人外,任何学生不得在下午12点15分至1点或5点15分至6点,或有十名或以上考生参加的大学公共考试的预定时间开始前15分钟至结束后30分钟之间做以下事情,即便是有一人或多人陪伴亦如是：

(a) 无学监的事先许可,在正在进行或刚刚结束的考试所在地300米范围内的公用通道聚集；或

(b) 已聚集在上述地点一英里范围内的公用通道,当一个或数个学监、司仪官或其他工作人员要求其离散时,拒不服从其离散指令。

(2) 为达到此规章的目的,学生如果聚会或构成部分集会,并导致或有可能导致公用通道阻塞的,都应被视为聚集。

3.3 （1）任何学生不得在卡法克斯六英里范围内一般公众能够进入的任何地方或通道蓄意或无意地乱扔、喷洒或放置有可能导致人员受伤,或导致财产损坏、污损或毁坏,或造成垃圾乱丢的任何物品。

(2) 任何学生不得为了造成上述(1)中任一后果而蓄意持有任何物品。

第4部分 海外活动

4.1 （1）未得以下人士事先许可,任何学生不得在一个完整学期期间或一个完整学期前的星期四和星期五参加任何包含海外游的体育观光：

(a) 该生所在学院、学会、永久私人学堂或其他指定研究所的高级导师；和

(b) 学监。

(2) 高级导师的书面许可以及学监的要求。

4.2 无论在学期中或假期里,任何学生不得参加任何由在学监处注册的俱乐部、社团或组织举办的海外活动,除非此项活动的计划最迟在人员离开英国前一个月已报告至主管体育的主任(如果是体育俱乐部组织的活动)或大学司仪官(如果是非体育俱乐部和出版社组织的活动)处。

4.3 任何参加此种海外活动的学生都应遵循学监或体育主任或大学

司仪官在推荐信上提出的条件,例如:关于联系地址的问题、健康、安全和保险的情况,以及与陪同前行的教练、训练员或高级成员的契约。

第 5 部分　河上泛舟

5.1　除了在完整学期期间的星期一到星期五上午 8 点 30 分至下午 1 点,未得学监允许,任何学生(除了目前居住在万灵学院、凯洛格学院、利纳克尔学院、努菲尔德学院、圣安东尼学院、圣十字学院、坦普尔顿学院①或沃尔夫森学院的学生)未得学监事先许可不得在河上泛舟,但划单人艇者除外。

5.2　任何学生不得明知故犯:由体育主任或区域安全行政官员(体育)制定或授权的有关水上安全的规章或指示,由牛津大学划舟俱乐部制定且经学监同意的有关水上安全的规章或指示,由负有相关责任的外部机构,例如环境局或业余划舟协会,制定的有关水上安全的规章或指示。

5.3　任何学院、学会、永久私人学堂或其他指定的教育机构(或在此基础上的数个教育机构)若要在卡法克斯六英里范围内举行划船竞赛,其组织者应最迟于议定的比赛日期前第 21 天向学监提交活动计划和风险评估,连同相应的保险文件证据,并应遵循由学监具体指明的举行比赛的条件[学监可听从大学司仪官和区域安全行政官员(体育)的建议]。

---

①　这项豁免权从 2008 年 10 月适用于联合格林坦普尔顿学院(the Combined Green Templeton College)的研究生。

关于考生纪律的规章

2003年学监第1号规章

2003年10月1日学监制定;2003年10月30日校务理事会批准

1. 本规章由学监行使章程IX第22条所规定的权限而制定,并由校务理事会在章程XI第6条第2款中指定为纪律性规章。

2. 在本规章中:(1)"考试"包括对专题论文、学位论文、小论文或其他虽不以正式考核方式进行但构成了获得学位或其他学术奖励之一部分的课程作业的提交和评估;(2)"考场"是由各考试院(schools)书记员指定或由学监批准的、供一个或多个考生参加考试使用的房间。

3. 禁止任何考生在考试之前、考试过程中或考试之后通过任何欺骗或不诚实手段取得或试图取得不公平的成绩优势。

4. 考生在考试中不得把他人成果的任何部分或任何部分的实质内容当作自己的成果去呈现。

5. 任何书面成果(无论是专题论文、学位论文、小论文、课程作业还是书面考试)中引用或近似地转述他人作品内容的部分都须注明为引用或转述,且须清楚注明所引用或转述材料的出处。

6. 任何人不得在考试前、考试过程中或考试之后不诚实地向考生提供帮助,以给予其或试图给予其不公平的成绩优势。

7. 任何考生不得携带明令禁止带入考场的任何资料(包括复习提纲)以及设备进入考场,也不得使用或试图使用它们。

8. 禁止任何考生抄袭他人试卷或不诚实地以其他方式接受他人帮助。

9. 考试过程中,考生不得和除监考老师以外的其他人交谈。

10. 未经监考老师同意,考生不得擅自离开或重新进入考场。

11. 未经学监或监考老师同意,考生在开考30分钟后不得进入考场。

12. 在以下情况下，未经学监或监考老师同意，考生不得擅自离开考场：

(1) 开考 30 分钟内；或

(2) 考试的最后 30 分钟内。

13. 考生不得在考场或有考试进行的楼宇内吸烟，也不得有干扰或可能干扰其他考生考试的其他任何行为。

14. 考生在考试中只能使用考场为其提供的纸张。

15. 考试结束时，考生必须向监考老师交回所有的答题纸，包括已用和未用的草稿纸。除了刚刚结束的考试的试卷，其他纸张不得带离考场。

16. 除了下面第 17 条规定的情形，否则考试所需的一切物品和用具都必须放入透明袋子中方可带进考场。

17. 考生必须把非透明的袋子交出以接受检查，无监考老师的特殊批准，必须将其放置于书包和个人物品的指定存放位置。

18. 禁止任何考生携带手机进入考场。

19. 考生必须穿全套校服方可进入考场。

20. 考试期间，考生必须遵从监考老师和学监的指令，包括离开考场和考场所在楼宇的指令。

WD288-072

16.01.04

关于学监对考生进行管理的规章

2005 年学监第 1 号规章
2005 年 10 月 1 日学监制定;2006 年 6 月 27 日修订

1. 本规章适用于本校所有考试,包括所有规章中所述的所有资格性考试。

2. 本规章中的"学院"指任何学院、学会、永久私人学堂或由校务理事会通过规章指定的其他教育机构,这些教育机构被许可呈送考生参加入学考试。

3. 考生应确保向考官提交他(或她)想要呈现于考官的所有材料,并遵循有关上交书面成果比如学位论文、小论文、项目报告等的相关规定。考生上交的书面成果未经学监同意不可要回,且不可在同样的考试中用修改后的作品替代。

4. 每位考生都应把本人的校园卡正面朝上放在正在答题用的桌面上。

5. 考生在书面考试期间如有身体不适,经监考老师同意可离开考场,如返回时考试仍在进行,考生可返回考场继续答卷,但机会只有一次并且不能获得额外的答题时间。如果考生因再次出现身体不适的状况而影响答题,考生应告知监考老师以便上交答卷。考生有责任取得医学证明,并根据大学考试行为总则的相关规定说明其身体不适状况对考试表现的影响程度。

6. 在笔试部分完成之后,考生不可擅离考场。结束时间应在最后一张试卷完成之后或学位论文或其他书面材料应当提交之时,以二者较晚的时间为准。

7. 如对监考事项有疑问,不应直接向考官提出。考生应通过高级导师或其学院的同级别行政官员来和考官沟通。如果该考生想对监考事宜进行调查或提起投诉,该调查或投诉必须在该项考试结果公布三个月内向高级导师或其学院同级别的行政官员报告,之后将根据校务理事会关于学监对投诉进行调查的规章处理此事。为取得研究性学位或更高的博士学位的考生可以直接向学监反映对其考试行为的质疑或投诉；根据校务理事会关于学监对投诉进行调查的规章，该质疑或投诉必须在考试结果公布的三个月内进行。

关于学监根据章程 XI 的规定进行纪律调查的规章

2006 年校务理事会第 2 号规章

2006 年 6 月 1 日校务理事会制定;2009 年 6 月 11 日修订（2009 年 10 月 1 日生效）

1. 在本规章中：

（1）除非另有说明,所指的条款均为章程 XI 中的条款；

（2）所指的"学院"包括学院、学会、永久私人学堂和由校务理事会通过规章指定的其他教育机构,这些教育机构被许可推介考生参加入学考试。

（3）"学生"是指本校的学生成员；

（4）在谈话或听证会前下发的通知如注有"净天数",那么收到通知的当天和谈话、听证会举行当天不算在内；

（5）如无相反证明,学监下发的任何通知均应被视为在下发第二日送达。

总则

2. 本规章 1—12 条适用于学监根据章程 XI 中 22、23、24、36、39 和 42 条行使权利和履行职责时的情形。

3. 这些规章下的任何调查均应按如下方式进行：

（1）在合理的期限内；

（2）在各种情况下均以一种公正、公平、合理的方式进行。

4. 学监可指派其工作人员或其他合适人选询问所调查事项的进展。

5. 如果学监与大学司仪官商量后认为得到的证据可能会揭露大学委员会的一系列违法犯罪行为，那么他们应该在继续推进内部调查之前咨询相关警方的意见。

6. 根据在最初调查中和进一步调查中取得的细节，学监应该采取措施，访问与案件有关的人员或要求其提供相关信息，或者指派书记员或其他合适人选代表学监进行访问，并搜集整理那些可作为证据的资料。

7. （1）所有访问都应有现场记录。

（2）如果访问有书面记录，那么应让学生本人及其代理人在记录上签字。如果被访者拒绝签字，调查者应注明"证据已提供，但提供者拒绝签字"。

（3）如果访问被录音，调查者应遵循1984年《警察与犯罪证据法令》中的相关规定采取合适的程序。

8. 被学监邀请受访的人员应由一名摄政院成员陪同。

9. 学监在邀请有犯罪嫌疑的学生受访时，除紧急情况外，均应在访问调查开始的净2天前向其下发通知，并注明日期、时间、地点和其他指控其违法犯罪的详细说明。

10. 在访问开始时应提醒学生：

（1）他（或她）有权保持沉默，但是他（或她）所说的每一句话都有可能成为学监指控他（或她）的证据。

（2）在决定其有罪或无罪时，会将其拒绝回答的问题考虑在内。

11. 如果在访问的过程中，被访学生不是嫌疑人，但其所提供的证据却显示他（或她）可能在该案件或其他案件中有违法行为，那么学监应暂时不予考虑其所陈述之事的真实性，且在访问继续进行前提醒被访者上述第10条中的有关规定。

章程 XI 第 23 条第 2 款中所述的即时性罚款

12. 如果诸学监根据章程第23条第2款中的规定授权某个学监或某个人要求学生缴纳即时性罚款，那么被授权的学监应向学生下发罚款通知且注明罚款原因和金额，并告知对方有权向学生纪律专门小组提出上诉。

（2）即时性罚款最高额度不应超过2006年校务理事会第6号规章第2条所限定的额度（参见章程 XI 第 25 条第 3 款 a 项的内容）。

（3）不论该学生成员是否准备上诉，即时性罚款都应在两个工作日内将罚款通知上交学监书记员。

（4）如果学生对罚款或罚款金额不满且想提出上诉，那么他（或她）有权根据章程 XI 和依据章程 XI 制定的规章中的规定向学生纪律专门小组提出上诉，并可根据下述第 14 条 12 款中的规定申请撤销罚款。

章程 XI 第 25 条中所述的即时性司法程序的执行

13. 在任何案件中，如果学监认为可行使章程第 25 条中赋予的权利，那么学监应该向学生发出通知，通知包括以下内容：

（1）告知该学生对其提出的控告，并根据章程 XI 中的相关条款指认其构成犯罪的行为或不作为；

（2）详细叙述控告的细节，包括被指控的犯罪行为发生的日期或日期区间，或者是大概的日期或日期区间，以及被指控的犯罪行为发生的地点。

（3）将章程 XI 第 26 条中赋予学监的权利（包括可能的制裁和上诉权）告知被指控的学生；

（4）将学生纪律专门小组可选择的程序（包括可能的制裁和上诉权）告知被指控的学生。

（5）征求学生意见，看其是否愿意将此事交由学监根据章程 XI 第 26 条的规定进行处理，而不是交由学生纪律专门小组进行处理；

（6）要求被指控的学生在收到通知后 7 天内给予学监书面答复，学监之前如未向该生告知相关规章中的规定，应在发通知时附上这些规章的副本。

14. 如被指控的学生作出书面同意，同意将该指控交由学监由其根据章程 XI 第 26 条的规定进行处理，那么应遵循以下程序：

（1）学监应通过书面通知，告知学生听证会的日期，并且至少在听证会前净两天["净天数" 的概念参见本规章第 1 条第 4 款]发出通知；

（2）被指控的学生有权要求摄政院成员作为陪同或作为其代理人出席听证会；

（3）学监如认为合理，可以同意被指控的学生要求听证会暂停的申请；

（4）若非不可控的外部环境因素导致被指控的学生缺席，听证会可以在被指控的学生缺席的情况下由学监主持进行；

（5）学监书记员应宣读指控内容；

（6）学监应询问被指控的学生是否理解指控内容；

（7）如果被指控的学生承认理解指控内容，学监或由学监任命的人员应对案例作简单的总结，并询问被指控的学生是否承认所指控罪行属实；

（8）如果被指控的学生供认不讳，那么

（a）被指控的学生应被邀请为减轻处罚而作出辩护,也可召唤与判决有关的证人;

（b）如果被指控的学生召唤证人,学监们也可以召唤证人作为回应;

（9）如果被指控的学生否认被指控罪状,那么

（a）学监或由学监任命的人员和被指控的学生都有权在听证会上出示证据、做开场陈词、召唤证人并对出庭作证的任何人（或财体）提出问题;

（b）学监应首先陈述案例;

（c）可做最后陈述,且被指控的学生有机会最后一个发言;

（10）学监在作出判决和决定处罚措施,学生应被要求退场;

（11）学监应宣布他们的判决和处罚措施;

（12）征收的罚款和赔偿金应在七日内上交学监书记员;

（13）如果被指控的学生向学生纪律专门小组提出上诉,他（或她）可以向学监或专门小组提出申请,要求其根据章程 XI 第41条第1款的有关规定撤销罚金或延缓罚金的支付;

（14）学监有责任确保整个程序有书面记录;

（15）学监应以书面形式向院长递交被指控的学生和该生所在学院的调查结果和采取的处罚措施。

章程 XI 第 23 条中所述的转交给学生纪律专门小组处理的控告

15. 在任何案件中,学监都应起草诉讼程序,学监递交于学生纪律专门小组秘书的传票标志着诉讼程序的开始,传票应包含的内容可参照章程 XI 第2、3条中具体陈述的关于相关犯罪行为的规定:

（1）构成犯罪的某种或各种行为,以及作为或不作为;

（2）被指控的犯罪行为发生的日期或日期区间,或者是大概的日期或日期区间;

（3）必要时,被指控的犯罪行为发生的时间和地点;

（4）必要时,被指控的犯罪行为所影响的人员和财产。

（5）在调查过程中获得的口述证据和其他各种证据的副本。

关于学生纪律专门小组的规章

2006 年校务理事会第 3 号规章

2006 年 6 月 1 日校务理事会制定；2008 年 5 月 1 日、2009 年 1 月 15 日、2009 年 6 月 11 日修订（2009 年 10 月 1 日生效）

第 1 部分　总纲

1.1　在本规章中：

（1）除非另有说明，所指的条款均为章程 XI 中的条款；

（2）所指的"学院"包括学院、学会、永久私人学堂和由校务理事会通过规章指定的其他教育机构，这些教育机构被许可推介考生参加入学考试；且

（3）"专门小组"是指学生纪律专门小组。

1.2　教务长应当任命一人来担任专门小组秘书（下称"秘书"）。

第 2 部分　会议的召开

2.1　专门小组在每个完整学期应当至少召开三次固定的会议，一次应在长假中召开，其余由主席或副主席视需要决定日期。

2.2　秘书应当负责为每次会议做必要的安排。

2.3　秘书应当邀请三名专门小组的成员组成一个会议小组来促成此规章的施行；其成员应当包括至少一位主席或副主席。

2.4　如果在已议定的听证会七天之前秘书尚未收到专门小组的任何相关通知，那么他（或她）应当通知专门小组和学监书记员此日期已失效。

2.5 正常情况下,所有的听证会都应当是非公开的。鉴于当事双方的意见,专门小组有权决定是否以公开的方式举行听证会。

2.6 所有的与调查相关的证据或者材料都应当被视为绝密。除非在接受当事方申请之后,专门小组决定公开相关的证据或材料。

第3部分 章程XI第23条中所述的转交给学监处理的控告

准备工作

3.1 学监若根据章程XI第23条的规定,将传票递交给秘书,秘书应当书面通知被指控的学生,学监已经向专门小组提交了对他的指控,并且应当发给他(或她)传票。根据章程XI中相关条款的规定,传票应当包括以下内容:

(1) 构成犯罪的某种或各种行为,包括作为或不作为;

(2) 被指控的犯罪行为所发生的某个日期或某个日期区间,或者是某个大概的日期或日期区间;

(3) 如相关,被指控的犯罪行为所发生的时间和地点;

(4) 如相关,被指控的犯罪行为所影响的人员和财产。

3.2 秘书应当在传票中附加以下内容:

(1) 在调查过程中获得的口述证据和学监需要的其他证据的副本;

(2) 章程XI和根据此章程制定的关于指控事项的任何规章的副本;以及

(3) 本规章的副本。

3.3 秘书应当决定听证会的日期,并应最迟于听证会前净七天通过书面形式,将听证会的日期、时间和地点告知各方;

3.4 本规章3.1中的通知应送达被指控的学生,如果地址变化,则送达至其学院或者最后一次接收通知的地址。

3.5 被指控的学生至少在已议定的听证会净三天之前,将他(或她)计划在听证会上出示的证据(如有可能,应当包括证人的证言)交给秘书。秘书也应当将一份副本送达学监。

3.6 学监或被指控的学生均有权在任何时间以书面形式向秘书提出延期听证会的申请;收到申请的主席或副主席有权批准或拒绝延期。

3.7 如果主席或副主席认为可行,有权在听证会开始之前的任何时间取消听证会,并以其他安排替代。

3.8　在没有诉讼的情况下,主席或副主席有权制定新的议事程序。

3.9　任何听证会都应当在学监递交申请之后的一个月内举行,除非主席或副主席认为有充足的理由延期。

3.10　如果一方希望由其他人代理,应当尽快将其代理人的姓名和具体通讯方式告知秘书。秘书应当将这些信息传达至其他有关方。

3.11　(1) 任何一方均可以书面形式向主席询问有关程序的问题,包括:

(a) 学监为指控所预备的更多的信息;

(b) 被指控的学生所提供的预备在听证会上出示的证据(如有可能,应当包括证人证言);

(c) 对传票的修改,如追加、删除或者变更某项条文以使其更加适合具体情况。

(2) 任何申请应当首先提交给秘书,然后申请方应同时通知其他有关各方。

(3) 若其他有关各方没有反对意见,主席或副主席可以在不举行口头听证会的情况下作出相关决定。

(4) 若申请存在争议,或者主席或副主席认为当前情况有必要举行听证会,那么他(或她)可以要求专门小组为此申请举行听证会。

3.12　在遵循公平公正原则的前提下,专门小组可以将针对不同人的指控合并进行听证。在程序开始之前,被指控的学生应当被邀请来旁听小组将要讨论的事务。

3.13　被指控的学生的案件应由学监或者符合章程 XI 第24条的其他人呈递。

3.14　(1) 如果学监认为某项案例应当由一位不属于摄政院成员的初级律师或职业律师呈递,那么他们应当咨询法律服务办公室。

(2) 在作出决定时,他们应当考虑所有的关联因素,包括:

(a) 案例的性质和复杂性;以及

(b) 被指控的学生是否由他人代理;如果是,代理人的身份。

3.15　本规章中所指的学监应当包括其他任何被任命呈递该案例的个人。

3.16　被指控的学生有权选定别人作为自己的代理人,且该代理人无须具有法律专业资格。在这种情况下,文本中所指的被指控学生应当包含其代理人。

听证会

3.17 (1) 举证的责任应由学监承担。

(2) 举证所采用的是民事标准,即对可能性的衡量。

3.18 指控应由秘书进行宣读,被指控的学生将被讯问他(或她)是否承认所犯罪行。

3.19 被指控的学生及任何出庭作证者的书面陈述应当被认为是个人的首要证据。专门小组可允许增加额外的问题。

3.20 秘书应当对整个过程做完整的记录。

承认有罪

3.21 如果被指控的学生对指控供认不讳,则

(1) 学监应当对案例作简单的总结,其中应当包含其认为合适的惩戒方式;

(2) 被指控的学生有权召唤与处罚措施有关的证人,而学监们也可以召唤证人出庭作证作为回应;

(3) 被指控的学生有权为减轻处罚而作出辩护,学监有权对此回应;之后该学生仍有一次机会回应;在这之后

(4) 专门小组应当休会,以根据章程 XI 第 11 条规定的权力来作出合适的判决,并在听证会上公布。

不承认有罪

3.22 如果被指控的学生拒不承认指控中的内容,那么应当采取以下程序。

3.23 (1) 相关各方均有权在听证会上出示证据、做开场陈词、召唤证人,并对出庭作证的任何人(或团体)提出问题。

(2) 应首先由学监方出庭辩护。

(3) 在小组没有另行允许的情况下:

(a) 学监无权召唤任何未将陈述事先通报给被指控学生的证人;

(b) 如果专门小组根据上述 3.11(1)(b) 发布了一条命令,那么被指控学生出示的证据将不得超越该命令所规定的范围。

(4) 可做最后陈述,被指控的学生应有做最后发言的机会。

(5) 若非不可控的外部环境因素导致被指控的学生缺席,听证会可以在被指控的学生缺席或学监缺席时由专门小组举行。

(6) 在听证会的任何阶段,如果专门小组认为公正,可允许学监通过追

加、删除或者变更某项条文来修改传票,以使条文公平、合理。

3.24　在听证会的裁决阶段,当专门小组考虑判决结果时,专门小组和各方应当退场。

3.25　当案件被证明为真实时,专门小组应当宣布其裁决,然后

(1)邀请学监提出合适的处罚措施;

(2)被指控的学生有权召唤与处罚措施有关的证人,并为减轻处罚而进行辩护;

(3)如果被指控的学生召唤证人出庭作证,学监们也可以召唤证人作为回应;并且

(4)专门小组应当休会以根据章程 XI 第 11 条规定的权力决定处罚措施,并在听证会上公布。

休会

3.26　专门小组若认为合适且公平,可随时暂停任何起诉程序。

罚款与赔偿金的缴纳

3.27　当事人若被要求支付赔偿或罚款金,应当在作出书面判决后七日之内交予学监书记员,除非专门小组允许以分期形式支付(支付数额由小组决定)。

费用

3.28　(1)如果被指控的学生最终被宣判无罪,那么专门小组有权要求大学负担他(或她)的全部或部分诉讼费用。

(2)如果专门小组没有作出这样的要求,那么被指控的学生应当负责承担在准备诉讼和诉讼过程中所产生的任何费用。

判决

3.29　(1)专门小组通常应在听证会结束后的两周内提供一份合理的书面判决结果。

(2)秘书应当将判决书的副本呈递至学监和被指控的学生。

3.30　主席有权根据相应的书面证明来更正专门小组的判决记录文件中的任何偶然性错误。

第 4 部分　根据章程 XI 第 27 条向专门小组上诉的判决

4.1　除非在主席或副主席允许的情况下,根据章程 XI 第 27 条规定,任何针对学监的判决作出的上诉都应当在判决后七天之内以书面方式送交秘书。

4.2　上诉书应当写明是针对证据的认定、罪名的确立或者是处罚措施,抑或是涵盖上述几点;同时应当包含上诉的依据。

4.3　在收到上诉三日之内,秘书应当呈递一份副本给学监。

4.4　在收到上述通知后七日之内,学监应当将以下文件交于秘书:
（1）学监曾提供给学生的所有文件;以及
（2）一份关于他们作出此判决的理由的声明。

4.5　上诉的管理和听证的程序应当遵循本规章第 3 部分的规定。

4.6　在对本部分所述上诉进行判决时,专门小组可以决定取消或者延期缴纳罚款和/或赔偿金。

第 5 部分　根据章程 XI 第 34 条第 2 款、第 36 条第 2 款、第 38 条第 2 款或第 41 条第 5 款提出的上诉

5.1　任何根据章程 XI 第 34 条第 2 款、第 36 条第 2 款、第 38 条第 2 款或第 41 条第 2 款提出的上诉都应当以书面形式送交秘书,并附上上诉的理由。

5.2　（1）在收到上诉后三日之内,秘书应当呈递一份副本给学监。
（2）如果上诉是基于章程 XI 第 35 条第 2 款,那么秘书还应当将一份副本送交学生成员所在学院的院长处,并要求该学院在接到上诉通知的五日内作出详尽的书面陈述。

5.3　在收到上诉通知后七日之内（如果上诉是基于章程 XI 第 35 条第 2 款作出,则为十日）,学监应当将其对上诉的回应送交秘书,其中应当包括:
（1）学监曾提供给学生的所有文件;
（2）如果可行,应附加一份关于其作出此项措施原因的书面声明;以及
（3）学监作出回应时所使用的其他任何证据。

5.4　秘书应当尽快设定听证会的日期与时间,并在预设日期整七天之前将通知送达相关的学生和学监。

5.5 秘书应当在听证会举行七日之前将学监根据本规章5.3条对上诉作出的回应的副本送达学生成员,如果可行,还应将学院根据本规章5.2(2)作出的书面陈述送达学生成员。

5.6 根据本部分规章举行上诉听证会应当遵循以下程序。

5.7 (1)相关各方均有权在听证会上出示证据,做开场陈词,召唤证人,并对出庭作证的任何人提出问题。

(2)学监方的案例应当被首先举出。

(3)可做最后陈述,被指控的学生应有作最后发言的机会。

5.8 秘书应当对整个过程做完整的记录。

5.9 在听证会的裁决阶段,当专门小组决定判决结果时,专门小组和各方应当退场。

5.10 专门小组若认为合适且公正,可随时暂停任何起诉程序。

5.11 (1)专门小组应当在听证会上宣布其判决,并应在听证会结束后的两周内以书面形式列出判决依据。

(2)秘书应当将判决书的副本呈递至学监和相关学生。

5.12 主席或副主席有权根据相应的书面证明来更正专门小组的判决记录文件中的任何偶然性错误。

第6部分 辅助权力

对于不缴纳罚款或赔偿金的处理

6.1 如果学监、纪律专门小组或者上诉专门小组根据章程XI的条款判定某名学生应缴纳一定数额的罚款或赔偿金,而该学生并没有在规定时间内上交罚款或赔偿金,那么学监应当准备一份传票并递交给秘书,传票应包括以下内容:

(1)作出缴款决定的日期;

(2)应缴纳款项的数额;

(3)缴纳款项的截止日期;

(4)如果被执行人已经缴纳部分款项,那么应当提供他已缴纳款项的数额和具体缴纳日期;以及

(5)还需缴纳的款项的数额。

6.2 秘书应当将学监递交的传票送达学生,而对传票的执行应当在可行的情况下遵循本规章第3部分设定的程序。

6.3　如果专门小组认定该学生未及时缴纳应缴款项的情况属实,则可以在公平、合理的情况下对学生作出勒令退学的处分。

6.4　退学的处分应立即生效,也可以在专门小组认为合适的情况下延缓执行或取消。

被证实有严重犯罪行为的学生

6.5　如果学监得知某名学生被法庭判定有严重犯罪行为(无论在哪个辖区),他们应当准备一份传票并递交给秘书,传票应包括以下内容:
(1) 判决的日期;
(2) 该名学生被判决的罪名;
(3) 作出该判决的法庭;以及
(4) 该名学生被判处的刑罚。

6.6　传票中应当附加有证明效力的判决书,或者其他可以用来证明上述 6.5 条中所列举的可证明事项真实性的官方文件。

6.7　秘书应当将学监递交的传票送达学生,而对传票的执行应当在可行的情况下遵循本规章第 3 部分设定的程序。

6.8　专门小组有权依据任何可信的书面证据或口头证据来判定传票中列举的事项是否属实。

6.9　如果专门小组认定该学生确实有罪且情况与判决相符,则可以在公平、合理的情况下开除该生学籍,或者若认为合适,可对其从轻处罚或给予其他处分。

6.10　除特殊情况导致延期,开除学籍的处罚应当立即生效。

第 7 部分　专门小组诉讼程序的中断

7.1　如果在诉讼程序中专门小组收到投诉称大学中任何成员,无论是作为团体、证人或者以其他身份,作出了违法行为或者触犯了章程 XI 第 2 条或第 3 条的规定,小组应当要求秘书对所投诉的行为作详细的记录。

7.2　如果被投诉者是一名学生成员,那么秘书应当将记录送交学监,学监应当准备一份传票并递交给秘书,并由秘书转交给该学生。

7.3　对于传票的处理也应遵循本规章第 3 部分的规定,专门小组在确定投诉属实后可行使章程 XI 第 39 条第 2 款所赋予的权利。

7.4　如果被投诉对象不是学生成员,那么秘书应当将记录送交教务长,由后者根据章程 XII 展开调查,或者以其认为合适的方式展开调查。

第8部分　向学生上诉专门小组提交上诉

8.1　根据章程 XI,任何因对学生纪律专门小组的决定不满而提交给学生上诉专门小组的书面声明都应当写明上诉的依据,并(除非学生专门上诉小组特别批准)最迟于学生纪律专门小组作出书面决定后的第 14 天递交给学生上诉专门小组的秘书。

关于根据章程 XI 的规定实施罚款和赔偿的规章

2006 年校务理事会第 6 号规章

2006 年 6 月 1 日校务理事会制定；2009 年 1 月 15 日、2009 年 6 月 11 日（2009 年 10 月 1 日生效）和 2009 年 7 月 30 日修订

    1. 依据章程 XI 第 25 条第 3 款 a 项中的规定，学监所能征收的罚款和赔偿金的总金额不得超过 300 英镑。

    2. 本规章第 1 条中所规定的罚款与赔偿金最大额度应每年由学监们审议一次。

关于学生上诉专门小组的规章

2006年校务理事会第4号规章

2006年6月1日校务理事会制定；2008年5月1日和2009年6月11日修订（2009年10月1日生效）

第1部分　介绍

1.1　本规章可用于处理章程XI第17条第1款中提到的所有向学生上诉专门小组提出的上诉。

1.2　提到的"专门小组"是指学生上诉专门小组。

1.3　教务长应当任命一人来担任专门小组秘书（下称"秘书"）。

1.4　（1）该专门小组的建立必须符合章程XI第14条中的相关规定。

（2）总务长应邀请专门小组的每位成员轮流旁听，且每位成员应就是否许可上诉申请及后续上诉申请单独作出决定。

（3）上诉申请及其他后续上诉申请都必须告知接受总务长邀请的专门小组的成员中的首席成员。

1.5　（1）如果专门小组的成员在任职期间辞职、死亡或者失去任职能力，总务长应该任命另外一个具有章程XI第15条中所述成员资格的人来填补空缺。

（2）被任命的人员应完成被替代人员未完成的任期，并可连任。

1.6　专门小组有责任在公平、合理的前提下，充分考虑每个案件的具体情况，尽快听取所有的申请以及上诉，并作出决定。

1.7　当某项申请或上诉需要在章程和规章所指定的期限内提交给专门小组时，如果申请人或上诉人提出要求延长期限的书面申请，那么上诉小组可以根据具体情况，在公平、合理的前提下自行决定是否通过其申请。

1.8　任何根据规章第1.7条提出的书面申请都必须递交给秘书，并且除了陈述上诉的理由,还须解释递交延误的原因。

1.9 在收到申请之后,秘书应立即将其副本送达其他相关各方。专门小组在作出决定之前,必须给予其他各方合理的回应机会,并且只有全面考虑各方的回应之后,专门小组方可作出决定。

1.10 若有人根据章程 XI 第 13 条的规定,对学生纪律专门小组的决定提出上诉,此类上诉申请应立即由教务长送达总务长根据上述规章第 1.4 条任命的专门小组的成员及秘书,同时专门小组应考虑是否希望总务长根据章程 XI 第 15 条任命评审官。

1.11 如果专门小组希望任命评审官,其秘书应立即将该意见转达给总务长。

1.12 如果专门小组表示不希望任命评审官,专门小组仍可在之后的任何诉讼阶段请求总务长任命。

1.13 专门小组可随时免除由总务长任命的评审官,并可要求总务长任命其他评审官。

1.14 正常情况下,所有的听证会都应当是非公开的。鉴于当事双方的意见,专门小组有权决定是否以公开的方式举行听证会。

1.15 所有与调查有关的证据或者材料都应当被视为绝密。除非专门小组在接受当事方申请之后,可决定公开。

第 2 部分 为获得章程 XI 第 13 条所述的上诉的许可而提出的申请

2.1 关于对学生纪律专门小组的决定提出的上诉申请的处理,应按以下方式进行:根据学生纪律专门小组规章的第 3 部分的规定呈递给专门小组的文件和其他由申请者呈递的文件资料应成为作出决定的基础,而不应通过听证会的形式作出决定,除非专门小组认为出于公平公正的考虑必须举办听证会。

2.2 专门小组可要求申请人、学监以及学生纪律专门小组的秘书提供与该上诉相关的更深入的信息,以便决定是否许可该上诉。

2.3 如果专门小组决定召开听证会,秘书应将听证会举行的日期、时间和在牛津大学的具体地点告知申请人和学监。

2.4　专门小组必须综合考虑以下情况以决定是否许可上诉：
(1) 该事件对于上诉人的重要性；
(2) 所提交的上诉是否存在成功的可能性。

2.5　专门小组应将其决定及依据以书面形式递交给申请者、学监和学生纪律专门小组的秘书。

2.6　如果专门小组决定批准上诉，申请书应当被当作上诉通知书，但是专门小组可要求申请者以书面形式提交上诉依据或者就已陈述的依据提供更丰富的细节，若上诉人拒绝这些要求，专门小组可以拒绝进入下一步程序。

第 3 部分　上诉各方及代表

3.1　上诉反对学生纪律专门小组判决结果的当事人应是：
(1) 上诉人；以及
(2) 学监。

3.2　若有人提出申请或者专门小组认为合适，专门小组可以追加其他人员作为上诉的一方。

3.3　任何上诉方都有权在听证会及上诉的其他任何阶段委托他人作为代理人，且该代理人无须具有法律专业资格。

3.4　需由其他人代理的当事人应尽快将其代理人的姓名、住址及电话号码告知秘书。

第 4 部分　专门小组的权力

4.1　专门小组在处理因对学生纪律专门小组的判决不满而提出的上诉时，根据章程 XI 的规定，其权力在章程 XI 第 16 条第 2 款中有具体规定。

第 5 部分　上诉听证会的准备

5.1　在任何时间由任何当事人提出申请且专门小组认为合适的情况下，专门小组将会对上诉处理作出指示或作出安排，并且在上诉人提出申请的情况下，专门小组有权暂缓或改变全部或部分实施进程、决定或建议，且这些进程、决定和建议可牵涉上诉决策过程中的上诉主题。

5.2 若已安排了听证会,专门小组的秘书应最迟于听证会前净14天向各方告知听证会的日期、时间、地点以及代表的权限,包括出席、准备相关材料、传唤证人的权利(章程和本规章中规定的权利);

5.3 专门小组应确立举行听证会的日期、具体时间及在牛津的召开地点,但是若其认为可行,专门小组有权于任何时候缓期举行预定的听证会并且为听证会另作安排。

5.4 (1)任何一方若想请专门小组在听证会上了解其证据或新证据,必须向专门小组提出书面申请,请求专门小组允许自己出示该证据。

(2)每项申请都必须附有其需要召唤的证人的书面声明,并应由证人签字;若无法提供,则需提供证人将要出示证据的详细介绍以及无法提供此声明的原因。

5.5 上述第5.1条和5.4条中关于申请的所有通知,都应由秘书递交给其他各方,专门小组在作出决定之前,必须给予其他各方合理的回应机会,并且只有在全面考虑各方的回应之后,专门小组方可作出决定。

5.6 听证会所需文件包括:

(1)上诉通知(或上诉许可申请);

(2)上诉的书面决定(即上诉主题)以及作出该决定的原因;

(3)以下诉讼程序的记录;

(4)所有证人的书面声明;

(5)向对上诉作出判决的法庭或个人呈递的所有其他文件;

(6)专门小组在处理本上诉过程中参考过的、专门小组要求或允许的其他文件、证人的声明或其他资料。

5.7 秘书的职责包括:

(1)为专门小组召开听证会准备其所需要的所有文件材料,并标注页码;

(2)为所有的文件编排索引并编好页码,并向上诉各方发送索引的副本;

(3)向没有文件副本的上诉方提供副本。

第6部分　上诉听证会

6.1 在未举行口头听证会前不能对上诉作出判决,上诉人及其代表或其他当事人有权参加听证会。

6.2　如果专门小组认为合适,同一个听证会上可有两个或两个以上的上诉人同时在场。上诉人应被邀请旁听专门小组在程序进行之前考虑的事项。

6.3　若非不可控的外部环境因素导致本应参加听证会的某人缺席,专门小组可以在任何有权参加的人员不在场的情况下召开听证会

6.4　专门小组可拒绝某人或某些人参加听证会,若专门小组认为这样做对于听证会的有序进行十分必要的话。

6.5　(1) 专门小组可根据章程和规章自行决定听证会程序。

(2) 专门小组可对程序进行的每阶段设定一个时限,以保证可听到所有的上诉,并在公平公正的原则之下尽快作出判决。

6.6　参加听证会的各方都有权作出陈述、向专门小组致词,以及(在被允许的情况下)根据专门小组的指示召唤证人。

6.7　专门小组若认为合适且公正,可随时暂停任一听证会。

6.8　秘书必须全程出席听证会,且应对整个过程做完整的记录。

6.9　专门小组有权根据相应的书面证明更正专门小组的判决记录文件中的任何偶然性错误。

第 7 部分　专门小组诉讼程序的中断

7.1　如果在诉讼程序中专门小组收到投诉称大学中任何成员,无论是作为团体、证人或者以其他身份,作出了违法行为或者触犯了章程 XI 第 2 条或第 3 条的规定,那么小组应当要求秘书对所投诉的行为作详细的记录。

7.2　秘书应当将记录送交学监,学监应当准备一份传票并递交给秘书,并由秘书转送给被指控的学生。

7.3　对于传票的处理应遵循关于学生纪律专门小组的规章第 3 部分的规定,专门小组在确定投诉属实后可行使章程 XI 第 39 条第 2 款所赋予的权利。

7.4　任何属于传票中被传唤对象的专门小组成员都不应出席处理此投诉的听证会。

关于诉至上诉法庭的规章

2006年校务理事会第5号规章
2006年6月1日校务理事会制定

第1部分 介绍

1.1 本规章适用于章程XI第19条第1款中提及所有诉至上诉法庭的上诉。

1.2 在本规章中,上诉法庭简称为"法庭"。

1.3 由教务长或其所任命的人员担任该法庭的书记员(Secretary)。

1.4 (1) 法庭应按照章程XI第18章的规定组建。

(2) 总务长必须轮流邀请上诉法庭的各位成员与会,并单独决定是否允许上诉及后续上诉。

(3) 上诉申请及相关后续上诉,必须由第一位接受总务长邀请的上诉法庭成员听取。

1.5 (1) 如果上诉法庭成员在任职期间退休、死亡或丧失行为能力,总务长应根据章程XI第17条的规定,任命其他具备成员资格的人员填补空缺。

(2) 上述人员需接任前任剩下的任职时间,并可以被重新任命。

1.6 上诉法庭有责任尽可能有效率地听取所有相关申请和上诉,并充分考虑每个个案的情况并做到公平公正。

1.7 若依据章程或规章的规定,某项申请或上诉必须在特定的时间内向上诉法庭提出,则上诉法庭须在申请人或上诉人书面请求的基础上,本着审慎与公正合理的原则,方能延长申请或上诉的时间期限。

1.8 任何根据上述1.7条提出的书面申请必须递交给书记员,并且表明申请理由及延误原因。

1.9 在收到申请之后,书记员应立即将其复印件送达其他诉讼当事人。法庭在作出决定之前,必须给予其他诉讼当事人合理的答辩机会并对答辩进行斟酌考虑。

1.10 章程 XIV 第 H 部分或 XVII 第 5 条所规定的上诉通知,须由教务长根据上述第 1.4 条规章,立即送达由总务长任命的法庭组成人员及法庭书记员(若该人员不是教务长本人),并要求上诉法庭考虑是否希望由总务长根据章程 XI 第 19 条的规定任命评审官。

1.11 若法庭决定由一名成员单独出席对案件进行审理,该人员将行使章程、规章以及相关参考条文中规定的所有权力。

1.12 在由两名法庭成员审理的诉讼过程中,其中一名审判员因退休、死亡、丧失行为能力或者由于其他原因不得不停止参与审理的,诉讼应在另一名法庭成员的主持下按照独任审判的程序继续进行,并且该成员的行为应适用于 1.11 条的规定。

1.13 如果法庭希望任命评审官,其书记员应立即将该意见转达给总务长。

1.14 如果法庭在任何时候表示不希望任命评审官,其仍然可以在之后的任何诉讼阶段重新请求总务长任命评审官。

1.15 法庭可随时解聘由总务长任命的评审官,并根据自身情况请求任命其他评审官。

第 2 部分　上诉当事人及其代表

2.1 对督察委员会的决定提起上诉的当事人、章程 XII 第 H 部分所提及的上诉当事人和章程 XVII 第 5 条所提及的对校长的决定提起上诉的当事人必须是:

(1) 上诉人;并且

(2) 是代表大学上诉的教务长、律师或校长指定的其他合适的人员。

2.2 在有人申请或者法庭认为适当的时候,可以追加其他人员作为上诉当事人。

2.3 上诉的任何当事人有权在听证及上诉的其他任何阶段委托其他人作为代表,且此申诉人不需具备法定资格。

2.4 欲由其他人代表的当事人应尽快通知书记员其所指定的申诉人的姓名、住址及电话号码。

第 3 部分　上诉法庭的权力

3.1　（1）在对督察委员会的决定提起的上诉中,以及根据章程 XII 第 H 部分的规定提起的上诉中,法庭的权力在章程第 40 条中有具体规定。

（2）在这些诉讼中法庭可以作出该章程第 44 条第 3 款规定的各种裁定。

3.2　在对校长的决定提起的上诉中,法庭的权力在该章程第 6 条及章程 XI 第 19 条第 3 款中有具体规定。

第 4 部分　上诉听证会的准备

4.1　在任何时间,法庭自身有权或在任一当事人提出申请且法庭认为合适时,对上诉作出指示或对上诉的具体步骤作出规定;并且在上诉人提出申请的情况下,法庭有权在上诉正式作出决定之前悬置或改变其所作指示、决定或建议的实施。

4.2　听证会安排好后,法庭书记员必须在听证会召开最迟 14 个工作日前告知各方当事人召开听证会的日期、时间、地点,以及有关申诉人权限、是否出庭、出示材料权限、传唤证人等方面的信息(在章程和本规章许可的情况下)。

4.3　法庭应该为上诉听证会指定日期、时间及在牛津的召开地点,但是在其认为适当的情况下,法庭有权于任何时候缓期举行预定的听证会并且为听证会另作安排。

4.4　（1）任何一方当事人想请法庭在上诉听证会听取证据或新证据,必须向法庭提出书面申请。

（2）每项申请都必须附有待出庭证人已签字的书面声明;在证人无法出庭的情况下,需提供证人将提供的证据的细节,以及无法出庭的书面解释(须签字)。

4.5　根据上述 4.1 条和 4.4 条的规定所作出的裁决,须由法庭书记员呈送给所有当事人,在未给予当事人合理的回应机会,或其回应未被考虑作出回应之前,法庭不能擅自作出决定。

4.6　听证会所需文件包括:

（1）上诉通知(或上诉许可申请);

(2) 关于诉讼主体的书面确定，以及确定理由；
(3) 诉讼程序记录；
(4) 所有证人的证词；
(5) 呈送给特别法庭或呈送给有权确定诉讼主体的人士的其他相关文件；
(6) 其他诉讼过程中法庭要求提交的进一步材料、证人证词等。

4.7　书记员的职责
(1) 准备好法庭召开听证会所需要的所有文件材料，并进行连续标页；
(2) 对所有的文件准备索引并编好页码，并向上诉各方发送索引的复印件；
(3) 为没有相关复印件的当事人提供复印件。

第 5 部分　上诉的听证会

5.1　在未举行听证会前不能对上诉作出决断，且听证会必须允许上诉人及其代表参加。

5.2　听证会一律不公开举行，除非上诉法庭有其他决定。在举行公开听证会之前，上诉人应受邀发表评论，法庭成员小组需对这些评论作出相关考虑。

5.3　如果法庭认为合适，可允许两个及以上上诉人出席同一听证会。在举行听证会之前，上诉人应受邀发表评论，法庭成员小组需对这些评论作出相关考虑。

5.4　法庭可以允许符合出席资格的人员在听证会期间缺席；但上诉人只可因不可抗力等原因被允许缺席。

5.5　在法庭认为有利于维持听证会秩序的前提下，可拒绝相关人员参加听证会。

5.6　(1) 法庭须根据章程及规章的规定，自行制定相关程序。
(2) 法庭需对听证会的每一环节规定限制时间，以保证所有上诉都能在公平公正的基础上及时得到听证和裁决。

5.7　参与听证会的当事人，均有资格按照法庭指示的顺序发言、向法庭陈述及请求证人出庭（得到法庭允许后）。

5.8　法庭在其认为合适且符合公正公平原则的情况下，可暂停或延期举行听证会。

5.9　法庭书记员必须全程参与听证会，并且要完整、充分地对听证会过程进行记录。

第 6 部分　违反法庭诉讼程序的行为

6.1　若在诉讼处理过程中,相关牛津大学成员(无论是当事人、证人或其他人)不守秩序,或违反章程 XI 第 2 条第 7 款的相关规定,法庭可立即命令书记员前往翔实记录。

6.2　若不守秩序或违反规定的一方为学生成员,则应由书记员将相关记录送达学监,由学监准备传票,并由学生纪律专门小组发出,最后由该小组的书记员送达该学生。

6.3　上述第 3 部分关于学生纪律专门小组的规定,同样适用于此处对传票的处理程序;若学生纪律专门小组发现不守秩序或违反规定的行为属实,专门小组可行使章程 XI 第 40 条第 2 款所赋予的权力。

6.4　若不守秩序或违反规定的一方不是学生成员,书记员应将相关记录转达教务长,并由教务长根据章程 XII 的规定,或其认为合理的程序进行处理。

第 7 部分　判决

7.1　法庭应以书面形式作出判决并给出判决理由。

7.2　针对督察委员会的决定所提起的上诉,及章程 XII 第 H 部分提及上诉所作出的判决,应按照该章程 XVI 第 45 条的规定进行说明和讨论。

7.3　若相关法庭判决是根据章程 XVII 第五条规定的对校长的决定所提出的上诉,则判决结果应该送达上诉人、校长及校长在听证会上的申诉人。

7.4　法庭可以通过适当的书面证明改正法庭判决书中出现的意外错误。

7.5　法庭无权判决诉讼费用。

牛津大学学生会规章

2002年校务理事会第26号规章
2002年7月10日校务理事会制定

官员

1. 牛津大学学生会需有一名主席及若干名副主席,均需由校务理事会认可。

2. 主席和副主席可以是学生会的全职官员。

3. 主席或副主席是全职官员的,其任职期限最长为一年;其在职时间不能同时计入其获取任何学位、文凭或证明的累计时间(文学硕士学位除外)。

4. 根据相关住校规章,主席和副主席须同其他学生成员一样符合住校时间要求,在其每次任职期间至少住校六个星期。

5. 主席和副主席的准候选人,在其名字出现在选票上之前,必须获得其所在学院、学会、永久私人学堂或者其他特定机构(对攻读硕士学位或文凭的人来说,是相关的学部委员会)许可其作为候选人;若当选,应在其所在学院、学会、学堂及其他特定机构的许可下在任职期间住校。

6. 只有本校学生才有资格成为主席或副主席的候选人。

7. 曾担任过主席或副主席职务的人无资格再次竞选主席或副主席,也不能竞选其他三个职务。

财政预估与账务

8. 学生会每年都应将来年财政预算提交校务理事会批准;学生会的账务须由大学公布并由大学的审计员进行审计。

9．学生会每年应向所有学生和校务理事会公布上一年度的财务报告。

10．上述第 9 条规定的财务报告应详细地列出上一年度学生会所捐赠的外部组织机构及详细的捐赠说明清单。

11．校务理事会在必要的时候应采取措施以有效地监督学生会的支出。

与外部组织的联系

12．若学生会决定加盟其他外部组织，则必须向校务理事会及所有学生公布其决定，并说明相关组织的名称、加盟费用或类似费用的细节，以及已经或即将给予该组织的捐赠。

13．学生会每年都须向校务理事会和所有学生公布一份年度报告，内容须包括学生会目前所加盟的外部组织的列表、加盟费用或类似费用细节，以及上一年度捐赠费用细节。

14．（1）学生会须每年向其成员提交一份其所加盟的外部机构的清单以获批准，并在必要时请 5% 的学生会成员以无记名投票的方式决定是否与某一组织继续保持加盟关系。

（2）该无记名投票的结果在一年内具有约束力。

投诉程序

15．（1）学生会应设置内部投诉程序，所有与学生会接触并产生不满的学生成员及学生成员团体或声称因退出学生会而受到不公正待遇的学生成员或学生成员团体，均可通过这个途径进行投诉。

（2）若通过内部投诉程序仍无法解决投诉，则投诉者可以向校务理事会投诉；校务理事会应指定一位独立人员对投诉进行调查并作出报告。

（3）若在上述阶段中投诉得到解决，学生会应立即作出有效补偿。

根据章程 XIII 第 26 条的规定所制定的有关医学委员会的规章

2007 年校务理事会第 1 号规章
2007 年 7 月 19 日校务理事会制定

1. 本规章根据章程 XIII 第 26 条的相关规定制定。
2. 在本规章中：
(1) 除非特别说明，"条"均指章程 XIII 中的各条款。
(2) 若诉讼程序开始前需要注明等待相关通知的天数，则收到通知当天与诉讼当天不算在内。
(3) 由医学委员会的书记员发出的通知，视为在通知发出后第二天送达，有证据证明事实上并没有按时送达的除外。
3. 对于本校学生按照章程 XIII 第 23 条中具体规定提起针对有行为能力的自然人或机构所做决定的上诉，医学委员会应当认真考虑。
4. 一旦相关责任机构或个人根据章程 XIII 中 B 部分的规定作出了相关决定，应立即根据章程 XIII 中第五条的规定开始组建医学委员会。
5. 教务长应任命一个人作为委员会的秘书，即"书记员"。
6. 相关学生有权根据本规章的规定，在诉讼中委托他人作为其申诉人（该申诉人不需要具有法律专业资格），费用自付。
7. 欲向医学委员会提起上诉的学生应当在作出最初决定后 28 天内，向教务长提起上诉；作出最初决定的日期为告知其决定的信件上所载明的日期。
8. 医学委员会在收到上诉后，应尽快决定其诉讼程序，并在适当时作出临时裁决。

9. 根据本规章所作出的判决应当：

(1) 在合理期限内作出；

(2) 判决应该公平、公正、合理。

10. 医学委员会处理诉讼时都应当：

(1) 不公开举行；

(2) 书记员应当出席并对诉讼过程进行完整详细的记录。

11. 根据诉讼的具体情况，医学委员会拥有以下决定权：

(a) 确认、变更或撤销原始决定；

(b) 在适当时对判决设定相关执行条件。

12. 考虑到上诉人在生理和心理上的诉讼能力，医学委员会应当使用民事证据标准，即或然性权衡。

13. 医学委员会的判决，应以文件形式记录下来并由主席签名。判决书应包括：

(1) 医学委员会的医学调查结果；

(2) 医学委员会对案件事实的其他调查结果；

(3) 医学委员会据以作出判决的理由。

14. 书记员应保证将判决书的复印件送达该学生、该学生的申诉人（若存在的话）、相关的系主任或学部委员会主管以及上诉人所在的学院、学会或永久私人学堂的主管。

15. 医学委员会主席可以通过适当的书面证明改正记录委员会判决的文件中存在的意外错误。

关于处理医学生实践适当性问题相关程序的规章

2006 年校务理事会第 7 号规章
校务理事会 2006 年 5 月 18 日制定

介绍

1. 应当严格按照以下程序来判断一个学生是否适合进行医学实践。

第一步

2. 认为某一医学生不适合进行医学实践的主张，须向医学部的秘书（即"书记员"）提交已签字的书面文件；匿名主张不予受理。

3. 书记员应将其收到的带有签字的书面申诉通知医学部主管。医学部主管应决定该申诉的事项是否可以且应该以非正式的方式解决；但如果经过适当的咨询协商，医学部主管认为被诉学生的行为表现的确不适合进行医学实践，则应当向书记员告知其意见，并由书记员通知学监。学监应根据大学章程 XI 的规定，单独对该事项进行调查，调查之后作出的判断可以在诉讼开始后作为证据；只有在学监的调查结束之后，诉讼程序才能开始。学监不能自行对学生是否适合进行实践作出判决。

4. 书记员应当以书面形式通知被诉学生，有关机构将对其是否适合进行实践展开调查，并告知该学生进行调查的原因。

5. 应将相关调查通知被诉学生所在的学院。

调查

6. 医学部主管应将案件交给受过适当培训且前期未介入该案件的高级职员,由其进行调查和报告。该调查人员须会见被诉学生及指控者;会见应进行记录。被会见者有权获得这些记录的复印件。调查人员应在另一名职员*的陪同下会见该学生;该学生或其他被会见的人,有权在另一名学生的陪同下进行会面。

7. 调查人员若认为学生在是否适合进行实践方面的确存在严重问题,必须以书面形式报告书记员并通知该学生接下来要采取的措施。

学生在调查期间的权限

8. 医学部主管应决定被调查学生在调查期间是否可以:
(1) 无限制地继续其学业;
(2) 继续其学业,但受到一定的限制;
(3) 暂时取消其医学生或临床医学生的身份,并且令其退出医学课程;
(4) 根据相关医学主任的意见,禁止其以学生身份参加专门的国民健康保险。

9. 医学部主管可以根据学生在调查期间的表现,审查并变更该学生在调查期间的权限。

10. 学生可以对医学部主管对其作出的暂停学业的决定,向学监提起上诉。在学监对该上诉进行审查期间,学生的学业将继续保持暂停状态。

判决

11. 医学委员会(简称"委员会")应当组建一个由三人组成的委员会,对调查人员的报告进行审查并对案件作出判决。该委员会应当包括一名由医学委员会提名的具有医学专业资格的人;一名由学生提名的隶属临床医学学科部并具有医学专业资格的人;一名来自另一个学科部的高级职员,该职员应经医学委员会和学生同意(当医学委员会和学生无法达成一致意见时

---

* Staff:泛指 Academic Staff 与 Support Stuff,即学术员工与教研后勤人员。——译者注

由学监决定),并担任委员会主席。与案件有牵连或有利益关系的人以及被诉学生的现任教师不得担任委员会成员。

12. 被诉学生应当亲自出席委员会会议,并且会议举行的日期和时间最迟应在会议举行之前四个工作日通知被诉学生。被诉学生无正当理由未出席会议的,委员会将在学生不出席的情况下照常审理案件。"正当理由"是否成立由委员会主席认定。掌握与案件相关信息的牛津大学成员,应在主席的要求下出席会议并作证。经主席决定,委员会还可以传唤其他人员(不论是否是牛津大学的现任成员)对案件的一些特殊问题提供书面意见,或亲自出席会议提供意见。被诉学生可以选择由朋友、亲戚或学生代表陪同出席;若暂停或终止该生医学学业的决定正在被审查(包括正在审查是否终止该生完成"荣誉学位考试"),可以由律师(以朋友身份)陪同。会议一律公开举行,但被诉学生希望不公开举行或者主席出于被诉学生或生病学生的最大利益考虑的情况除外。所有经调查提交的证据应当严格保密,但委员会作出另外决定的情况除外。

13. 以下条款是召开会议的指导原则。主席可以自由裁定是否修改这些原则,如主席认为案件以非正式方法可以得到最有效的解决。

(1) 在会议召开之前,医学委员会的书记员应当保证被诉学生持有发给委员会成员的所有文件的复印件,并且告知被诉学生相关后续程序。

(2) 被诉学生、律师(若出席)和其他按照规章第12条的规定需要出席的人员应出席会议。

(3) 主席应介绍委员会成员、职员及在场其他人员的姓名,并阐明以上人员的职责。主席应阐明委员会的权力并请医学部主管(或其代表)做公开陈述,然后请委员会提问。出席会议的其他人员也有机会发表陈述并可能被提问。主席应请被诉学生或其律师做陈述。主席应说明委员会希望听取被诉学生自己直接陈述。委员会的成员将对学生进行提问。主席将请其他被传唤的人员做简要陈述并请委员提问。在每一阶段,主席都可自行决定是否允许各方当事人相互提问。

(4) 一旦委员会完成提问,被诉学生和人员已向委员会充分提供信息,且主席认为已符合要求,则学生和相关人员都应退出会议。随后由委员会讨论案件。不论出于何种原因,委员会若需要学生或者相关人员对案件的某些方面进行进一步的说明,学生和相关人员必须全部重新回到会议。当主席决定让其退出会议时,相关人员可退出会议。

(5) 主席可决定推迟诉讼。

(6) 委员会将作出判决。判决和案件事实的其他调查结果应尽快向被诉学生和其他各方当事人(包括被诉学生所在的学院、研究生医学与牙科教育主任以及临床研究主任)公布。听证会的结果应公布,但判决的原因应保密,仅告知大学、被诉学生及相关的监督机构。

14. 在诉讼的任一阶段,若发现被诉学生被指控的问题显然是因健康问题引起的,对实践适当性的诉讼应当停止,同时启动章程 XIII 的 B 部分所规定的程序。

15. 在学监对涉及医学生之健康的问题进行审查之前,任何对该学生行为的调查或者与之相关的纪律处分程序,都不得进行,或应根据章程 XIII 第 14 条的规定延期进行。在学监对医学生所遭遇的健康问题进行考虑时,临床研究主任有权取消该生作为临床医学生的身份,并令其退出临床课程。学生可以因此而向学监提起上诉。

16. 一旦发现被诉学生不存在健康不佳状况,该案件应重新提交给学监或医学部主管,由他们开始或重新任命相关人员对被诉学生的行为进行调查或进行相关的纪律处分程序。

17. 当针对被诉学生的实践适当性的判决,是依照上述第 11 条所任命的委员会作出的,委员会应根据上述第 14 条的规定考虑所得到的调查结果。

判决结果

18. 根据对案件的审查,按照上述第 11 条的规定而任命的委员会可以:
(1) 允许被诉学生继续上课;
(2) 允许被诉学生在密切监督下继续上课;
(3) 在一定时期内暂停被诉学生的学习;
(4) 要求被诉学生重考课程的某一部分或几部分;
(5) 如果被诉学生尚未完成文理学士课程,应建议允许其完成该课程,但不允许参加牛津的医学学士课程(或其他类似课程);
(6) 如果被诉学生已经完成文理学士课程但尚未参加牛津(或其他地位相当的地方)的医学学士课程,应建议不允许其参加牛津的医学学士课程(或其他类似课程);
(7) 在适当的情况下,可采取其他措施以使被诉学生完成剩余课程;
(8) 建议撤销被诉学生临床医学生的身份,但允许其攻读另一种学位。

19. 学生有权针对以下建议向大学的上诉法庭提起上诉:被暂时撤销医学生身份;被暂时撤销或终止临床医学生身份;不能参加医学学士课程(或其他类似课程)。

20. 在对上诉进行审查期间,学生的学业将继续保持暂停状态。

保密规定

21. 学生向医学顾问提供的一切信息应当保密。未经学生同意,医学顾问不能将该信息用于其他任何目的。从医学顾问处获得有关该学生的信息的其他人,也同样有保密义务。若存在该学生伤害自己的或他人的健康或安全的风险,则保密义务的履行可有例外。

22. 泄露标有 CRB(Criminal Record Bureau,即犯罪记录部门)标识的报告中相关信息的行为,是一种刑事犯罪。经获得授权的上诉签署人(counter-signatory)的同意,系或大学相关人员可因履行职务的需要而分享相关信息。相关信息也可转达给政府部门。

有关认定 PGCE* 学生从教适当性的规章

2006 年校务理事会第 8 号规章

校务理事会 2006 年 5 月 18 日制定；2007 年 6 月 7 日修订

1. 教育系作出的有关学生从教适当性的决定，应严格按照以下规定的程序进行。若在适当的咨询后发现该学生被指控的行为是由于健康状况不佳引起，则必须遵循以下规定的程序。

2. 如果在诉讼的任一阶段发现学生被指控的问题显然是由于健康状况不佳引起的，从教适当性程序应停止，并启动章程 XIII 之 B 部分所规定的程序。

3. 教育系职员或学生及 PGCE 学生所在学院（School）的职员，如果认为某一参加 PGCE 的学生健康状况不佳，或认为该生行为使人产生不安，或认为该生表现出可能影响其从教适当性的品质和特征，有义务向研究生教育主任（Director of Graduate Studies）报告此情况。报告应采取书面形式并签名。对于匿名报告将不予受理。

4. 如果研究生教育主任发现受理的案件是源于某人行为有问题，而非健康状况不佳，则研究生教育主任应审查该事件是否可以在教育系内部以非正式的方式予以解决。如果经过适当的咨询后（在必要情况下向相关学院[School]咨询），研究生教育主任认为该生的行为违反大学章程的规定，因

---

* 教育学研究生证书（简称 PGCE）是为那些想在英国小学或中学当教师的非教育专业毕业生提供的一种专业转化资格证书。PGCE 课程将实践与理论培训结合在一起，一般长达一年。——译者注

而需要对其提起诉讼,则该主任应当以书面形式告知学监。若学监首先独自发现类似事件,则应通知研究生教育主任。

5. 在完成上述咨询之后,研究生教育主任应告知学监调查结果和纪律处分可能会影响学生的从教适当性;因此研究生教育主任也应被告知调查结果。

6. 如果学监决定按照章程 XI 的规定将该事件作为一个纪律问题来调查,则在纪律处分程序的结果出来之前,教育系不能判定该学生是否具有从教适当性,也不能提起诉讼。根据章程 XI 之规定作出的决定,并不等于对学生从教适当性的判定。从教适当性的判定应由教育系主任根据纪律处分决定做出。

7. 不论是学监根据学校纪律处分程序,还是系主任根据下面规定的程序对 PGCE 学生的行为进行调查,在调查开始之前,都由教育系主任决定被调查学生在调查过程中的地位。

8. 在这类案件中,由教育系系主任决定被调查学生是否可以:

(1) 不受限制地继续 PGCE 课程;

(2) 继续 PGCE 课程但有一定的限制;

(3) 被撤销作为 PGCE 学生的资格。

9. 在通知学生将开始对其进行调查时,应告其在调查中的地位。在调查的任意阶段,教育系主任都可以重新审查该学生的地位。

10. 被诉学生可以针对教育系主任作出的有关撤销其 PGCE 资格的决定,向学监提起上诉。在上诉结果出来之前,该生不能恢复其 PGCE 资格。

11. 如果学监决定不按照学校纪律处分程序对被诉学生的行为进行调查,则应由系里对其行为进行调查。研究生教育主任应以书面形式通知被诉学生调查已展开、进行调查的原因以及该生在调查中的地位。同时也应通知该生所在的学院。

12. 研究生教育主任应将案件交给一名经过适当培训并且与案件没有牵涉的高级职员,由其对案件进行调查并作出报告。应当约请被诉学生以及其他知晓案件事实情况的人员进行面谈。调查人员应当在系另一名资深成员的陪同下进行面谈;被诉学生及其他被约请面谈的人员,有权在大学其他成员的陪同下参加面谈。面谈必须进行记录;被约请面谈者有权获得记录的复印件。

13. 调查应当以公平合理的方式迅速进行。无论如何,系里应当尽一切努力在通知被诉学生调查开始后 28 天之内,完成调查并将调查结果通知被诉学生。

14. 调查结束后,调查人员应向研究生教育主任提交有关调查结果的书面报告。如果研究生教育主任认为报告的调查结果需要进行进一步审查,则应当按下面的规定任命委员会;如果研究生教育主任认为不需要进一步审查,则应当通知被诉学生该案件处理结束。

15. 教育系系主任应任命一个由三人组成的委员会,由该委员会对报告进行审查,并对案件作出判决。委员会应包括一名代表相关合作学院(Partnership Schools)的院长或主要负责人。案件的当事人、与案件有利害关系的人及被诉学生的现任或以前的教师,不能作为委员会的组成人员。教育系系主任应指定委员会中的一位成员作为主席。

16. 被诉学生应当亲自出席委员会会议;会议举行的日期和时间应当最晚在会议举行之前四个工作日通知被诉学生。被诉学生无正当理由未出席会议的,不影响委员会对案件的审理。"正当理由"是否成立由委员会主席认定。掌握与案件相关信息的大学成员,在主席的要求下,应当出席会议并作证。经主席决定,委员会还可以传唤其他人员(不论其是否是大学的现任成员)对案件的一些特殊问题提供书面意见或亲自出席会议提供意见。被诉学生可以选择由朋友、亲戚或学生代表陪同出席,或者当暂停或终止该生 PGCE 学习的决定正在被审查的情况下,由律师(以朋友的身份)陪同。委员会有权传唤其他适当人员出席作证。会议一律公开举行,被诉学生希望不公开举行或者主席出于被诉学生的最大利益考虑的除外。所有经调查提交的证据应当严格保密,根据对提交材料的审查,委员会作出其他决定的除外。

17. 以下条款为召开会议的指导原则。在案件可得到更有效解决的情况下,主席可以变通执行这些条款。

(1) 最迟在会议召开前四天,委员会书记员应当保证被诉学生持有发给委员会成员的所有文件的复印件,并且告知被诉学生后续程序。

(2) 主席应介绍委员会成员、职员及在场其他人员的姓名,并阐明以上人员的职责。主席应阐明委员会的权力并请医学部主管(或其代表)作公开陈述,然后请委员会提问。出席会议的其他人员也有机会发表陈述并可能被提问。主席应请被诉学生或其律师作当事人陈述。主席应说明委员会希望听取被诉学生自己直接陈述。委员会的成员将对学生进行提问。主席将请其他被传唤的人员作简要陈述并请委员提问。在每一阶段,主席都可自行决定是否允许各方当事人相互提问。

(3) 一旦主席确知委员会完成提问,且被诉学生和人员已向委员会提供充分信息,则学生和相关职员都应退出会议。随后由委员会讨论案件。不论出于何种原因,若委员会需要学生或者职员对案件的某些方面进行进一步的说明,则学生和职员必须全部重新回到会议。当主席决定让其退出会议时,相关人员可退出会议。

(4) 主席可决定推迟诉讼。

18. 根据对案件的审查,委员会应当作出书面报告。委员会可以向教育系系主任作出以下建议:

(1) 允许被诉学生继续 PGCE 课程;

(2) 在一定时期内,在有附加条件或无附加条件的情况下暂停被诉学生的学习;

(3) 要求被诉学生与系一起采取适当措施以使其成功地完成 PGCE 课程;

(4) 将被诉学生开除出 PGCE 课程。

19. 教育系系主任应尽快将根据委员会的建议所作出的决定及其他对案件事实的调查结果,向被诉学生和其他各方当事人(其他各方当事人包括被诉学生所在的学院和研究生教育主任)公布。听证会的结果应公布,但是判决的原因应保密,仅告知大学、被诉学生及相关的监督机构。

20. 如果大学内部的纪律处分程序认定参与 PGCE 课程的学生违反了大学规章制度或者根据其犯罪事实应受到处罚,则学监应当向教育系系主任提供相关信息,以便在适当的时候实施与本规章第 11 至 17 条规定之精神相符的程序。

21. 学生有权对教育系系主任根据本规章第 1 条至第 19 条之规定所作出的决定,向大学的上诉法庭提起上诉。在对上诉进行审查期间,学生的学业将继续保持暂停状态。

因健康原因丧失从教适当性的情况

22. 在诉讼的任一阶段,如果发现相关学生被指控的问题显然是由于健康状况不佳引起的,对从教适当性的诉讼程序应当停止,同时启动章程 XIII 之 B 部分所规定的程序。

23. 在学监对医学生所涉及的健康状况不佳的情况按照章程 XIII 之 B 部分的规定进行审查之前,任何对该生行为的调查或者与之相关的纪律处分程序都不能进行,或者应延期进行。在学监对学生健康状况作相关考虑时,研究生教育主任有权取消该生作为 PGCE 学生的身份并暂停其 PGCE 课程学习。学生可以对此决定向学监提起上诉。

24. 一旦发现被诉学生不存在健康状况不佳的情形,该案件应重新提交给学监或医学部主管,由他们开始或重新任命他人对被诉学生的行为进行调查,或启动相关的纪律处分程序。

25. 当针对被诉学生从教适当性的判决是由教育系主任作出时,其应考虑到依据本规章第 22 条之规定所得到的调查结果。

保密规定

医学记录

26. 学生向医学顾问提供的一切信息应当保密。未经学生同意,医学顾问不能将该信息用于其他任何目的。其他从医学顾问处获得有关该学生的信息的人员,也同样有保密义务。若存在该学生危害自己或他人的健康或安全的风险,则可以不履行保密义务。

犯罪记录部门报告

27. 泄露标有 CRB 标志的报告中相关信息的行为,是一种刑事犯罪。经获得授权的上诉签署人的同意,系或大学相关人员可因履行职务的需要而分享相关信息。相关信息也可转达给政府部门。

关于根据章程 XII 第 7 条第 3 款的规定任命替补人员的规章

2002 年校务理事会第 41 号规章
2002 年 24 日校务理事会制定

1. 任何人(包括大学中的行政官员),在根据章程 XII 被委派执行某项任务或行使某种权力时,若被卷入争议性事件,则校长可以经其申请或自行任命一个替补人选来代行其职权。

2. 根据上述条款的规定对替补人员进行的任命,只有以书面形式作出并将其复印件递交给教务长后才可生效;教务长应尽快将通知送达其他有关的个人和机构。

3. 当上述第一条所涉及的人员是校长时,应根据规章由荣誉校长任命替补人员。

根据章程 XII 第 22 条之规定制定的督察委员会规章

2002 年校务理事会第 36 号规章
2002 年 7 月 24 日校务理事会制定
2008 年 6 月 27 日修订

督察委员会

1. 在本规章中：
(1) 除非特别说明，所指称的"条"均指章程 XII 中的条；
(2) 若诉讼程序开始前，需要注明等待相关通知的天数，则收到通知当天与诉讼当天不算在内。
(3) 由督察委员会的书记员发出的通知，视为在通知发出后第二天送达，有证据证明事实上并没有按时送达的除外。

2. (1) 督察委员会的组成应当依据章程 XII 之 C 部分的规定进行。
(2) 由摄政院选举出的专门小组的 12 名成员必须：
(a) 任相关职位达 4 年；
(b) 有能力再次参加竞选；
(c) 应根据依照章程 IV 所制定的选举规章之相关条款选举产生，由校务理事会以及由摄政院成员提名的除外。

3. 督察委员会应考虑所有依据章程 XII 第 16 条的规定向其提出的建议。

4. 当某案件是由校长提交给督察委员会时，根据章程 XII 第 7 条第 2 款的规定，教务长（或者由教务长指定代表其行使职权的人）应从专门小组的所有成员中抽签选出四名具备相关资格的成员。

5. 选出的四人在案件的整个审理阶段担任督察委员会的成员；但如果抽签选出的前三人的性别都与主席相同，而专门小组剩下的合格人选中有一人或多人与主席性别不同，则应从这些人员（均应具备相关资格）中选出一人担任委员会的第四名成员。

6. 督察委员会审理案件的四名成员中若有人无法任职，则应当依据相同的程序选出另外一人代替其位置。

7. 一旦开始审理案件，审理该案件的督察委员会成员应当在该案件的整个审理过程中一直担任委员会成员，即使在未结案之前其在专门小组中的任期已满时也不例外。

8. 任何提交给委员会的案件的诉讼程序，只有在主席和至少其他三名成员参加了所有审理该案件的相关会议时才是有效的；任何成员如果无法参加所有的会议，则不允许其参加该案件的进一步审理。

9. （1）如果主席或其他成员无法按要求参加会议，致使委员会无法按照上述第 8 条的规定审理案件，则应解散该委员会并依据上述第 4 条至第 6 条的规定，组成一个新的委员会，重新对案件进行审理。

（2）除主席以外的其他人，如果曾经担任审理某一案件的委员会成员，则不能作为重新组成的审理该案件的委员会成员。

提交给督察委员会的诉讼

10. 在本规章中，校长的委托人包括依据章程 XII 第 25 条的规定被委派行使其职权的人。

11. 若依据章程 XII 第 19 条第 6 款 d 项的要求，校长认为应向督察委员会提起诉讼，则校长应依据章程 XII 第 20 条第 2 款的规定指定一个合适的人提起诉讼并作为"申诉人"（Presenter）。

12. 教务长应作为委员会的书记员或指定其他人代表其行使职权。

13. 督察委员会依据公平公正的原则，可以将对多个人提起的指控合并审理。

14. 被告人有权出席口头听证会。在未召开听证会的情况下，不能对任何案件作出判决。

15. 应参加听证会的当事人包括：

（1）被诉人（一人或多人）；

（2）申诉人；

（3）由督察委员会增加的经申请或未经申请的人员；被诉人的委托人，

包括在某些情况下与被诉人处于相同地位的人所委托的人。

16.（1）被诉人有权由他人代表,此代表人不需要具备法律专业资格,费用由被诉人自付。

（2）如果被诉人有代表人,则提及被诉人的相关规定,也应适用于其代表。

准备

17. 申诉人（包括律师事务所或代表其行使职权的人）应:

（1）书面通知被诉人已完成委托;将对指控的陈述及有关指控的说明文件递交给被诉人;

（2）通知被诉人听证会举行的日期和时间。

18. 主席为保证听证会的公正性,在认为必要时可作出临时指示,指示内容包括（且不限于）确定听证会日期,不论是否是应诉讼当事人的要求。

19. 主席应确定听证会的日期、时间和地点,也可确定每个环节的时间限制,以保证案件审理能顺利进行及对案件迅速作出判决。

20. 主席可以在其认为适当时要求校长依据章程 XII 第 19 条第 4 款的规定,考虑暂停被诉人的相关工作。

21. 申诉人应在距听证会召开至少 21 天前,将下列材料送达委员会书记员、被诉人及将参加听证会的其他当事人:

（1）起诉状;

（2）起诉状所涉及的文件的复印件;

（3）申诉人将传唤的证人的名单;

（4）证人证言的复印件。

22. （1）被诉人应在距听证会召开至少 10 天前,将参考材料目录、所有相关文件的复印件、证人名单以及证人证言的复印件递交给申诉人。

（2）申诉人应保证尽快准备好这些材料的复印件并递交给委员会的书记员。

听证会

23. （1）委员会的管辖权和权力不应因下列情况受限:被诉人曾经或将来可能因其行为而在法庭上受到起诉,而该行为又是督察委员会审理的主要内容。

（2）在判决作出之前，若委员会认为合适，可延期举行听证会。

24．经委员会同意，申诉人和被诉人都可以在听证会上提出新证据；申诉人需要正当理由才能提出的新证据除外。

（2）如果新证据被提出，在任一方当事人的要求下，可以延期举行听证会，以便另一方能够审查该新证据或考虑提出其他证据支持其答辩。

25．督察委员会进行的所有与诉讼有关的听证会一律不公开。

26．任何人有权出席听证会而未出席时，不影响审讯的进行；委员会认为被诉人缺席审讯会是由不可抗力因素引起的除外。

27．主席为保证听证会顺利进行，可以拒绝某些人参加听证会。

28．（1）诉讼当事人有权在听证会上做公开陈述、出示证据、传唤证人及向证人（包括出示证据的当事人）提问。

（2）在做最后陈述时，由申诉人最先发言，之后其他当事人发言，最后由被诉人发言。

29．督察委员会享有自由裁量权；在为双方当事人提供平等的出示相关证据的机会的情况下，委员会有权限制双方出示证据，以保证听证会的顺利进行以及迅速、合理地作出判决。

30．委员会有权在其认为合适时延期举行听证会。

31．若缺少控方，委员会可以撤销指控。

32．委员会可以将指控提交给校长作进一步审查。

33．委员会应保证其书记员或其他相关人员全程出席听证会以完整准确地记录提出的证据。

34．（1）申诉人应当对其所指控的事实进行举证。

（2）委员会应对证据进行审查并在或然性均衡的基础上，判断针对各个指控所提出的反对理由是否符合章程 XII 第 5 条所提及的"正当充分的理由"，以此来判断控方的证据是否达到证明标准。

35．若委员会认为控方证据确实很充分，则在向校长提出建议案之前应当给予双方当事人以机会，对处罚或减轻处罚的可能性发表陈述；由委员会决定进行书面陈述或口头陈述。

36．在诉讼中委员会应当采信曾经在正式法庭上用以证明某人有罪的证据，或者在法庭上证明了某人被控事实的证据，以证明此人实施了违法行为或被指控的行为。

37．委员会应以书面形式作出判决并由主席签名，判决书包括：

（1）委员会关于指控事实的调查结果；

（2）委员会据以作出判决的理由；

（3）委员会关于适当处罚的建议。

38. 委员会书记员应保证将判决书的复印件送达校长、申诉人以及被诉人；此外，还应将章程 XII 及有关规章的复印件连同判决书送达被诉人。

39. 主席可以通过适当的书面证明，改正判决书中意外出现的错误。

40. 应告知被诉人其有依据章程 XII 的 H 部分进行上诉的权利。

41. （1）当指控被处理且委员会建议诉讼程序可结束时，校长应立即结束，或在其认为适当时结束诉讼程序。

（2）校长决定不结束诉讼程序时，应当依据章程 VII 第 24 条的规定采取措施。

（3）依据第 24 条第 2 款 c 项作出警告的，应当做书面记录并在两年内有效。

（4）在所有情况下校长的决定都应当以书面形式告知被诉人和校务理事会。

42. 在上诉被判决之前，不能执行委员会的任何建议。

WD248-062
15.01.04

根据章程 XII 第 27 条第 5 款之规定制定的医学委员会规章

2002 年校务理事会第 38 号规章
2002 年 7 月 24 日校务理事会制定

1. 在本规章中：

（1）除非特别说明，所指称的"条"是指章程 XII 中的条；

（2）若诉讼程序开始前，需要注明等待相关通知的天数，则收到通知当天与诉讼当天不算在内。

（3）由医学委员会的书记员发出的通知，视为在通知发出后第二天送达，有证据证明事实上并没有按时送达的除外。

2. 若依据章程 XII 第 27 条的规定应由医学委员会判决案件，则应由有资格的官员依据该章程 E 部分的规定任命一人向委员会陈述该案件。

3. 教务长应作为委员会的书记员或者指定另一人代表其行使职权。

4. 诉讼开始之后，若委员会的某一成员无法行使委员会成员职责，相关官员应解散委员会并依据章程 XII 第 27 条第 3 款任命一个新的委员会。

5. 参加听证会的当事人是：

（1）需由委员会对其因健康原因而退休的情况进行审查的人（即"利害关系人"，依据章程 XII 第 27 条第 5 款的规定，除利害关系人本人外，也包括经授权代表利害关系人参加诉讼的人）；

（2）提出申诉的人（申诉人）。

6. 利害关系人有权在听证会上及与听证会有关的事务中，由他人代表；此代表人不需要具有法律专业资格；费用由利害关系人自付。

准备

7. 申诉人应书面通知利害关系人案件已经提交。

8. 主席应确定委员会召开听证会的日期、时间和地点；但在其认为适当的情况下，主席有权在任何时候取消尚未开始的听证会并重新确定听证会的日期、时间和地点。

9. 书记员应在距听证会召开至少 21 天前，将召开听证会的日期和时间通知利害关系人；通知需用书面形式，并与章程 XII 及本规章的复印件一起送达利害关系人。

10. 申诉人应当在距听证会召开至少 14 天前，将对案件的陈述、相关的医学证据和其他证据的复印件、将要在听证会上出示的其他材料的复印件、将要被传唤作证的证人名单以及证人将要陈述的证言递交给利害关系人和书记员。

11. 利害关系人应当在距听证会召开至少 7 天前，将要出示的医学证据的复印件、将要传唤作证的证人名单以及证人将要陈述的证言递交给书记员。

听证会

12. 经委员会同意，即使申诉人和被控人没有遵守上述第 10 和 11 条的规定，也可以在听证会上传唤新证人或提出新证据；如果传唤了新证人或提出了新证据，在任一方当事人的要求下，可以延期举行听证会，以便其相对方能够审查该证据或考虑提出其他证据支持其答辩。

13. （1）利害关系人有权出席听证会；只有召开听证会才能对案件作出判决。

（2）委员会召开的听证会及与诉讼有关的所有事务一律不公开。

14. 任何人有权出席听证会而未出席时，不影响听证会的召开；委员会认为利害关系人缺席听证会是由不可抗力因素引起的除外。

（2）主席为保证听证会顺利进行，可以拒绝某些人参加听证会。

15. 听证会的双方当事人有权在听证会上亲自或由其代表出示证据、作公开陈述、传唤证人、向证人提问以及在委员会听审证据之后向委员会发言。

16. 依据章程 XII 及本规章的规定,委员会应决定其诉讼进程并且可以在其认为适当的时候对诉讼程序的处理作出临时裁定。

(2) 主席可以对诉讼的每一阶段设定时间限制,以保证委员会能够公平、公正且迅速、合理地审理和判决案件。

(3) 主席可以自行决定延期举行任何委员会的会议,以保证委员会能够公平、公正且迅速、合理地审理和判决案件。

判决

17. 只有委员会确认了某人由于身体或精神上的原因丧失了工作能力,并且达到民事证明标准,即或然性均衡,使委员会形成确信,才能判定该人依据章程 XII 的规定由于健康状况不佳应当退休。

18. 书记员应全程出席听证会及委员会召开的其他会议并对会议进行完整充分的记录。

19. 委员会作出判决后应当制作判决书并由主席签名,判决书应包括:

(1) 委员会的医学调查结果;

(2) 委员会对案件事实的其他调查结果;

(3) 委员会据以作出判决的理由。

20. 书记员应保证将依据上述第 19 条制作的判决书复印件送达利害关系人、利害关系人的代表人(如果有的话)、申诉人以及校长;同时,还应将章程 XII 之 E 部分及有关规章的复印件连同判决书复印件送达利害关系人。

21. 主席可以通过适当的书面证明,改正判决书中出现的意外错误。

WD245-062
22.07.02

根据章程 XII 第 34 条之规定制定的申诉委员会规章

2002 年校务理事会第 40 号规章
2002 年 7 月 24 日校务理事会制定

1. 当根据章程 XII 第 32 条之规定将申诉提交给申诉委员会时，申诉委员会主席应请申诉人及被诉人向委员会提交书面陈述状。
2. 只有经召开听证会，才能对申诉进行处理；申诉人和被诉人有权在朋友或其代表人的陪同下出席听证会，费用自付。
3. 经过适当的审查之后，申诉委员会应根据章程 XII 第 35 条的规定向校务理事会报告其决定。

WD241-062
17.06.02

关于聘用大学职员的规章

2004 年校务理事会第 3 号规章
2004 年 7 月 14 日制定；2005 年 7 月 14 日、2006 年 1 月 12 日、2006 年 7 月 27 日、2007 年 2 月 22 日、2007 年 7 月 12 日、2007 年 10 月 11 日、2008 年 3 月 6 日、2008 年 3 月 19 日、2008 年 5 月 1 日、2008 年 5 月 22 日、2008 年 6 月 22 日、2008 年 9 月 22 日和 2009 年 2 月 5 日修订

一般性条款

1. 在校务理事会的指导下，涉及大学聘用职员的问题（包括病假的准许）由以下机构负责，校务理事会有其他决定的除外：

（1）学部委员会：涉及 2002 年校务理事会规章第 1 条第 5 款规定的学术员工；

（2）系和研究所：涉及教研相关人员和教研后勤人员（教研后勤人员指不由督察委员会根据章程 XII 管辖的人员），以及

（3）规划与资源配置委员会（PRAC, Planning and Resource Allocation Committee）：涉及根据章程设立的新职位；

在各种情况下都应遵守各种章程和规章的规定（包括财政制度以及校务理事会的人事委员会制定的相关的政策和指导方针）。

2. 在机会均等和种族平等的政策指导下，由人事委员会决定所有职员的聘用条件和任期。

3. 工资只能依据人事委员会制定的详细条款进行支付；其中工资包括根据相关工资等级表决定的工资支付以及其他聘任工资、留任工资、奖金和其他用途支出。

4.（1）在章程的指导下，依据职员在大学供职时间的长短和人事委员会颁布的规定，在适当情况下支付病假工资的最短时间如下表：

表1 大学病假工资的支付

供职时间	全薪	半薪
	（在本次病假之前的十二月里支付的病假工资包括在内）	
前3个月	2周	2周
第1年余下的9个月	2个月	2个月
第2年和第3年	3个月	3个月
第4年和第5年	5个月	5个月
5年后	6个月	6个月

（2）（a）当职员能够获得的病假工资已全部支付并不再继续支付，或者职员没有资格获得病假工资时，大学应当（CUF讲师除外）从政府补助的全薪和其他相关补助中扣除病假工资。

（b）只有在半薪与补助的总和超过全薪的情况下，才能从半薪中扣除部分病假工资；扣除部分应与超出部分等额。

（c）此类扣除均应以经过三天的法定等待期为条件。

5. 职员的定级、重新定级、晋升及头衔授予，均应遵循人事委员会的政策和习惯做法。

6. 依据2004年校务理事会第5号规章的规定，未经相关的系主任、学部委员会主席或学院委员会主席的同意，任何职员（CUF的讲师除外）都不得担任其他职务。

7.（1）章程XIV第13条指定的大学聘用职员应当最晚于66岁生日之前的那个9月30日正常退休；其他大学聘用职员，依据以下2至4款的规定，应当最晚于66岁生日之前的那个7月31日正常退休。

（2）所有人都可以选择在60岁或60岁之后的任意时间退休。

（3）对于在特殊情况下希望继续在大学供职的人员及校务理事会希望保留其在大学职务的人，校务理事会可以安排其继续供职；但是一般来说，在出现以下情况后任何人都不得继续在大学担任正规职务：

（a）隶属于督察委员会管辖，9月30日过后不久就到其71岁生日的；

（b）不属于督察委员会管辖，7月31日过后不久就到其71岁生日的。

（4）（a）如果相关人员：

（i）隶属于督察委员会管辖，

（ii）在1985年7月1日担任一个职务（不论是否为本大学的职务）且有权可以在职至少到其67岁生日（或者保证随后的重新任命可以使其一直任职到67岁），

(iii) 从那以后一直连续担任职务,

则其不应被要求在 68 岁生日之前的那个 9 月 30 日退休。

(b) 判定是否是连续不间断地担任职务时,成功申请一个职务和开始从事该职务之间的间隔应被忽略。

(c) 1985 年 7 月 1 日之前接受任命,但直到 1985 年 7 月 1 日才开始从事职务的,应视为在 1985 年 7 月 1 日任职。

关于学术员工的特殊条款

8. 学部委员会在依据上述规章第 1 条履行职责时,应特别注意以下条款:

(1) 所有学术员工的职责(在一般和特殊情况下)均由相关学部委员会根据人事委员会制定的政策和习惯做法决定。

(2) 承担教研职责的职员,经学部委员会同意,有义务在相关机构的要求下作为监考官或评审官;除非有正当的并且能够使校长或学监满意的理由表明其在特殊情况下不能履行该义务。该义务不适用于:

(a) 尚未从大学领取薪金(且正处于担任无偿职位的前三年)的大学讲师、学科部讲师或 CUF 讲师;

(b) 在大学里担任其他无偿职务的人员;

(c) 在大学担任相关有偿职务,且在 1972 年 10 月 1 日以前被任命(且将一直担任直到退休)担任该职务的人员。

(3) 承担教研职责的职员(非讲师)以及担任医学讲师头衔的职员、大学讲师、学院讲师、CUF 讲师,经学部委员会同意,从其担任无薪职务的第四年开始均有义务在相关机构的要求下担任研究生导师;除非有正当的并且能够使校长或学监满意的理由表明其在特殊情况下不能履行该义务。该义务不适用于:

(a) 担任大学的相关有偿职务且是在 1986 年 4 月 1 日前被任命或通知的人;

(b) 担任大学的无偿职务且在 1988 年 4 月 1 日前被授予相关头衔的人。

9. 以下人员将担任荣誉教授:

(1) 60 岁后从教授职称(包括实质上和名义上的教授职称)上退休的任何人;

(2) 以教授职称退休,并已经通过校务理事会决议被授予荣誉教授头衔的任何人。

10. 下列人员应被授予荣誉高级讲师的头衔：

（1）超过 60 岁退休的高级讲师（包括实质上和名义上的高级讲师职称）；

（2）校务理事会决定授予其荣誉高级讲师头衔的退休高级讲师。

11. 依据 2004 年校务理事会第 4 号规章的规定，CUF 讲师的学术休假或其相应的法定义务的豁免，应当由学部委员会根据章程 XIV 第 9 条的规定及人事委员会根据 2004 年校务理事会第 4 号章程制定的政策和习惯做法来授予。

12. 超出上述第 11 条规定的特殊休假（带薪或不带薪休假）及法定义务的全部或部分豁免，应当由学部委员会依据人事委员会制定的政策和习惯做法决定。

13.（1）依据人事委员会制定的政策和惯习，大学讲师（包括 CUF 讲师、学院讲师和特殊[非 CUF]讲师]的聘用期最初应达到五年；在此聘用期结束时讲师有资格再次被聘用一段时间或直至退休。

（2）然而，对于已经供职一个任期并且被重新聘用直至退休的人，学部委员会可以依据本规章的规定，直接任命其到另一职位上就职直至其退休。

14. 为代替休假的职员或因教学急需，可以在不违反人事委员会制定的政策和习惯做法的条件下，聘用定期的教授、高级讲师和讲师。

15.（1）对于被大学聘用的教授或高级讲师（包括实质上的教授或高级讲师，以及未经典礼授予头衔的教授或高级讲师），若学部委员会要求其担任其所在系的系主任，除有个别例外，应当接受，但其所在系为表 2 所列系的除外。

（2）此项义务不适用于：

（a）经授予典礼被授予教授或高级讲师头衔的人；

（b）在 1994 年 10 月 1 日前接受聘任，而聘任合同中不包含此项义务的教授或高级讲师。

表 2　系主任职务永久性授予特定人员的系

系	席位
有机化学分系	韦恩弗利特化学教授职位
纳菲尔德妇产科系	纳菲尔得妇产科教授职位
威廉丹先生病理学学院	病理学教授职位
社会法律研究中心	社会法律研究教授职位

16. 在不违反本学部委员会制定的附加条款的条件下,系主任应依据人事委员会的规定履行义务。

17. （1）系主任履行义务和职责时应付的津贴经校务理事会下属的规划与资源配置委员会同意之后,由人事委员会决定。

（2）系主任以下职务的职员履行职责时的津贴,由相关学部管理委员会在不违反人事委员会订立的附加条款的基础上决定。

选举管理委员会通则

18. 若由选举委员会决定教授、高级讲师、讲师或主管的聘任,选举委员会的程序应服从校务理事会根据人事委员会的建议而制定的相关政策和习惯做法。

19. （1）在进行聘任前,相关学部委员会和学院应依据一般政策和习惯做法,审查与即将聘任的职务有关的详细条款。

（2）有关个别职务的详细条款的修改,应当经校务理事会的规划与资源配置委员会同意。

20. 选举委员会应当遵照有关拟聘职务的详细条款组成,除下述第23条所列出的职务外,该委员会：

（1）由7至9位选举人组成,校务理事会有其他决定的除外；

（2）应当包含至少2位在被提名时没有担任大学、学院、学会或永久私人学堂的教学、研究或行政职务的选举人,其中至少一位必须由相关学院或学部委员会提名,且两人不应来自同一机构；

（3）当需要授予临床教授职务时,选举委员会应当包含一名由可以为教授颁发荣誉临床合同的机构所指定的人员；

（4）应当根据大学的机会均等和种族平等政策组成；

（5）应当包含拟聘职务所在部门的主管人员,或者主管人员所指定的人员,在特殊情况下主管人员放弃该权利的除外；

（6）应包含拟聘职务所在学院的院长和该学院任命的另一名职员。

21. 选举委员会有权在不违反人事委员会订立的政策和惯习的条件下授予相关职务,而无须由大学的其他机构推荐。

22. 选举委员会所决定的聘任,其任期应直接延续到退休年龄,但以下情况除外：

（1）校务理事会同意（依据上述第14条规定）给予某人任期不超过10年的有固定期限的聘任；

（2）表 3 所列的职务的情况

表 3　不能保持职位至退休年龄的职务

格林菲尔旧约圣经讲师职位
哈罗德·维维安·哈姆斯沃斯美国史教授职位
乔治·伊斯门客座教授职位
牛顿-亚伯拉罕客座教授职位
斯莱得美术客座教授职位
福特英国史讲师职位
诗歌教授职位
瓦尔德自然与比较宗教学讲师职位
圣经研究演讲讲师职位
约翰·洛克哲学讲师职位
詹姆士·P.R.莱尔文献学教授职位
奥唐纳·凯尔特研究讲师职位

23. 下列表 4 所列的职务不受制于上述第 20 条第 1、2 款关于选举人人数及两人必须来自牛津之外的机构的相关规定，并且其选举人在任职五年且期满后才有资格再次竞选，章程或规章有其他规定的除外。

表 4　无须服从选举委员会一般性条款的职务

钦定教授职位
委派有大学教堂教士圣职的教授职位
阿尔德·励钦医学教授职位
哈罗德·维维安·哈姆斯沃斯美国史教授职位
乔治·伊斯门客座教授职位
牛顿-亚伯拉罕客座教授职位
亨利·伯克黑德基金诗歌教授职位
斯莱德美术教授职位
大学西班牙讲师职位
詹姆士·P.R.莱尔文献学教授职位
约翰·洛克哲学讲师职位
福特英国史讲师职位
格林菲尔旧约圣经讲师职位
诺曼尼斯讲师职位
赫伯史宾赛讲师职位
圣经研究演讲讲师职位
瓦尔德自然与比较宗教学讲师职位
哈利讲师职位
拉坦白卡特拉克讲师职位

（续表）

约翰·威尔弗雷德·詹金森纪念讲师职位
班普顿讲师职位
西德尼·布尔讲师职位
奥唐纳·凯尔特研究讲师职位
利厅菲尔德讲师职位
车维尔-西蒙讲师职位
伊斯林·卡朋特讲师职位
亨斯利·亨森讲师职位
J. M. 吉伯森讲师职位
毛里斯·鲁伯克讲师职位
米尔斯纪念讲师职位
巴兹尔·扎哈洛夫讲师职位
特洛罗恩讲师职位
威廉·柯亨纪念讲师职位
G. E. 伯莱克曼讲师职位
内尔·华莱士讲师职位
约翰·福兰奇纪念讲师职位

关于教授的特殊规定

24. 非临床教授每学年（10月1日至8月1日之间）应至少住校（即以卡法克斯为中心方圆25英里内）6个月，并且每学期不少于6星期，但依据上述第11和12条规定豁免该义务的除外；临床教授每学年40个星期都应住校。

25. 教授在大学里上课或指导的其他费用，即教授担任研究生导师、依据规章担任学生的学术指导者，或者（经相关学部委员会同意，包括对时间长度的认可）担任本科生导师（一星期达到四个小时，例外情况下一星期达到六个小时）所获得的费用以外的费用，应由所在系支付（若教授兼任系主任），或由大学一般收入账目支付（若教授不兼任系主任）。

关于临床学术员工的特殊规定

26. 人事委员会应在医学委员会的建议下，决定准许持有国民医疗服务制度名誉顾问资格的临床学术员工在牛津的医院从事私人业务，此种私人业务应当：

(1) 以相关临床医生的个人名义从事；
(2) 服从人事委员会依据上述第 6 条关于顾问职务和外聘职务的规定。

关于院士的特别条款

27. 除了章程 XIV 第 10 条所列的人员，下面表 5 中所列的人员也有权作为学院或学会的院士（Fellowship）：

表 5　有权作为学院或学会导师的人员

阿什莫尔博物馆馆长
阿什莫尔博物馆的各部门主任
博德利图书馆馆长兼大学图书馆服务主任
博德利图书馆保管员
科学史博物馆馆长
牛津大学自然历史博物馆馆长
皮特·利弗斯博物馆馆长
泰勒研究所图书馆馆长
就业服务主管
医学研究生教育与培训主任
赛义德商学院彼得·摩斯主任

28. 下面表 6 所列人员有资格作为教授级导师，除非他们停止担任现任相关职务从而不再有资格成为教授级导师。

表 6　有资格担任教授级导师的人员

校长
教务长
阿什莫尔博物馆馆长
考古系主任
赫伯登钱币储藏室主任
东方艺术系主任
西方艺术系主任
就业服务主管
泰勒研究所图书馆馆长
计算机服务主管
赛义德商学院彼得·摩斯主任
医学研究生教育与培训主任
科学历史博物馆馆长
牛津大学自然历史博物馆馆长

（续表）

皮特·利弗斯博物馆馆长
牛津大学出版社代表团秘书长
作为牛津大学出版社财政委员会成员的牛津大学出版社高级官员
罗德学院院长
博德利图书馆馆长兼牛津大学图书馆服务主任
博德利图书馆各部门主任
图书馆服务的主管
社会科学图书馆的主管
电子研究服务系统的主管
科学技术服务的主管
有偿的或作为私人指导的讲座教授（除非其头衔是经授予典礼授予的）
高级讲师

附录

表7　章程所规定的法定教授职位列表

表 A

亚伯拉罕宗教研究教授
朱·海因茨美国文学教授
偏微分方程分析教授
李博士解剖学讲座教授
罗林森和博斯沃斯盎格鲁-撒克逊讲座教授
生物人类学教授
社会人类学教授
劳狄安阿拉伯语教授
哈立德·宾·阿杜拉·阿·萨德当代阿拉伯世界研究教授
爱德华学堂考古科学教授
罗马帝国考古学教授
林肯经典考古学及艺术教授
欧洲考古学教授
古本江美国研究教授
斯莱德美术教授
艺术史教授
史维历恩天文学教授
瓦得利生物化学教授
生物信息学教授

(续表)

葛兰特细胞病理学教授
E.P 亚伯拉罕生物学教授
密尔施坦癌症细胞生物学教授
安妮 T. 和罗伯特 M. 应用药学的发育和干细胞生物学教授
化学生物学教授
综合系统生物学教授
数学生物学教授
布朗利·亚伯拉罕分子生物学教授
射线肿瘤学与生物学教授
大卫·菲利普斯分子生物物理学教授
史拉蒂恩植物学教授
纳玛塔佛教研究教授
癌症基因学教授
凯尔特学耶稣教授
李博士化学教授
无机化学教授
库尔森理论化学教授
当代中国研究教授
夏中文教授
计算机教授
计算机科学教授
计算机系统学教授
犯罪学教授
发展与繁殖学教授
钦定神学教授
玛格利特神学教授
斯波尔丁东方宗教与民族研究教授
经济学教授
英国石油经济学教授
埃奇沃斯经济学教授
约翰奇克斯经济学教授
占姆士米德经济学教授
教学研究学教授
埃及古物学教授
唐纳德·波洛克化学工程教授
土木工程学教授
计算气动热工程学教授
控制工程教授

（续表）

电子与电子工程教授
光学电子教授
整形外科工程教授
英国石油信息工程教授
原料工程学教授
机械工程学教授
蒙坦英国语言教授
戈登米斯英国文学教授
蒙坦英国文学教授
汤姆丝沃坦英国文学教授
J.R.R.托尔金英国语言与文学教授
环境与公共政策学教授
环境科学教授
曼计量金融学教授
法国文学教授
马什尔法国文学教授
基因学教授
地球化学教授
地理学教授
哈尔德福地理学教授
人文地理学教授
自然地理学教授
地质学教授
萨维尔几何学教授
泰勒德国语言与文学教授
德国中世纪与语言研究教授
格拉德斯通政务学教授
安德鲁 W.梅隆美国政府研究教授
约翰·吉尔伯·维伦特美国政府客座教授
瑞吉斯希腊文教授
拜沃特和索思比拜占庭与现代希腊语言与文学教授
钦定希伯来语教授
哈罗德·维维安·哈姆丝沃斯美国历史教授
罗兹美国史教授
卡姆登古代史教授
威克姆古代史教授
伯特英联邦史学教授
钦定宗教史教授

(续表)

奇库尔经济史教授
印度历史与文化教授
卡罗尔爱尔兰历史教授
拉丁美洲历史学教授
奇库尔中世纪史教授
钦定现代史教授
现代史教授
科学史教授
奇库尔战争史教授
曼特莱·波登国际关系学教授
莱斯特国际关系学教授
网络管理与规划教授
因特网研究教授
社会与网络学教授
明培伊斯兰艺术与建筑教授
阿尔塔尼陛下现代伊斯兰研究教授
菲亚特意大利研究教授
尼桑现代日语研究教授
法理学教授
拉伯特·摩道奇语言与交流学教授
基督圣体书拉丁文教授
法学教授
洛弗尔法律与金融教授
钦定民法学教授
诺坦罗丝商业与金融法教授
克利福德·潜斯比较法学教授
阿伦和奥瑞公司法教授
英国法学教授
佛林尼英国法学教授
雅克·德洛克欧共体法教授
知识产权与信息技术法教授
奇库尔国际公法教授
毕马威会计事务所税法教授
法哲学教授
语言学教授
威克姆逻辑学教授
数理逻辑学教授
英国电信主要项目管理学教授

（续表）

管理学教授
欧内斯特管理学教授
彼得管理学教授
管理学教授
美国标准公司经营管理学教授
市场营销学教授
欧莱雅市场营销学教授
库森原料学教授
材料模型学教授
原料检验学教授
数学金融学教授
数学模型学教授
劳斯布尔数学教授
沃利斯数学教授
数学与应用数学教授
纯粹数学教授
韦恩·弗利特纯粹数学教授
艾萨克材料学教授
微生物学教授
埃维格微生物学教授
骨科学教授
海瑟音乐学教授
纳米材料学教授
数值分析教授
爱华德田地鸟类学教授
洛霍夫曼田地鸟类学教授
亚伯拉罕病理化学教授
药理学教授
迪博尔德比较语言学教授
古代哲学教授
李博士实验哲学教授
瓦尔德心理哲学教授
韦恩·弗利特形而上学哲学教授
怀特道德哲学教授
色达雷自然哲学教授
诺洛丝基督教哲学教授
哈利物理学教授
威克姆物理学教授
实验物理学教授
胡克实验物理学教授

（续表）
韦恩弗利特生理学教授
英国心脏基金心脏血管生理学教授
植物科学教授
诗歌教授
杜伦·孟德政治经济学教授
金约翰葡萄牙语教授
纳菲尔德比较政治学教授
心理学教授
沃兹心理学教授
查尔斯公共科学理解教授
罗兹种族关系学教授
罗马语言学教授
俄语教授
波登梵文教授
科学与文明学教授
技术与社会变革教授
安德鲁科学与宗教学教授
丁爱尔兰圣经注释学教授
圣经注释学教授
波尼特社会政策学教授
证据干预学教授
奇库尔社会与政治理论教授
社会学教授
社会学与社会政策学教授
金西班牙语教授
统计学教授
社会科学统计学教授
应用统计学教授
统计科学教授
钦定道德理论学教授
多纳德机械学教授
动物学教授
利南克动物学教授
荷伯动物学（昆虫学）教授
乔治·伊斯门客座教授
牛顿-亚伯拉罕客座教授
表B
威弗利特化学教授
病理学教授
社会法律研究教授

(续表)

表 C
纳菲尔德麻醉学教授
临床生物化学教授
妇科癌症学教授
肠胃病学教授
家庭医生学教授
临床学教授
癌症生物学教授
钦定医学教授
梅医学教授
菲尔德心脏血管医学教授
纳菲尔德临床医学教授
糖尿病医学教授
罗伯特糖尿病医学教授
分子与人类遗传学教授
分子医学教授
诺曼分子骨骼病理学教授
赫伯特神经影像医学教授
神经免疫学教授
临床神经病学教授
神经病理学教授
迈克尔·戴维斯神经系统科学教授
纳菲尔德妇产科教授
英国癌症研究所肿瘤学教授
玛格利特眼科学教授
儿科动作研究教授
纳菲尔德病理学教授
分子骨骼病理学教授
罗兹临床药理学与癌症治疗学教授
汉得利精神病学教授
谢丽儿与里斯精神病学教授
儿童及青春期精神病学教授
老年精神病学教授
社会精神病学教授
公共卫生学教授
纳菲尔德外科教授
纳菲尔德整形外科教授
创伤外科教授
移植学教授
卡杜里创伤复原教授

关于外聘职务及处理外聘事务的规章

2004年校务理事会第5号规章
2004年7月14日校务理事会制定

1.（1）除CUF讲师以外的所有大学聘用职员，需经系主任、学院委员会主席或学部主管同意，才能拥有外聘职务并从事相关工作（包括担任顾问和董事）。

（2）CUF讲师担任执行董事的，应遵循下述第6条至第8条的规定。

2. 下列职务不属于外聘职务：

（1）担任学监或评审官；

（2）在任一大学的学位考试中担任监考官；

（3）担任大学的纪念性讲师（Commemorative Lecturer）或类似的职务，其职责为每年举行次数不超过八次的讲座；

（4）与学术著作有关的或由学术著作引起的活动或责任，且不涉及正式的合同或续签合同。

3. 下文的条款所指称的执行董事是指在相关公司中担任管理人员，不论其在该公司中的工作是否包含研究性工作。

4. 在遵循以下条款的情况下，可以准许相关人员承担外聘工作，而不扣除其薪金：

（1）应在大学网站上填写相关申请表进行申请（并附一份说明，表明在相关人员利用其专业技能服务外部机构时牛津大学咨询机构可给予的支持）；

（2）由相关职员的直接管理者或系主任（在其不隶属于任何系的情况下由学院委员会主席）对申请进行批准；若拟接受外聘工作的人员是系主任（或学院委员会主席），则由学部主管对申请进行批准；

(3) 拟接受外聘工作的人员应当在申请表上给出关于利益冲突的声明；

(4) 从事外聘工作每年不得超过 30 天(遵循下文第 5 条规定)；依据下文第 6 条的规定同意职员担任执行董事的,若有必要延长 30 天期限,则相关职员有义务向系主任(在其不隶属于任何系的情况下向学院委员会主席)和相关部门主管征求意见；

(5) 用以监督外聘工作的规定,必须由科研服务部门代表大学仔细审查并批准；并且未经科研服务部门事先以书面形式许可,不得修改；

(6) 研究性服务部门必须保证外聘工作与那些管理外部机构资助职员工资(或者资助职员担任主要研究者或合作研究者的受外部资助的项目)的条款之间并不存在冲突,且须征得资助机构的同意；

(7) 相关职员不得在大学内进行任何商业活动；

(8) 相关职员应当遵守关于使用信息技术设施的规定；

(9) 未经系主任或学部委员会主席许可,该职员不得使用大学的设施从事与外聘工作相关的活动；不得使用的设施包括电子邮件或邮箱的地址(如若使用,系主任或学部委员会主席有权按适当的比例收取费用)；

(10) 该职员在从事外聘工作期间,若发现与其在大学的职责或与大学的利益存在现实的或潜在的冲突,则应当向利益冲突委员会征求意见。

5. 从事外聘工作时间超过 30 天的,仍可以请求同意延期；在这种情况下,系或学院委员会应当将请求提交给学部委员会,且学部委员会可以同意扣除其薪金。(对于特别耗费时间的外聘工作,可以视情况进行兼职或全职调任。)

6. 任何大学职员,非经利益冲突委员会及系主任、学院委员会主席或学部主管的明示许可,不得担任执行董事的职务。

7. 在以下情况下可准许职员担任执行董事的职务:

(1) 相关职员应使利益冲突委员会确信其担任执行董事是为了使以科技或科研为业务的公司达到上市公司的要求；

(2) 在例外情况下,利益冲突委员会可依据其他证据判定上述条件成立。

8. 利益冲突委员会依据上述第 6 条的规定给予谁许的,相关职员可以依据上述第 4 条到第 5 条的规定申请外聘工作。

WD198-094
7.09.04

法令（5）：根据新大学章程废除过时法令及将某些其他法令重新指定为相关规章

［发表于《大学公报》，第 1461 页］
校务理事会制定了以下法令，2002 年 7 月 26 日生效；2003 年 5 月 1 日修订

备注

新大学章程从 2002 年 10 月 1 日起开始生效。依据该章程，校务理事会不再颁布法令作为辅助性法规；所有的法规将以规章的形式体现。校务理事会已经用新的规章代替了原来的考试法令（《大学公报》附录[1]，第 4621 号，2002/5/8，1139 页），关于知识产权政策的法令（《大学公报》附录[1]，第 4625 号，2002/6/5，1285 页）以及关于评议会、学会和永久私人学堂、校务理事会、学部、学科部、大学出版社、大学官员的章程和法令。（《大学公报》附录[2]，第 4628 号，2002/6/26，1385 页）。校务理事会现已制定另外的规章以代替现存的关于学生会、大学聘用职员的退休日期、学院捐赠体系和学院账务以及系的法规。以上规章作为校务理事会第 26 至 30 号规章发表在 2002 年的《大学公报》附录(1)，第 4629 号，2002/7/10，1449 页。

下述法令的第 1 条废除了现存的关于博德利图书馆的法令；将在两个星期内公布的牛津大学图书馆服务规定将代替关于博德利图书馆的法令。在大学历史委员会（Committee on the History of the University）被撤销之后，第 2 条正式废除经过审查的已过时的法令。

由于不可能在新章程生效前完成对大学所有的现行立法的审查工作，

因而有必要从 2002 年 10 月 1 日开始将尚待审查的现存法令重新指定为规章。校务理事会已颁布法令,将"考试法令"中的某些部分(2002 年 5 月 9 日法令[2],《大学公报》1154 页)重新指定为相关法规,并且下面的法令的第 3 条和第 4 条也相应地对其他类似的法令进行了重新指定。

法令正文

1. 在第Ⅲ章中(《章程》,2000 年,269 页),删除第 13 条有关博德利图书馆的规定。
2. 同上(305 页),删除第 46 条有关大学历史委员会的规定。
3. 下述法令应包含处理 2002 年 10 月 1 日生效之事宜的相关规章,直至这些规章被取代、修订或校务理事会(或经校务理事会授权的个人和机构)制定新的规章:

2002 年校务理事会第 23 号规章(其他大学机构)

本规章已被 2004 年 6 月 30 日制定的 2004 年校务理事会第 2 号规章代替。

2002 年校务理事会第 24 号规章(学术及其他职务)

除以下条款外,本规章已被 2004 年 7 月 14 日制定的 2004 年校务理事会第 3 至 5 号规章所代替:第 7 章第 3 条第 1—322 款,第 388—516 页。

2002 年校务理事会第 25 号规章(信托)

第Ⅳ章,关于奖学金、奖金、专项资金、收藏、图书馆及拨款的规定。(第 579 至 757 页)

类似法令(指从 2002 年 9 月 30 日开始生效且未被 2002 年 10 月 1 日开始生效的新法规所代替的法令和规章)的参照解释,应当被视为校务理事会(或经校务理事会授权的个人或机构)制定的相应规章或上述的法令正文第 3 条中的相应规章的参照解释(2002 年 10 月 1 日开始生效)。

关于学院资金上缴的规章

2005年校务理事会第1号规章

2005年6月2日校务理事会制定;2006年9月21日、2008年2月14日、2008年7月10日和2009年2月19日修订

1. 本规章依据章程XV的规定制定;除非另有说明,本规章中所指称的"条"均为章程XV中的相关条款。

2. 依据第5条,每个学院的应付总额应当按以下方法计算;学院在特定财政年度的税阶(Tax Bands)和税率(Tax Rates)*,由校务理事会根据学院资金上缴委员会(College Contributions Committee)建议,以规章的形式作出决定。

春季学期应支付的款项,以前一财政年度的账务为基础。以2007年8月的学院账务为基础拟定的上缴税阶和税率如下(单位:英镑):

第一笔3千万可征税的财产	不征税
随后的300万	0.10%
随后的300万	0.20%
随后的300万	0.30%
超过3900万的可征税财产	0.36%

---

* 本规章中所指的"税阶"和"税率",特指相关学院收入中,应当上缴给校方的收入基数及对应上缴比例。——译者注

确定学院的可征税财产

3. 可征税财产根据以下所列条目的总和计算：
(1) 学院每年 7 月 31 日审计的财务报表中除去有形固定资产(Tangible Fixed Assets)后的基金总额；
(2) 7 月 31 日审计的财务报表中 30％的会议和集会收入，乘以 100/4 后的数额；
(3) 对于受学院影响或控制或者其资金大部分甚至全部用于学院相关事务的任何实体，其财务报表应显示总额(若其财务报表没有与学院财务报表合并)；这种情况下相关机构的财务报表不应比学院财务报表的制定日期即 7 月 31 日早 12 个月。

不包含：
(4) 7 月 31 日学院财务报表的总额中，学院作为独立受信托人(Trustee)且不用于学院事务的资金；
(5) 特殊职责津贴，乘以 100/4 后的数额。

会议和集会收入

4. 以下不属于会议和集会收入：本身是大学成员的学院高级职员向学院支付的所有的会费、餐费等，以及学院高级职员向学院支付的公共场所使用费等。

5. 会议和集会收入还包括来访学生向学院缴纳的费用，以及以学院名义组织的会议和集会所形成的收入。

特殊责任

6. 若相关学院认为其上缴资金有正当理由应当减少，应向学院资金上缴委员会提出书面申请(若委员会认为该学院不是出于维护学院私利，而是为维护学院和大学的整体利益，就可以认定其理由正当充分)。委员会应当审查该申请，并依据具体情况决定允许减少该学院的上缴资金。

可征税财产与学院资金上缴的年度报表

7. 在依据第 8 条提交其年度财政报表的同时,每个学院还应提交一份详细说明,表明其该财政年度可支付的财产总额或相关可征税财产;该报表应以本规章中所列表格的格式提交。

上缴资金分摊

8. 学院资金上缴委员会应当就上缴资金在各个学院之间的分摊问题,向校务理事会提出建议。委员会也可以建议不对上缴资金作分摊。

附　　表

资金上缴方案

可征税财产及学院上缴资金
截止于××年 7 月 31 日年

	£	£
合并资金总额		…
不含:有形固定资产		(…)
		…
会议与集会收入	…	
其中的 30%	…	
乘以 100/4		…
对于受学院影响或控制的实体的财务报表显示总额(若其财务报表没有与学院财务报表合并);		…
学院财务报表的总额中,学院作为独立受信托人且不用于学院事务的资金		(…)
特殊职责津贴	…	

（续表）

乘以 100/4		(…)
可征税资产总额		…
基于可征税资产总额的上缴资金		
可征税资产 £…	0.00%	0
可征税资产 £…	…%	£…
可征税资产 £…	…%	£…
可征税资产 £…	…%	£…
学院资金上缴总额		£…

关于学院账务的规章

2003 年校务理事会第 1 号规章

校务理事会 2003 年 1 月 16 日制定

1.（1）学院依据章程 XV 之 B 部分的条款制作的年度财务报表，应遵循相关详细指导原则；学院应当在一个财政年度结束前公布该指导原则。

（2）学院应提交已审计的各学院联合财务报表中的节选部分；学院提交的节选部分应当严格依照已提供的形式制作。

2. 相关年度的财务报表应包括的内容为：

（1）学院治理机构的报告；

（2）对治理机构之责任的陈述，包括对慈善活动及用于法定慈善活动的财产和收入的陈述；

（3）对主要账务政策的陈述；

（4）学院的资产负债表，以及学院及其附属机构和相关实体的合并资产负债表；

（5）合并的收支账务；

（6）对全部公认的损益的综合陈述；

（7）对现金流动的综合陈述；

（8）财政报表的注释。

3. 章程 XV 第 11 条所要求的附加信息应包括：按照学院账务委员会公布的形式制作的、用以显示学院收支情况以及学院对学院资金上缴情况的计算结果的表格。

4. 学院所任命的对财政报表进行审计的审计员，有权在特定的英国公司中担任审计员。

5. 与财政报表一同公布的审计报告，应当包含审计员对财务报表是否真实体现了以下内容所做的判断：

（1）在每个财政年度结束时，学院事务状况以及学院、学院附属机构和学院相关实体的综合状况；

（2）学院、学院附属机构和学院相关机构的综合收支；

以及财务报表是否按照《牛津大学和剑桥大学1923年法令》指导下的牛津章程XV的规定准备妥当。

6.（1）审计调查必须保证审计员能够对以下事项提供意见：

（a）学院是否对学院账务进行恰当的记录；

（b）学院的财务报表是否与所记录的账务一致；

（2）如果审计员对上两款的情况感到满意，则无须在审计报告中对此作出陈述。

7. 如果审计员无法获得审计工作所需信息和解释说明，则应当在审计报告中说明该事实。

8. 审计员应当审查治理机构给出的报告中的信息与财务报表是否一致，并且在认为不一致的时候，在审计报告中陈述该事实。

9. 审计员可以在其认为必要时在学院账务委员会指定的期限内向大学财务部主任和金库主管提供以下信息：

（1）其并未发现学院从大学基金和收入中获取的资金存在重大的账务漏洞或控制漏洞；

（2）其认为学院从大学获得的资金都被用于指定目的。

WD13-013

财务规章

2008 年校务理事会第 1 号规章

2008 年 7 月 9 日校务理事会制定;2008 年 10 月 16 日修订(《牛津大学公报》,第 139 卷,第 192 页);2009 年 3 月 26 日修订(《牛津大学公报》,第 139 卷,第 888 页至 889 页)

备注:在财务部网站上可以找到本规章并且它以对用户来说更加方便的格式与大学的财务程序和流程以及其他有用的额外信息链接在一起。

1 引言

1.1 目标

本规章由大学校务理事会制定,遵循章程所规定的对大学财务进行控制的原则。

本规章的主要目标是确保大学资金的合理利用,以满足大学对会计责任、内部控制、资金风险管理的要求,并履行英国税务及海关总署(HM Revenue & Custome)、英格兰高等教育委员会(HEFCE)及其他政府机构所要求的法律或经济责任。该规定也是管理架构的一个组成部分,用以确保资源能够被合理地用于实现大学战略规划和商业目标。

1.2 适用

本规章有更详细的财务规定做补充。

本规章及财务规定适用于大学年度审计财务报表中的所有机构,但不包括附属公司及学会(章程Ⅴ中对学会有规定)以及出版社(该单位有独立的财务规章和规定)。本规章及财务规定适用于各机构获得的来自于各界的资金收入。

附属公司及学会应基于本文件制定自己的规章,并根据各自不同的治理安排进行适当的修订。如果附属公司或学会没有特定的规章制度,则使用本规章。附属公司及学会也必须及时为大学提供自身掌控的信息,大学可能需要这些信息履行其法律和财务上的责任,制定年度预算及财务报告。

本规章及财务规定不适用于大学的各学院(见章程Ⅴ),但适用于大学机构从各种来源获得的资金收入。

如果章程、规章和财务规定间出现矛盾,适用的优先排序为:章程、规章、财务规定。

1.3 责任

1.3.1 校务理事会

校务理事会全权负责大学财务资源的管理。大学内的财务管理工作由校务理事会委托规划与资源配置委员会、财务委员会和学部委员会负责。校务理事会也向英格兰高等教育拨款委员会负责,确保大学能遵从英格兰高等教育拨款委员及其他财务备忘录及相关指导方针的要求。

所有大学职员及公职人员必须遵守本规章及财务规定。

1.3.2 单位主管

单位主管必须确保:

——单位所有工作人员了解规定的内容以及不遵守规定所引起的后果。不能遵守规定的负责人将受到大学的处罚。

——为确保资金的收入、支出和使用得到妥当控制,须设计合理的财务授权委托体制。

——单位须准确及时地向财务部门反馈所需数据,因为大学需要向一些机构,如英国税务及海关总署反馈这些信息。

——应当制定充分合理的财务安排并落实到相关人员,以此来保障资产的安全。这些安排必须符合大学章程、规章、财务规定的要求,相关记录保存须完整准确,电子数据备份须使用安全机制。

——从财务部主任指定日期开始,每位人员或单位行政管理办公室在向财务部提供信息时,需要确保信息与财务备忘录及英格兰高等教育拨款委员会的指导一致。

——每位人员或单位行政管理办公室,须设计责任分明的内部管理体制,以控制财务相关活动。单位主管必须确保大学工作人员使用大学业务系统的权限处在其权责范围之内。系统内配置的权责应明确界定必要的代理权限及合理的权力控制制度以防止和识别错误。

——每位人员或单位行政管理办公室，须根据财务规定对财务事项往来进行充分的审核。

1.3.3 财务部主任

财务部主任须定期安排对财务规章及支持规章的财务手续的审查。

财务保障处主管须代表财务部主任，负责确保所有单位主管了解如何获得最新的财务规章及财务规定。

1.4 财务监控

1.4.1 预算

根据规划与资源配置委员会（PRAC）颁布的预算时间表，每个预算单位应该为财务年度进行预算，并且向上级机构汇报预算情况。

单位可以进行年度赤字预算，但必须与本部门或所属部门战略规划一致，且需到得到上级单位的批准。

预算单位需要保证其收入和支出在规划与资源配置委员会所允许的预算限制范围内。

1.4.2 预测

所有预算单位必须在每季度对该财务年度的收入和支出进行预测，并根据规划与资源配置委员会的时间表将结果提交给上级部门。

单位必须实施恰当的程序来监管违反预算和预测的财务行为，同时还应当向上级单位及时提供业绩报告。如果预算单位发现在该年度内存在与预算不一致的情况，应当当即向上级部门汇报该情况。

只有当下级单位计划好日后恢复预算水平时，上级才可以允许下级的预算单位超出原有的预算限制。

当预算单位许可超预算运作时，必须通过其上级部门或相关部门，向规划与资源配置委员会（或规划与资源配置委员会的下属委员会）汇报。

1.4.3 记录与财务报告

财务记录

所有和单位有关的交易必须记录在大学财务系统中。

财务文件的保存

为了保存财务文件，单位必须遵守财务规定中的指导条款，并保留此类文件到指定期限。

1.4.4 大学财务系统准入规则

所有允许进入财务系统的大学成员,必须遵守密码和其他相关的保密控制要求,以及信息技术设施的相关规定。

1.4.5 审计

英格兰高等教育拨款委员会的职责与审计规定中对审计进行了编码,大学须以此为参照安排审计。该项职责将授权规划与资源配置委员会(PRAC)、大学内部及外部的审计员不受限制地访问所有凭证、文件、账簿、电脑资料以及他们所需的任何信息。

1.5 授权限制

1.5.1 签订合约的权限

章程 XVI 的 C 部分所涵盖的基本原则对与大学签订合约的个人或机构进行了规定,任何操作如果超出合约规定,或与英格兰高等教育拨款委员会、英国税务及海关总署及其他政府当局的规定相抵触都是不合法的。

校长及教务长都有权处理所有形式的合约。

此外,下表中的主管人也有权处理在其职权范围内的合约。

表 A

财务部主任	合约处理的事务有:销售、购买、投资、借贷、商业活动、研究合同,以及附属公司、联合公司及衍生公司的组建与运作
科研服务主管	科研合约及与科研相关的合约
房地产事务主任	设计、拆迁、建设、改建、修缮、维护建筑的合约
地产代理人	对不动产进行买卖、租赁、批准及收费的合约
法律事务主管	与外聘律师相关的规定
学部主管	学部日常事务合约

就大学内的授权而言,以上主管可以根据本规章1.5.2和3.2条进行授权(须符合章程 XVI 的第12条的规定)。

校长和教务长也可以授权给附属公司、附属公司的官员及这些公司所任命的管理人员。

教务长负责所有授权行为的注册。

单位主管有权签订的合约须涉及本单位的日常事务,同时其涉及的资金必须是在授权限制范围之内的,且符合本规章1.5.2和3.2条。单位主管无权处理属于表 A 中所列主管权限的任何合约(但可处理与单位日常的销售和购买事务相关的合约)。日常事务有多方面,但对于学术单位而言主要是教学、科研及对教学科学的支持辅助活动。

单位主管可以授权签订合约(除聘用合约外[参见本规章3.2]),但只有当正式的授权文件复印件递交给教务长时,授权才能生效。

盖章文件必须递交给法律服务办公室。

1.5.2 财务限定

下表 B 和 C 列出了各个支出层次上的内部限定(在合约中或在其他形式的合同中)。表 B 是非资本性部门(non-capital department)支出的财务限定(关于科研项目授权及批准的相关规定参见本规章 4.1 条)。表 C 给出了资本性支出的财务限定,同时也规定了报告的要求。

表 B 非资本性部门支出

层次	职能部门	£000
1.	校务理事会	不受限制
2.	规划与资源配置委员会	4000
3.	学部委员会	1000*
4.	系主任	500*

表 C 资本性支出

	需要大学资本基金	不需要大学资本基金
10 万英镑以下	• 资产调控小组(CSG)向规划与资源配置委员会提出建议 • 规划与资源配置委员会批准 • 不需要正式企划案	• 发起赞助的系可以批准*
10 万—100 万英镑	• 资产调控小组向规划与资源配置委员会提出建议 • 规划与资源配置委员会批准 • 需要正式的企划案	• 发起赞助的系批准的资金的上限为 50 万英镑* • 发起赞助的学部批准的金额上限为 100 万英镑*
1 百万—4 百万英镑	• 资产调控小组向规划与资源配置委员会提出建议 • 规划与资源配置委员会批准且上报校务理事会	• 资产调控小组向规划与资源配置委员会提出建议 • 规划与资源配置委员会 批准并上报校务理事会
4 百万英镑以上	• 资产调控小组向规划与资源配置委员会提出建议 • 规划与资源配置委员会向校务理事会提出建议 • 校务理事会批准	• 资产调控小组向规划与资源配置委员会提出建议 • 规划与资源配置委员会向校务理事会提出建议 • 校务理事会批准

* 学部委员会及系主任被授予的权力要受到预算约束的限制,该限额由规划与资源配置委员会批准(见本规章 1.4.1 条)。

大学资本性资金是由规划与资源配置委员会所指定的资金,也包括来自牛津大学出版社、英格兰高等教育基金委员会和大学资本性基金会的款项。

2 收入

2.1 收入

大学收到的所有资金都是学校的收入。

大学收入包括个人在与大学相关的活动中所获得的所有收入（但与大学相关的活动不包括外聘工作：见本规章第6.6条）。

大学的所有收入必须及时进入大学银行账户，并要求进行恰当的说明。

所有单位的领导在收到现金或支票时，须负责确保收入遵守了财务规定。

2.2 销售

所有销售的商品和提供的服务必须符合财务规定。

(i) 所有的销售必须得到批准，且其信用风险需要在可接受范围内。更多要求参见财务规定。

(ii) 消费者必须了解大学供销的标准化条件（从法律服务办公室[LSO]获取），标准化条件必须写入包括网上销售合约在内的所有合约当中。当然，标准化条件须服从个案特点，允许存在差异，但须由法律服务办公室起草或背书。

(iii) 对外部消费者的定价应反映所提供的服务或商品的经济成本。那些免费或折价的销售，必须经过单位主管（或其委托人）的批准才能出售给雇员、大学成员以及其他消费者。

(iv) 对因非校内工作而使用大学场地或基础设施的行为应适当收费。

(v) 当单位的疏忽行为导致坏账时，财务部主任可以从一般收入中支出低于10万英镑的金额来抵补坏账。财务委员会可以处理10万英镑以上的坏账。

(vi) 财务部主任每年应当向财务委员会提交年度报告，说明当年处理债务的总数额，并对5千英镑以上的债务处理情况进行详细说明。

2.3 受赠收入

受赠登记处对捐赠及相关收入的管理工作进行监督，当收入性质存在不确定性时，受赠登记处要提供意见。

(i) 根据规章第4条的规定，支持研究活动的捐赠须通过研究服务处进行协商。所有其他现金捐赠、拨款以及其他承诺的远期支付，必须及时通知受赠登记处。如果发生了超过1万英镑捐赠或涉及远期支付的情形，在未得到发展办公室的提前指示时，不允许接受该笔支付、达成协议或提供正式收据。当捐赠或拨款金额小于或等于1万英镑时（不涉及远期支付），该笔金额须交付给出纳办公室，并且提供财务规定中的辅助信息。

（ii）只有教务长、负责管理发展与对外事务的副校长、财务部主管及发展部主管有权代表大学接收正式的捐款。如果捐赠方没有正式捐赠要求，受赠登记处可以发布致谢信息。

（iii）发展办公室负责决定以下问题：是否应该接受捐赠并致谢；大学是否应当建立信托规章；对于承诺的远期支付，是否应当建立具有法律约束力的协议；远期支付协议是否应当比无约束力的保证更有效力。但必要时可咨询相关的法律服务办公室和税收部门的意见。

（iv）所有远期捐赠协议应当符合有约束力的法律规定，大学应当在收到资金前作出支出决策。

（v）学部委员会秘书须从法律服务办公室采集必要的建议，给学部管理委员会准备信用规章（不在部门内的预算单位按照其同等机构处理）。校务理事会一般目的委员会根据2002年校务理事会第15号规章的规定，有权批准信用规章。

（vi）（a）考虑到捐赠的可接受性及其他相关方面，发展办公室必须对2002年校务理事会第15号规章中涉及审查捐赠委员会的指导规定作出特别考量。以下情况须特别注意：

——来自未知人员且在发展办公室进一步询问后没有得到满意的答复的大数额捐赠；

——受到特定个人或组织制约的捐赠；

——捐赠现金在固定一段时期汇入，大学在这段时期获得的收益应在后期返还给捐赠者。

——捐赠者在一段时期内通过外国货币进行的捐赠，若在此期间大学获得收益，应以英镑支票的形式返回给捐赠者。

所有这些情况必须及时反映给教务长，并且向法律服务办公室获取建议。

（b）当由负责发展与对外事物的副校长判断捐赠接收时，可能会违反控制捐赠检查委员会的规章制度，此时捐赠应当由捐赠检查委员会进一步考察并作出决定。

7. 负责发展与对外事务的副校长应当定期向校务理事会提交所有捐赠的报告，10万英镑以上的捐赠须有详细说明。

3 支出

3.1 购买

所有的商品和服务的购买必须符合财务规定和采购程序的规定。

10万英镑以上的商品或服务采购（与建设相关的采购除外）必须与采购办公室协商。

所有商品的采购合约必须包含大学购买标准化条件，所有服务的购买也必须签订大学服务标准化合约。如果采购办公室或房地产理事会商讨了其他的条款，以上两条规定可以作适当的调整。

科研服务处（RS）负责授权购买与科研相关的服务项目。各系负责采购被批准的科研项目所需的物品。以下第4条为关于科研相关支出的具体要求。

所有非经采购获取（例如，通过租赁安排获取的）的商品和服务合约须经过采购办公室协商确定，并通告会计服务部门主管。

所有使用信用卡的采购必须符合信用卡的财务控制规定，该规定由会计服务主管颁布。单位主管要和会计服务部门主管负责选择信用卡并确定交易的限额，还要确保交易符合规定的限制。

3.2 人员的聘任和工资

章程XIV主要涉及学术员工及其后勤人员的聘用，其第1条涵盖了聘任和解聘员工的权力。各系系主任、行政官员和其他人员可以在其单位公布员工聘用合约，但在此之前需要获得人事服务处的书面授权。

由外部基金资助的员工的任期不应超过外部基金所能支付的时间长度，但必须咨询人事服务处建议的开放式有期限合约（open-ended terminable contracts）。

聘任合约规定的工资必须通过大学的工资单来支付，而不能通过其他方式支付。

单位主管必须向财务部薪酬办公室提供授权签名的登记册，用来授权与工资相关的文件。

薪酬办公室须就新员工的薪金定级、更改等内容出具相关签署文件。

薪酬办公室只负责支付与薪金定级工作有关的工资，其他支付则须经人事委员会特批。

对搬迁费用、运输费用、日常费用和娱乐支出等的规定列在《大学支出和收益手册》中。

3.3 对外捐赠

在回应与牛津大学直接相关的教育或慈善组织的要求时,教务长和规划与资源配置委员会可以从收益中划拨资金进行捐赠,也可以从大学的自有土地或赞助资金中进行捐赠,但教务长所能处理的是金额在2千英镑之下的捐赠。如果捐赠存在不确定性或困难,抑或捐赠数额超过1万英镑,则须由校务理事会商讨。

专项资金由中央行政部门掌控,对于提供给专门部门使用的资金应有严格的限制,且教务长享有处置权。此外,在没有得到校务理事会批准的情况下,大学产权和基金不能进行转让,也不能用于捐赠。

4 科研项目、捐赠及合约

4.1 科研项目

所有向外部机构申请的科研经费,必须向科研服务处(RS)提交申请。

单位主管须负责确保:面向外部机构的所有申请必须符合大学科研成本和定价政策相关规定,进而能够符合政府的透明化成本计算(TRAC)和全经济成本(FEC)计算的规定。

单位主管须负责确保科研赞助方所授予的项目资金能够充分覆盖项目的直接成本,并尽量缩小全部经济成本与所获外部资助之间的缺口。

科研服务处负责代表大学议定科研及科研相关的合同,并提出条件。

大学承担的所有科研项目的会计账目必须符合相关财务规定。

财务部门的科研账户必须为外部资助的研究基金开具发票。

主要投资方要向相关单位主管负责,确保科研项目遵守相关规章的规定,以及与项目相关的捐赠和合约的条款与规定。

4.2 其他项目

所有非研究项目(包括资产和收益)必须根据大学的项目指南进行评估、实施和监管。

5 资产与负债

5.1 设备与物品

每个预算单位要负责所有设备和物品的管理工作,且须依据财务规定来保存存货。

5.2 功能性资产

对于大学所有未用于投资的实物资产的采购、租赁或出售,必须经过规划与资源配置委员会授权。如果采购、租赁或出售的金额小于100万英镑,权力委托给资产二级委员会。

功能性资产方面的所有建设工作,需要提前获得不动产主管的许可。

根据章程XVI第4条的规定,大学土地使用不能超过1000平方米,建筑用地面积不能超过600平方米,除非获得摄政院批准。

5.3 品牌

大学须考虑保护与教学和科研有关的"牛津大学"这一名称的使用。与该名称有关的还有大学的盾形徽章。牛津大学有限公司是大学全资拥有的附属机构。对于消费市场来说,当"牛津大学"的名称和校徽引用到各类文章中时,牛津大学有限公司要负责商标的商业交易。

出版社使用"牛津"一词作为商标已有许多年的历史,并在以印刷或电子形式提供出版服务、出版资料和信息服务时维护"牛津"名称的使用和"牛津大学出版社"的商标,也就是说,所有获得"牛津"和"牛津大学出版社"许可的内容必须获得出版社的批准。

为了保留这些商标的价值,适用于本规章的人员必须遵守大学商品和域名策略规定。

5.4 其他知识产权

章程XVI之B部分规定,大学有权向员工、学生、访问者和其他人员所创造的各种形式的知识产权提出所有权要求。2002年校务理事会第7号规章制定了具体的规定,涉及如何报告、保护和开发知识产权,以及如何在科研人员间共享开发知识产权的收益。

5.5 银行业务

金库负责人(The Head of Treasury)和财务部主管负责批准校内银行账户的使用,包括各账户的委托及委托权发生的相应变更。所有这种银行账户必须以大学的名义开设。

5.6 投资

投资委员会(The Investment Committee)对校务理事会负责,负责大学中除学会和出版社之外的所有单位的资金和基金的投资,并须有效管理和控制投资风险。大学的预算单位和信托基金不能独立投资任何证券和其他投资品。

大学设有共同存款储金(Deposit Pool)作为现金投资工具,它包括:

——在制定信托规定之前捐赠的资金;

——信托资金的现金盈余;

——大学现金流平衡的现金盈余。

财务部主任负责共同存款储金的管理。

财务部主任还负责大学衍生之公司股权的管理。

投资委员会任命资产次级委员会负责大学实物资产投资的决策活动,其负责获取、处置和支出的资金不高于100万英镑。

5.7 牛津大学捐赠基金管理有限公司

牛津大学捐赠基金管理有限公司(OUEM)是大学的附属公司,它须根据投资委员会的决策,负责大学所有的上述投资以外的其他投资活动的管理。

OUEM负责牛津大学捐赠基金的管理工作。

投资决策权限表现为以下几方面:

投资主管:小于等于5千万英镑

OUEM董事会中的两名成员可以书面形式批准的金额为:高于5千万,低于1亿英镑

OUEM可以建议动用的金额为:一亿英镑及以上

5.8 借贷

大学有合理处置其财产的权利,这包括了投资权、借贷权(且可以签订有关附属于借贷物的衍生产品的合约)以及抵押品的定价权。

如果没有得到校务理事会允许,不能进行借贷(除非通过透支的方式,

该方式是常规金融业务的一部分),不能以任何大学资产作为担保进行借贷。在对违反以上规定者进行惩处之前,校务理事会应从相关部门获取并审议咨询有关贷款和抵押的必要性、条款的合理性以及大学的偿付能力的意见(除征求校务理事会特别授权的人员外,意见应来自具备相关资质且独立的个人)。

5.9 保险及风险管理

除了那些与财务部门达成的合约外,保险处(the Insurance Section)要安排所有的保险合约,并且提供必要的建议。

每一个预算单位必须给财务部的保险处提供最新固定资产的清单。预算单位须经常更新登记,登记信息包括购置和处置的细节。在每年向保险部提交清单的时间段里购买的资产项目将变更,但如果单项支出超过10万英镑时应当同时通知保险部门。

大学所有的车辆被个人使用时只能用于大学内部事务,且须得到单位领导的书面授权,同时必须保留驾驶员的报告。无论驾驶员的资历如何,单位都必须提交给保险处批准。

牛津大学风险管理办法列于《牛津大学风险管理框架》之中。

6 道德行为

6.1 道德规范

大学雇员和其他负责大学资金控制和管理的人员不能利用其权力谋取私利,并且应该维护和增进大学声望。

6.2 利益冲突

职员或其他负责大学资金管理的人员必须遵守:(1)利益冲突处理政策和规定声明以及(2)大学反欺诈政策和应对计划。

6.3 个人使用资产

若没有得到单位主管的批准,禁止任何人挪用所有属于大学或租赁、借贷给大学的资产(或提供给大学以供其使用的资产)。

6.4 商业活动

（i）若财务部主任未提前批准大学与相关人员之间的协议，非大学主办的商业活动不能在大学场所进行，也不能使用大学的设备设施。

（ii）除已被授权的外部活动（且其中地址的使用未暗示大学与该活动之间的任何关系），各系或机构的地址（无论是邮政或电子邮件）都不能用于大学以外的商业活动。此规定必须严格执行，即使活动是由大学的衍生公司负责的也不例外。

6.5 为其他部门承担私人事务

如果员工得到其部门主管的同意，为其他预算单位承担私人事务，包括利用其所属单位的设施，则须对工作中的收费活动备好发票，且须获得该员工所在单位的部门主管许可和签名。费用将通过大学薪酬系统支付，但表 D 所列的通过交易所得的税收将从英国税务及海关总署获得书面的支付。

部门主管允许为其他预算单位开展私人工作时，须制定面向全体员工的书面规定。规定须包含所提供的原料成本，并且须包含安全规章制度。

6.6 外聘工作

所有的大学职员（除 CUF 讲师外），必须获得有关从事任何外聘工作及从事自主经营的有薪工作的批准方能从事外聘工作，具体规定见 2004 年校务理事会第 5 号规章。该规章具体规定了何种情况下大学所提供的保险将覆盖此类外聘工作。

6.7 职员所受礼品及款待

接受礼品或款待以从事或避免从事其职权内的工作或利用职权偏好或不偏好某人的行为，将被视为违纪。

职员个人行为不能导致其工作职责和个人利益之间的冲突；职员在其职权内的个人行为不能显示出因受益而故意对某人或某组织表达偏好或不偏好。这点主要取决于其所打交道的公众以及机构或同事。

财务部主任应当向财务委员报告所有金额超过 1000 英镑的馈赠与食宿款待。任何针对职员的金额高于 25 英镑的馈赠以及金额高于 50 英镑的款待都须得到单位主管或财务部主任（如果该单位主管是财务部主任的话）的批准。

7 法律建议

所有法律方面的建议必须从法律服务办公室获得。教务长可自行决定并获得进一步的建议。

接受或拒绝进行审判、仲裁、判决或调解的决定,必须得到教务长的批准,并由下列人员或部门进行管理:

——涉及建筑物搭建纠纷时,由房地产事务主任;

——涉及聘任方面的诉讼时,由人事服务部门和法律服务办公室;

——其他,由法律服务办公室。

当涉及有关此类纠纷或诉讼的文件时,不应随意回复,而应按具体情况立即送达房地产事务主任或法律服务办公室。

附录1 定义和简称

术语	定义
审计与监察委员会	校务理事会审计与监察委员会(见:《2002年校务理事会第15号规章》)
预算单位	大学的每个学部、系、研究所;大学及大学内的预算主持委员会与管理委员会
合约	在法律管辖下,大学或大学的附属公司所实施的协议,以及一些谅解备忘录、意向书之类的协议。这些协议自身可能没有法律效力,但为随后有法律约束力的协议设定了基本事项。
财务委员会	校务理事会财务委员会(见:《2002年校务理事会第15号规章》)
财务备忘录	高等教育拨款委员会(HEFCE)和大学之间的财务规定
财务规定	依据财务部主任公布的规章而设置的更具体的财务程序
单位主管	预算单位主管:学部、系、研究所主管,以及不隶属于学部架构的预算主持委员会或管理委员会的主席
HEFCE	英格兰高等教育拨款委员会(或任何后续机构)
投资委员会	校务理事会投资委员会(见:《2002年校务理事会第15号规章》)
LSO	大学管辖下的法律服务办公室
上级单位	根据受委托的权限向其他单位分配资金的预算单位
PRAC	校务理事会规划与资源配置委员会(见:《2002年校务理事会第15号规章》)

(续表)

术语	定义
出版社	牛津大学出版社(见:《章程 VIII 和 2002 年校务理事会第 15 号规章》)
规章	本财务规章
RS	作为大学管理部门之一的研究服务处
章程	当下生效的章程和规章
附属公司	大学拥有其股份或作为其担保人的公司
VAT	增值税(或其替代税种)
VFM	资金价值,由经济状况、支出或资源使用的效率和效果等决定(见:《2002 年校务理事会第 15 号规章》)

关于大学知识产权政策的规章

2002 校务理事会第 7 号规章
2002 年 6 月 5 日校务理事会制定；2003 年 3 月 13 日、2004 年 6 月 3 日、2008 年 5 月 22 日修订

1. (1) 当服从章程 XVI 之 B 部分的规定的人员（研究者），创造了可供商业开发的知识产权（在章程第 6 条有详细说明），开发人员应当向系主任（或对等职位的相关人员）进行报告；如果这些知识产权来自于科研，应当向科研服务办公室报告；如果是其他类型的知识产权，则应向法律服务办公室报告。创造知识产权的人员还应当向相关主管提供所需的信息，包括知识产权的来源、开发的环境等。

(2) 下一步应当取决于资金的来源：

(a) 研究理事会资助基金的条件，可能是要求研究人员将知识产权转让给研究理事会或其提名者或行业合作者。其他机构提供科研资助时也可有类似要求。

(b) 伊西斯创新有限公司有权且须负责研究的开发；此类研究虽得到研究理事会的资助，但不用遵守上述规定。

(c) 在下列情况下，大学可倾向于通过伊西斯公司来进行知识产权开发：若研究者希望通过上述 a 项以外的方式开发知识资产，可以首先通过联系科研服务处向校务理事会申请许可。而校务理事会应当具体考虑是否能从版税或股权等其他途径来为大学取得合理回报，或是通过其他方式来分享利润。

2. (1) 若研究者和大学之间出现了有关知识产权的纠纷，则应当寻求独立于研究者和大学的专家来解决。

(2) 如果在 30 天内，对于专家的身份没有达成统一意见，专家应当由知识产权法方面的律师担任，该律师由律师联合委员会的主席根据目的而任命。

（3）专家的聘请费用都由大学支付，但是应首先对专家认为的知识产权拥有者收费，无论该拥有者是研究者、伊西斯公司还是大学或其他有关人员、有关方。

3．（1）当大学决定开发其申明的知识产权时，相关团体须一起参与讨论应采取的恰当的行动。

（2）讨论包括以下一点或几点内容：

（a）防范泄密；

（b）填写专利申请，并把研究者命名为发明者；

（c）确认可能的专利权持有人；

（d）成立公司以开发相关技术。

4．尽管有第 3 条第 2 款 a 项中的保密规定，为了有助于对创新或商业潜力进行估价，伊西斯和大学仍可以以保密为基础，在其知识产权领域咨询合适的专家。

5．（1）当大学决定开发知识产权时，研究者应当对开发过程提供帮助，如及时根据要求提供信息，和潜在的专利持有者一起参加会议并对未来发展提供建议。

（2）大学应当确保研究者不因校方的开发活动而负债。

6．（1）当以知识产权公司为途径来进行研发工作时，伊西斯公司或大学从公司获得的版税或销售费用应当根据以下第 7 条来处理。

（2）在持股形成或股份资本化时，研究者和大学（或伊西斯公司）应当就各自的股权份额进行协商。如果没有达成其他的协议，股权获得的收益（包括资本收益和所得收益）应当归股份持有者所有，而不依据以下第 7 条规定来分配。

（3）大学股权收入（包括资本收益和所得收益）应当按照以下方式进行分配：

	%
伊西斯公司	15
系	25
约翰·费尔基金	10
资本基金	50

7．（1）在本规章中'净收益'是指总收入减去专业事务费用、支出以及其他管理维持运行中产生的费用（其中 30% 构成了伊西斯公司的成本），以及获取必要的许可、权利和批准的费用，以及技术开发所产生的费用等。

(2) '大学阶段性支付'是指与研究过程或大学的进展状况有关的付款,该款项不包括或不用于支持研究或发展的成本。但"大学阶段性支付"不包括为知识产权的使用权支付的费用,也不包括由非大学方(如专利持有者)为研究或发展的进一步推动而支付的费用。

(3) 当大学阶段性支付取得收入时,净收入不能分配给研究者,净收入的40%应当划入一般收入账户,60%分配给相关的系。

(4) 大学的其他净收入应当按照以下方式分配:

净收入总额	研究者	一般收入账户	系
小于5万英镑	87.2%*	12.8%	0%
5万英镑至50万英镑	45%	30%	25%
大于50万英镑	22.5%	40%	37.5%

上表中带有星号的百分数指将大学基金用来支付员工的国民保险缴费;当国民保险分摊金额出现变化时,带星号的百分比应当进行调整,一般收入账户的比例也随之发生变化。

(5) 由伊西斯公司管理的种子基金(seed fund)所资助的知识产权,其净收益的分配当遵循本条第4款中的规定,除非因大学未为员工提供国民保险缴费而将应支付给一般收入账户的部分(当该基金的资助只占开发知识产权所获资金的一部分时)或全部净收益分配给该基金。

(6) 当提到的知识产权包括课件或者是相关作品转化为课件时,本条第4款中的百分比应调整为:三分之一给一般收入账户,三分之一给相关系,三分之一给网络学习发展基金。

8.(1) 如果研究者获得了本规章第7条中的资格,大学每个季度应向研究者进行支付。

(2) 拥有本规章第7条中研究者资格的人,在离开大学前都应当获得支付。如果研究者去世,该资格将继续作为其财产,为其带来收益。

(3) 大学将采取恰当的努力,为离校或去世的研究者获取并保存详细联系信息。虽尽了全力但仍连续6个月丧失联络时,大学将会向研究者资格重置前最后使用的地址寄送通知。如果大学在发出通知一个月后仍未收到联络信息,大学应当把研究者的所得份额分配给获得同一资金的其他研究者(根据他们的资格按比例分配)。如果没有其他有资格的合作研究者,则将该资金分配给一般收入账户和相关系(根据各自的资格按比例分配)。

9. 如果有多位研究者对知识产权的开发有贡献,收入分配的份额由他们自己确定(且须向研究服务处主管提交书面通告)。如果没有达成一致意见,收入分配应考虑个人的贡献,遵从校长的指示。

10. 如果大学决定不开发其所申明的知识产权,或决定对其申明的知识产权进行开发之后又决定放弃开发,则大学不能无正当理由地保留或拖延研究者在知识产权上的工作(费用由研究者自付)。

有关举行摄政院仪式和其他仪式的规章

2002 年摄政院第 3 号规章

2002 年 3 月 5 日摄政院制定;2003 年 2 月 11 日、2003 年 3 月 11 日、2004 年 11 月 2 日、2005 年 10 月 11 日、2006 年 6 月 13 日修订

第 1 部分　大学仪式用语

1.1　（1）摄政院和评议会的会议议程（除学历学位授予、荣誉学位授予和新职员入职仪式之外）均须使用英语。

（2）摄政院的学位典礼、校庆典礼（除克列维演讲使用英语之外）、任何时候的学历学位和荣誉学位授予仪式、名誉校长授予以及大学新官员的入职、新生入学典礼等,均须使用拉丁语。

第 2 部分　新生入学典礼

2.1　（1）新生入学典礼的举行时间是:各个秋季学期的开始和结束,以及各个春季学期末和夏季学期末。

（2）典礼日期须由校长决定,并且刊登在《大学公报》上。

2.2　各学院、学会、永久私人学堂和其他指定机构出席典礼的时间、地点都须由校长秘书确定。校长秘书须根据典礼的具体时间安排,在学期开始前一周的周五之前,或在学期第七周的周五之前通知学院、学会、永久私人学堂和其他指定机构。

2.3 学院、学会、永久私人学堂或其他机构的相关负责人，须在典礼前三天的上午10点之前将以下资料交到教务长处：

（1）新生名单复本若干份（不含那些已经被临时录取的学生），其中一本须由教务长签字并返回到学院、学会、永久私人学堂和其他指定机构，以证明这些新生是合格的；

（2）每位新生的完整注册表（注册表的格式根据《学生成员注册规章》第五条的规定）；

（3）新生（不包括那些之前已经满足入学资格的学生）满足入学考试条件的相关证明。

2.4 教务长须从上述名单中删除存在以下情形的新生：

（1）未收到其入学资格证明；

（2）未收到其注册表。

2.5 在典礼上，学院、学会、永久私人学堂和其他指定机构的相关负责人须向大学办公室官员提交经教务长签字的名单、之前已获得入学资格学生的教务长证明信。大学办公室官员需要通过上述机构的相关负责人确保名单上的新生按时出席，并备好证明信。

2.6 （1）新生须以学院、学会、永久私人学堂和其他指定机构为单位分组（分组方法由校长决定）出席。每组成员以如下所示的规则排序：

尊敬的校长，我们在此引见我们的学生们，以便其可以由我校正式录取。

（2）校长须按照如下规则录取报考新生：

你须知晓你今日已被我校正式录取，应遵守所有适用于你的牛津大学章程。

2.7 各学院、学会、永久私人学堂和其他指定机构须在典礼结束后第二天上午10点之前向大学办公室递交应付注册费。

2.8 大学办公室主管须起草已签署的注册名单，以及之前已被临时录取的学生的教务长证明信。

2.9 （1）教务长须在典礼结束后向每位新生发放印有校长签名和一位负责人首字母签名的入学证明。

（2）之前已被临时录取的新生和在规定期限内被录取的新生的入学证明，须按照如下方式批注：

按照《新生录取规章》第14—15条的规定，该生已于XX（日期）被临时录取。其入学日从录取之日算起。

A．B．
教务长（或其代表）

第3部分 学位典礼

学位日（Degree Days）

3.1 在每年的大学夏季学期，教务长须及时在《大学公报》上刊登由校长决定的下一学年度的学位日日期。但在此之后校长也可根据《摄政院工作办法规章》中1.2条的规定，决定在该学年额外举行几次学位典礼。

3.2 在夏季学期初和秋季学期初之间，由校长决定举行的学位授予仪式都要接受与在夏季学期最后一天进行的仪式一样的全面评估。

姓名登记

3.2 学院、学会、永久私人学堂或其他指定机构的负责人须在学位日前15天的中午之前，向大学办公室递交所有毕业生的名单。姓名登记须满足以下条件：

（1）校长有权因为正当理由而不严格依照本规章的规定；

（2）一旦毕业生的姓名被录入，且该生有资格获得学位，那么他原则上不能缺席典礼。无论该生是否亲自出席典礼，他都将获得学位；

（3）如果某位毕业生的名字未在学位日前15天录入，那么他仍然有权在学位日前一天下午5点之前按照规定的方式参加学位日典礼。但该生必须在学位费之外另交17英镑的额外费用；

（4）如果毕业生在学位日典礼前15天内通过考试获得学位，那么可以按照相关规定在学位日典礼前一天录入其姓名，且该生不需额外缴费；

（5）毕业生在每场典礼上只能接受一个以内的学位授予（一般而言，毕业生要接受他所申请学位中的较高学位）。毕业生可以在同一场典礼上缺席他所申请的其他学位的授予。

3.4 教务长需要确定每位毕业生是否有资格获得他所申请的学位。

3.5 每位毕业生均由其所在的学院、学会、永久私人学堂或其他指定机构的一名文理硕士授予其某种学位（除非校长有另外规定）。但是以下情况除外：

（1）神学学士和神学博士的学位须由神学钦定教授授予。

（2）法学硕士、民法学士和博士的学位由民法钦定教授授予；

（3）医学学士、外科学硕士和医学博士的学位由医学钦定教授授予；

（4）文学博士的学位由希腊语钦定教授授予；

（5）理学博士的学位由色德莱自然哲学教授授予；

（6）音乐博士的学位由海拾兹音乐教授授予；

（7）宗教硕士、宗教学士的学位由学生所在学院、学会、永久私人学堂和其他指定机构的主管或者主管助理授予；

（8）临床心理学博士的学位由曼彻斯特学院院长或院长助理授予。

3.6 （1）上述3.5条1—6款中所规定的教授可将任务委派给一位文理硕士；

（2）如果文理硕士或其他人代表其所在的学院、学会、永久私人学堂或其他指定机构，或者作为某位教授的代表授予毕业生学位，但其不是摄政院成员，那么该文理硕士或其他人将被视为仅承担为毕业生授予学位任务的摄政院成员。

3.7 校长和学监可遵循以下条件，从毕业生名单中删除任一毕业生的名字：

（1）删除原由须以书面方式通知毕业生和其所在的学院、学会、永久私人学堂或其他指定机构；

（2）如果某个学生被以多种理由从名单中删除，那么学院、学会、永久私人学堂和其他指定机构可先将该生的名字呈送摄政院。在随后的常规会议上，学监陈述校长和学监删除该生名字的原因，然后学院、学会、永久私人学堂或其他指定机构的代表发言，最后投票决定是否允许该生毕业。

（3）教务长应至少在常规会议前14天在《大学公报》上发布以上述方式将某位学生提交摄政院讨论的通知。

仪式顺序

3.8 （1）各学院、学会、永久私人学堂或其他指定机构须向每位毕业生发放毕业证书。毕业证书上需有相关负责人的签名，以证明该毕业生已在大学居住和学习了相关条款中规定的学期数，并且满足学位条款中规定的所有其他要求，已经有资格获得学院、学会、永久私人学堂或其他指定机构的学位。

（2）各个学位的授予形式由校长规定。

（3）典礼开始时，教务长须证实所有毕业生都已经获得了学位授予资格，并且满足该生所申请学位的毕业条件。

（4）如果学院、学会、永久私人学堂或其他指定机构有类似要求并且提供学位许可证明，那么教务长还须证实从该机构退出的某位成员具备获得相关学位的资格。

3.9　须由一位学监宣读(宣读方式详见本规章第 4 部分 4.1 条第 1 款的相关规定)申请各类学位的毕业生的名单,但不包括那些在缺席毕业典礼情况下获得学位的毕业生的名单。这些毕业生的名字将按照 4.1 条第 2 款中规定的方式呈交给摄政院。

3.10　名单宣读完毕之后,学监在征得摄政院许可的情况下宣读以下文字:"恩典已施与,且我们在此宣布施与完毕。"

3.11　毕业生名单须按照本规章第 4 部分 4.2 条中规定的适当方式呈交给校长。

3.12　学监之一须向获得神学博士学位、民法博士学位、医学博士学位和外科学硕士学位、文理硕士学位的毕业生宣读以下一段话:

　　博士生和硕士生们,你们须宣誓遵守本校的章程、权限、惯例与许可规定。

　　同样当你获得许可进入摄政院大楼或评议会大楼时,你必须忠实地维护本校的荣誉与利益。尤其是当涉及学位与恩典时,应做到不违上意、不提异议。

　　同样,每次选举和审查时,你记录和提名的人数不能超过一个;除非你完全肯定某人确实合适。

而毕业生要回答:我宣誓。

3.13　对于申请了其他学位的毕业生,学监之一要宣读下面这段话:

　　"你们须宣誓遵守适用于你们的本校章程、权限、惯例与许可规定。"

而毕业生要回答:我宣誓。

3.14　校长须按照本规章第 4 部分 4.3 条中规定的适当方式准许学生毕业。

3.15　当学位、学历和证书规章中 1.3 条所表述的在毕业生缺席的情况下授予学位的情形出现时,在摄政院同意的情况下,该学位以如下方式授予,即校长在文理学士学位授予完毕之后宣读以下一段话:

　　我作为校长,基于自己的权威并以全校的名义,在当事人缺席的情况下同样授予其所申请的学位,理由是当事人完全符合教务长所及时收集的文件中的相关规定。

3.16　学位授予完毕之后,毕业生暂时离开,然后穿着被允许的学位服回到典礼现场。

3.17 本部分提及的典礼进程框架下的具体步骤顺序可由校长和学监决定。

3.18 （1）尽管有上述3.1—3.17条的规定，学位日通常安排在夏季学期第一周的周六。如有特殊情况，校务理事会自行决定，以保证毕业生缺席毕业典礼时授予学位。

（2）学位日的毕业生名单须按照上述3.3—3.7条的规定录入。

（3）校长有权在未举行摄政院会议的情况下宣布授予学位。

未录取学生的毕业典礼

3.19 尽管有上述3.3、3.7条以及《学位、学历和证书规章》中1.1条中的规定，但如果有合格但未被大学录取的学生满足获得大学学位条件，此时要为这部分人安排特殊的学位授予仪式（不论其是出席毕业典礼还是缺席毕业典礼）。

3.20 此类典礼的时间须由校长临时确定。而且，时间一旦确定，就要发布在《大学公报》上。

3.21 此类典礼的详细流程须由校长和学监临时确定。但学位申请方式、陈述方式、典礼上的授予方式原则上均须按照本规章第四部分中的具体规定予以执行，如有必要也可以进行一定的改动。

学位合并

3.22 （1）"学位、学历和证书规章"中1.7—1.18条规定的学位申请方式、陈述方式、本人编制方式均须按照以下3.23—3.27中的规定实施。

（2）缺席编制程序与缺席学位授予程序一致（如有必要可微调）。

3.23 （1）对于取得文理学士或工程硕士或自然科学硕士学位以上的毕业生而言，学位申请表述如下：

某某人来自某某学院（或学堂/学会），是毕业于剑桥（或都柏林大学）的文理硕士（或宗教学学士/博士，或文学博士，或理学博士，或法学学士/博士，或医学学士/博士，或外科学硕士，或哲学博士），且该联合学位由校理事会联合颁发；鉴于他在剑桥（或都柏林）大学的同学中表现出众，在此恳请您将与其牛津同学同等的学位、等级、尊严与特权授予他。

（2）对于文理学士、工程硕士、自然科学硕士而言，学位申请表述如下：

某某人来自某某学院，是毕业于剑桥（或都柏林大学）的文理学士（或工程/自然科学硕士），且该联合学位由校理事会联合颁发；鉴于他在剑桥（或都柏林）大学的同学中表现出众，在此恳请您将与其牛津同学同等的学位、等级、尊严授予他,并根据牛津大学的规定将其在同一个大学完成的12个学期加以肯定。

3.24 宣读荣誉授予时,表述方式如下:

至敬的某某,我在此引见这位文理学士/硕士(或宗教学学士/博士,或文学博士,或理学博士,或法学学士/博士,或医学学士/博士,或外科学硕士,或哲学博士),鉴于他在剑桥(或都柏林)大学的同学中表现出众,在此恳请您将与其牛津同学同等的学位、等级、尊严与特权授予他。

3.25 各类陈述结束之后,学监要对每一位已毕业的文学学士说:

这位硕士(或先生,或博士),你可以宣誓遵守本校的章程、权限、惯例与许可规定吗?

而每一位学士应回答:是的,我宣誓。

3.26 接下来,校长陈述如下一段话表示对每位毕业生的认可:

这位先生(或硕士,或博士),鉴于你在剑桥(或都柏林)大学的同学中表现出众,在此将与你的牛津同学同等的学位、等级、尊严与特权授予你。

此外,根据牛津大学的规定,我们将你在剑桥(或都柏林)大学完成的12个学期加以肯定。

3.27 本科生的学位申请表述如下:

某某人来自某某学院(或学堂/学会),已被剑桥(或都柏林)大学录取,在此恳请您根据牛津大学的规章,将其在上述大学中完成三个住校学期加以肯定。

第4部分 申请、陈述和授予方式

申请方式

4.1 本规章第三部分中3.9条规定的申请方式具体如下:
(1)亲自出席所获学位

根据大学章程完成所有任务的勤奋的同学们(准予免修的除外),恳请尊敬的硕博大会肯定他们足以获得以下学位:

宗教学博士
  来自某某学院的某某人
  来自某某学院的某某人
  等等
同一学院的民法学士/博士
  来自某某学院的某某人
民法博士
  来自某某学院的某某人
医学博士
  来自某某学院的某某人
文学博士
  来自某某学院的某某人
理学博士
  来自某某学院的某某人
音乐博士
  来自某某学院的某某人
哲学博士
  来自某某学院的某某人
临床心理学博士
  来自哈里与曼彻斯特学院的某某人
外科学硕士
  来自某某学院的某某人
理学硕士
  来自某某学院的某某人
文学硕士
  来自某某学院的某某人
哲学硕士
  来自某某学院的某某人
戏剧学硕士
  来自某某学院的某某人
宗教学硕士
  来自某某学院的某某人
工商管理硕士
  来自某某学院的某某人

美术学硕士
   来自某某学院的某某人
文理硕士
   来自某某学院的某某人
生物化学/化学/地球科学/工程/数学/物理学硕士
   来自某某学院的某某人
   来自某某学院的某某人
   等等
宗教学学士
   来自某某学院的某某人
民法学士
   来自某某学院的某某人
法学硕士
   来自某某学院的某某人
医学学士
   来自某某学院的某某人
音乐硕士
   来自某某学院的某某人
哲学学士
   来自某某学院的某某人
文理学士
   来自某某学院的某某人
美术学学士
   来自某某学院的某某人
宗教学学士
   来自某某学院的某某人

(2) 缺席学位

所有缺席但其姓名列于教务长文档中的同学,若已完成大学章程中规定的所有任务(准许免修的除外),恳请尊敬的硕博大会授予其所申请的学位。

WD737-111a
6.02.02

陈述方式

4.2 本规章第三部分 3.11 条中规定的毕业生面对校长的陈述方式如下所示：

（1）文理学士

至敬的校长、杰出的学监，我在此引见我们艺学院的学生（们）以便其获得文理学士学位。

（2）文理硕士

至敬的某某，我在此引见这位/些文科学院的学士们以便其获得在该学院从事研究的资格。

（3）音乐学士

至敬的某某，我在此引见我这位音乐学院的学生以便其获得该学院的学士学位；您将在手写文件中查阅到这位技巧顶尖的学生获得这一学位的充分证据。

（4）音乐博士

至敬的某某，我在此引见我这位音乐学院的学生以便其获得在该学院从事研究的资格。

（5）哲学学士

至敬的某某，我在此引见我这位文科学院的学生（或学士，或硕士），以便其获得哲学学士学位。

（6）哲学博士

至敬的某某，我在此引见我这位艺学院的学生（或学士，或硕士），以便其获得哲学博士学位。

（7）文学博士；理学博士

至敬的某某，我在此引见我这位艺学院的硕士（或文学/理学学士），以便其获得文学/理学博士学位。

（8）医学学士

至敬的某某，我在此引见这位医学专业的勤奋学生，以便其获得该学院的学士学位。

（9）外科学硕士

至敬的某某，我在此引见我这位外科学学士，以便其获得在该学院进行研究的资格。

（10）医学博士

至敬的某某，我在此引见这位医学学士，以便其获得在该学院进行研究的资格。

(11) 民法学士

至敬的某某,我在此引见这位民法专业的勤奋学生,以便其获得该学院的学士学位。

(12) 民法博士

至敬的某某,我在此引见这位民法学士,以便其获得该学院进行研究的资格。

(13) 神学学士

至敬的某某,我在此引见这位宗教学专业的勤奋学生,以便其获得该学院的学士学位。

(14) 神学博士

至敬的某某,我在此引见这位艺学院的硕士/学士(或哲学博士,或文学/理学硕士或学士),以便其获得在宗教学学院进行研究的资格。

(15) 理学硕士

至敬的某某,我在此引见这位艺学院的学生(或学士/硕士),以便其获得该学院的学士学位。

(16) 美术学学士

至敬的某某,我在此引见我这位学生,以便其获得该美术学学士学位。

(17) 文学硕士,哲学硕士

至敬的某某,我在此引见我这位艺学院的学生(或学士/硕士),以便其获得文学(或哲学)硕士学位。

(18) 戏剧学硕士

至敬的某某,我在此引见我这位艺学院的学生(或学士/硕士),以便其获得戏剧学硕士学位。

(19) 法学硕士

至敬的某某,我在此引见我这位艺学院的学生(或学士/硕士),以便其获得法学硕士学位。

(20) 宗教学硕士;宗教学学士

至敬的某某,我在此引见我这位艺学院的宗教学专业学生(或学士/硕士),以便其获得宗教学硕士(或学士)学位。

(21) 生物化学硕士、化学硕士、地理科学硕士、工程硕士、数学硕士、物理硕士

至敬的某某,我在此引见我这位艺学院的学生,以便其获得教务长的相关文件中准确指明的生物化学、化学、地球科学、工程、数学或物理学硕士。

(22) 商业管理硕士

至敬的某某,我在此引见我这位艺学院的学生(或学士/硕士),以便其

获得工商管理硕士学位。

(23) 美术学硕士

至敬的某某,我在此引见我这位艺学院的学生(或学士/硕士),以便其获得美术学硕士学位。

(24) 临床心理学博士

至敬的某某,我在此引见我这位临床心理专业的学生(或学士/硕士),以便其获得临床心理学博士学位。

授予方式

4.3 第三部分3.14条款中规定的授予方式如下所示。

(1) 音乐学学士

先生(们),我准许你(们)获得音乐学学士学位。

(2) 音乐学博士

先生(们)或硕士生(们),基于我的权限并以全校的名义,授予你(们)音乐学院的证书。

(3) 文理学士

先生(们)或硕士生(们),我准予你(们)获得文理学士学位。此外,我授予你们教学及与该学位相适的所有权限。

(4) 哲学学士

先生(们)或硕士生(们),我准许你(们)获得哲学学士学位。

(5) 医学学士

先生(们)或硕士生(们),我准许你(们)获得医学学士学位。

(6) 民法学学士

先生(们)或硕士生(们),我准许你(们)获得民法学学士学位。

(7) 神学学士

先生(们)或硕士生(们),我准许你(们)获得宗教学学士学位。

(8) 哲学博士

先生(们)或硕士生(们),我准许你(们)获得哲学博士学位。

(9) 文学博士;理学博士

先生(们)或硕士生(们),我准许你(们)获得文学或理学博士学位。

(10) 理学硕士

先生(们)或硕士生(们),我准许你(们)获得理学硕士学位。

(11) 美术学学士

先生(们),我准许你(们)获得美术学学士学位。

(12) 文学硕士、哲学硕士

先生(们)或硕士生(们),我准许你(们)获得文学或哲学硕士学位。

(13) 戏剧学硕士

先生(们)或硕士生(们),我准许你(们)获得戏剧学硕士学位。

(14) 法学硕士

先生(们)或硕士生(们),我准许你(们)获得法学硕士学位。

(15) 宗教学硕士、宗教学学士

先生(们)或硕士生(们),我准许你(们)获得宗教学硕士学位。

(16) 生物化学硕士、化学硕士、地理科学硕士、工程硕士、数学硕士、物理硕士

先生(们)或硕士生(们),我准许你(们)获得教务长相关文件里准确指明的生物化学、化学、地球科学、工程、数学或物理学硕士学位。此外,我授予你们教学及与该学位相适的所有权限。

(17) 商业管理硕士

先生(们)或硕士生(们),我准许你(们)获得工商管理硕士学位。

(18) 美术学硕士

先生(们)或硕士生(们),我准许你(们)获得美术学硕士学位。

(19) 临床心理学博士

先生(们)或硕士生(们),我准许你(们)获得临床心理学博士学位。

(20) 其他学位

先生(们)或硕士生(们),基于我的权限并以全校的名义,授予你(们)音乐学院(或外科学、医学、法学、宗教学学院)相应文凭,以及与相应学院的博士(或硕士)身份相应的所有权限(在完成大学章程所规定的任务的基础上)。

第 5 部分　校庆典礼

5.1　每个学年均应举行校庆典礼,以感谢大学捐赠者、授予荣誉学位并实施校务理事会决定的其他事项。

5.2　典礼的形式须由校务理事会决定。

5.3　任何一年的典礼日期须由校务理事会在上一年夏季学期期间第四周结束之前确定。

5.4　典礼应在谢尔顿剧院举行,除非校长在经校务理事会同意的情况下指定了其他举办地点。

5.5 如果典礼在谢尔顿剧院举行,剧院监理会需要负责安排典礼。

第 6 部分 宗教仪式和布道

主任牧师提名委员会

6.1 主任牧师提名委员会须由以下几部分构成:
(1) 由校长任命的委员会主席;
(2) 学监之一或评审官,可在两者之间选择一个;
(3),(4) 由神学学科部全体教授选举出来的两名教授代表;
(5),(6) 由摄政院选举出来的两名摄政院成员;
(7) 圣玛丽教堂的牧师。

6.2 选举出来的委员会成员任期四年,可连任。

6.3 委员会在每个秋季学期均可提名主任牧师;提名时需要获得包括委员会主席在内的四名委员会成员的认可。委员会还需提名法院布道(Court Sermon)、傲慢原罪牧师(Sermon on the Sin of Pride)、麦克布赖德牧师(Macbride Sermon)、谦卑恩典牧师(the Sermon on the Grace of Humility)和莱斯登牧师(Ramsden Sermon)。

6.4 牧师的名字须刊登在《大学公报》上。

牧师呼召(The summons of preachers)

6.5 校长须任命一人负责呼召布道的牧师。

6.6 牧师呼召人担当主任牧师提名委员会秘书的角色。

6.7 如果已决定承担布道任务的牧师突发疾病或遭遇其他突发事件,校长将指定其他合格者替换。

牧师资格

6.8 校长和委员会有权像区主教那样遵照英格兰教会会议的决议提名牧师。

6.9 摄政院成员每年至少要布道三次。

牧师报酬

6.10 委员会须为被提名的牧师提供报酬,包括为不居住在牛津的被提名牧师提供旅行费用,但 6.17 条第 1 款和 6.17 条第 2 款中的被提名牧师除外。

圣餐

6.11 学期开始前一周会在圣玛丽教堂举行圣餐仪式,仪式依照英格兰教堂圣餐程序进行,并由校长指定的人主持。

圣玛丽教堂的布道内容

6.12 在大学前面的圣玛丽教堂的布道须在特定的日子举行:

(1)在秋季学期的两个周日举行,具体时间须由主任牧师提名委员会决定;

(2)选在春季学期的两个周日,学期期间的第一天除外。具体时间须由主任牧师提名委员会决定;

(3)选在春季学期的第一天进行拉丁文布道(须按照以下6.13条和6.14条中的规定进行)

(4)在夏季期间的一个周日举行,具体时间须由主任牧师提名委员会决定;

(5)在秋季学期的第一个周日举行纪念日布道。

拉丁文布道

6.13 春季学期的第一天在圣玛丽教堂举行拉丁文布道(由学监之一或者摄政院指定的成员之一朗读连祷文)。布道仪式由学院和学会负责人按照资历深浅轮流指定一个人来主持。

6.14 如果负责提名牧师的学院院长或学会主席没有完成提名牧师的任务,或者被提名的牧师突发疾病或遭遇其他突发状况,校长可以委托其他合格者替换该牧师。

与谦卑恩典和傲慢原罪相关的布道(Sermons on the Grace of Humility and the Sin of Pride)

6.15 为了纪念1684年威廉牧师对于大学的慷慨捐赠,四旬斋前的星期日和耶稣降临节前的最后一个周日要分别举行有关谦卑恩典和傲慢原罪的布道。布道内容是由施惠者指定的特定章节。

拉姆斯登布道(The Ramsden Sermon)

6.16 拉姆斯登布道是为纪念1847年J.H.马克兰先生对大学的慷慨资助(现被称为拉姆斯登捐助)而进行的。拉姆斯登布道涉及教会在"英联邦国家中的拓展"。

其他不在圣玛丽教堂举行的布道活动

6.17　大学的布道活动须在某些学院和特定日子举行,即:

(1)耶稣降临节和圣灵降临节时在耶稣大教堂举行;

(2)在离圣马可节最近的周日和离圣约翰浸礼会节最近的周日,在莫德林学院举行;如果那个周日正好处在校庆日之前,则传教活动就要改到下个周日;

(3)春季学期的第八个周日在奥利尔学院举行;

(4)春季学期的第二个周日在赫特福德学院举行麦克布赖德布道活动(遵守章程附录中的第 40 部分相关规定);

(5)如果需要法院传道,则在耶稣大教堂举行;

(6)夏季学期期间在女王学院举行;

(7)秋季学期的第四个周日,在经主任牧师提名委员会同意的情况下,轮流在各个学院或学会举行拉姆斯登布道(按照上述 6.16 条中的规定);

(8)耶稣降临节前的最后一个周日,在经主任牧师提名委员会同意的情况下,轮流在各个学院或学会举行有关傲慢原罪的布道(按照上述 6.15 条中的规定);

(9)四旬斋前的星期日,在经主任牧师提名委员会同意的情况下,轮流在各个学院或学会举行有关谦卑恩典的布道(按照上述 6.15 条中的规定);

6.18　在任何情况下,除 6.17 条第 4 款、6.17 条第 5 款、6.17 条第 7 款、6.17 条第 8 款和 6.17 条第 9 款中提到的特殊情况外,牧师均由学院指定。

捐赠者纪念活动

6.19　在开学后的第一个大学布道活动之前的祷文里,在秋季学期第一个星期日早上的布道活动中,牧师需要回忆校务理事会颁布的施惠者的名字,以纪念大学的捐赠者。名单要被分为三个部分,其中一部分需要在每个连续的纪念活动中宣读。名单由主任牧师提名委员会掌握,并在每个秋季学期的会议上呈交给该委员会。

第7部分　大学官员录用

荣誉校长录用

7.1　录用荣誉校长的时候，校长或高级学监应将加盖公章的选举协议书、荣誉校长办公室徽章即《大学章程》文本、钥匙、办公室印章和权杖交给候选者。

7.2　荣誉校长任职时，校长陈述如下一段话：

至敬的某某，你应当在你的原位上宣誓，你将没有任何偏见和怠慢地忠实遵守适用于你的本大学所有章程、许可、惯例、法则与权限。

荣誉校长回答：是的，我宣誓。

校长录用

7.3　录用校长时，即将退休的校长须在摄政院就其在任职期间的活动发表简短的总结，并把《大学章程》文本、钥匙、办公室印章交给学监，将其职权交给下一任校长。

7.4　新任校长需作出如下承诺，由高级学监陈述：

你应当宣誓，将忠实承担适用于校长职位的所有职责。

校长回答：是的，我宣誓。

7.5　接下来，新任校长要从学监那里接过办公室徽章，坐到校长的位置上，将其遴选的暂时担当副校长职务的人士的名单交给高级学监。

7.6　（1）校长接着要解散摄政院会议，并在博士和硕士的陪同下护送已退休的校长回到其所在学院或学会（除非校长和学监根据学院或学会需要有其他的合理安排）。

（2）博士和硕士需要护送新任校长到他所在的学院或者学会（除非校长和学监根据学院或学会需要有其他的合理安排）。

WD737-111b
16.01.04

副校长录用

7.7　副校长需要通过学年初的摄政院会议正式被录用，但是如果被提名的副校长不能任职或者在学年初才提名为副校长,则可通过举行私人仪式来决定此事。

7.8 录用副校长时,当校长将学年初被提名的副校长的名单交给了高级学监并且高级学监已经宣读了名单上的名字,则副校长需要给出如下承诺,该承诺由高级学监朗读:

  至敬的博士和硕士们,您应当宣誓遵守本大学的章程、权限、许可规定与惯例。

副校长回答:是的,我宣誓。

学监和评审官录用

7.9 在录用学监和评审官的时候,其所在学院的领导和其他职员需要护送新的学监和评审官走出学院或学会(除非校长和学监根据学院或学会需要有其他的合理安排)。在此过程中,捧持校长权杖的大学成员在前,学监和评估员需身着合适的长袍、头巾以及文理硕士学位服。

7.10 在即将离任的学监和评审官就座之后,即将离任的高级学监应在学院或学会中作有关本学年的简短总结发言。

7.11 即将离任的学监和高级学监均须放弃办公室徽章,即《大学章程》文本和钥匙。

7.12 随后,新任学监的名单须由其所在学院或学会的领导或领导代表呈交给校长,表述如下:

  至敬的校长先生,我在此引见这位杰出的男士(女士)某某、来自某某学院的文理硕士(或其他高等院系的学士或博士),其已根据本校章程被选为新一任学监,并在下一年入驻本校学监办公室。

7.13 校长接着要对各学监说:

  阁下,您应当在原位宣誓,承担与本校(高级或初级)学监职位相适的一切职责,不带偏见与怠慢地忠实遵守适用于您和您办公室的规定;您可以请您的副手代替执行上述职责。

每个学监都要回答:是的,我宣誓。

7.14 接着,校长要交给新上任者办公室徽章,即《大学章程》文本和钥匙,并依照如下方式授权:

  尊敬的阁下,基于我的权限并以全校的名义,准予你在下一年度入驻本校学监办公室,并履行学监办公室的所有职责。

7.15 然后学监就座。

7.16 学院或学会的院长或者院长代表接着向校长介绍新的评审官，陈述方式如下：

至敬的校长先生，我在此引见这位杰出的男士（女士），来自某某学院的文理硕士（或其他高等学院的学士或博士），其已根据本校章程选为评审官，并在下一年入驻本校评审官办公室。

7.17 然后，校长对评审官说：

阁下，您应当在原位忠诚地宣誓，履行本校评审官办公室所承担的一切职责。

评审官回答：是的，我宣誓。

7.18 接着，校长正式录用评审官：

尊敬的阁下，基于我的权限并以全校的名义，准予你在下一年度入驻本校评审官办公室，并履行所有评审官办公室的职责。

7.19 （1）每位学监都必须指定代理人。

（2）这些代理人必须同学监一样服从校长的命令。

（3）如果他们未能出席正式任命仪式，则可以举行私人仪式赋予其相应职权。

7.20 校长随后解散摄政院会议。

校方发言人录用

7.21 校方发言人将通过私人仪式任命。

7.22 接受学监聘任后应该说：

我宣誓将忠实地履行校方发言人办公室所承担的一切职责。

行情书记员录用

7.23 下一学年的行情书记员需要通过下一学年的摄政院会议正式被录用。如果新任行情书记员不能出席或者在下一学年还不能获得任命，则可以通过私人仪式任命。

7.24 行情书记员在被录用后，需要作出如下承诺。该承诺由高级学监宣读：

尊敬的阁下，您应当宣誓遵守本校一切法规、权限、许可管理与惯例。

您应当宣誓搁置个人偏好与利益，承担国家章程和本校法则所规定的行情书记员办公室职责。

行情书记员回答：我宣誓。

档案馆馆长录用

7.25　档案馆馆长通过私人仪式录用。

7.26　档案馆馆长上任后需履行如下职责，该职责由高级学监宣读：

阁下，您应当宣誓保证所有本校的记录、文献的安全，并保证忠实而不泄露有关本校的所有秘密。

档案馆馆长回答：我宣誓。

大学图书馆服务主任兼博德利图书馆馆长和博德利图书馆官员的录用

7.27　大学图书馆服务主任兼博德利图书馆馆长和博德利图书馆官员通过私人仪式任命。

7.28　大学图书馆服务主任兼博德利图书馆馆长在就职之前，须在校长面前保证承担如下职责，该职责由高级学监宣读：

您应当宣誓忠实履行图书馆馆长办公室的所有职责。

主任兼馆长回答：是的，我宣誓。

7.29　图书馆行政官员在就职之前需要用与7.28条中规定的同样方式（或者用必要的可置换方式）许下承诺。

WD737-111c
6.02.02

有关经校务理事会授权，由校长确定学位服的规章

2002 年校长第 1 号规章
2002 年 3 月 20 日由校长制定；2008 年 1 月 24 日修订

1. 毕业生须按照牛津大学"学位服和帽子的颜色、材料规定"中的要求来着装。此类规则须经校长与学监商定后确定，并在大学档案里备份。

2. 学生成员必须按照校长与学监商定的规则穿长袍和礼服。学院、学会、永久私人学堂和其他校务理事会指定的机构领导也可参与商定。

3. (1) 毕业于其他大学的学生，若其同时持有牛津大学学位①的学生或者在本校读取学位、争取学历和毕业证，则可在任何一个牛津大学的活动中穿着他们原来所在学校的学位服。但在以下这些情况中此类人员必须穿着牛津大学学位服：

   (a) 学位典礼（详见下面的第 2 款）；
   (b) 校庆。②

   (2) 但申请牛津大学更高学位的其他大学毕业生，若尚无牛津大学学位则可以在学位典礼上穿着他们被牛津大学录取前所在大学的学位服（获得牛津大学学位之后他们应穿戴全套的牛津大学学位服）。

4. 可以在牛津大学活动中穿戴他们原来所在学校学位服的毕业生，若

---

① 包括决议中的文理硕士学位。
② 即校庆典礼进行时及之前的克鲁主善行感恩聚会；校庆典礼的花园聚会上也可以穿其他大学的学位服（如有必要）而非牛津大学的学位服。

其也获得了牛津大学的学位并被学校要求穿着牛津大学学位服,则必须穿着牛津大学学位服。

5. 大学全体成员都必须在参与牛津大学考试的时候穿学位服和深色衣服(尚未成为大学成员的候选者必须穿正式的衣服),例如:

  男:深色套服和袜子、黑色鞋子、白色蝴蝶结、纯白色衬衫和领口。

  女:深色裙子或裤子、白色衬衫、黑色领结、黑色袜子和鞋子,如有必要还需穿黑色外套。

男女服饰都必须符合正式场合的风格。

财务部门的准入职员可以统一穿着带有长袍的制服。(制服帽室外佩戴,室内则随身携带。)

6. 尽管有上述第 5 条的规定,女性副校长或者女性学监、评审官在穿着深色学位服的时候可根据个人意愿佩戴白色蝴蝶结和饰带,而非黑色。

7. 若学监认为某人有正当理由请求不按规定着装,则学监有权决定免除其上述衣着规定。

大学成员(非学生)的学位服穿戴指导

(上述第 2 条规定中的学生学位服穿戴规则在学监和评审官备忘录中有说明。)

学士和硕士

  形式:

1. 黑色长袍
2. 黑色长袍和头巾
3. 黑色长袍、头巾和方巾(女性也可佩戴软帽[①]),全套深色学位服
4. 黑色长袍、头巾和方巾(女性也可佩戴软帽),全套深色学位服和绶带(有关深色的规定如前所述)

---

① 参加大学典礼的女性可以戴方巾或者柔软的帽子。

出席场合：

校长举办的答谢捐赠者活动	3（人数，下同）
教会服务：	
总体	1
某些特定的日子，由校长决定并发布在《大学公报》上	2
摄政院会议，古礼堂（Ancient House of）：参见"学位典礼"	
摄政院：	
辩论	1
演讲和任命：参见"校长"、"学监和评审官"	
学位典礼：	
系主任演讲	3
观察员	2
学院晚餐（根据情形和习俗举办）	1（一般）
校长和校长出席的晚餐	1（或由个人决定）
校庆典礼：	
谢尔登剧院监理和其他官员	4
其他	3
考试	3
花园聚会	2
讲座，主要指公共讲座：	
讲座	2
其他	1
校长主持的会议	1（或由主席决定）
学监和评审官，以下人员的录用：	
学监和评审官（离任和新任）	（按照规定）
学院一级单位主管演讲	4
助理学监	4
其他	2
校长、副校长和行情书记员，以下人员的录用：	
校长、副校长和行情书记员	4
其他	2
"校长出席"	1（除非另作说明）

博士

形式：

1. 黑色长袍（蕾丝边，神学博士除外）
2. 黑色长袍和头巾

3. 黑色长袍、头巾和方巾（或者女性根据所需佩戴软帽），深色服饰

4. 评议会大会习俗（黑色长袍、头巾和无袖披风[chemir]，方巾[或者女性根据所需佩戴软帽]①，深色服饰，绶带）

5. 深红色长袍和得体的帽子

6. 深红色长袍和深色得体的帽子（哲学博士须穿全套学位服）

7. 深红色长袍和深色得体的帽子（高等博士须穿全套学位服）

（以上均需深色。）

出席场合：

校长举办的答谢捐赠者的活动：	人数
高等博士	
哲学博士	6
教会仪式：	
纪念类仪式，平日，四旬斋前的星期日和四旬斋	1
其他（包括传道活动）	2 或 4
某些特定日子，由校长确定并发布在《大学公报》上：	
高等博士	7
哲学博士	6
摄政院会议，古礼堂：参见"学位典礼"	
摄政院会议：	
辩论	1
演讲和录用：参见"校长"，"学监和评审官"	
学位典礼：	
高等博士学位在读学生	6
哲学博士学位在读学生	6
系主任演讲	4
观察员	2
学院晚餐（根据情形和习俗）	1（一般）
校长或校长出席的晚宴	1（或由其个人决定）
校庆典礼：	
高等博士	7
哲学博士	6
考试	3
花园聚会	2 或 5
讲座，主要指公共讲座：	
讲师	2 或 5
其他	1

---

① 参见 2002 年摄政院第 3 号规章中 7.9 条的规定。

(续表)

由校长主持的会议	1（或由校长规定）
学监和评审官，以下人员的录用：	
学监和评审官（离任和新任）	（依据规定）①
基督教学院院长演讲	4
助理学监	4 或 文学硕士(4)
其他	2 或 4
校长、副校长和行情书记员，以下人员的录用：	
校长、副校长和行情书记员	4
其他	2 或 4
"校长出席"	1

---

① 参见 2002 年摄政院第 3 号规章中 7.9 条的规定。

牛津大学组织机构表

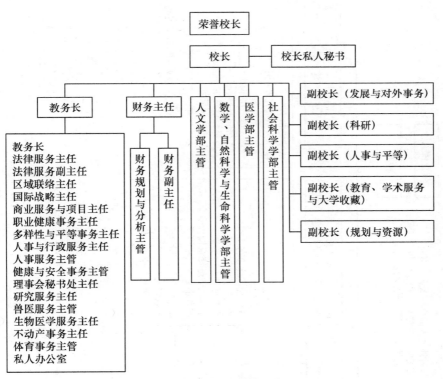

校长垂直管理机构表

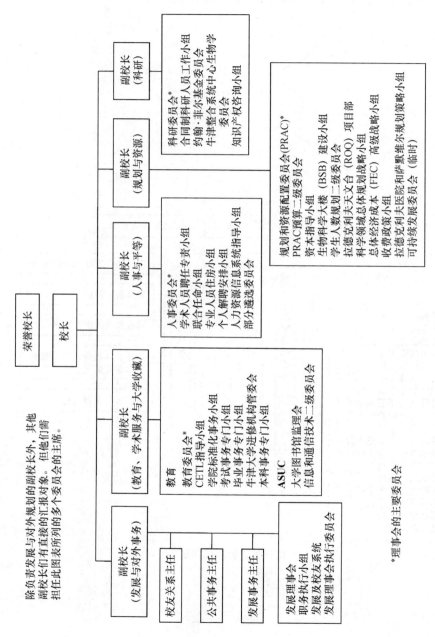

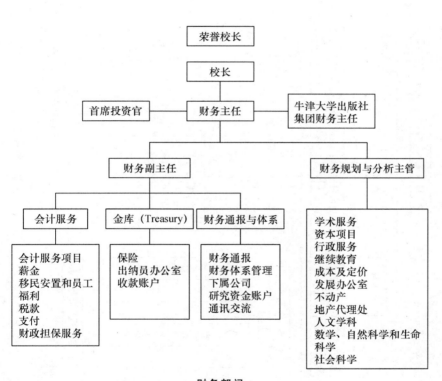

财务部门

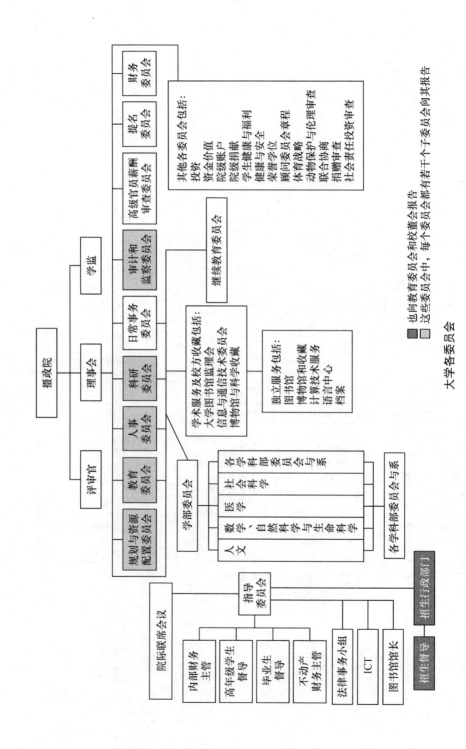

436

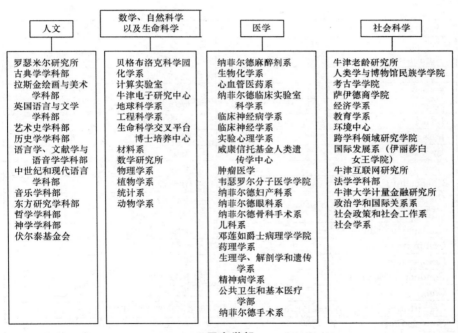

人文	数学、自然科学以及生命科学	医学	社会科学
罗瑟米尔研究所	贝格布洛克科学园	纳菲尔德麻醉剂系	牛津老龄研究所
古典学学科部	化学系	生物化学系	人类学与博物馆民族学学院
拉斯金绘画与美术学科部	计算实验室	心血管医药系	考古学学院
英国语言与文学学科部	牛津电子研究中心	纳菲尔德临床实验室科学系	萨伊德商学院
艺术史学科部	地球科学系	临床神经病学系	经济学系
历史学学科部	工程科学系	临床神经学系	教育学系
语言学、文献学与语音学学科部	生命科学交叉平台博士培养中心	实验心理学系	环境中心
中世纪和现代语言学科部	材料系	威康信托基金人类遗传学中心	跨学科领域研究学院
音乐学科部	数学研究所	肿瘤医学	国际发展系（伊丽莎白女王学院）
东方研究学科部	物理学系	韦瑟罗尔分子医学学院	牛津互联网研究所
哲学学科部	植物学系	纳菲尔德妇产科系	法学学科部
神学学科部	统计系	纳菲尔德眼科系	牛津大学计量金融研究所
伏尔泰基金会	动物学系	纳菲尔德骨科手术系	政治学和国际关系系
		儿科系	社会政策和社会工作系
		邓莲如爵士病理学学院	社会学系
		药理学系	
		生理学、解剖学和遗传学系	
		精神病学系	
		公共卫生和基本医疗学部	
		纳菲尔德手术系	

四大学部

核心词汇表

Academic Staff	学术员工
Act	法令
Administrator	行政官员
appeals	上诉
Assessor	评审官
Bedels	仪仗官
Board	委员会
bursar	财务主管
By-laws	细则
Center	中心
Chancellor	荣誉校长
Clerk of the market	行情书记员
College	学院（独立学院）
College Contributions Scheme	学院资金上缴安排
Committee	委员会
Complaints	投诉
Conduct of Business	事务处理
Congregation	摄政院
Constitution, Duties, and Powers	组成、职责与权力
Convocation	评议会
Council	校务理事会
Curators of University Libraries	大学图书馆监理会
Deputy Steward	副总务长
Director	主任
Discipline	纪律；处罚
Dismissal	解聘
Division	学部
Faculty	学科部
Fellowship	院士
Financial Reporting	财务通报

(续表)

General Conditions of Service	任职基本待遇
Grievance Procedures	申诉程序
Head	主管
hearing	听证(会)
High Steward	总务长
House (e.g. Queen Elizabeth House)	学院(如:伊丽莎白女王学院)
Institute	研究所
Lectures	讲师
marshal	司仪官
Medical Board	医疗委员会
Officer	行政官员
Ordinary Members	二等(学生)成员
Panel (Examinations Panel)	专门小组(考试专门小组)
Personnel	人事
Proctors	学监
Proctors	学监
Professors	教授
Property, Contracts, and Trusts	产权、合同与信托
Protfolio	职位
Pro-Vice-Chancellor	副校长
Provisions	条款
Queen-in-Council	枢密院会议
Readers	高级讲师
Redundancy	裁员
Registrar	教务长
Removal from Office	免职
Remuneration	薪酬
Rules Committee	规则委员会
Sabbatical Leave	公休假
School	学院(直属学院)
Society	学会
Steering Group	指导小组
Sub-Committee	二级委员会
Sub-Faculty	分学科部
Support Stuff	(教研)后勤人员
Transitional Provisions	过渡性条款
treasurer	会计主管
University Collections	大学收藏
Verger of the University	大学教堂司事
Vice-Chancellor	校长
Vice-Chancellor-elect	校长当选人
Visitatorial Board	督察委员会

后 记

《大学章程》第四卷收录的是英国"牛津大学章程与规章"。2007年,北京大学章程调研小组开始调研时,秦春华、冯支越两位组长就协同参与调研的老师同学注意收集国外著名大学的章程及管理条例。2009年初,在确定翻译篇目时,张国有副校长特别指出,牛津、剑桥二校有着800年的历史,有着长期的大学治理经验和规则的积累。"牛津大学规章"和"剑桥大学条例"不仅是章程主体的有机组成部分,也是对章程条款的充实和完善,单这种体例对我们就是一个很好的借鉴。尽管篇幅巨大,我们也要克服困难,全部译出,而不能用我们的眼光进行节选和选译。我们的责任是给大家一个完整的体系,让研究者和大学管理者去选择和体验。

尽管卷帙浩繁,秘书组仍旧担负起了全文译出的组织工作的重担。这就有了现在大家看到的牛津、剑桥两校章程体系的全译本。2009年3月16日,发展规划部冯支越副部长邀请科学研究部海外项目办公室的同事参与翻译工作。时任科研部海外项目办公室副主任的张琰领取了牛津大学章程及规章的翻译任务。鉴于牛津大学章程及规章分量重,内容庞杂,4月16日,冯支越与张琰专门讨论了大体量章程的翻译组织模式,形成了在把握大学治理结构和章程体系的基础上,规范核心词汇译法、分工协作、统稿把关的工作机制。

2009年6月14日,就"牛津大学章程与规章"的翻译工作,北京大学章程起草工作小组秘书组成员、发展规划部事业规划办公室主任陈丹邀集了刘云波等几位研究生加入到翻译工作中来。7月初,由于部分同学毕业离校,翻译的工作暂时陷入停顿。通过多方努力,翻译队伍中又增加了高佳以及来自教育学院、外国语学院等学院的多位同学。至此,翻译人员队伍基本形成:高佳与张琰(章程前言—章程XI),刘子瑜(章程XII—章程XVII),付烨、兰雅慧、蒋静、安超、张瑞雪(章程附录:68类基金);刘云波(规章中评议会—摄政院),魏易(规章中学会与永久私人学堂—大学其他机构),赵丽霞(规章中大学行政官员—大学纪律),郑维斯(规章中学生上诉专门小组—账务规章),冯倩倩、杨希(规章中知识产权政策—仪式举行)。2009

年8月底,牛津大学章程与规章的翻译初稿基本完成。

2009年9月24日,经冯支越、胡少诚通览之后,秘书组对译稿提出了具体的修改意见,希望译者在充分了解国内牛津大学管理研究现状的基础上,进行译稿修订工作。为使随后的校改工作顺利进行,9月27日,张琰召集有关同志就牛津章程与规章的初译稿的自校工作进行了布置:高佳(章程前言—章程XI),付烨、兰雅惠(章程XII—章程XVII),张瑞雪(章程附录:68类基金),冯倩倩(规章中评议会—摄政院),武伟(规章中学会与永久私人学堂—大学其他机构),赵丽霞(规章中大学行政官员—大学纪律),王逸颖(规章中学生上诉专门小组—账务规章),杨希(规章中知识产权政策—仪式举行)。在这次交流会上,张琰翻译的牛津的组织结构图第一次应用到了章程与规章的修订中,这份组织结构图也为进一步厘清章程和规章文本、提高校译质量打下了良好的基础。在校译过程中,参与的老师、同学为考究一两个词的译法,反复到牛津大学的网站上进行检索,力求充分理解、准确翻译。同时大家也发现,章程和规章条款在不断地修正更新,这无疑增加了校译工作的难度。10月27日,自校译稿成型。审校的工作艰辛而漫长。12月1日,剑桥大学史学博士王献华开始对"牛津章程与规章"译稿进行较为细致的修订。2010年2月,初校基本完成,王献华博士就有关补译和进一步修订等问题与张琰进行了沟通。

2010年4月12日牛津大学注册部主任琼莉·K.马克斯顿(Junlie K. Maxton)致函周其凤校长,授权北大翻译该校章程,北大拥有独家授权传播和销售其译稿,牛津大学有权使用译稿,必要时亦可将其收入牛津的出版物中。

北京大学出版社确定周志刚为第四卷"牛津大学章程与规章"责任编辑。2010年9月1日,在《大学章程》第一次编辑协调会上,周志刚依据对牛津大学章程译稿的审阅体会提出了修改建议,胡少诚汇报了阅读书稿清样的看法。11月26日,张国有副校长召集第二次编辑协调会,编辑们汇总了一校过程中发现的问题。周志刚在通校牛津译稿全稿的基础上提出了请译者修改全稿的意见。

为使"牛津大学章程与规章"译稿更加通顺衔接,2010年11月底,通过国际合作部老师的介绍,张琰又调集了社会学系博士研究生王晓宁同学和外国语学院本科生韦慧慧、逯璐和贺超三位同学参加到二次校译之中。周志刚编辑和王晓宁同学在统一专有名词的翻译方法方面,付出了许多时间和精力。由于有了统领全文的核心词汇表以及修订成型的材料,再加上四位同学的良好背景以及王晓宁同学的积极协调组织,二次校对工作进行得比较顺畅。12月15日,二校稿出炉。终稿之前,稿件又经校译人员审校了一遍，减少了不少错误。

牛津大学的章程与规章具有悠久的历史积淀和成型的法规体系，因此在翻译时只有理解其深刻的文化内涵，才能准确地表达其中的思想。参与二次审校的同学说："校对的过程是一个自我学习、自我修行的过程。在校对过程中经历了种种主观、客观困难，包括原文艰涩难以梳理、专有名词的斟酌统一、翻译成中文的语言组织等。令我感触最深的是原本以为翻译只是简单的文字转换，最后却发现翻译是语言的重建，是文化的碰撞。文明之间的互相学习是'扬弃'的过程，我们只有吸取这版牛津章程的精髓，掌握其内涵和蕴藏的精神，才能真正有所得。"

外国大学在组织机构和体制机制上与中国大学很不相同，有些机构、制度难以找到对应的准确的中文表达，我们认真地对待每一个词、每一句话、每一篇的附录、出处、字词、标点等。经过三轮的精心审校和各方大力支持，译稿内容才得以进一步完善和精练。

2011年2月，经哲学系刘哲副教授联系，正在美国访学的吴天岳副教授将牛津、剑桥章程中的拉丁文条款转译为英文，王晓宁又从英文译成中文。3月8日，张国有主编又召集了第三次编辑协调会，《大学章程》出版进入倒计时。此后一个多月中，王晓宁等同学与周志刚编辑密切联络，积极配合，对全书进行了统稿。3月17日，三校工作完成。此后半年，应周志刚编辑的要求，韦慧慧、逯璐和贺超同学对书稿进行了细致的校改与润饰。8月，在主编张国有教授组织撰写序言的过程中，教育学院沈文钦老师帮助搜集整理了基本材料，对章程背景和治理结构提出了自己的见解。科研部的张琰也做了一些前期资料准备工作。成稿后，冯支越、陈丹作了修改。

校译工作虽然并不轻松，但却有一种难以言传的满足感。很多同学表示咬文嚼字的过程不但可以提高自己的英语语言水平和中文表达能力，更可以借机一窥牛津大学之所以取得成功和辉煌的原因。相较于美国高等教育体系，国内对英国大学的传统并不熟悉，这次的"牛津大学章程与规章"可以为国内高校的管理提供学习和研究的借鉴。

《大学章程》第四卷的编译工作，凝结了北京大学科学研究部、国际合作部、教育学院、社会学系、历史学系、外国语学院等单位译校师生的辛劳和智慧。大家都是在承担繁重的工作、学习和科研任务的同时，抽出时间来从事这样一项有公益性质的学术研究活动。学校领导、发展规划部、社会科学部、国际合作部、出版社的同仁们为此也倾注了大量心血。在此，我们深致谢意。

翻译过程中最大的问题是如何准确地反映原文的意思。我们在组织章程翻译工作的过程中,尽量本着严谨的学术态度,熟悉该校情况的专业人士也对译稿进行了多次审校,但国内对英国高等教育专业术语的翻译常有不同的见解,译稿难以尽善,请读者提出批评建议,再版时我们进行改进和完善。

编者
2011 年 8 月 21 日

《大学章程》第四卷译校分工

主　　　译：张琰
参　　　译：高佳、付烨、兰雅惠、张瑞雪、冯倩倩、武伟、赵丽霞、王逸颖、杨希、刘子瑜、蒋静、安超、刘云波、魏易、郑维斯
拉丁文翻译：吴天岳
初　　　校：王献华
复　　　校：王晓宁、韦慧慧、逯璐、贺超